"十四五"国家重点出版物出版规划项目·重大出版工程

中国学科及前沿领域2035发展战略丛书

学术引领系列

国家科学思想库

中国信息科学 2035发展战略

"中国学科及前沿领域发展战略研究（2021—2035）"项目组

科学出版社

北　京

内 容 简 介

随着人类社会从信息时代向智能信息时代发展，以及第四次工业革命的临近，在新的全球格局和大国竞争的国际环境下，信息科学的战略性地位更加突出，迫切需要加强信息科学的前瞻性和颠覆性技术研究，持续推动信息科学的关键核心技术实现突破，为新时代我国深度参与全球竞争提供强有力的科技保障和核心竞争力，确保我国在未来全球竞争中的战略优势。《中国信息科学2035发展战略》面向2035年探讨了信息科学前沿发展趋势和可持续发展策略，深入阐述了信息科学及其各分支学科的科学意义与战略价值、发展规律与研究特点，系统分析了信息科学的发展现状与态势，凝练了信息科学的发展思路与发展方向，并提出了我国相应的优先发展领域和政策建议。

本书为相关领域战略与管理专家、科技工作者、企业研发人员及高校师生提供了研究指引，为科研管理部门提供了决策参考，也是社会公众了解信息科学发展现状及趋势的重要读本。

图书在版编目（CIP）数据

中国信息科学2035发展战略 /"中国学科及前沿领域发展战略研究（2021—2035）"项目组编 . —北京：科学出版社，2023.8
（中国学科及前沿领域2035发展战略丛书）
ISBN 978-7-03-075344-1

I. ①中⋯ II. ①中⋯ III. ①信息学-发展战略-研究-中国 IV. ①G201

中国国家版本馆 CIP 数据核字（2023）第 061559 号

丛书策划：侯俊琳　朱萍萍
责任编辑：邹　聪　孟希璐 / 责任校对：韩　杨
责任印制：师艳茹 / 封面设计：有道文化

科学出版社 出版
北京东黄城根北街16号
邮政编码：100717
http://www.sciencep.com

北京市金木堂数码科技有限公司印刷
科学出版社发行　各地新华书店经销
*
2023年8月第 一 版　　开本：720×1000　1/16
2025年3月第四次印刷　印张：24 3/4
字数：380 000
定价：168.00元
（如有印装质量问题，我社负责调换）

"中国学科及前沿领域发展战略研究（2021—2035）"

联合领导小组

组　长　常　进　李静海
副组长　包信和　韩　宇
成　员　高鸿钧　张　涛　裴　钢　朱日祥　郭　雷
　　　　　杨　卫　王笃金　杨永峰　王　岩　姚玉鹏
　　　　　董国轩　杨俊林　徐岩英　于　晟　王岐东
　　　　　刘　克　刘作仪　孙瑞娟　陈拥军

联合工作组

组　长　杨永峰　姚玉鹏
成　员　范英杰　孙　粒　刘益宏　王佳佳　马　强
　　　　　马新勇　王　勇　缪　航　彭晴晴

《中国信息科学 2035 发展战略》

指 导 组

组 长 郝 跃

成 员 （以姓氏拼音为序）

冯 霞　何 杰　李建军　刘 克　潘 庆　宋朝晖
宋 苏　孙 玲　唐 华　王志衡　魏 秀　文 珺
吴国政　谢 国　张丽佳　张兆田　赵瑞珍

编 写 组

组 长 刘 明

成 员 （以姓氏拼音为序）

陈根祥　陈建平　陈熙霖　陈永华　邓 方　杜文莉
范平志　宫玉彬　谷延锋　郭得科　郭茂祖　韩根全
韩劲松　韩银和　贺 威　洪 文　黄铁军　姬 扬

金　芝　　黎　明　　李　刚　　李宣东　　刘　永　　刘永进
罗军舟　　皮孝东　　沈华伟　　盛　敏　　施　毅　　苏翼凯
孙玲玲　　孙长银　　王　戟　　王均宏　　王开友　　王欣然
王涌天　　吴　飞　　吴华强　　吴文甲　　闫连山　　阳春华
杨　铮　　尹一通　　张朝阳　　郑　铮　　郑小平　　郑永和
祝宁华

秘　书　组

组　长　刘　琦
成　员（以姓氏拼音为序）
　　艾　渤　　边历峰　　黄玲玲　　阚美娜　　李　明
　　李雨键　　罗　庆　　穆朝絮　　王　乐　　王瑞平
　　章正权　　周勇胜

总　　序

党的二十大胜利召开，吹响了以中国式现代化全面推进中华民族伟大复兴的前进号角。习近平总书记强调"教育、科技、人才是全面建设社会主义现代化国家的基础性、战略性支撑"[①]，明确要求到 2035 年要建成教育强国、科技强国、人才强国。新时代新征程对科技界提出了更高的要求。当前，世界科学技术发展日新月异，不断开辟新的认知疆域，并成为带动经济社会发展的核心变量，新一轮科技革命和产业变革正处于蓄势跃迁、快速迭代的关键阶段。开展面向 2035 年的中国学科及前沿领域发展战略研究，紧扣国家战略需求，研判科技发展大势，擘画战略、锚定方向，找准学科发展路径与方向，找准科技创新的主攻方向和突破口，对于实现全面建成社会主义现代化"两步走"战略目标具有重要意义。

当前，应对全球性重大挑战和转变科学研究范式是当代科学的时代特征之一。为此，各国政府不断调整和完善科技创新战略与政策，强化战略科技力量部署，支持科技前沿态势研判，加强重点领域研发投入，并积极培育战略新兴产业，从而保证国际竞争实力。

擘画战略、锚定方向是抢抓科技革命先机的必然之策。当前，新一轮科技革命蓬勃兴起，科学发展呈现相互渗透和重新会聚的趋

---

① 习近平. 高举中国特色社会主义伟大旗帜 为全面建设社会主义现代化国家而团结奋斗——在中国共产党第二十次全国代表大会上的报告. 北京：人民出版社，2022：33.

势，在科学逐渐分化与系统持续整合的反复过程中，新的学科增长点不断产生，并且衍生出一系列新兴交叉学科和前沿领域。随着知识生产的不断积累和新兴交叉学科的相继涌现，学科体系和布局也在动态调整，构建符合知识体系逻辑结构并促进知识与应用融通的协调可持续发展的学科体系尤为重要。

擘画战略、锚定方向是我国科技事业不断取得历史性成就的成功经验。科技创新一直是党和国家治国理政的核心内容。特别是党的十八大以来，以习近平同志为核心的党中央明确了我国建成世界科技强国的"三步走"路线图，实施了《国家创新驱动发展战略纲要》，持续加强原始创新，并将着力点放在解决关键核心技术背后的科学问题上。习近平总书记深刻指出："基础研究是整个科学体系的源头。要瞄准世界科技前沿，抓住大趋势，下好'先手棋'，打好基础、储备长远，甘于坐冷板凳，勇于做栽树人、挖井人，实现前瞻性基础研究、引领性原创成果重大突破，夯实世界科技强国建设的根基。"[①]

作为国家在科学技术方面最高咨询机构的中国科学院和国家支持基础研究主渠道的国家自然科学基金委员会（简称自然科学基金委），在夯实学科基础、加强学科建设、引领科学研究发展方面担负着重要的责任。早在新中国成立初期，中国科学院学部即组织全国有关专家研究编制了《1956—1967年科学技术发展远景规划》。该规划的实施，实现了"两弹一星"研制等一系列重大突破，为新中国逐步形成科学技术研究体系奠定了基础。自然科学基金委自成立以来，通过学科发展战略研究，服务于科学基金的资助与管理，不断夯实国家知识基础，增进基础研究面向国家需求的能力。2009年，自然科学基金委和中国科学院联合启动了"2011—2020年中国学科

---

① 习近平. 努力成为世界主要科学中心和创新高地 [EB/OL]. (2021-03-15). http://www.qstheory.cn/dukan/qs/2021-03/15/c_1127209130.htm[2022-03-22].

总　序

发展战略研究"。2012年，双方形成联合开展学科发展战略研究的常态化机制，持续研判科技发展态势，为我国科技创新领域的方向选择提供科学思想、路径选择和跨越的蓝图。

联合开展"中国学科及前沿领域发展战略研究（2021—2035）"，是中国科学院和自然科学基金委落实新时代"两步走"战略的具体实践。我们面向2035年国家发展目标，结合科技发展新特征，进行了系统设计，从三个方面组织研究工作：一是总论研究，对面向2035年的中国学科及前沿领域发展进行了概括和论述，内容包括学科的历史演进及其发展的驱动力、前沿领域的发展特征及其与社会的关联、学科与前沿领域的区别和联系、世界科学发展的整体态势，并汇总了各个学科及前沿领域的发展趋势、关键科学问题和重点方向；二是自然科学基础学科研究，主要针对科学基金资助体系中的重点学科开展战略研究，内容包括学科的科学意义与战略价值、发展规律与研究特点、发展现状与发展态势、发展思路与发展方向、资助机制与政策建议等；三是前沿领域研究，针对尚未形成学科规模、不具备明确学科属性的前沿交叉、新兴和关键核心技术领域开展战略研究，内容包括相关领域的战略价值、关键科学问题与核心技术问题、我国在相关领域的研究基础与条件、我国在相关领域的发展思路与政策建议等。

三年多来，400多位院士、3000多位专家，围绕总论、数学等18个学科和量子物质与应用等19个前沿领域问题，坚持突出前瞻布局、补齐发展短板、坚定创新自信、统筹分工协作的原则，开展了深入全面的战略研究工作，取得了一批重要成果，也形成了共识性结论。一是国家战略需求和技术要素成为当前学科及前沿领域发展的主要驱动力之一。有组织的科学研究及源于技术的广泛带动效应，实质化地推动了学科前沿的演进，夯实了科技发展的基础，促进了人才的培养，并衍生出更多新的学科生长点。二是学科及前沿领域的发展促进深层次交叉融通。学科及前沿领域的发展越来越呈现出多学科相互渗透的发展态势。某一类学科领域采用的研究策略和技术体系所产生的基础理论与方法论成果，可以作为共同的知识基础适用于不同学科领域的多个研究方向。三是科研范式正在经历深刻变革。解决系统性复杂问题成为当前科学发展的主要目标，导致相应的研究内容、方法和范畴等的改变，形成科学研究的多层次、多尺度、动态化的基本特征。数据驱动的科研模式有力地推动了新时代科研范式的变革。四是科学与社会的互动更加密切。发展学科及前沿领域愈加重要，与此同时，"互联网 +"正在改变科学交流生态，并且重塑了科学的边界，开放获取、开放科学、公众科学等都使得越来越多的非专业人士有机会参与到科学活动中来。

"中国学科及前沿领域发展战略研究（2021—2035）"系列成果以"中国学科及前沿领域 2035 发展战略丛书"的形式出版，纳入"国家科学思想库 - 学术引领系列"陆续出版。希望本丛书的出版，能够为科技界、产业界的专家学者和技术人员提供研究指引，为科研管理部门提供决策参考，为科学基金深化改革、"十四五"发展规划实施、国家科学政策制定提供有力支撑。

在本丛书即将付梓之际，我们衷心感谢为学科及前沿领域发展战略研究付出心血的院士专家，感谢在咨询、审读和管理支撑服务方面付出辛劳的同志，感谢参与项目组织和管理工作的中国科学院学部的丁仲礼、秦大河、王恩哥、朱道本、陈宜瑜、傅伯杰、李树深、李婷、苏荣辉、石兵、李鹏飞、钱莹洁、薛淮、冯霞，自然科学基金委的王长锐、韩智勇、邹立尧、冯雪莲、黎明、张兆田、杨列勋、高阵雨。学科及前沿领域发展战略研究是一项长期、系统的工作，对学科及前沿领域发展趋势的研判，对关键科学问题的凝练，对发展思路及方向的把握，对战略布局的谋划等，都需要一个不断深化、积累、完善的过程。我们由衷地希望更多院士专家参与到未

总　序

来的学科及前沿领域发展战略研究中来，汇聚专家智慧，不断提升凝练科学问题的能力，为推动科研范式变革，促进基础研究高质量发展，把科技的命脉牢牢掌握在自己手中，服务支撑我国高水平科技自立自强和建设世界科技强国夯实根基做出更大贡献。

"中国学科及前沿领域发展战略研究（2021—2035）"

联合领导小组

2023 年 3 月

前　言

信息科学是研究信息产生、获取、存储、显示、处理、传输及其相互作用与应用的科学，以信息论、控制论和系统论等为理论基础，涵盖了电子科学与技术、信息论与通信系统、信息获取与处理、计算机科学与技术、数据与计算科学、自动化科学与技术、人工智能与智能芯片、半导体科学与信息器件、光学与光电子学、教育与信息交叉等分支领域的一门新兴综合性学科。信息学科几乎渗透到所有学科领域，强力促进了各学科的蓬勃发展，显著地提升了资源配置的效率以及各学科的发展质量，深远地影响其他学科的研究范式。

信息科学通过相互渗透、相互结合，成为我国可持续发展和提升国家综合竞争力的强大动力，信息领域的技术水平也成为国家科学技术进步的重要标志。信息科学与产业是构建国家信息基础设施，提供网络和信息服务，全面支撑经济社会发展的战略性、基础性和先导性学科与行业。信息技术突破和产业竞争，已成为改变全球经济、政治和安全格局的重要因素，其发展水平已成为一个国家的重要国力体现。信息科学由于潜在应用广、技术革新快、重大挑战多，成为众多学科中最具创新活力的领域之一，其技术水平对引领经济社会转型发展和保障国家安全稳定具有深远的影响。

在自然科学基金委和中国科学院的联合资助下，我们承担了"中国学科及前沿领域发展战略研究（2021—2035）"专项中的信息科学发展战略规划任务，编撰完成了《中国信息科学 2035 发展战略》。在本书中，我们探讨了信息科学前沿发展趋势和可持续发展策略，深入阐述了信息科学及其各分支学科的科学意义与战略价值、发展规律与研究特点，系统分析了我国信息科学的发展现状、态势与挑战，提出了我国信息科学的发展思路和重点发展方向，从总体上为我国信息科学未来 10 年的发展提供参考意见。

按照自然科学基金委与中国科学院制定的"中国学科及前沿领域发展战略研究（2021—2035）工作总体方案"，在自然科学基金委信息学部的组织下于 2019 年 3 月成立了信息科学发展战略规划编写组和秘书组，刘明院士任编写组组长，范平志教授、陈熙霖教授、孙长银教授、施毅教授、祝宁华院士分别负责信息学科中电子学与信息系统、计算机科学与技术、自动化科学与技术、半导体、光学与光电子分支学科的战略规划。经过多轮的撰写、讨论、咨询、修改，于 2021 年 2 月完成"中国信息学科领域发展战略研究（2021—2035）研究报告"。随后，以研究报告为核心，编写组撰写完成《中国信息科学 2035 发展战略》初稿，并在各分支学科小组会议、战略研究组全体会议、自然科学基金委信息学部咨询委员会、中国科学院信息学部等不同层次，不同范围内广泛地征求专家学者们的意见，历经 2 年时间，最终形成本书终稿。尽管如此，本书仍可能存在遗漏、不完善之处，请广大读者批评指正。

本书在研讨、撰写和定稿过程中，得到了自然科学基金委信息学部、中国科学院信息学部的直接指导和大力支持，《中国信息科学 2035 发展战略》编写组在总体策划、书稿架构、专题调研和专家组织方面做了大量工作，秘书组承担了会议组织、材料整理、书稿组稿和校稿等工作，此外还有大量专家参与专题调研、咨询和书稿评审等工作，为书稿的完善提出了宝贵的意见。在此，我们对所有参

前　言

与本书工作的人员和机构深表感谢。最后，感谢自然科学基金委和中国科学院提供的经费支持。

刘　明

《中国信息科学 2035 发展战略》编写组组长

2023 年 5 月 1 日

摘　　要

本书在系统梳理信息科学发展历程的基础上，总结了信息科学的科学意义和战略价值、学科特点和发展规律。围绕信息科学国际发展趋势、国家科技发展和人才队伍建设需求，详细分析了我国信息科学领域的发展现状和挑战，提出了我国信息科学中长期（2021—2035年）发展的关键科学问题、发展思路、发展目标、重点研究方向和保障措施等建议，为我国信息科学未来发展提供指导。

信息科学是人类社会从信息时代向智能时代发展中的先导性科学技术，是国家科学技术进步的重要标志，是推动国民经济、社会发展和国防安全的技术保障，是实现可持续发展、提升国家综合竞争力的强大动力。在新的全球格局和大国竞争的国际环境下，信息科学战略性地位更加突出。加强前瞻性和颠覆性技术研究，持续推动关键技术突破，为新时代我国参与广泛的全球竞争提供有力科技保障和核心竞争力，确保我国在未来全球竞争中的战略优势。因此，对信息科学领域的传统学科、新兴学科、交叉学科等进行研究并根据具体发展状况和发展阶段制定相应的发展规划，有利于实现合理高效的资源配置和各学科的高质量发展。

"十二五"和"十三五"期间，我国信息科学发展迅速，部分研究领域实现重大突破，但是我国信息科学领域基础研究和产业整体仍然是大而不强，正处于由大变强、由"跟随并跑"向"并跑领跑"

转变的关键期。过去10年，在国家大力引导和支持下，我国在信息技术领域取得长足进步，学术水平日益接近国际水平，中青年研究人才储备丰富；但是，在基础研究方面，我国重大原始创新的数量和质量与欧美等发达国家还存在一定差距。基于此，本书提出了我国信息科学未来发展目标、总体思路和重点发展方向。

到2035年，我国信息科学领域的总体目标是实现学科均衡、协调和可持续发展。信息科学的发展要为自主完整的国家安全体系、工业体系和经济体系提供稳固的基础和支撑，为更加广泛的全球竞争提供科技保障。围绕信息科学发展趋势和满足国家重大战略需求，我国信息科学学科发展布局需要强化优势学科，扶持薄弱学科，支持学科纵深发展，促进新兴交叉学科发展，侧重基础、前瞻、人才和学科融合。深度融合国家"一带一路"可持续发展战略和"两个一百年"奋斗目标，全力推进信息科学技术领域的高速高质量发展和广泛的国际合作。

信息科学发展总体思路是以促进基础研究取得重大进展和服务创新驱动发展战略为出发点，根据我国经济社会和科学技术发展的需求，从促进学科发展、培养人才队伍、推动原始创新、服务国家重大需求等方面聚焦重要科学前沿。为使我国在信息科技领域中实现重点突破，解决国家战略需求中的关键性科学和技术问题，依据已有基础和发展前景，确立了2021—2035年我国信息科学领域发展战略中的15个重点发展方向，包括：① 空天地海信息网络基础理论与技术；② 人机物信息物理系统基础理论与关键技术；③ 新一代网络体系结构及安全；④ 高分多源探测与复杂环境感知；⑤ 自主智能运动体和群系统；⑥ 人机物融合场景下的计算理论和软硬件方法与技术；⑦ 未来信息系统电子器件/电路/射频基础理论与技术；⑧ 超高算力集成电路芯片系统；⑨ 半导体材料、器件与跨维度集成；⑩ 光电子器件及集成；⑪ 应用光学理论与技术；⑫ 生物与医学信息获取、融合及应用；⑬人机融合的数据表征、高效计算与应用；⑭类脑智能核心理论与技术；⑮人工智能基础理论与方法。

最后，为促进我国信息科学技术快速持续发展，战略规划小组从国家重大需求，鼓励原始创新、完善人才资助、建立专家团队、建设实验平台、多元化资助以及学风建设等方面提出了信息科学发展的保障措施与政策建议。

Abstract

This book systematically reviews the development of the discipline of information science, summarizing its scientific significance, strategic value, characteristics, and developmental patterns. Focusing on international trends in information science, national technological development, and the need for talent pool construction, it conducts a detailed analysis of the current state and challenges in the field of information science in our country. It proposes recommendations for the key scientific issues, developmental approaches, goals, major research directions, and safeguard measures for the medium and long-term (2021-2035) development of information science in our country, thus providing guidance for the future development of information science in our country.

It is an important indicator of national scientific and technological progress, a technical safeguard for promoting national economic and social development, and national defense security, and a strong driving force for achieving sustainable development and enhancing national competitiveness. In the new global layout and international environment of great power competition, the strategic position of information science has become more prominent. Strengthening forward-looking, disruptive technology research and continuously promoting breakthroughs in key technologies provide powerful technological support and core competitiveness for our country's participation in the wide-ranging global competition of the new era, ensuring our country's strategic advantage in future global competition. Therefore, research on traditional, emerging, and interdisciplinary fields in information science and the formulation of corresponding development plans based on specific developmental situations and stages will facilitate the rational and efficient allocation of resources and high-quality development of various disciplines.

During the "12th Five-Year Plan" and "13th Five-Year Plan" periods, our country's information science experienced rapid development, and significant breakthroughs were achieved in some research fields. However, the overall status of basic research and industry in the field of information science in our country is still large but not strong. It is currently in a critical period of transitioning from being large to becoming strong and from "following and catching up" to "running alongside and leading". However, in terms of basic research, there is still a certain gap in the quantity and quality of major original innovations between our country and developed countries in Europe and the United States. Therefore, this book proposes the future development goals, overall ideas, and key development directions of information science in our country.

By 2035, the overall goal of the information science field in our country is to achieve balanced, coordinated, and sustainable development. The development of information science should provide a solid foundation and support for an independent and complete national security system, industrial system, and economic system, as well as technological guarantee for broader global competition. Based on the development trends of information science and the fulfillment of major national strategic needs, the development layout of information science in our country needs to strengthen advantageous disciplines, support weak disciplines, support the in-depth development of disciplines, and promote

Abstract

the development of emerging interdisciplinary subjects. Emphasis should be placed on fundamentals, forward-looking research, talent cultivation, and disciplinary integration. Deep integration with the national strategy of sustainable development of the Belt and Road Initiative and the "Two Centenary Goals" should be pursued, and efforts should be made to promote high-speed and high-quality development in the field of information science and technology and foster extensive international cooperation.

The overall approach to the development of information science is based on promoting major advancements in basic research and serving the innovation-driven development strategy. It focuses on important scientific frontiers, taking into account the needs of our country's economic, social, and scientific technological development. To achieve key breakthroughs in the field of information technology and address critical scientific and technological issues in line with national strategic needs, the development strategy for our country's information science field from 2021 to 2035 has established 15 key areas of focus. These areas have been identified based on existing foundations and development prospects, including ① fundamentals and technologies of space-air-sea information networks, ② fundamentals and key technologies of human-machine-object information-physical systems, ③ next-generation network architecture and security, ④ high-resolution multi-source detection and complex environment perception, ⑤ autonomous intelligent mobile systems and swarm systems, ⑥ computing theories, software and hardware methods, and technologies in the context of human-machine-object fusion, ⑦ fundamentals and technologies of electronic devices/circuits/radio frequency for future information systems, ⑧ ultra-high-performance integrated circuit chip systems, ⑨ semiconductor materials, devices, and cross-dimensional integration, ⑩ optoelectronic devices and integration, ⑪ applied optical theories and technologies, ⑫ acquisition, integration, and application of biological and medical information, ⑬ data representation, efficient computation, and applications in human-machine integration, ⑭ core theories and technologies of brain-inspired intelligence, ⑮ fundamental theories and methods of artificial intelligence.

Finally, to promote the rapid and sustainable development of information science and technology in our country, the strategic planning group has put forward suggestions for measures and policies to safeguard the development of the discipline. These recommendations are based on national strategic needs and focus on encouraging original innovation, improving talent funding, establishing expert teams, building experimental platforms, diversifying funding sources, and fostering a conducive academic environment.

目　　录

总序 / i

前言 / vii

摘要 / xi

Abstract / xv

第一章　信息科学的战略价值 / 1

第一节　信息科学在整个科学体系中的地位 / 1

一、电子学与信息系统学科在整个科学体系中的地位 / 3

二、计算机学科在整个科学体系中的地位 / 5

三、自动化学科在整个科学体系中的地位 / 6

四、半导体科学与信息器件学科在整个科学体系中的地位 / 7

五、光学与光电子学学科在整个科学体系中的地位 / 8

六、人工智能学科在整个科学体系中的地位 / 10

第二节　信息科学推动其他学科和相关技术发展所起的作用 / 11

一、信息学科与数学物理学科 / 12

二、信息学科与化学学科 / 12

三、信息学科与生命学科 / 13

四、信息学科与地球学科 / 13

五、信息学科与工程材料学科 / 14

六、信息学科与土木工程及建筑学科 / 14

七、信息学科与管理学科 / 15

八、信息学科与医学学科 / 15

九、信息学科与机械学科 / 16

十、信息学科与环境学科 / 16

十一、信息学科与其他交叉学科 / 17

第三节 信息科学在国家总体学科发展布局中的地位 / 18

一、电子学与信息系统学科在国家总体学科发展布局中的地位 / 21

二、计算机学科在国家总体学科发展布局中的地位 / 22

三、自动化学科在国家总体学科发展布局中的地位 / 23

四、半导体科学与信息器件学科在国家总体学科发展布局中的地位 / 24

五、光学与光电子学学科在国家总体学科发展布局中的地位 / 26

六、人工智能学科在国家总体学科发展布局中的地位 / 28

第四节 信息科学对国家科技发展规划及其他科技政策目标的支撑作用 / 30

一、对制造强国的支撑作用 / 31

二、对网络强国的支撑作用 / 34

三、对新基建强国的支撑作用 / 36

四、对军事强国的支撑作用 / 38

五、对交通强国的支撑作用 / 41

六、对健康中国的支撑作用 / 42

七、对绿色中国的支撑作用 / 44

第五节 信息科学满足国民经济、社会发展、国防安全的重要意义 / 47

本章参考文献 / 56

目　录

第二章　发展规律与研究特点 / 58

第一节　信息科学的定义与内涵 / 58
第二节　信息科学的发展规律和特点 / 63
  一、学科发展动力 / 64
  二、信息科学学科促进学科交叉 / 66
  三、成果转移态势 / 70
  四、人才培养特点 / 75
  五、研究组织形式 / 80
  六、资助模式 / 85

本章参考文献 / 89

第三章　发展现状与发展态势 / 92

第一节　国际上信息科学学科的发展现状和趋势 / 92
  一、电子学与信息系统领域的发展现状和趋势 / 92
  二、计算机、互联网等领域的研究现状与趋势总结 / 108
  三、自动化技术领域的研究现状与趋势总结 / 114
  四、信息器件与光学领域的研究现状及趋势总结 / 124

第二节　我国信息科学学科的发展现状 / 129
  一、电子学与信息系统的发展现状 / 130
  二、计算机科学的发展现状 / 134
  三、自动化科学的发展现状 / 142
  四、信息器件与光学的发展现状 / 148

第三节　经费投入与平台建设情况 / 152
  一、经费投入情况 / 152
  二、平台建设情况 / 158

第四节　人才队伍情况 / 162

第五节　存在的问题与措施建议 / 165

本章参考文献 / 167

xxi

第四章 信息科学的发展思路与发展方向 / 174

第一节 信息学科发展的关键科学问题 / 174
一、信息获取 / 175
二、信息传输 / 175
三、信息处理 / 176

第二节 信息学科发展的总体思路与目标 / 176

第三节 信息学科发展的重要方向 / 178
一、空天地海信息网络基础理论与技术 / 178
二、人-机-物信息物理系统基础理论与关键技术 / 191
三、新一代网络体系结构及安全 / 202
四、高分多源探测与复杂环境感知 / 217
五、自主智能运动体和群系统 / 228
六、人-机-物融合场景下的计算理论和软硬件方法与技术 / 249
七、未来信息系统电子器件/电路/射频基础理论与技术 / 260
八、超高算力集成电路芯片系统 / 270
九、半导体材料、器件与跨维度集成 / 280
十、光电子器件及集成 / 288
十一、应用光学理论与技术 / 296
十二、生物与医学信息获取、融合及应用 / 305
十三、人-机融合的数据表征、高效计算与应用 / 315
十四、类脑智能核心理论与技术 / 324
十五、人工智能基础理论与方法 / 331

本章参考文献 / 343

第五章 资助机制与政策建议 / 355

关键词索引 / 359

第一章
信息科学的战略价值

第一节　信息科学在整个科学体系中的地位

信息科学是以信息论、控制论、电磁场理论、图灵计算模型和系统论为基础理论，以信息科学方法论为主要研究方法，以集成电路、计算机、传感器等为主要软硬件平台和技术手段，以扩展人的信息功能为研究目标的一门综合性科学。信息科学主要涵盖电子科学与技术、通信与信息系统、信息获取与处理、计算机科学与技术、数据与计算科学、自动化科学与技术、人工智能（Artificial Intelligence，AI）与智能芯片、半导体科学与信息器件、光学与光电子学以及教育与信息交叉等分支领域。信息科学在信息时代的科学技术进步中发挥着先导作用。随着人类社会从信息时代向智能信息时代发展，以及第四次工业革命的临近，在新的全球格局和大国竞争的国际环境下，信息科学的战略性地位更加突出，迫切需要加强信息科学的前瞻性和颠覆性技术研究，持续推动信息科学的关键核心技术实现突破，为新时代我国深度参与全球竞争提供强有力的科技保障和核心竞争力，确保我国在未来全球竞争中的战略优势。

信息刻画事物运动状态及其变化方式，与物质和能量构成客观世界的三大要素。与传统自然科学主要从物质结构及其相互作用、能量转换与物质演变的角度阐释自然的运动和变化不同，信息科学主要从对事物运动变化的观察和认知入手，用信息科学的手段分析获取事物运动的知识和规律，并通过适当的转换和决策来控制其运动变化的方式。信息科学是从信息视角出发研究自然规律的科学方法体系，主要研究信息的获取、传递、认知和决策等过程的基本规律与相应系统的优化组成和运行机理。

信息科学奠基于 20 世纪 40 年代出现的四大基础理论，包括克劳德·艾尔伍德·香农创建的信息论（通信的数学理论）[1]、诺伯特·维纳奠基的控制论[2]、路德维希·冯·贝塔朗菲创立的一般系统论[3]，以及艾伦·麦席森·图灵和约翰·冯·诺依曼等创立的计算理论[4, 5]。这四个信息科学的基础理论在建立和发展初期就有千丝万缕的关系，并且一直相互影响和相互促进，形成了庞大和丰富的信息科学体系。信息论奠定了通信的基础理论，它确定的理论极限是人类追求的目标，是近代几乎所有通信技术取得重大突破的理论动力和思想源泉，带动了整个信息科学的发展，推动了计算理论和控制论的发展与应用，产生了很多信息科学的边缘学科和交叉学科，如量子信息论、生物信息学等，推动了网络通信、深空通信、量子通信、分子通信和计算理论等许多学科方向的发展。控制论建立了控制系统的基本模型，揭示了信息在控制中的核心作用，为自动控制技术和系统的发展奠定了基础。一般系统论倡导系统、整体的概念，开启了系统数学建模方法和开放系统的研究，逐步发展成为研究各种系统的一般模式、结构和规律的系统科学，对一般信息系统的建模、构成、原理及其设计和运行机制都具有重要的指导意义。艾伦·麦席森·图灵创立的通用自动机模型奠定了现代计算机的理论基础，推动了冯·诺依曼计算机体系架构、通用计算机语言和程序的发展。在信息论等理论诞生的同时诞生了半导体晶体管技术，此后伴随着电磁场与电磁波理论、光电效应、电路理论及材料科学的不断发展和应用，微电子和光电子、集成电路、射频微波等技术不断飞速发展。这进一步为通信、计算和控制等信息系统的蓬勃发展和应用提供了强劲动力。在信息论等信息科学基础理论的指引和半导体集成电路等信息领域核心技术的支撑下，逐步产生了完善的计算机系统、全球电信网络、互联网、全球移动通信网络和工业控制系统等，人类正式进入信息时代。

随着计算机互联网和移动互联网的高速发展，信息的生成获取、表征压缩、传输处理、计算控制的方式等发生了巨大的变化。信息的载体从声、光、电和磁转向更为丰富复杂、形态各异的媒介。信息获取的时空跨度呈现分布化和网络化。信息处理的维度和规模分别向高维与海量演变，海量数据给信息的表征、压缩、存储、传输和处理带来了极大的挑战。具有复杂结构特征的大规模数据处理、海量存储、大容量传输、高性能计算和智能化控制已成为信息科学的核心问题，这些方向的突破推动了多个领域和行业的不断进步。21 世纪将成为"大信息"时代，信息科学呈现深度交叉融合的趋势。信息网络正从面向人-人互联、人-机互联的计算机互联网、移动互联网逐步迈向面向人-机-物多元互联、协同交互的物联网、工业互联网以及未来人-机混合协同网络。以物联网和工业互联网为代表的信息系统日渐成为感知、通信、计算和控制高度耦合、相互作用的复杂系统。通过人与人、人与物的泛在互联和协同交互，人类能更充分地感知自然、认知社会，更有效地利用资源、适应环境和改造自然，显著地提高生产效率，更加快速地向数字化、自动化、网络化和智能化迈进，从而极大地推动人类生产方式的改变和社会生活方式的变革。

一、电子学与信息系统学科在整个科学体系中的地位

电子科学与技术是电子信息工程技术中的基础性和共性研究领域，主要研究电磁场与电磁波、电路与系统、电子材料与器件等方面的基础性和共性科学技术问题，以及电磁场与周围环境，特别是与人体相互作用的科学技术问题。电子科学与技术研究无线和有线信息系统中各类部件、电路、器件的原理方法和实现途径，以及其与周围环境相互作用的基础理论、基本方法和共性技术。该学科包括电路与系统、电磁场与波、太赫兹技术、生物电子与信息、敏感电子学、微波光子学、物理电子学和医学信息监测与处理等领域。在当今信息时代，电子科学与技术学科除了在信息科学与技术领域起着关键支撑作用之外，在电力、测量、能源与资源勘测、地球与天体物理探测、工程材料、生命科学、环境科学以及国防科技等越来越多的领域中也发挥着重

要作用。

通信与信息系统主要探索各类通信与信息系统中信息有效表达、压缩、传输和交换所遵循的基本规律，揭示系统性能与功率、带宽、时间、空间和算力等各类资源的约束关系，并以此为指导，研究通信与信息系统的构成原则与设计方法。信息论推动了通信领域最近40余年来的飞速发展，同时极大地促进了其他学科的发展和进步。纠错编码理论作为信息论的重要分支和通信系统的基础理论，推动了计算和存储领域的革命性演进，分布式编码和网络编码技术带动了网络计算、分布式压缩/存储、云存储/云计算技术的发展。无线移动通信技术的发展使移动计算和移动互联网成为现实，同时为微电子集成电路技术带来了巨大的需求，几乎是其先进工艺、新型半导体材料发展的直接驱动力。通信网络理论和技术的发展更是为互联网、工业互联网、能源互联网、云计算和大规模人工智能系统奠定了不可或缺的坚实基础。通信网络所形成的海量泛在连接，正在影响和改变人类社会生活的范式以及人类与自然共存的方式，带来许多新的社会现象并有望孕育更多的学科方向。通信与感知、计算、控制将日趋融合，在未来智能信息系统中高度协调，形成有机的统一，相关学科领域将彼此促进和相互融通。

信息获取与处理是指采用探测传感手段获得目标或物体信息并进行处理的技术，是信息技术的重要源头[6]。信息获取与处理以信号为研究对象，研究信号特性以及从信号中获取信息的过程，涵盖了信号的采集、表征、变换和应用等环节。信息的获取又依赖于一定的信息系统，例如，现代雷达是一种综合了电子科学各种先进技术的信息感知与处理系统；图像处理系统是利用计算机对数字图像进行加工、分析和处理，从而达到改善图像质量、压缩图像数据、提取图像信息、理解图像内容等多层次目的的技术系统；多媒体系统是把文字、语言、图像、图形、音频和视频等媒体通过信息融合技术集成，建立内在逻辑连接，并对它们进行采集、传输、解析、处理和应用等的信息系统；声学系统是对声波进行感知、分析与变换，从而提取声波中所携带的有用信息，并对其进行解译的信息系统，这些信息系统涉及电子信息工程、计算机科学与技术等学科中的大量技术要素，因此信息获取与处理系统具备技术系统的属性特征[7]。当前人类社会正处于信息爆炸时代，信息量、信息传播的速度、信息处理的速度以及应用信息的程度等呈几何级数增长。

应用技术是信息获取与处理的主要内容，即利用信息技术解决实际问题。当前信息技术已经全面涉及国民经济各大领域，"加快数字化发展，建设数字中国"已经成为《中华人民共和国国民经济和社会发展第十四个五年规划和2035年远景目标纲要》中非常重要的内容。

二、计算机学科在整个科学体系中的地位

计算机科学与技术作为现代科学技术中发展迅速、影响广泛的学科之一，深刻地影响科学技术、国民经济、社会生产和生活的各个方面。计算机科学与技术的发展和应用水平已成为衡量一个国家综合竞争力的重要标志，对推动科学发现和技术进步、提升工业技术水平和创新产业形态，以及促进经济社会发展起到了无可替代的作用。计算机科学与技术的高速发展推动了国民经济的快速发展，有力地促进了传统产业的革新和现代服务业兴起等重大变革。

计算成为继实验验证、理论分析之后的第三科学研究范式，由其支撑的数据范式发展成为科学研究的第四范式。计算机科学与技术为应对全球性挑战提供了新的技术途径，为传统的物理、化学、物质科学、生命科学、能源、生态与环境等研究提供了新的手段。从计算机支持科学家做传统科学研究转向计算嵌入科学研究的全过程，形成了"计算+X"的新局面，为人类探索和理解世界提供了新的工具与视角。以计算为核心的新兴交叉学科与技术层出不穷，如计算物理、计算化学、计算生物学、计算语言学、计算金融学、计算社会学等，计算机科学与技术已成为发展交叉与汇聚科学的纽带。

计算机科学与技术造就的计算系统，包括从小到厘米以下尺度的嵌入式计算机到巨型计算系统，形成了无处不在的计算环境，推动了工业社会向信息社会的迈进。传统工业化与信息化的融合（两化融合）是未来科学技术和社会生活的重要支撑。两化融合迫切需要具有核心竞争力的计算机科学与技术的支撑。装备制造业的升级、智慧城市的建设、社会管理水平的提升等对新型计算模式、网络环境、感知系统、大数据分析等技术都提出了新的挑战。

从高等教育的发展可以看出计算机科学与技术的核心作用。计算机类课程已经成为所有理工科甚至文科专业的必修课程，尤其是国际上部分大学的

计算机专业学生已经占到在校生总数的 1/4 甚至 1/3。这反映了来自应用的巨大需求，也得益于硬件系统性能的提升、软件开发方式的改变、交互方式的改进以及网络世界的连通。硬件系统性能的提升使得有更强的算力用于帮助改善人-机交互所需要的计算；软件开发方式的改变使得软件开发的难度下降，让开发人员可以更多地关注软件的功能，提升了开发的效率；交互方式的改进大大地降低了用户使用计算机和网络的门槛，自然化的交互保证了普通用户以最小的学习代价获得先进工具的使用权；网络世界的连通使得科学仪器、生产设备等通过无处不在的网络便利地进行互联，甚至实现全球科学仪器的协同观测与计算。

进入 21 世纪后，计算机科学与技术的发展与半导体、微电子、光电子和人工智能的发展密不可分。一方面，这些学科的进步有效地支撑了摩尔定律，推动了计算机硬件的快速发展。在后摩尔时代，新型半导体材料、微纳集成和光电技术的出现有望突破计算可能面临的硬件瓶颈。另一方面，计算机硬件的发展有力地带动了人工智能的进步。

三、自动化学科在整个科学体系中的地位

自动化学科旨在以代替人或辅助人的方式去完成人类生产、生活和管理活动中的特定任务，减少和减轻人类的体力与脑力劳动，提高工作效率和效益，改善工作效果。自动化科学与技术在近几十年内发展迅速，相关理论科学及技术应用已在国防军工、智能制造、机器人、医疗服务等全社会各领域起到了战略支撑作用。

自动化学科的发展从产生之日起，就有着鲜明的科学体系定位，既是一系列学科的发展根基，又需要其他学科的发展推动。自动化学科是信息科学与技术的重要组成部分，它关注信息获取、传输与处理等环节，将充分利用信息作为最终目标。自动化学科不仅聚焦于利用信息实现改造自然的目标的数学原理和方法，还聚焦于作为自动化技术载体的技术与装备，因此自动化学科涵盖从理论、方法、技术到设备的各个层面，与数学、机械、软件、电子、电气及其他各类学科都具有紧密的相关性。自动化学科以控制论、系统论、信息论为基础，与其他各学科相结合，形成各门各类的自动化专业，如

机械制造自动化、化工自动化、核工程自动化与农业自动化等。换言之，自动化学科所研究的理论、方法和技术具有普适性，在整个科学体系中具有基础性地位。自动化学科的发展水平不仅取决于其自身思想与方法的发展，还和基础数学、计算机科学、人工智能、电子通信、机械工程等其他学科的发展密切相关。

21世纪以来，控制论的发展与普及，以及人工智能的兴起，加强了自动化技术与通信、系统工程、控制工程等领域的相互交织与配合，促进并形成了现在的多学科交叉的自动化学科体系。随着自动化技术产业规模的不断扩大、产业结构的不断优化，以及新一代自动化技术的不断突破，自动化学科的进步对整个科学体系及经济社会发展的引擎作用不断增强。

四、半导体科学与信息器件学科在整个科学体系中的地位

半导体是现代电子信息社会的重要支撑，推动了几乎所有现代技术的进步，其相关学科技术广泛地应用于集成电路芯片、通信与计算、智能系统硬件、物联网传感器、太阳能电池和功率电子器件等领域，渗透到经济社会发展的各个方面，是保障国家安全的战略性、基础性和先导性产业。

半导体的研究最早源自光电二极管等传感器件。早期的半导体材料与器件研究仅仅作为物理学的一个分支，直到1947年美国贝尔实验室的科学家发明双极型器件。很快地，基于锗、硅晶体材料的半导体晶体管器件演变出许多具有新功能的电路，如模拟运算放大器、数字逻辑门。基于这些基础半导体器件和电路的组合，可以实现丰富的信息处理功能，如无线通信收发机、高性能电子计算机等。20世纪60年代集成电路的发明，推动该学科进入高速发展阶段。逐渐地，半导体科学与信息器件学科发展成为独立的研究领域。

如今，半导体科学与信息器件学科覆盖了基础自然科学到先进工程制造技术。该学科结合了量子力学、固体物理等基础理论，发展出完整的半导体物理学，对半导体的能带、晶格动力学、电子输运以及量子隧穿等理论进行了详细的解释。在此基础上发展出的器件物理体系，涵盖了双极型晶体管、场效应管、光子器件等，从微观层面指导了集成电路的发展。为了大规模制

备上述器件，半导体还发展出了集成电路制造工艺技术，包括光刻、刻蚀、离子注入、淀积和抛光等步骤。除了基于硅、锗材料的第一代半导体之外，以砷化镓（Gallium Arsenide，GaAs）和磷化铟（Indium Phosphide，InP）化合物材料为代表的第二代半导体，以及以氮化镓（Gallium Nitride，GaN）和碳化硅（Silicon Carbide，SiC）宽禁带化合物材料为代表的第三代半导体已经蓬勃发展起来了。基于化合物材料的半导体具有禁带宽度更宽、导热率更高、抗辐射能力更强以及能带结构调控更广等特性，在半导体照明显示、新一代移动通信和新能源等领域拥有广阔的应用前景，是进一步支撑我国信息、能源、交通、国防等产业的重点技术。

基于上述领域的研究，半导体科学与信息器件学科的发展带动了高密度集成电路技术的发展，同时可扩展到光学、新型传感器和微纳机械等相关领域，促进了许多交叉研究，由此衍生出了许多新兴行业。随着半导体技术的不断创新，特别是微纳加工的技术日趋成熟，半导体器件尺寸不断缩小，逐渐逼近工艺和物理极限。此时，经典的器件物理理论面临着挑战，基于新原理的忆阻器件、量子器件与低维材料器件正在促进半导体科学与信息器件学科迈向新的发展纪元。

进入21世纪后，半导体和信息器件技术早已渗透到数字化、网络化、智能化的社会发展的方方面面，是摩尔定律等电子信息行业的关键标杆与核心基础。构建高质量的半导体科学与信息器件学科体系，强化学科的交叉共融，对当代科学技术的进步具有战略性的重要意义。

五、光学与光电子学学科在整个科学体系中的地位

光学与光电子学作为现代科学技术中发展迅猛、影响广泛的学科之一，正引领世界发生广泛而深远的变化。光学与光电子学是新一代信息技术和众多新场景应用的基础核心，已成为衡量一个国家高科技竞争力的重要标志，推动人工智能、物联网、大数据、云计算、区块链等新兴数字技术的加速创新，赋能社会高质量发展。以数字产业化和产业数字化为内涵的数字经济，是当前和未来我国经济社会发展的重要引擎。作为数字经济、新型基础设施建设（新基建）和宽带中国等国家战略的支撑，光学与光电子学是保障国家

安全、产业安全与信息安全的重要基础。

光学与光电子学学科从诞生之日起就有着鲜明的科学体系定位,既是一系列学科的发展根基,又与其他学科进行融合发展。光学与光电子学学科是信息科学与技术的重要组成部分,以光学与光电子学为核心的新兴交叉学科与技术前沿层出不穷。例如,光电子学与微波技术交叉融合,形成微波光子学;光电子和微电子交叉融合,形成硅基光电子前沿研究和应用领域;光电子学与人工智能结合,形成光学神经网络等众多交叉学科,已成为发展交叉与汇聚科学的纽带。

光学与光电子学造就的信息系统,包括从光学芯片到光传输与交换、光存储、光显示与交互系统,形成了无所不在的智能信息系统环境,促进了信息社会的快速发展,推进了现代装备的改造升级和智慧城市建设。

从高等教育的角度来看,全国知名高校目前开设了光学与光电子学的学科,所涉及的课程包括光学材料、工艺、器件和装备方面,因此光学与光电子学学科涵盖了从数学与统计原理、物理与化学机制、软件设计、加工与制备技术到系统与应用方法等多个层面,与理学和工学中的各类学科关联紧密。光学与光电子学学科面向信息的产生、传输、获取、处理与呈现,进而分化出了诸多分支学科,如光通信技术、光计算与存储技术、光显示与交互技术等。"光"所具有的多重信息自由度、超大带宽、低传输损耗等优势,使得光学与光电子学学科的研究在理论、方法与系统等方面对整个科学体系都具有深远的影响。以超高功率脉冲激光、大容量光信息网络、超分辨率显微成像、感存算一体化芯片、混合现实与新型显示等为代表的光学与光电子学研究领域和重大成果,推动了前沿物理、生化医疗、先进加工、工程建造等其他学科领域的发展。

光学与光电子学是光信息技术的物理基础,涵盖光信息产生、传输、处理等功能,其技术水平决定了光通信网络、数据中心、第五代(Fifth Generation, 5G)移动接入、高性能计算与数据互连、光成像、传感等诸多领域的发展速度与能力。自21世纪以来,光学与光电子器件正处于更新换代的快速发展阶段,新型光通信、光计算与存储、光显示与交互等新兴信息光子技术与产业呈现出爆发式发展态势,正与微电子学、计算机科学等学科进行融合发展,促进信息技术的变革式发展。

六、人工智能学科在整个科学体系中的地位

人工智能的基本目标是使机器具有人类或其他智慧生物拥有的能力,为传统方法难以解决的实际问题探寻新途径。人工智能的研究包括感知能力（如语音识别、自然语言理解、计算机视觉）、问题求解/决策能力（如搜索和规划）、行动能力（如机器人）以及支持任务完成的体系架构（如智能体和多智能体）。经过60多年的演进,人工智能正呈现深度学习、跨界融合、人-机协同、群智开放、自主操控等新特征,正成为引领这一轮科技革命和产业变革的战略性技术,是新一轮科技革命和产业变革的重要驱动力量,具有溢出带动性很强的"头雁效应"。加快发展新一代人工智能,不仅事关我国能否抓住新一轮科技革命和产业变革机遇的战略问题,而且是赢得全球科技竞争主动权的重要战略抓手,更是推动我国科技跨越式发展、产业优化升级、生产力整体跃升的重要战略资源。

人工智能具有增强任何领域技术的潜力,是类似于内燃机或电力的一种使能技术,广泛应用于众多领域,如农业、制造、经济、运输等行业和数学、物理、化学、材料、医学等科学研究领域,"人工智能+"新热点纷纷出现。

科技发展的事实已经表明,重大科技问题的突破和新理论乃至新学科的创生,常常是不同学科理论交叉融合的结果。学科之间的交叉和渗透在现代科学技术发展历程中推动了链式创新。利用不同学科之间依存的内在逻辑关系,在学科之间相互渗透、交叉和综合,可实现科学的整体化,是知识生产的前沿。学科交叉正成为科学发展的主流,推动着科学技术的发展。人工智能作为一种使能技术,天然具有与其他学科研究进行交叉的秉性,从这个意义而言,人工智能可谓"至小有内涵,至大可交叉"。

一方面,神经科学、脑科学、物理学、数学、电子工程、生物学、语言学、认知学等学科的研究进展,不断推动人工智能本身研究的进展。例如,通过对大脑进行观测、理解和分析,抽取对人工智能有启发性的神经网络结构和大脑机制机理,推动类脑计算深入发展；数学和控制领域动力学研究进展则能推动群智涌现和协同对抗等群体智能研究。另一方面,人工智能推动基础学科研究不断深入。科学研究的两大基本范式分别是以数据观测为核心的实验科学和以发现物理世界基本原理为核心的理论科学,

继计算仿真和数据建模之后，人工智能与科学研究相互结合可以对刻画物理世界的复杂方程进行求解。例如，预测化学反应中分子之间的微观运动和揭示大气中的湍流变化规律，从而构建基于人工智能的科学研究新范式，结合机器智能处理能力和人类发明发现能力，系统化地解决现实中的复杂问题。

2018 年，自然科学基金委增设教育信息科学与技术，代码设置为 F0701，这一举措将自然科学研究范式引入教育研究，希望通过自然科学基金项目资助部署，广泛吸引不同领域的科学家开展多学科交叉的基础研究，解决人类学习认知机理、知识资源生成、个性化导学机制、人-机混合评价等教育创新发展中亟待解决的关键科学问题。2019 年，中华人民共和国科学技术部（简称科技部）启动智慧教育国家新一代人工智能开放创新平台建设。2022 年，科技部立项新一代人工智能科教创新开放平台建设。人工智能与教育教学深度融合，将推动中国目前所具有的世界上最大规模教育体系的高质量发展。围绕构建智慧学习环境、探索智能教育模式与方法、助推教师队伍建设、提升教育治理能力等事关教育发展的核心问题开展研究，促进教育快速提质增效发展、创新教育资源公平普惠配置、教育优质均衡发展。总之，信息学科是当代科学的前沿学科，在信息时代的科学技术进步中发挥着先导作用。

第二节 信息科学推动其他学科和相关技术发展所起的作用

信息学科几乎渗透到所有学科领域，强力促进了各学科的蓬勃发展，显著地提升了资源配置的效率以及各学科的发展质量，深远地影响其他学科的研究范式。下面分别分析信息学科与数学物理学科、化学学科、生命学科、地球学科、工程材料学科、土木工程及建筑学科、管理学科、医学学科、机械学科、环境学科以及其他交叉学科之间的关系。

一、信息学科与数学物理学科

在信息学科与数学学科相结合方面，为应对大型科学实验中的超大规模科学计算、复杂电磁系统的理论分析与数值模拟、计算机系统中的逻辑推理与分析、通信链路和网络的容量理论等挑战，提出了对策论、最优化方法、运筹学、数理逻辑、计算方法、信息论、控制论、排队论、可靠性理论等应用数学分支，极大地丰富了应用数学的研究范畴。此外，信息科学特别是计算机科学的发展，促成了数学研究新范式的兴起。1976 年，美国数学家 Appel 和 Haken 与计算机专家 Kock 合作，利用电子计算机证明了"四色定理"。20 世纪 70 年代，吴文俊院士开创性地提出了"吴方法"，极大地推动了"数学机械化"[8]这一研究领域的蓬勃发展，使得几何定理证明从"一理一证"发展到"一类一证"。在信息学科与物理学科相结合方面，在信息与凝聚态物理交叉领域的研究中，人工智能技术指导了材料体系结构设计、量子多体系统的动力学模拟和物理仿真；核物理学家利用人工智能加速神经网络，开展核聚变过程的数据预测，有效促进了碳中和绿色发展；天体物理的研究也逐渐步入大数据时代，机器学习在其中所起到的作用也日益凸显。近年来，信息与物理交叉领域的研究也在关注信息处理和算力问题。例如，研究通过物理原理来创造人工智能的硬件系统和新范式，利用光学系统、超导量子系统以及微纳电子系统实现机器学习硬件电路，突破经典集成电路中摩尔定律的限制；利用量子力学原理进行信息数据加密、传输，推动了量子保密通信和量子信息存储技术的发展；利用量子系统能够显著地提升经典计算算力，基于自然计算以及量子计算原理，实现经典计算理论中非确定性多项式（Nondeterministic Polynomial，NP）难题的有效时间解决。

二、信息学科与化学学科

在信息学科与化学学科相结合方面，在化学计量学和计算化学的基础上演化与发展出了信息化学这一新兴领域，通过应用计算机科技、信息学和数学的理论与方法，结合化学理论与事实，辅助化学家开展化学领域的相关基础研究，主要研究化学结构的计算机编码和图形检索，以化学结构图的拓扑性质为基础，通过化学结构的正规编码，在开发化学智能系统中发挥着重要作用；人工神经网络、遗传算法、小波分析等先进的数据挖掘技术成功应用于化学的众多领域，形成了化学计量学；根据已有的化学知识和定理，通过计算机推演和大规模计算，可成功预测与模拟物质的物理和化学性质，例如，2013 年诺贝尔奖化学奖获得者亚利耶·瓦谢尔教授的研究成果"复杂化学体系多尺度模型"、美国哈佛大学马丁·卡普拉斯教授的"基于量子物理原理的化学模拟方法"等都是计算机大规模计算和模拟方法应用到化学学科的典型成果。此外，另一个有影响力的例子就是计算机辅助药物设计，特别是人工智能技术的引入，显著地提升了靶点发现、先导化合物研究、化合物筛选、化合物合成的效率。

三、信息学科与生命学科

在信息学科与生命学科相结合方面，利用数据库、机器学习等信息技术分析生命现象中广泛存在的各类数据和信息，催生了以生物信息学为代表的交叉研究领域，对传统生命科学中的重大领域，包括基因组学、蛋白质组学、系统生物学和比较基因组学等，产生了重要影响。例如，对基因组脱氧核糖核酸（Deoxyribonucleic Acid，DNA）序列信息进行分析，获得蛋白质编码区信息，进行蛋白质空间结构模拟和预测，这是生物信息学中的重要挑战。在过去的 50 年中，结构生物学家主要利用 X 射线晶体学或冷冻电镜等实验技术来破译蛋白质的三维（Three-Dimension，3D）结构，但这类方法耗时长、成本高。2020 年底，AlphaFold 2[9] 人工智能程序在蛋白质结构预测大赛中，对大部分蛋白质结构的预测与真实结构只差一个原子的宽度，达到了人类利用冷冻电镜等复杂仪器进行观察的水平，这是蛋白质结构预测史无前例的巨大进步。此外，信息科学的发展直接促成了生物芯片、基因芯片、电子细胞、虚拟人、电子克隆等生命科学前沿领域的产生与飞速发展。

四、信息学科与地球学科

在信息学科与地球学科相结合方面，通信技术、卫星技术、电磁波技术、遥感技术、计算机技术等广泛应用，使得地学家掌握了前所未有的探测工具，使得人类能全方位地了解地球深部、实现全球地表观测、监控地球的全局演变与动态过程。特别是针对深空、深地、深时、深海等极端环境的研究，使得人们掌握了前所未有的信息，为地球的演变和人类的安全提供了重要保障。此外，信息技术应用到地学数据的同化、融合、共享和分析，实现了遥感定量化、观测系统化、多源数据融合化，为天气预报、航空、交通、海洋渔业、矿产开采、资源利用等人类日常生活提供了坚实的支撑[10]。

五、信息学科与工程材料学科

在信息学科与工程材料学科相结合方面，首先，信息科学依赖于材料科学，是在信息材料基础上形成的学科；其次，信息学科对工程材料学科的发展起到推动作用。信息技术对工业过程、材料制备、灾害监测、电力等能源系统的实时监测、动态控制、稳定反馈，使得传统工程设计和材料生产过程更加高效与环保。以电力系统中的智能电网为例，它是在常规电网技术上集成高速的通信网络，通过传感和测量技术、控制论、系统决策方法的应用，实现电网可靠、安全、经济、高效、环境友好的设计目标，实现电网自愈、激励和保护用户、抵御攻击，提供满足用户需求的电能质量，容许各种不同发电形式的接入，启动电力市场以及资产的优化高效运行。未来的智能电网技术将进一步实现对新能源（如高动态的风能、太阳能等可再生能源）的规划和高效利用，实现对电动汽车等新兴产业的强力支持，是国家实现碳达峰与碳中和战略目标的关键技术之一。

六、信息学科与土木工程及建筑学科

在信息学科与土木工程及建筑学科相结合方面，土木工程的信息化是用计算机、通信、自动控制等信息汇集处理高新技术对传统土木工程技术手段及施工方式进行改造与提升，促进土木工程技术及施工手段不断完善，使其更加科学、合理，有效地提高效率，降低成本。土木工程的信息化是土木工程市场发展的高级阶段。通过融入现代物流业、电子商务业和信息产业,实现土木工程的信息化,从而引起土木工程企业管理方式的深刻革命,这必然推动企业团队的重组及施工流程的优化,促使企业管理理念和手段的革新。此外,信息学科应用到建筑学科中,可以实现对建筑物的长期无人自动实时监测。

七、信息学科与管理学科

在信息学科与管理学科相结合方面,新一代信息技术的出现产生了一系列新兴的工程技术应用领域,为管理系统的设计带来了新的挑战。例如,随着移动互联网的兴起,消费者与服务参与者的行为模式、社交网络中的信息传播规律、社会化网络环境中创业者行为、企业和居民的绿色低碳行为规律等都发生了显著变化。此外,网络环境下的社会系统集群行为、社会成员的博弈行为偏好演化、虚拟网络经济系统的运行与计算、网络大数据的挖掘和社会计算、互联网金融的出现与演化,都为复杂管理系统的分析带来了新任务。同时,移动互联网环境也给国家治理提出了如下新挑战:网络环境下的国家信息安全管理、网络舆情的预测与应对、超大都市的安全运行与规划、国家治理和社会治理的新形态、异质治理信息的分布式采集与数据处理、分布式移动互联医疗资源的优化配置等。

八、信息学科与医学学科

在信息学科与医学学科相结合方面,信息科学与医学相互融合诞生了医学信息学。以大数据、物联网、机器人、人工智能为代表的新一代信息技术推动着医学的变革,影响着未来医学技术的发展方向,催生了引领生命健康未来的智慧医学和智慧医疗。信息技术带动医学影像学发生了翻天覆地的变化,人工智能应用于医学图像,解决了 X 射线、血管造影、超声波、正电子发射断层扫描、核磁共振等各类成像技术的精度和速度等方面的关键问题[11]，为医学检验提供了新手段和新方法。纳米机器人显著改善了药物传送的效率，新一代通信技术实现了远程医疗，人工智能技术实现了接近专家系统的医学影像检验和智能问诊[12]。融合微电子、神经科学、材料学、信号处理、人工智能等学科，脑机接口技术可实现大脑和外部设备之间的直接连接，为一系列重大疾病的治疗和脑科学的深入研究提供了新的研究范式和方法。

九、信息学科与机械学科

在信息学科与机械学科相结合方面，信息化是制造技术走向全球化和现代化的重要标志。人们一方面开始探索制造技术在产品设计和制造过程中的信息本质，另一方面对制造技术本身加以改造，使其适应新的信息化制造环境。随着对制造过程和制造系统认识的加深，研究者正试图以全新的概念和方法对其进行描述与表达，以进一步达到实现控制和优化的目的。与制造有关的信息主要有产品信息、工艺信息和管理信息，这一领域有以下主要研究方向和内容：① 制造信息的获取、处理、存储、传输和应用，大量制造信息知识和决策转化；② 非符号信息的表达、制造信息的保真传递、制造信息的管理、非完整制造信息状态下的生产决策、虚拟管理制造、基于网络环境的设计和制造、制造过程和制造系统中的控制科学问题。这些都是制造科学和信息科学基础融合的产物，构成了制造科学中的新分支——制造信息学。

十、信息学科与环境学科

在信息学科与环境学科相结合方面，系统性和综合性的生态系统评估需要多类型与多尺度的科学数据支持，以便获得丰富而可靠的信息。环境信息科学是由多学科交叉构成的，是一门以遥感与地理信息系统（Geographic Information System，GIS）技术、大数据技术、物联网通信技术等为依托来解决复杂的环境问题的学科。根据 2007 年中国学者杜培军等对环境信息科学交叉学科的分类[13]，环境信息科学是由环境科学、生态科学、地球科学、管理科学、认知科学和数学科学等与计算机科学、信息科学和人工智能交叉共融而来。中国环境信息方面的相关工作始于20世纪80年代中期，截至目前已经完成了省级环境信息中心和原国家环境信息中心的联网工作，并逐步实现全国环境信息系统（Environmental Information System，EIS）的联网架构。随着中国EIS硬件设施的建设完成，环境信息软件也向标准化、网络化与服务化方向逐步演变，数据采集、传输、处理和共享等环节也在全国不同行政单元、不同行业单元、不同地理单元、不同需求单元逐步开展。自从环境保护作为中国的国策以来，环境信息科学理论指导对推动学科发展与客观实践起到了不可估量的作用。

十一、信息学科与其他交叉学科

在信息学科与其他交叉学科相结合方面，从国家总体学科发展和经济社会发展全局来看，信息学科与其他学科呈现一种既相互独立又相互交叉融合的关系。随着泛在通信、智能感知、物联网、大数据、云计算、人工智能等信息技术的迅速发展和广泛应用，信息学科与其他学科共融发展，形成了大量新兴的交叉学科领域，包括生物信息学、地理信息学、医学信息学、化学信息学、农业信息学、水利信息学、法律信息学等。但这种交叉不是静止的，随着交叉融合的推进，其中原本属于某个学科的部分内容，可能会被剥离并为另一学科所专有，学科交叉呈现出"交叉-分化-交叉"的螺旋式上升过程。

综上所述，信息学科为其他学科提供了崭新的观测手段、海量数据的处理方式、网络化的信息交互机制、强大的计算存储能力、稳定和可靠的控制体系，广泛地赋能其他学科，成为现代社会、经济、科技发展的基础性和支撑性学科。

第三节　信息科学在国家总体学科发展布局中的地位

信息科学是国家自然科学发展的九大科学领域之一，与数学物理科学、化学科学、生命科学、地球科学、工程与材料科学、管理科学、医学科学和交叉科学并列。信息科学通过相互渗透、相互结合，成为实现我国可持续发展和提升国家综合竞争力的强大动力，信息科学领域的技术水平也成为国家科学技术进步的重要标志。信息科学与产业是构建国家信息基础设施、提供网络和信息服务、全面支撑经济社会发展的战略性、基础性和先导性学科与行业。信息技术突破和产业竞争，已成为改变全球经济格局、政治格局和安全格局的重要因素，其发展水平已成为一个国家的重要国力体现。信息科学由于潜在应用广、技术革新快、重大挑战多，成为众多学科中极富创新活力的领域之一，其技术水平对引领经济社会转型发展和保障国家安全稳定具有深远的影响。

2010—2020年的10年间，经过"十二五"和"十三五"建设，我国科技事业加速发展，创新体系更加健全，创新环境不断优化，创新能力显著增强，创新治理形成新格局，科技实力跃上新的大台阶，我国信息技术发展与创新体系建设已取得举世瞩目的成绩，在促进高质量发展和全面建成小康社会中发挥了支撑引领作用。为确保国家通信基础设施技术不断更新以及人民生活水平稳步提升，我国在信息领域从基础问题研究到重大应用攻关部署了一系列重要项目计划，包括国家高技术研究发展计划（863计划）、国家重点基础研究发展计划（973计划）、国家科技重大专项、国家重点研发计划、国家自然科学基金重大和重点项目等。

在宽带通信骨干网建设中，部署973计划项目5项、863计划项目4项、国家重点研发计划项目12项，大力加强光纤通信与高速交换技术，部署皮比特每秒（Petabits Per Second，Pbit/s）级传输系统，全面提升我国宽带网络带宽。

在第三代（Third Generation，3G）、第四代（Fourth Generation，4G）、5G移动通信理论与技术研究及系统研发中，部署863计划项目1项、973计划项目3项、国家科技重大专项15项，为我国移动通信在4G时代达到国际先进水平和在5G时代达到全球领先水平奠定了坚实的基础。近年来，我国已全面启动超越5G（Beyond 5G，B5G）和第六代（Sixth Generation，6G）移动通信关键技术研究，在"宽带通信和新型网络"和"多模态网络与通信"等国家重点研发计划专项中部署相关项目10余项，并形成"全频谱、全覆盖、全应用、强安全"6G通信四大范式[14]。

在智慧融合网络构建中，设置863计划项目1项、973计划项目5项、国家科技重大专项3项、国家重点研发计划项目9项，实现我国三网融合，构建物联网系统，为我国建成工业自动化与智慧城市做了充分准备。

在空天地一体化通信战略部署中，设置863计划项目1项、973计划项目3项、国家重点研发计划项目8项，为我国打造空天地一体化无缝通信、实现星间组网与天地互联提供理论及技术支撑。

国家重点实验室是国家组织开展基础研究和应用基础研究、聚集和培养优秀科技人才、开展高水平学术交流、具备先进科研装备的重要科技创新基地，是国家创新体系的重要组成部分，经过30多年的建设发展，已成为孕育重大原始创新、推动学科发展和解决国家战略重大科学技术问题的重要力量。目前，我国共有316个国家重点实验室，其中，高校171个，中国科学院67个，国家部委47个，企业31个。信息科学领域共有31个国家重点实验室，按主管部门划分，中国科学院12个，中华人民共和国教育部（简称教育部）16个，中华人民共和国工业和信息化部（简称工业和信息化部）2个，地方1个；按第一依托单位地域划分，北京市11个，江苏省4个，上海市3个，吉林省3个，浙江省3个，辽宁省2个，四川省2个，陕西省2个，山西省1个；按学科领域分划分，网络空间安全1个，系统与控制科学5个，网络与通信6个，计算机与软件6个，光学工程与光电子9个，微电子与集成电路3个，跨领域交叉1个。国家重点实验室引领国家科学前沿，为国民经济与国家重大工程做出了重大贡献，设计实现了天河系列高效能计算机系统，连续6次获得全球超级计算机TOP500排行榜第一名，连续5次获得高性能共轭梯度

（High-Performance Conjugate Gradient，HPCG）基准测试排行榜第一名；首创建立了单细胞分辨的全脑显微光学成像技术体系，成功绘制出世界上第一套单细胞分辨的小鼠全脑 3D 结构图谱；攻克了 4G 移动通信系统时分长期演进（Time Division-Long Term Evolution，TD-LTE）关键技术难题，在全球多个时分双工（Time Division Duplexing，TDD）技术提案竞争中胜出，成为两大主流 4G 国际标准之一；研制了我国首款航天图像压缩芯片，应用于"高分"和"天绘"卫星等国家重大工程。

中国共产党第十九次全国代表大会报告指出，到 2035 年，我国经济实力、科技实力将大幅跃升，跻身创新型国家前列。尽管最近十年我国信息科学与技术取得了长足的进步，但与此目标还有一定的差距。特别地，在当前移动通信技术和产业面临更新换代、大数据和人工智能等新技术发展日新月异，以及量子信息等基础理论不断取得突破并逐步走向应用的大背景下，如何保证我国在未来 10—20 年移动通信与安全领域的基础理论和核心技术不受制于国外，在相关产业发展和人才队伍建设等国际竞争中取得并保持优势，是我国相关政策规划和科研导向所面临的重要问题。

《中华人民共和国国民经济和社会发展第十四个五年规划和 2035 年远景目标纲要》中明确指出，建设高速泛在、天地一体、集成互联、安全高效的信息基础设施，增强数据感知、传输、存储和运算能力。加快 5G 网络规模化部署，用户普及率提高到 56%，推广升级千兆光纤网络。前瞻布局 6G 网络技术储备。扩容骨干网互联节点，新设一批国际通信出入口，全面推进互联网协议第六版（Internet Protocol Version 6，IPv6）商用部署。实施中西部地区中小城市基础网络完善工程。推动物联网全面发展，打造支持固移融合、宽窄结合的物联接入能力。加快构建全国一体化大数据中心体系，强化算力统筹智能调度，建设若干国家枢纽节点和大数据中心集群，建设 E 级和 10E 级超级计算中心。积极稳妥发展工业互联网和车联网。打造全球覆盖、高效运行的通信、导航、遥感空间基础设施体系，建设商业航天发射场。加快交通、能源、市政等传统基础设施数字化改造，加强泛在感知、终端联网、智能调度体系建设。发挥市场主导作用，打通多元化投资渠道，构建新型基础设施标准体系。同时，将新一代人工智能、量子信息等作为科技前沿攻关领域，并将未来网络实验设施等作为国家重大科技基础设施。

上述这些布局，体现了信息科学在我国现代化建设全局中处于核心地位。同时，信息科学也将面向世界科技前沿、面向经济主战场、面向国家重大需求、面向人民生命健康发挥重要作用。

一、电子学与信息系统学科在国家总体学科发展布局中的地位

电子学与信息系统学科包括电子科学与技术、通信与信息系统、信息获取与处理，一直以来在国家总体学科发展布局中占有极其重要的地位。《国家中长期科学和技术发展规划纲要（2006—2020年）》将电子学与信息系统学科中诸多研究领域作为优先发展的前沿和重点方向，在确定的16个重大专项中和电子学与信息系统学科相关的有三项，分别是"核心电子器件"、"新一代宽带无线移动通信"和"高分辨率对地观测系统"。

电子科学与技术方面，国家对新型电子材料，关键电子器件，复杂条件下的电磁辐射、散射、传播、逆散射与高分辨成像等方面的应用基础研究给予了强有力的资助[15]。我国已形成相当规模的电子科学与技术研究队伍，在上述各主要研究领域的学术水平也日益接近国际水平；在部分研究领域内已具有和当前国际水平相当的研究基础与研究实力。

通信与信息系统方面，《国家中长期科学和技术发展规划纲要（2006—2020年）》发展部署包括：重点领域及其优先主题中的信息产业及现代服务业，涉及传感器网络及智能信息处理、数字媒体内容平台等；前沿技术中的智能感知技术、自组织网络技术、虚拟现实（Virtual Reality，VR）技术等；基础研究中的支撑信息技术发展的科学基础。自2008年以来，国家相继实施了"新一代宽带无线移动通信"国家科技重大专项、"宽带通信和新型网络"和"多模态网络与通信"国家重点研发计划专项。自然科学基金委相继部署了"空间信息网络基础理论与关键技术"、"移动通信安全基础理论与关键技术"与"面向未来通信的数学基础（信息论）"等专项和重大研究计划。未来，通信与信息系统学科作为信息科学的基础，责任更为重大，需要实现源头创新和探索科学真理。它将以6G为基础构建由地面无线、卫星通信和卫星互联网组成的全连接世界，用于空间通信、智能交互、多感官混合现实、人-机协同、全自动交通等泛在应用场景，应对覆盖、时延、移动、精度等关

键指标的挑战。基于拓扑几何和人工智能的光电、量子信号处理算法、芯片、系统，会成为前沿性的基础创新。

信息获取与处理方面，我国陆续实施了《陆海观测卫星业务发展规划（2011—2020年）》和《国家民用空间基础设施中长期发展规划（2015—2025年）》。《国家中长期科学和技术发展规划纲要（2006—2020年）》将信息获取与处理中的诸多研究领域作为优先发展的前沿和重点方向，确定了"高分辨率对地观测系统"重大专项。2013年起，自然科学基金委部署了"空间信息网络基础理论与关键技术"重大研究计划，为信息获取与处理方向的发展提供了重要支撑。应用数学和物理等相关学科与领域的新理论、新方法不断涌现，支撑了信息获取与处理的进一步发展。我国在信息获取与处理理论和应用探索方面取得了显著进展，缩小了和世界先进水平的差距，某些单项技术指标已与国外同步[16]，在自然资源、生态环境、交通、农业、林业、水利、城市规划和防灾减灾等多个领域具备了一定的业务化应用能力，已成为推进国家治理体系和治理能力现代化的重要技术支撑。

二、计算机学科在国家总体学科发展布局中的地位

国家持续加大在计算机科学与技术领域的布局，在"十三五"规划中将大数据、天地一体化信息网络等列入重大工程。构建高效信息网络，一方面完善新一代高速光纤网络，另一方面构建先进泛在的无线宽带网。实施国家大数据战略，促进大数据产业健康发展。强化信息安全保障，加强数据资源安全保护，科学实施网络空间治理，全面保障重要信息系统安全。

近年来，在网络强国战略和"互联网+"行动计划的引领下，国家重点研发计划专项"宽带通信和新型网络"启动，有望在网络体系结构、一体化融合网络等方面取得一批突破性成果。为建设一个大规模、国家级的网络实验平台，《国家重大科技基础设施建设中长期规划（2012—2030年）》将未来网络实验设施纳入"十二五"时期重大科技基础设施建设。未来网络实验设施将覆盖全国40个城市，搭建88个主干网络节点和133个边缘网络，并连接互联网和国外网络实验设施，不仅可为网络体系结构基础理论与核心技术

研究提供规模验证手段，还可为设备厂商、网络运营商、应用服务提供商等单位的系统与服务创新提供研发、验证与示范的重要平台。

网络信息安全属于国家鼓励发展的高新技术领域和战略性新兴领域，受到国家政策的大力扶持。中华人民共和国国家发展和改革委员会（国家发展改革委）多年来一直在组织实施国家信息安全专项，重点支持网络信息安全产品、关键信息基础设施安全保障等，以关键信息基础设施的安全需求牵引安全技术的研发和产业化。近年来，工业和信息化部组织开展了网络安全技术应用试点示范工作，遴选一大批技术先进、应用成效显著的试点示范项目，旨在聚焦发展方向，汇聚产业资源，打造高质量网络安全"高精尖"技术创新平台。为完成《国家中长期科学和技术发展规划纲要（2006—2020年）》提出的任务，启动实施了"网络空间安全"国家重点研发计划专项，聚焦于网络安全紧迫技术需求和重大科学问题，着力突破网络空间安全基础理论和关键技术，研发一批关键技术装备和系统，逐步推动建立起与国际同步的、适应我国网络空间发展的、自主的网络空间安全保护技术体系、网络空间安全治理技术体系和网络空间测评分析技术体系。

三、自动化学科在国家总体学科发展布局中的地位

自动化学科在国家总体学科发展布局中占有重要地位，是提升国家竞争力、维护国家安全的重大战略。在国家安全和国际竞争形势复杂的情况下，自动化学科的发展受到了前所未有的重视和关注。

自动化作为科技发展的重点领域，是改造和提升制造业、推进绿色制造的关键。中华人民共和国国务院（简称国务院）发布的《国家中长期科学和技术发展规划纲要（2006—2020年）》强调了自动化技术通过实现智能电网调度、开发高效新工艺等为传统产业赋能，并分别从能源、水和矿产资源、制造业等重点领域列举了电网安全保障、矿产资源高效开发利用、数字化和智能化设计制造、流程工业的绿色化、自动化及装备等优先发展主题，明确了研究数字化设计制造集成技术、开发绿色流程制造技术等发展思路。2021年《中华人民共和国国民经济和社会发展第十四个五年规划和2035年远景目标纲要》提出的深入实施制造强国战略、打造数字经济新优势、加快发展方式

绿色转型等规划，将主要依靠自动化学科相关的技术来实现。

此外，2017 年国务院发布《新一代人工智能发展规划》，强调了人工智能的迅速发展将深刻改变人类社会生活、改变世界，并指出加强群体智能理论、自主协同控制与优化决策等基础理论研究，以及群体智能关键技术、自主无人系统的智能技术等关键共性技术研究。

《国家中长期科学和技术发展规划纲要（2006—2020 年）》中列举了包括先进制造技术、先进能源技术在内的八项高技术领域中具有前瞻性、先导性和探索性的重大前沿技术，作为未来高技术更新换代和新兴产业发展的重要基础，明确了自组织网络、重大产品和重大设施寿命预测、极端制造等技术的前沿性以及低成本的自组织网络、"可靠安全的复杂系统"以及"极端尺度下的器件制造"等课题的重要性。自然科学基金委部署了"未来工业互联网基础理论与关键技术"重大研究计划。此外，自动化也支持和推动了包括分布式供能技术、智能材料与结构技术、海洋环境立体监测技术、靶标发现技术等在内的其他前沿技术的发展。

四、半导体科学与信息器件学科在国家总体学科发展布局中的地位

在当今信息技术的时代，半导体科学与信息器件技术已经成为支撑所有现代工业和军事力量的关键核心技术，是保障经济社会发展和国家安全的战略性、基础性与先导性基石。半导体科学与信息器件学科涉及集成电路、光电子器件、传感器和分立器件，以及相关的基础科学，主要用来实现信息的感知、采集、计算、处理、传输、存储和应用等。进入 21 世纪以来，半导体科学与信息器件学科孕育出了大数据、云计算、智能家电、物联网、人工智能和量子技术等新兴产业，并仍将是下一次工业革命的基础。

近年来，随着集成电路重要性的日益突出，欧美日韩等发达国家与地区纷纷出台了一系列激励政策和行动计划，确保其领先地位和战略主动权。我国历代国家领导人都很重视半导体科学技术的发展，出台了一系列推动半导体发展的政策和措施。1956 年，我国提出"向科学进军"，在《1956—1967

年科学技术发展远景规划》中，半导体被列为当时国家新技术四大紧急措施之一，开启了中国半导体科学与信息器件学科的发展之路。2000年，国家首次制定了振兴半导体行业的产业政策，即《鼓励软件产业和集成电路产业发展的若干政策》，把半导体产业提升到国家战略产业。从此，我国的半导体学科和产业的发展进入快车道。2014年发布的《国家集成电路产业发展推进纲要》进一步全方位地推动了以集成电路为代表的半导体科学与信息器件学科迅速发展。在《国家中长期科学和技术发展规划纲要（2006—2020年）》确定的16个重大专项中，"核心电子器件、高端通用芯片及基础软件"和"极大规模集成电路制造技术及成套工艺"均与半导体科学与信息器件学科直接相关。自然科学基金委不断加强半导体科学与信息器件学科发展布局，先后启动了"半导体集成化芯片系统基础研究"和"后摩尔时代新器件基础研究"等重大研究计划。2020年，《中共中央关于制定国民经济和社会发展第十四个五年规划和二〇三五年远景目标的建议》提出，加强基础研究、注重原始创新，优化学科布局和研发布局，推进学科交叉融合，完善共性基础技术供给体系。瞄准人工智能、量子信息、集成电路、生命健康、脑科学、生物育种、空天科技、深地深海等前沿领域，实施一批具有前瞻性、战略性的国家重大科技项目，这八大前沿领域均与半导体科学与信息器件学科密切相关。

半导体科学与信息器件相关学科包括半导体材料、集成电路设计、半导体光电子器件与集成、半导体电子器件与集成、半导体物理、集成电路器件、制造与封装、微纳机电器件与控制系统、新型信息器件、半导体与其他领域交叉等。近年来，基础科学的发展以及微纳加工技术的进步，为半导体科学与信息器件提供了新的发展方向。自旋电子学、谷电子学和拓扑绝缘体物理学的发展促使一批新原理器件出现；宽禁带半导体、低维材料、有机半导体、钙钛矿、硅基异质材料等新一代半导体材料的崛起为实现高性能信息器件与系统开拓了新方向；半导体量子技术的发展为精密测量、量子通信和量子计算等提供了全新的革命性的理论与实验方法；基于新原理信息器件的存算融合的新型计算架构，成为高算力、高能效计算技术发展的重要趋势；异质异构3D集成技术成为集成电路性能提升、功能拓展的新路径。

半导体科学与信息器件学科作为交叉学科，涉及多个学科分类。为了加大该学科领域尤其是集成电路方向的人才培养，强化学科发展，有效地破解"卡脖子"局面，2021年国务院学位委员会、教育部发布《国务院学位委员会教育部关于设置"交叉学科"门类、"集成电路科学与工程"和"国家安全学"一级学科的通知》，设置集成电路科学与工程交叉学科门类的一级学科。这体现了国家构建支撑集成电路产业高速发展的创新人才培养体系的坚定决心和意志。

五、光学与光电子学学科在国家总体学科发展布局中的地位

2015年以来，国务院相继印发了《国家信息化发展战略纲要》《"十三五"国家科技创新规划》和《"十三五"国家战略性新兴产业发展规划》等国家战略规划，它们都将光学与光子学的研究和应用作为重要布局方向。2016年中共中央办公厅、国务院办公厅印发的《国家信息化发展战略纲要》中提出，统筹规划海底光缆和跨境陆地光缆建设，扩大光纤网、宽带网有效覆盖。2016年国务院发布的《"十三五"国家战略性新兴产业发展规划》中指出，大力推进高速光纤网络建设，实现主动矩阵有机发光二极管（AMOLED）、超高清（4K/8K）量子点液晶显示、柔性显示等技术国产化突破及规模应用，提升新型片式元件、光通信器件、专用电子材料供给保障能力，研制推广使用激光、电子束、离子束及其他能源驱动的主流增材制造工艺装备，加快研制高功率光纤激光器等配套核心器件，拓展纳米材料在光电子等领域应用范围，布局太赫兹通信、可见光通信等技术研发，加强低功耗高性能新原理硅基器件、硅基光电子、混合光电子、微波光电子等领域前沿技术和器件研发，形成一批专用关键制造设备，提升光网络通信元器件支撑能力。2016年国务院发布的《"十三五"国家信息化规划》中指出，协同攻关高端芯片、核心器件、光通信器件等关键软硬件设备，加快光纤到户网络改造和骨干网优化升级，统筹海底光缆网络与陆地网络协调发展，加快区域网络设施、通信光缆建设步伐。

2017年，科技部发布的《"十三五"材料领域科技创新专项规划》中明确提出，以第三代半导体材料与半导体照明、新型显示为核心，以大功

率激光材料与器件、高端光电子与微电子材料为重点，研发新型纳米功能材料、纳米光电器件及集成系统。同年，工业和信息化部发布《中国光电子器件产业技术发展路线图（2018—2022年）》（简称《路线图》），这是国内光电子技术首个产业技术发展路线图。《路线图》明确指出，光电子器件是光电子技术的核心和关键。《路线图》还明确指出，随着"互联网+"等国家战略出台，大数据、云计算、物联网、智能移动终端等新一代信息技术迅猛发展，作为重要支撑的光电子器件产业获得了前所未有的市场机遇，产业规模持续扩大。但不容忽视的是，我国光电子产业的核心基础能力依然薄弱，与发达国家相比，总体呈现出"应用强、技术弱、市场厚、利润薄"的结构，整个产业链发展不均衡。核心、高端光电子器件的相对落后，已成为制约我国光电子产业乃至整个信息产业发展的瓶颈，甚至严重影响国家信息安全。《路线图》梳理国内外光电子器件产业、技术发展现状，分析产业发展特点，并聚焦于信息光电子领域的光通信器件、通信光纤光缆、特种光纤、光传感器件四大方向；研究我国光电子器件产业当前的竞争优劣势，剖析我国光电子器件发展面临的机遇与挑战；研究发展思路和目标，提出促进产业发展的策略建议与重点发展产品；力求起到引领产业发展方向、实现国家中长期产业布局和规划、推动国内企业抢占产业发展制高点的作用。

2021年12月，中央网络安全和信息化委员会印发《"十四五"国家信息化规划》，围绕确定的发展目标，部署了10项重大任务，其中第一项是建设泛在智联的数字基础设施体系。数字基础设施体系建设方面，《"十四五"国家信息化规划》明确指出，5G网络普及应用，明确第六代移动通信（6G）技术愿景需求。北斗卫星导航系统（简称北斗系统）、卫星通信网络商业应用不断拓展。IPv6与5G、工业互联网、车联网等领域融合创新发展。数字技术创新体系基本形成方面，《"十四五"国家信息化规划》明确指出，关键核心技术创新能力显著提升，集成电路、基础软件、装备材料、核心元器件等短板取得重大突破。该体系中构建涵盖光纤通信网络、自由空间光通信网络的智能光通信系统，是建设数字经济强国的底层物理保障。光学与光电子器件支撑光纤通信网络、无线光通信网络和数据中心光互连网络等信息系统的发展，是建设数字经济强国的底层关键核心技术。全球90%以上的数据是通过光电子器件,以光的形式进行传输与互连的;光电子器件是信息通信的"发动机",光电子器件性能的提升是数字化社会持续高速发展的保障。

自然科学基金委长期关注光学与光电子学学科,主办了"信息光电子"战略研讨会、举办了"2019光学与光子学前沿热点论坛",举办的多届"双清论坛"就集成微波光子技术、微纳光子学、海洋光学等光学与光电子学学科方向开展主题讨论。同时,自然科学基金委还大力支持光学与光子学学科的发展,专门设立了"新型光场调控物理及应用"重大研究计划项目等。

六、人工智能学科在国家总体学科发展布局中的地位

2017年7月国务院发布的《新一代人工智能发展规划》中明确指出,完善人工智能领域学科布局,设立人工智能专业,推动人工智能领域一级学科建设,尽快在试点院校建立人工智能学院,增加人工智能相关学科方向的博士、硕士招生名额。鼓励高校在原有基础上拓宽人工智能专业教育内容,形成"人工智能+X"复合专业培养新模式,重视人工智能与数学、计算机科学、物理学、生物学、心理学、社会学、法学等学科专业教育的交叉融合。加强产学研合作,鼓励高校、科研院所与企业等机构合作开展人工智能学科建设。

为了落实《新一代人工智能发展规划》,2018年4月教育部印发了《高等学校人工智能创新行动计划》以及2020年1月教育部、国家发展改革委、中华人民共和国财政部(简称财政部)联合发布了《关于"双一流"建设高校促进学科融合 加快人工智能领域研究生培养的若干意见》两个文件来推动人工智能人才培养。这两个文件对人工智能专业设置、学科发展、人才培养、科技创新进行了规划,强调在人才培养和科技创新方面要"特别重视多维融合的推动策略",即学科建设强调"融合发展",健全学科设置机制,以学科重大理论和实践应用问题为牵引,促进人工智能方法与技术向更多学科渗透融合;人才培养模式强调"复合培养",探索以问题为导向的学科交叉人才培养模式,深化产教融合,大力提升研究生创新和实践能力;课程体系建设强调"精密耦合",以"全链条""开放式""个性化"为目标,打造人工智能核心知识课程体系和应用模块课程;评价机制强调"组合创新",以成果评价为

突破口，科学评价论文、专利、软件著作权等多种成果形式，推进不同类型研究生的分类评价机制。

先前我国的学科体系尚未设立人工智能学科，只是在控制科学与工程一级学科内设置了模式识别与智能系统二级学科，是当时所有自然科学门类中唯一与人工智能相关的学科。2021年国务院学位委员会发布的《交叉学科设置与管理办法（试行）》中指出，交叉学科是多个学科相互渗透、融合形成的新学科，具有不同于现有一级学科范畴的概念、理论和方法体系，已成为学科、知识发展的新领域。2021年国务院学位委员会、教育部发布《国务院学位委员会教育部关于设置"交叉学科"门类、"集成电路科学与工程"和"国家安全学"一级学科的通知》，设置交叉学科门类（门类代码为"14"）。2022年国务院学位委员会和教育部发布《研究生教育学科专业目录（2022年）》，智能科学与技术正式成为交叉学科门类中的一级学科。此后，浙江大学、武汉大学、华中科技大学、北京大学、北京理工大学、北京师范大学、吉林大学、中国科学技术大学、中南大学、四川大学、西安交通大学等高校相继设置了人工智能交叉学科博士点，同济大学和湖南大学设置了智能科学与技术交叉学科博士点。121所高校在相应一级学科授权点下，自主设置了168个与"智能"相关的二级学科或交叉学科方向，其中名称包含"人工智能"的有47个。"双一流"建设高校中，有60所将人工智能相关领域和方向作为重要建设方向，涉及计算机科学与技术、控制科学与工程、信息与通信工程、软件工程、电子科学与技术、数学等学科。

2019年3月，教育部印发了《教育部关于公布2018年度普通高等学校本科专业备案和审批结果的通知》，批准35所高校设置人工智能本科专业。截至2022年2月，全国一共有345所高校设置人工智能本科专业、190所高校设置智能科学与技术本科专业、387所普通高等学校高等职业教育（专科）设置人工智能技术服务专业。由此，我国本科和研究生层次的人工智能人才培养载体已经形成。

第四节　信息科学对国家科技发展规划及其他科技政策目标的支撑作用

信息科学与技术对实现国家科技发展规划及其他科技政策目标起到了重要且关键的支撑作用。智能制造已经成为我国从制造大国向制造强国转型的巨大推动力，正带领我国制造产业迈向全球价值链中高端，而信息科学与技术是智能制造强国重点发展的十大领域之一，也是智能制造强国主线中的两大关键技术之一。

信息科学与技术是信息与网络技术的核心，对网络强国战略起着重要支撑作用。网络强国战略包括网络基础设施建设、信息通信业新的发展和网络信息安全三个方面，其以信息化技术和网络技术为核心，目标是不断提高网络规模和带宽普及率，保障网络安全，增强网络相关信息产业的竞争力。

信息科学与技术是新基建战略的基础。新型基础设施是以新发展理念为引领，以技术创新为驱动，以信息网络为基础，面向高质量发展需要，提供数字转型、智能升级、融合创新等服务的基础设施体系。

现代军事要以强大的经济实力和尖端的军事科学技术为依托，信息科学与技术成为百年未有之大变局中构筑军事强国的关键力量，成为实现中华民族伟大复兴中国梦的重要支柱。军事强国新征程的目标是着力突破关键核心技术，着力加快数字基础设施建设，着力深化数字化发展，推动军事强国建设取得决定性突破。

从智慧交通的角度来看，有效发挥信息化在交通运输行业的乘数效应，促进信息科学新技术与交通运输融合发展，是持续驱动交通运输高质量发展、推进交通强国建设的重要引擎。

信息科学与技术在医疗行业具有能够解决医疗痛点和传统医疗技术不高效、不便捷，以及医疗资源不平衡等问题的优势，在提高资源利用效率、降低服务消费成本、提升整体医疗资源分布平衡、深化医疗技术等方面具有显著效果。

绿色低碳已经成为人类社会可持续发展的重中之重,实现"双碳"目标也意味着经济增长范式的深刻变革,倒逼各行各业以更快速度、更优路径实现产业的转型升级和高质量发展,推进绿色中国的进程。

一、对制造强国的支撑作用

智能制造作为制造业和信息技术深度融合的产物,其诞生和演变是与信息化发展相伴而生的。从20世纪中叶到90年代中期,以数字计算、感知、通信和控制为主要特征的信息化催生了数字化制造;从20世纪90年代中期开始,以互联网大规模普及应用为主要特征的信息化催生了数字化、网络化制造;当前,工业互联网、大数据及人工智能实现群体突破和融合应用,以新一代人工智能技术为主要特征的信息化开创了制造业数字化、网络化、智能化制造的新阶段。特别是过去20年,移动互联、超级计算、大数据、云计算、物联网、人工智能等新一代信息技术全都呈现指数级增长的态势,日新月异、飞速发展,并极其迅速地普及应用,形成了群体性跨越。信息技术指数级的增长使信息设备变得极快速、极廉价、更小、更轻,使得这些设备的性能提升到之前根本就无法想象的高度,这是新一轮工业革命的第一大驱动力。

数字化、网络化和智能化使得信息的获取、使用、控制以及共享变得极其快速和廉价,产生了真正的大数据,创新的速度大大加快,应用的范围无所不及。新一代信息技术极速普及应用,世上任何物体都可互联起来,可感知、可度量、可通信、可操控,使人和物更聪明、操控更准确。人类社会-信息世界-物理世界三元融合,使信息服务进入了普惠计算和网络时代,正进入智能时代,真正引发了一场革命。这也是新一轮工业革命的第二大驱动力。

信息科学与技术是"加快建设宽带、泛在、融合、安全的信息网络基础设施"的核心组成,能够推动新一代移动通信、下一代互联网核心设备和智能终端的研发及产业化,加快推进三网融合,促进物联网、云计算的研发和示范应用;信息科学与技术是推动高档数控机床和机器人、航空航天装备、海洋工程装备及高技术船舶、先进轨道交通装备、节能与新能源汽车、电力装备、新材料、生物医药及高性能医疗器械、农业机械装备九个领域发展的重要支撑。

具体来说，信息科学与技术已支撑提升数控机床速率、精度、复合性、柔性、多轴联动、智能化等性能指标，并依托人工智能赋能的物联网技术，支撑加工设备朝着自动化、智能化和环保的方向发展，还支撑了下一代机器人与工业互联网、云计算、大数据等新一代信息技术的深度融合，使得下一代机器人的智能化程度将进一步提高，对外界的感知能力将进一步增强，可以完成动态、复杂的作业使命，实现多机协同，不断增强与人类协同作业的能力。在当前已有的信息科学与技术基础上，智能机器人还需更强大的人工智能计算平台，在全面感知、泛在连接、深度集成和高效处理的基础上，支撑精准决策和动态优化。

信息科学与技术在航空航天装备领域对运载器、卫星、飞船、深空探测器等空间飞行器以及相关地面设备的制造与运行起到重要的支撑作用，缩短了航空航天器件的开发周期，优化了航空航天路径的规划，加速了空间资源的利用。尚需要进一步开发航空航天装备数字孪生制造技术、VR 训练系统，以支撑航空航天领域的加速发展。

信息科学与技术在海洋工程装备及高技术船舶领域，重点支撑航海导航、海洋勘探，尤其是深海探测、资源开发利用、海上作业保障装备及其关键系统和专用设备方面。尚需加快"天星地网"到"天星天网"的网络建设，发挥星间链路和软件定义卫星的重要作用，释放准备性能，强化船舶海洋巡航能力。

在先进轨道交通装备方面，信息科学与技术支撑了交通网络的规划管理、智能调度与流量监控，优化了城市交通流量；同时加速了整个交通网络的设计研发、实验验证、系统集成速度。尚需加快 6G 技术开发，扩大 5G 网络使用范围，提升超级计算机和数据开放水平，不断提高网络连通程度和信息共享程度。加快推进新一代以人工智能为核心的智能化技术基础设施建设，赋能智慧交通，大力开发云计算、大数据底层技术与人-机交互通用技术，引领传统轨道交通产业向价值链高端迈进。

在新能源汽车、电力装备、新材料和生物医药及高性能医疗器械方面，信息科学与技术都起到了重要的支撑作用。新能源汽车是当前信息技术创新最全面、大规模的载体，其低碳化、信息化和智能化必须依靠信息技术的支撑。信息科学与技术加速了新能源汽车的智能化，使得自动驾驶技术成为可能，为我国当前的产业升级提供了充足的动力；在新型电力装备方面，通过互联网、大数据、虚拟制造信息技术与实体制造技术融合，支撑了电力电网设备的智能化，为智慧城市、电动汽车、储能等新兴领域赋能；为新材料的设计、验证、测试提供了新的技术手段；支持了如"太赫兹"新型医疗检测技术、5G医疗健康监测、人工智能基因检测等新型医药医疗器械的研究。强化信息科学与技术在上述领域的支撑作用，需要从基础研究抓起，加大对材料、芯片、视频编/解码、先进计算、高维信息处理等研究的投入，瞄准第三代半导体技术的关键短板，开展共性技术与基础科学研究，鼓励产学研用联合创新，以实现云、网、边、端、人等多领域间的融合创新与技术断点突破。

在农业机械装备方面，信息科学与技术融合遥感测绘与人工智能、大数据，支撑实现了无人化、自动化、智能化管理装备。例如，利用无人机实现农业灌溉，合理高效地对当前的资源进行分配，达到节约水资源的目的。深化信息科学与技术对现代农业的支撑，需进一步加强大平台、大数据、大系统建设，探索开发数据挖掘应用的多种模式，建设基于互联网的专业数据库，所有分库从共同的数据池中挖掘，做到形式多样、功能齐全、内容丰富。

此外，当今一种全新的创新方法——技术融合和系统集成式创新应运而生。虽然使用的各项技术并不一定是最新的，但是这些技术的组合会产生革命性的创新。例如，苹果（Apple）系列产品、特斯拉电动汽车就是技术融合和系统集成式创新的成功典范，通过采用各种最新信息技术、管理技术与工具，对各个创新要素和创新内容进行选择、集成与优化，形成了优势互补的动态创新过程，引领制造业"创新驱动，转型升级"的历史潮流。又如，谷歌（Google）和百度（Baidu）公司进入汽车制造业，意味着一个新的制造业时代的到来。无人驾驶汽车集成了各种先进的信息获取、传递、控制和应用技术，突出了新的智能技术和软件技术，融合了先进制造技术，在很短时间内取得了标志性的突破，是技术融合和系统集成式创新的典范。

未来最大的一个机会将来自新兴技术和现有技术之间的相互作用与融合，这将颠覆未来的技术和产业。系统决定成败，集成者最强大。这是成就新一轮工业革命的第三大驱动力。随着人工智能算法的重大突破、计算能力的极大提高，互联网引发了真正的大数据革命，在算法、算力、数据三大核心技术与其他各种先进技术互融互通的基础上，人工智能技术已经实现战略突破，进入了新一代人工智能（人工智能 2.0）时代。新一代人工智能呈现出深度学习、跨界融合、人-机协同、群体智能等新特征，大数据智能、跨媒体智能、人-机混合增强智能、群体集成智能和自主智能装备正成为发展重点。最关键的是，新一代人工智能解决复杂问题的方法将从"强调因果关系"的传统模式向"强调关联关系"的创新模式转变，进而向"关联关系"和"因果关系"深度融合的先进模式发展，其解决复杂问题的能力突飞猛进。最本质的是，新一代人工智能具备了学习的能力，具备了生成知识和更好地运用知识的能力，实现了质的飞跃。新一代人工智能为人类提供了认识复杂系统的新思维，提供了改造自然和社会的新技术。

当然，新一代人工智能还在极速发展的过程中，将继续从弱人工智能迈向强人工智能，不断拓展人类"脑力"，应用范围将更加泛在、无所不在。总之，新一代人工智能已经成为新一轮科技革命的核心技术，正在形成推动经济社会发展的巨大引擎。

二、对网络强国的支撑作用

中国共产党第十八届中央委员会第五次全体会议通过《中共中央关于制定国民经济和社会发展第十三个五年规划的建议》明确提出，实施网络强国战略，加快构建高速、移动、安全、泛在的新一代信息基础设施。网络强国战略包括网络基础设施建设、信息通信业新的发展和网络信息安全三个方面，其以信息化技术和网络技术为核心，目标是不断提高网络规模和带宽普及率，保障网络安全，增强网络相关信息产业的竞争力。信息科学与技术是信息与网络技术的核心，对网络强国战略起着重要支撑作用。

网络空间是人类技术进步和应用普及拓展的发展新空间，对推动人类开启新的跨越式发展具有重大意义，已经成为世界各国培育经济发展新动能、塑造国家竞争新优势、推进可持续发展的重要抓手。网络空间蕴含的政治、经济、社会、军事等战略价值越来越大，在网络社会化、社会网络化的今天，网络安全事关国家长治久安，以及经济社会发展和人民群众福祉。网络空间

第一章　信息科学的战略价值

加速演变为战略威慑与控制的新领域、意识形态领域斗争的新平台、维护经济社会稳定的新阵地、信息化局部战争的新战场。如今，网络空间正日益成为国际竞争的对抗新焦点，世界主要大国围绕网络空间展开了激烈争夺和对抗，对国际竞争、经济全球化、世界政治经济格局调整都已经产生重大和深远的影响。世界各国加快网络空间布局，全面推动产业智能化升级和数字经济发展，抢筑新一轮产业革命下的经济发展新优势。信息技术发展与信息化已经被世界各大国列为国家战略重点和优先发展方向，围绕网络空间发展主导权、制网权的争夺日趋激烈，世界权力图谱因信息化而被重新绘制，互联网成为影响世界的重要力量。

网络发展以技术作为支撑，核心技术是制约我国建设成网络强国的一大难关。建设网络强国，网络信息化基础设施要处于世界领先水平，要有明确的网络空间战略和国际社会中的网络话语权，关键核心技术上要自主可控，网络安全要有足够的保障手段和能力，网络应用在规模、质量等方面要处在世界领先水平，在网络空间战略中要有占领制高点的能力和实力。在全球信息化的浪潮中，中国已经成为一个网络大国。但是，目前我国的网络形态仍处于大而不强的状况，距离网络强国目标还存在一定距离，宽带建设规模和质量仍需进一步提升，自主创新动力不足，关键技术受制于人的格局还没有完全改变，网络安全面临严峻挑战，中国不同地区间"数字鸿沟"问题突出，信息化驱动工业化、城镇化、农业现代化任务还十分繁重。我国网络空间综合实力处于全球第二梯队，与第一梯队的美国差距较大。

目前，我国网络空间核心技术尚未完全自主，受到西方国家特别是美国网络霸权的制约。全球网络信息技术处于系统创新和智能引领的重大变革时期，先进计算、高速互联、高端存储、智能感知等信息技术的代际跃迁不断冲击技术天花板，加速孕育颠覆性重大技术变革。我国需要抓住机遇，大力加强信息科学与技术的发展，加快实施创新驱动发展战略，突破制约网络强国建设的关键技术瓶颈，确保网络强国战略的顺利实施，把握互联网时代的国际竞争主动权[17]。

为了更好地支撑网络强国战略，尚需交叉融合信息技术与垂直行业，并加快发展新一代人工智能，以赢得全球科技竞争主动权，进而支撑我国科技跨越式发展。我国拥有海量数据资源、巨大应用需求、深厚市场潜力，这是我国人工智能发展得天独厚的优势;加快推进量子科技发展,坚持以国家信息安全保障、计算能力提高等重大需求为导向,统筹基础研究、前沿技术、工程技术研发,培育量子通信等战略性新兴产业,抢占量子科技国际竞争制高点,构筑发展新优势。

三、对新基建强国的支撑作用

2020年4月,国家发展改革委明确了新基建范围,并指出新基建就是以新发展理念为引领,以技术创新为驱动,以信息网络为基础,面向高质量发展的需要,提供数字转型、智能升级、融合创新等服务的基础设施体系。新基建是发力于科技端的基础设施建设,包含5G基建、特高压、城际高速铁路和城际轨道交通、新能源汽车充电桩、大数据中心、人工智能、工业互联网等七大领域,涉及通信、电力、交通、数字等多个社会民生重点行业。信息科学与技术是新基建强国战略的基础。

信息科学与技术输出的最新成果,将强有力地支撑新基建的基础设施。具体如下。

(1)移动通信技术

5G和6G移动通信技术是移动通信领域的重大变革点,是新基建的"领衔领域"。无论从承接的产业规模,还是对新兴产业所起的技术作用来看,5G和6G对于新基建来说是最值得期待的。我国重点发展的各大新兴产业,如工业互联网、车联网、企业上云、人工智能、远程医疗等,均需要以5G和6G作为产业支撑。5G和6G的上下游产业链也非常广泛,甚至直接延伸到了消费领域。

(2)支撑高速发展的大数据技术和智能计算技术

大数据中心是海量信息时代的诺亚方舟。新兴产业的未来发展将大量依赖于数据资源,因此从国家政务到各大行业,建立数据中心将有助于促进行业转型和实现企业上云。在当今的技术浪潮中,互联网数据中心是最重要的趋势。根据美国协同研究集团(Synergy Research Group)的调研数据,全球顶级云计算服务提供商要想在市场竞争中获得成功,在基础设施方面的支出至少达到每季度10亿美元的投资水平。全球数据总量每18个月翻番,数据中心建设会跟不上大数据爆发的步伐。另外，云计算、5G、产业互联网、人工智能等技术也在不断提高社会对数据中心的需求。

（3）支撑模拟人类思维的人工智能技术

人工智能是引领新一轮科技革命、产业变革、社会变革的战略性技术，正在对经济发展、社会进步、国际政治经济格局等方面产生重大深远的影响。从产业发展的角度来看，人工智能作为新一轮产业变革的核心驱动力，正在释放历次科技革命和产业变革积蓄的巨大能量，持续探索新一代人工智能应用场景，将重构生产、分配、交换、消费等经济活动各环节，催生新技术、新产品和新产业。

（4）支撑信息传感设备实现的物联网技术、实现全球工业级网络平台的工业互联技术

工业互联网作为新一代信息技术与制造业深度融合的产物，日益成为新工业革命的关键支撑和深化"互联网+先进制造业"的重要基石，是推进制造强国和网络强国建设的重要基础。自从2012年工业互联网概念被提出，我国高度重视工业互联网的发展和建设。2017年，国务院发布了《关于深化"互联网+先进制造业"发展工业互联网的指导意见》。2018年，工业互联网专项工作组成立，负责统筹协调我国工业互联网发展的全局性工作，相继发布了《工业互联网发展行动计划（2018—2020年）》和《工业互联网创新发展行动计划（2021—2023年）》。2019年，工业互联网被写入国务院政府工作报告。2020年，工业互联网成为新基建的重要发展方向之一。此外，具有高灵活性与可扩展性的云计算技术和具有丰富应用的区块链技术，在新基建的发展中也是至关重要的。

新型基础设施承载着大量核心关键的数据和信息，随着新基建的开展以及信息网络技术和网络体系结构快速演进，信息网络安全形势不断变化，我国的新基建将面临不断产生的新挑战。尤其是我国信息技术长期受制于人，信息网络安全技术创新发展的需求凸显。随着中美两国贸易冲突的不断激化，国际科技竞争逐渐白热化。从2008年微软"黑屏"事件、2013年美国"棱镜门"事件，到2018年华为技术有限公司（简称华为）等中国公司和机构被列入美国"实体清单"，这些无不说明核心技术受制于人是当前国家信息安全的最大隐患。因此，当前我国面临的信息网络安全形势依旧严峻，新型基础设

施一旦被攻击或者被国外控制,给国家、社会和企业带来的后果将不堪设想。根据以上事件和对未来发展的分析,开展 5G 基建、大数据中心、工业互联网等相关的信息基础设施建设,将衍生和成倍增长信息网络安全问题,所以未来需要信息网络安全技术支撑和保障新基建。

四、对军事强国的支撑作用

2019 年 7 月 24 日国务院新闻办公室发布《新时代的中国国防》指出,在新一轮科技革命和产业变革推动下,人工智能、量子信息、大数据、云计算、物联网等前沿科技加速应用于军事领域,国际军事竞争格局正在发生历史性变化;明确了新时代中国国防和军队建设的战略目标是,到 2020 年基本实现机械化,信息化建设取得重大进展,战略能力有大的提升。信息科学与技术已成为军事强国的重要支撑,尤其军事通信与网络、信息化训练领域装备系统和技术。现代军事强国要以强大的经济实力和尖端的军事科学技术为依托。因此,信息科学与技术自然而然成为百年未有之大变局中构筑军事强国的关键力量,成为实现中华民族伟大复兴中国梦的重要支柱。"十四五"期间是我国开启全面建设社会主义现代化的军事强国新征程,其目标为着力突破关键核心技术,着力加快数字基础设施建设,着力深化数字化发展,推动军事强国建设取得决定性突破[18]。

信息科学与技术对军事强国的具体支撑作用如下。

(1)信息科学与技术打牢基础平台

一是突破技术创新,通过统筹国家科技力量,充分支撑军事力量发展基础,加大对高端芯片、高端集成电路等"卡脖子"领域核心技术的研发,同时推动 5G 和 6G 及其军事应用关键技术攻关,推进下一代互联网、量子信息、人工智能等关键核心技术的研发。二是培育领军企业,大力支持领军企业开展原创性、基础性、前瞻性研究,提升装备制造向装备创造发展的主导力和核心竞争力。基于信息科学的技术的发展成果,推动加强成果转化与应用,培育装备基础研发强劲队伍。

(2)信息科学与技术助力战争优势

信息科学与技术深远地影响着现代战争形态和战争优势。信息科学与技术的发展引导信息掌握、作战决策、行动计划和指挥部队等任务的智能辅助发展，以及用于各军事指挥机构和信息系统中的信息仓库，为执行信息接收、交换、分析提供快捷便利的条件，为作战提供完整、及时、可靠的信息优势。

（3）信息科学与技术推动军事装备重塑

近年来，随着信息科学与技术的迅速发展，军事应用已从最初的通信系统扩展到雷达、电子战、导航等多个领域，逐步形成新装备研发和制造的新模式。一是推动军事装备智能化转型。智能化战争的核心是人工智能算法层面的博弈，而人工智能所能调度和利用的核心资源之一就是信息科学与技术发展带来的科技创新成果。因此，信息科学与技术发展是推动军事装备智能化转型的重要力量。二是推动装备体系化重塑。随着信息科学与技术的发展，未来信息化装备将走向统一、通用的技术架构，大幅简化传统硬件组成，缩减型谱，具有更好的通用性和可扩展性。随着信息技术高度集成发展，装备多元化运用将成为可能，通过资源调度和软件配置实行装备功能重组，具备全频带、大带宽、集成化、自适应和可升级等优势。三是推动装备灵活化发展。吸纳信息科学与技术发展成果，可解决装备研发面临的功能固化、升级僵硬、成本奇高等问题。新技术的发展将改变装备系统研制的传统模式，企业可根据规格、标准、模板预先生产，待应用时分别定义不同的作战场景和能力需求，快速配置形成新能力，大幅缩短研制周期、降低研制成本。

信息科学与技术支撑军事强国，最具典型价值的方向主要如下。

（1）军事网络与通信

以发展最为领先的美军为例，在空间层，美国陆军发布了首部卫星通信条令以指导卫星应用，并着手谋划下一代卫星通信架构；在空中层，美军继续完善其空中层网络体系，第四代与第五代战斗机之间的互联互通技术取得新突破，同时针对竞争和拥挤空域环境开展了组网技术的进一步研究；在地面通信方面，战术级作战人员信息网（Warfighter Information Network-Tactical，WIN-T）暂停交付，美军战术骨干网络发展战略发生重大调整；另外，美军在海洋通信、量子密钥分发、空间激光通信、毫米波通信等技术领域均取得多项重大进展并处于持续推进中。发展相关的信息科学与技术是实现军事强国战略的支撑性技术。为实现对美追赶与超越，网络与通信技术须朝着以任务为中心的可定制网络、高可靠安全通信协议方向发展，以实现先进作战通信，如高机敏无人机通信覆盖网络、以舰艇为中心的动态可重构组网、以导弹为通信节点的无规则动态拓扑网络等信息科学与技术。

（2）军事训练

除了支撑信息战的网络与通信，信息科学与技术还是军事训练的重要支撑技术。随着信息革命对军事领域影响的不断加深，VR/增强现实（Augmented Reality，AR）技术将广泛应用在作战指挥、军事训练和战法研究等方面，不但能够让士兵获得远程战场的全景视角、敌人的全息影像，还能大大降低模拟战场与实地训练的成本。2018年，美国陆军与微软签订了一份4.8亿美元的合同，用于购买超过10万台用于实战和训练的AR头显，并希望在设备中集成夜视和热感应功能。2021年3月，微软拿下美军219亿美元的AR订单，为其提供12万套HoloLens AR头盔和技术支持。该头盔支持3D地图显示、即时热成像等功能，方便士兵获取战场的远景视图全貌、敌方目标的全息影像、与附近战友进行稳定的视频通信以及对任务过程的记录，这些信息和士兵的视野还可共享给其他参战人员，辅助士兵在复杂环境中做出正确决策。2021年6月，美国空军获得170万美元政府补助，用以推动智慧街区VR（Street Smarts VR，SSVR）公司提供的标准化VR培训方案在其下属空军创新工场的应用进程。VR/AR已成为军事强国战略的重要支撑技术。目前，基于用户头动轨迹实时切换视场区画面的VR/AR技术已相对成熟，但是声音的3D编/解码、声随头动、听声辨位等声音的沉浸式体验还有待增强。由于耳机的佩戴会使3D全景声压扁，出现辨位失真以及声源定位模糊等问题，而沉浸式体验有赖于视觉、听觉等多感官的协同一致。为实现更优质的军事训练，还需发展沉浸式声场等信息科学与技术来支撑军事强国战略。此外，卡顿、花屏、黑边等现象严重影响VR体验，通信系统演进和网络性能改善是避免此类现象、优化用户体验的有效手段。当前，大带宽、低时延的5G网络与雾计算、网络切片、边缘计算等技术深度融合，能够初步满足VR对带宽、时延、丢包率的要求。为此，还需进一步简化互联网协议（Internet Protocol，IP）架构，发展全光网络与端网协同融合，提升承载网传输效率，来支撑军事强国战略。

综上，信息科学与技术的发展从技术基础到上层应用，都在改变着作战形态。为深入贯彻落实军事强国的发展理念，积极主动迎接新技术、新科学将是不容置疑的发展道路,同时信息科学与技术也将为全面建设社会主义现代化军事强国提供强大的动能。

五、对交通强国的支撑作用

2019年,中共中央、国务院发布《交通强国建设纲要》,启动交通强国战略,发展目标是到21世纪中叶,全面建成人民满意、保障有力、世界前列的交通强国。《交通强国建设纲要》明确提出,加强智能网联汽车(智能汽车、自动驾驶、车路协同)研发,大力发展智慧交通。推动大数据、互联网、人工智能、区块链、超级计算等新技术与交通行业深度融合。推进数据资源赋能交通发展,加速交通基础设施网、运输服务网、能源网与信息网络融合发展,构建泛在先进的交通信息基础设施。特别是未来轨道交通系统的发展,必须由依靠传统要素驱动向更加注重创新驱动转变,以科技创新和高质量发展为主线,为加快建设交通强国提供坚强的科技支撑。

随着全球新一轮科技革命和产业变革加速演化,信息化迎来了更强劲的发展动能和更广阔的发展空间。先进的信息技术深度赋能交通基础设施,将从以下几个方面为加快建设交通强国提供有力支撑[19]。

首先,信息科学与技术有助于建设交通强国中的关键科技研发。瞄准新一代信息技术、人工智能、智能制造、新材料、新能源等世界科技前沿,加强对可能引发交通产业变革的前瞻性、颠覆性技术的研究;强化汽车、民用飞行器、船舶等装备动力传动系统的研发,突破高效率、大推力/大功率发动机装备设备的关键技术;加强区域综合交通网络协调运营与服务技术、城市综合交通协同管控技术、基于船岸协同的内河航运安全管控与应急搜救技术等的研发;合理统筹安排时速600千米级高速磁悬浮系统、时速400千米级高速轮轨(含可变轨距)客运列车系统、低真空管(隧)道高速列车等的技术储备研发。

其次,信息科学与技术有助于推进交通运输领域新基建,用新技术赋能传统交通项目,让交通项目成为新基建的主力军。应坚持以科技创新为引领,以国家安全战略需求为导向,聚焦于未来科技前沿和关键核心技术,率先发力抢占交通运输信息化建设的制高点。科技创新支撑能力显著提升,前瞻性

中国信息科学2035发展战略

技术应用水平居世界前列。

最后,信息科学与技术有助于建设交通强国中完善的科技创新机制。建立产学研用深度融合的技术创新机制,鼓励交通行业各类创新主体建立创新联盟,建立关键核心技术攻关机制。建设一批具有国际影响力的实验室、实验基地、技术创新中心等创新平台,加大资源开放共享力度,优化科研资金投入机制。构建适应交通高质量发展的标准体系,加强重点领域标准有效供给。

利用先进的信息科学新技术,强化交通运输高质量科技供给、推动交通运输产业创新发展、促进新技术与交通运输融合发展、加强交通运输科技创新能力建设、强化交通运输科技创新的组织实施,充分发挥科技创新对加快建设交通强国的支撑和引领作用。

六、对健康中国的支撑作用

坚持把人民群众生命安全和身体健康放在第一位。2016年,国务院发布的《"健康中国2030"规划纲要》指出,加强慢病防控、精准医学、智慧医疗等关键技术突破。2017年,国务院发布的《新一代人工智能发展规划》指出,推广应用人工智能治疗新模式新手段,建立快速精准的智能医疗体系。探索智慧医院建设,开发人-机协同的手术机器人、智能诊疗助手,研发柔性可穿戴、生物兼容的生理监测系统,研发人-机协同临床智能诊疗方案,实现智能影像识别、病理分型和智能多学科会诊。基于人工智能开展大规模基因组识别、蛋白组学、代谢组学等研究和新药研发,推进医药监管智能化。加强流行病智能监测和防控。加强群体智能健康管理,突破健康大数据分析、物联网等关键技术,研发健康管理可穿戴设备和家庭智能健康检测监测设备,推动健康管理实现从点状监测向连续监测、从短流程管理向长流程管理转变。《中华人民共和国国民经济和社会发展第十四个五年规划和2035年远景目标纲要》指出,推动生物技术和信息技术融合创新,加快发展生物医药、生物育种、生物材料、生物能源等产业,做大做强生物经济;构建基于5G的应用场景和产业生态,在智慧医疗等重点领域开展试点示范。

目前,我国医疗行业供需矛盾突出,难以满足持续增长的人民群众健康

第一章 信息科学的战略价值

需求,医疗行业面临数字化转型升级的关键瓶颈问题。随着新一代信息科学与技术的飞速发展,远程医疗和医疗+人工智能等技术成为当前热点,互联网医疗在市场需求的拉动和技术革新的推动下快速发展。近年来,国家高度重视互联网医疗,相继发布了一系列文件。国务院相继发布《"健康中国2030"规划纲要》《关于促进和规范健康医疗大数据应用发展的指导意见》和《新一代人工智能发展规划》文件,中华人民共和国国家卫生和计划生育委员会和国家中医药管理局联合发布《关于加快推进人口健康信息化建设的指导意见》,中华人民共和国国家卫生健康委员会发布《互联网诊疗管理办法(试行)》《互联网医院管理办法(试行)》和《远程医疗服务管理规范(试行)》文件。这些文件明确指出推进"互联网+"、大数据、人工智能、物联网、云计算等信息科学与技术在医疗健康服务中的应用与融合。利用信息科学与技术和医疗健康技术的深度融合,医疗健康产业数字化、智能化、网络化变革,将成为深化医疗健康改革与发展的重要支撑,助力健康中国建设。基于信息科学与技术的智慧医疗迎来产业发展的新机遇,驱动医疗健康产业发展发生新变革,行业规范健康发展进入新窗口。

面向健康中国的信息科学与技术主要包括云计算、健康医疗大数据、医疗人工智能、区块链和 5G 等。云计算技术主要应用于远程医疗会诊与在线教学、医疗设备全生命周期管理,提高医疗资源利用率,降低全社会医保成本。健康医疗大数据主要应用于电子病历分析、人体健康态实时监测预警、医疗保险记录分析,提供个性化的精准治疗方案。医疗人工智能主要应用于影像、病理、心电等辅助诊断过程,提高医生的诊断效率和准确率。区块链技术可以应用于医疗敏感信息加密、药品回溯与防伪、医疗从业人员身份认证等领域,极大地提高医疗健康数据的安全性和可靠性,是实现医疗健康数据信息安全和隐私保护的重要保障。5G 技术广泛应用于远程医疗、疫情预警、院前急救、智能影像、辅助诊断等,显著地提高医疗效率和医疗资源共享水平,助推医疗行业信息化变革,开启智慧医疗新时代。此外,这些新的信息技术手段彼此融合共生,将进一步推动整个医疗行业的发展。

随着医学技术的快速进步,生物电子信息和医学信息监测与处理在医学临床诊断、疾病机理研究及远程医疗等方面都发挥着重要作用,为提升人民生命健康水平提供关键技术保障。多模态影像自动处理与分析技术对于辅助医生诊断、提高诊疗效率和效果具有重大意义。近年来，基于人工智能的大数据分析技术迅速发展，包括医学影像及其他医学信息分析与处理在内的大数据技术在医疗领域仍有较大的发展空间。随着疾病筛查和早期治疗的广泛开展，具有时间序列信息的医学影像数据会变得更加普及，应用时间序列信息进行疾病的预防与检测将具有更大的应用价值。脑电信号和神经信号的理解在康复工程方面有着重要意义，有助于行动不便的患者表达需求。有机化合成高分子生物芯片比传统的电子芯片更容易移植入人体内，可以更有效地通过生物信息和遗传信息预测疾病，为健康和疾病诊疗提供指导。

5G 和 5G+ 等信息通信技术（Information and Communications Technology，ICT）对于推动医疗健康行业发展具有重要的意义，将有助于医疗卫生行业大幅提高医疗资源的配置效率，改善患者就医体验，密切医患互动关系，提升医疗服务质量；此外，还有助于推动实现远程就诊、治疗、购药、回访的网络医疗循环服务新模式，推动互联网医疗向全连接的智慧医疗逐步过渡[20]。

七、对绿色中国的支撑作用

生态文明建设是关系中华民族永续发展的根本大计。中国共产党第二十次全国代表大会将"人与自然和谐共生的现代化"上升到"中国式现代化"的内涵之一。绿色低碳发展已成为新时代新发展理论的重要组成部分。2020年9月22日，国家主席习近平在第七十五届联合国大会一般性辩论上发表的重要讲话中指出，加快形成绿色发展方式和生活方式，建设生态文明和美丽地球。中国将提高国家自主贡献力度，采取更加有力的政策和措施，二氧化碳排放力争于 2030 年前达到峰值，努力争取 2060 年前实现碳中和①。为了实现"双碳"目标，党中央和国家制定了一系列政策文件，包括《国务院关于加快建立健全绿色低碳循环发展经济体系的指导意见》《中共中央 国务院关于完整准确全面贯彻新发展理念做好碳达峰碳中和工作的意见》《2030年前碳达峰行动方案》和《"十四五"节能减排综合工作方案》等。

现代生活方式导致了能源使用量的急剧增加，2018 年仍然有 85% 的能

---

① 习近平. 在第七十五届联合国大会一般性辩论上的讲话. https://www.ccps.gov.cn/xxsxk/zyls/202009/t20200922_143558.shtml［2020-09-22］。

第一章　信息科学的战略价值

源使用的是化石燃料。化石燃料的使用是引起温室气体排放量增加的关键因素之一，而温室气体排放量增加是导致全球变暖的关键原因，反过来又对环境和人类生活造成多种危险影响，如自然灾害以及人类和动物栖息地的破坏。根据联合国环境规划署发布的《2019 年排放差距报告》，2008—2018 年，温室气体排放量每年增长 1.5%，2018 年温室气体总排放量达到创纪录的 553 亿吨二氧化碳当量。

信息科学与技术对推动节能降碳和绿色中国发展具有重要的支撑作用。一方面，信息产业可利用自身信息技术优势从技术和管理上促进自身节能减排；另一方面，利用数字化技术能够促进传统产业节能减排，5G、物联网、人工智能、大数据、区块链等技术的单项或组合应用，都能带来节能减排的效果[21]。

信息科学与技术促进信息产业自身节能减排方面，通过信息通信设备的高度集成化、通信站点简约化、网络智能化和全生命周期环保化等[22]，取得了显著的节能效果。以 5G 为例，自 2019 年我国 5G 商用以来，联合产业界已在基站高能效材料、新器件、新结构、智能节电平台等方面开展了大量的工作，2020 年底基站功耗较 2019 年降低近 1/4。

1）射频走向多天线，大幅提升设备比特能效和能量传输效率。射频向超大规模天线阵列演进，使能空间波束集中，提升能量传输效率。此外，射频有源部分采用多通道技术提升设备容量，进而大幅提升设备比特能效。5G 的 64 发 64 收（64T64R）模块相对 4 发 4 收（4T4R）模块的能效可提升 20 倍。

2）通信设备走向超宽频，多频合一，能耗降低。通过高效超宽带功放及通道技术的使用，将多个单频设备融合成一个超宽频设备，进而大幅减少设备部署数量和成本，降低设备能耗。远端射频单元（Remote Radio Unit，RRU）从单频向三频演进，可获得 30% 以上的节能收益。

3）硬件休眠机制走向精细化，持续降低中低负载能耗。中低负载下，影响设备能耗的主要因素为硬件关断深度和响应时间。可通过硬件模块化设计、精细休眠机制，实现关断深度和响应时间的大幅优化。关断深度将实现 30%—90% 的提升，而响应时间将实现从分钟级到毫秒级的跨越。

4）网络站点走向简约，免去机房和空调等配套设施。网络站点能耗主要来源于空调等外设设备。通过机房集中化、站点室外化部署，减少空调使用，采用液冷等高效散热技术，可大幅提升站点效率，实现站点能耗降低30%。

5）整站走向联动，综合能源高效利用。业务与整站的供能-储能-用能等部件进行高效联动，用信息流驱动能量流，可以实现综合能源的高效利用，进而实现整站节能目标。将太阳能引入无线站点，并与业务联动以最大化太阳能板发电效率，在高日照地区可以减少50%的市电消耗。

6）网络走向智能，节能和网络性能双优。在保障用户体验的基础上，借助智能网络，根据业务的变化实时调整频谱、载波等网络资源的分配，在关断资源类型、关断时长和运维效率上对节能方案进行全方位提升，多维协同实现节能和网络性能双优。

7）全生命周期走向循环经济，减少自然资源依赖。遵循循环经济理念，将"大绿色"融入产品生命周期管理，进而减少对自然资源的依赖，实现全生命周期低碳，助力运营商实现"双碳"目标。

5G作为新基建之"首"，与人工智能、物联网、云计算、大数据、边缘计算、区块链等新兴信息技术深度融合创新，赋能千行百业低碳发展，支撑经济社会数智化转型。为践行创新、协调、绿色、开放、共享的新发展理念，助力国家实现"双碳"目标，我国信息产业及科研机构一直在加快绿色5G建设，加速5G与传统高能耗行业深度融合，加强5G产业链上下游联合融创，加大关键核心技术融智攻关，构建研究、标准、产品、应用一体化合作平台，为低碳社会、美丽中国贡献5G力量。

利用互联网技术可以对能源生产和消耗进行有效的管理，支撑能源互联网实现能源的管理和运行。利用卫星遥感技术，可实现温室气体、陆地碳汇等定量观测。中国正在推进自主的天基碳监测体系规划和系统论证，发展多尺度、多维度的各型卫星系统，分阶段部署、组网运行，协同服务"双碳"监测整体目标。全球管理咨询公司麦肯锡的报告估计，到2025年，车联网可带来万亿美元的经济规模，每年挽救3万—15万人的生命，减少废气排放90%。

此外，部署智能无人机进行燃气管道检查，不仅可以提高运营和业务效率，还可以为改善环境带来积极影响。有关研究表明，利用无人机代替人工检查可以将与气管检查相关的总温室气体排放量减少39%，从5.3兆吨（Megatons，Mt）降至3.2兆吨。

总之，信息科学与技术利用 5G、6G、大数据、人工智能、无人机、智慧车联网、智慧农林牧、智慧城市等，在确保信息产业绿色低碳的同时，强力保障其他产业的绿色低碳，从而高效支撑绿色中国国家战略。

第五节　信息科学满足国民经济、社会发展、国防安全的重要意义

信息科学与技术对国民经济中的每个行业都起到赋能作用，显著地促进了国民经济的发展，尤其是促进数字经济的发展。2020 年我国数字经济规模达到 39.2 万亿元，占国内生产总值（Gross Domestic Product，GDP）的比重为 38.6%[23]。信息科学与技术推动各行业规模迅速扩大，产业结构不断优化，为国民经济发展效率的提高和质量的提升提供了强大的支撑，为数字经济的发展提供坚实的基础。信息科学与技术产业已发展成为推动国民经济高质量发展的先导性、战略性和基础性产业。

信息科学与技术显著地推动了人类社会的发展，渗透到人类社会的每个方面，深刻地改变着人类社会的行为方式、思考方式、生活方式和生产方式，使人类社会发展到信息社会时代，并向智能社会发展[24]。

信息科学与技术显著地增强国防安全能力，不断增强军事装备的性能，将明显地改变战争形态，如无人机蜂群、自主无人作战系统、无人驾驶隐身战机。信息科学与技术显著地提高了战场效率，如集指挥、控制、通信、计算机、情报、监视与侦察等功能于一体的现代化军事信息指挥控制系统。信息科学与技术也将显著地改变战争理论和战争思维。信息科学与技术是实现网络安全的核心技术。目前，信息加密技术是实现网络安全的核心技术之一。大数据、区块链、人工智能等新一代信息技术的发展将显著地增强网络安全。未来，随着量子通信技术的发展和成熟，网络安全将逐步迈向绝对安全时代。

（一）信息科学与技术是国民经济深化发展的动力

信息科学与技术是推动国民经济发展的先导因素，高新技术对产业的原理和机理的认识、功能和目标的设计与实现，无不依赖于信息科学与技术的新突破和综合应用；信息科学与技术是国民经济发展的催化因素，信息科学与技术可以渗透到各行各业之中，与其他产业相互融合，促进国民经济转型和产业升级；信息科学与技术是国民经济增长的助推因素，发展信息科学与技术能够直接或间接地实现国民经济成倍增长，通过对传统产业的信息化改造，推动其产业生产率的提高，产生一系列的综合经济效益。

习近平总书记在 2018 年两院院士大会上指出，世界正在进入以信息产业为主导的经济发展时期。我们要把握数字化、网络化、智能化融合发展的契机，以信息化、智能化为杠杆培育新动能[①]。以 5G 和 6G 移动通信为代表的新一代信息技术已成为我国数字经济持续发展和信息基础设施建设的战略性支撑。宽带、高效、集成化天线与射频前端在 5G 移动通信系统中发挥着重要作用。以 5G 毫米波技术为例，全球移动通信系统协会（Global System for Mobile Communications Association，GSMA）发布的《5G 毫米波在中国的机遇》分析指出，到 2034 年，我国的 5G 毫米波频段应用预计将产生约 1040 亿美元的经济效益[25]。5G 毫米波的众多潜在工业应用，还将对制造业、水电等垂直行业的发展做出重要贡献。更高性能与复杂度、更低成本与功耗的射频/模拟/数字混合/片上系统（System on Chip，SoC）/片上网络（Network on Chip，NoC）等电路与系统设计将满足未来物联网、人工智能、大数据、医疗、深空探测等国家重要应用领域的需求。小型化、高功率、高效率真空、超导等类型的电子器件是下一代高性能电子系统、航空航天、大科学装置以及生物医学应用中的核心器件。集成微波光子系统及关键技术支撑着未来微波光子通信、雷达、测量与传感等系统的发展，进而能够满足未来无线通信、仪器仪表、航空航天及国防等领域对容量、安全性、探测精度、测量范围、体积、重量、功耗等的高要求。适用于极端环境或复杂环境的物理、化学、生物微纳传感器与系统是实现高铁、海洋、航空、航天、生物体、深海/深地/深空/深蓝等极端和复杂环境下信息感知的重要支撑。

---

① 习近平. 在中国科学院第十九次院士大会、中国工程院第十四次院士大会上的讲话. https://www.ccps.gov.cn/xxsxk/zyls/201812/t20181216_125694_1.shtml［2018-05-29］.

第一章　信息科学的战略价值

信息科学与技术是深化国民经济多领域演进的重要动力。信息科学与技术是生物科学、新材料和新能源等技术的支柱，为航空、空间和海洋工程等行业提供技术支持，为新基建提供动力。具体而言，在生物工程领域，信息科学与技术促使生物工程向可计算、可调控、可定量、可预测的方向演进，驱动更加智能的生物科学研究，同时，生物体中神经元的信息交换和处理、基因的表达与调控为信息科学与技术的发展提供了新的思路；在一体化通信网络领域，以5G信息技术为基点，发掘卫星的计算与存储等能力，推动空天地海信息协同发展的演进，构建全球万物互联的一体化通信网络；在新基建领域，信息科学与技术的发展推动5G基站、特高压、城际高速铁路的建设，对大数据中心、工业互联网等领域具有重大促进作用，极大促进了国民经济增长。自动化科学与技术的自动控制系统理论和工程应用在流程工业自动化、智能交通、互联网等关系国民经济的支柱行业中发挥着重要作用。新一代智能制造机器人的研发将实现无人化工厂的24小时无间断生产；流程工业自动化软件的研发将突破"卡脖子"瓶颈，实现工业控制软件技术的国产化，助力我国流程工业的新一轮产业升级；得益于在5G通信、高铁控制与实时调度等技术上所取得的突破，我国取得了全国重要城市间的高速铁路连通、青藏高原世界屋脊上的冻土铁道铺建、港珠澳大桥的成功通车等瞩目的成绩，助力跨区域经济协调发展；智能交通方面，日渐成熟的深度学习、视觉定位等技术，促进辅助驾驶技术的飞速发展，为实现高效率低能耗交通提供了技术支持，目前超过30%的新售汽车搭载辅助驾驶设备，渗透率在2025年将达到70%；互联网方面，面向服务的云计算、物联网、大数据等信息服务技术，为网络信息服务发展带来了新的创新驱动力。

信息科学与技术是实现国民经济产业结构升级的重要基石。先进的现代化信息科学与技术的运用，使人们的生产、生活各个领域的活动均发生了一定程度的改变，并对传统国民经济产业的各环节进行了优化，促进了传统产业产品向数字经济产品的转变，提高了信息资源利用的科学性和合理性，强化了国民经济的综合实力水平。此外，在信息科学与技术的带动下，国民经济已经实现了世界范围的交流与合作，经济结构整体外延扩大，经济发展逐步获得了结构优化，也有效影响了国民经济发展的观念，这意味着在信息科学与技术的影响下，现代国民经济发展理念正在迅速更新和优化。

（二）信息科学与技术是数字经济深化发展的核心

数字经济为中国经济稳定增长增添动力，《中华人民共和国国民经济和社会发展第十四个五年规划和 2035 年远景目标纲要》明确提出，加快数字化发展，建设数字中国。推动数字技术和各产业与数字经济融合创新已成为国家战略支持的重点方向。

数字经济是带动国民经济稳步增长的动能，已逐渐成为推动国民经济持续稳定增长的关键动力。近年来，数字经济 GDP 占比逐年提升，2005—2020 年我国数字经济占 GDP 的比重由 14.2% 提升至 38.6%，2020 年占比同比提升 2.4 个百分点。伴随着新一轮科技革命和产业变革持续推进，数字经济已成为当前最具活力、最具创新力、辐射最广泛的经济形态，是国民经济的核心增长之一。数字经济进一步推动了垂直产业数字化，一方面，数字产业化实力进一步增强，数字技术新业态层出不穷，2020 年，数字产业化规模达到 7.5 万亿元，占 GDP 的比重为 7.3%，同比名义增长 5.3%；另一方面，产业数字化深入发展获得新机遇，工业互联网、智能制造等全面加速发展，工业数字化转型孕育广阔的成长空间，2020 年产业数字化规模达 31.7 万亿元，占 GDP 比重为 31.2%，同比名义增长 10.3%，为数字科学技术创新发展提供强劲的动力。

信息科学与技术是持续推动数字经济发展的引擎。信息科学与技术全方位地融入国民经济发展，推动传统国民经济产业向数字经济优化升级，进一步优化产业结构，促进生活生产数字化与智能化。协同研发设计、远程设备操控、柔性生产制造、无人机巡检等 5G+ 工业互联网典型数字化应用场景加速拓展，促进产业数字化转型提速升级。产业数字化进程不断加速、规模持续扩大，推动数字消费、数字贸易等领域稳步发展。同时，产业数字化对数字经济的主导地位进一步凸显，农业、工业、服务业三大产业数字化转型深入推进。截至 2021 年 6 月，企业关键工序数字化率、数字化工具普及率分别达到 53.7% 和 73.7%，制造业数字化转型进程持续推进。

（三）信息科学与技术是社会结构变革的重要驱动力

在庆祝中国共产党成立 100 周年大会上，习近平总书记代表党和人民庄严宣告，经过全党全国各族人民持续奋斗，我们实现了第一个百年奋斗目标，

第一章　信息科学的战略价值

在中华大地上全面建成了小康社会，历史性地解决了绝对贫困问题，正在意气风发向着全面建成社会主义现代化强国的第二个百年奋斗目标迈进[①]。信息化在该进程中发挥了巨大作用，信息化带动了工业化，工业化促进了信息化，信息化和工业化深度融合，推动生产装备智能化和生产过程自动化。信息技术为智慧农业等领域赋能，促进乡村振兴。农业各领域广泛应用空天地监测传感、大数据、物联网、人工智能等信息技术，对农作物精确控制施肥量、水量及施肥时间，提高灌溉施肥操作的准确性，构建新型信息化管理模式；电子商务在农业领域呈现健康发展的态势，二维码实现农业投入品交易、来源、流向、质量的全程信息化监管和产品来源、流向、质量检测报告的全程信息化管理。模式识别与智能系统相关技术已广泛融入农业、物流、医疗等领域，机器学习、区块链等技术在农产品市场监测预警、农业重大自然灾害监测防御、动植物疫病防控等方面已发挥着重要作用。通过数据有效对接产销、促进产销平衡，在可显著降低投入成本的同时实现产能最大化，助力数字乡村和智慧农业的建设。将自然语言处理、数据标注、知识图谱等人工智能技术应用在某些特定病种领域，可以辅助医生完成疾病筛查与诊治，在提升医疗服务水平的同时，能有效解决医疗资源紧张等社会治理难题。

当今社会，逐渐浮现的收入结构失衡、人口结构失衡等问题，潜藏着巨大的社会风险，因此，实现中国特色社会主义的社会结构变革势在必行。社会结构连接着个人与国家，是国家健康长远发展、个人安定乐居的必要因素。收入结构的失衡，要求信息科学与技术不断提升以实现普惠包容。国际电信联盟（International Telecommunication Union，ITU）确定了 2020 年电信和信息社会日主题为"连通目标 2030：利用 ICT 促进可持续发展目标（Sustainable Development Goals，SDG）的实现"。大数据、人工智能、全息感知等技术将有效助力在教育、医疗、金融等多方面普惠扶贫措施的落地，是应对世界收入失衡挑战、助力各群体协同发展、全面提升人类福祉的强大工具。与此同时，全球中产阶级将从 2009 年近 18 亿人增长到 2030 年 50 亿人，中产阶级规模扩大将推动高品质智慧服务加速普及。全息视频、3D 视频、感官互联等应用使生活娱乐方式不再受时间和地点的限制，大大地提高人们以

---

① 新华社. 庆祝中国共产党成立 100 周年大会隆重举行　习近平发表重要讲话. http://www.gov.cn/xinwen/2021-07/01/content_5621846.htm [2021-07-01].

自我需求为中心的智能生活水平以及深度沉浸式的全息体验。新一代数字技术将极大地满足人们个性化、高端化的生活需求。

人口结构失衡问题呼唤信息科学与技术提升人力资本及配置效率。当前，全球面临日益严峻的人口年龄结构问题，发达国家正经历老龄化、少子化的严峻挑战，新兴经济体在享受人口红利后，也深陷人口增长放缓和经济稳定增长之间的矛盾。据联合国统计数据，过去70年间，全世界65岁及以上老年人口的比例从5.1%增长到9.1%，世界总和生育率（Total Fertility Rate，TFR）从5.05降至2.45[26]。到2030年，全球人口数量将达到85亿，其中65岁以上的老年人数量将达到10亿，届时人类社会将进入老龄化时代，直接导致劳动力供给下降。在新一代产业革命与科技变革的驱动下，经济发展将更多地依靠人力资本要素而非劳动力绝对数量。一方面，通过智能化技术与工具的创新运用，将实现对劳动力的智能替代和生产效率的有效提升，全面发展的智能劳动力将会弥补人力不足，无人生产线、无人工厂等一批无人化应用将获得推广普及。另一方面，信息技术通过满足不同群体差异化的需求，将激发在教育、医疗、文娱等领域的革命性创新，促进全球人力资本的提升。

建设更高水平的平安中国，维护社会和谐稳定，确保国家长治久安、人民安居乐业，需要利用信息科学与技术推进国家治理体系和治理能力现代化。《"十四五"国家信息化规划》指出，运用现代信息技术为"中国之治"引入新范式、创造新工具、构建新模式，完善共建共治共享的社会治理制度，提升基于数据的国家治理效能，提升社会治理特别是基层治理的现代化水平。未来社会治理主体将进一步多元化，随着社会治理创新能量的逐步释放，企业、个体等社会力量将通过开放数据资源和生态被激活，政府逐渐不再是社会治理的唯一主导和执行者，社会治理容量将大大提升。同时治理架构和治理过程将更加扁平化，社会治理体制机制与信息技术手段相互融合、适配，社会管理服务体系呈现全要素网格化发展态势，原有信息传递规则被打破，信息和数据由单中心传播向多中心传播转变，社会治理场景的动态性、复杂性和不可预知性极大增加。在未来更加多元化、扁平化的社会治理结构下实现治理的科学化和精准化，需要通过数字孪生赋能社会治理，打破不同领域的壁垒，打通不同层级的信息边界，通过虚拟镜像还原物理空间，利用人工智能等技术实时模拟复杂社会事件和动态变化，对科学精准的决策制定和动态实时的事件响应提供有效支撑。

（四）信息科学与技术是环境可持续发展的重要驱动力

可持续发展是中国能够立足于国际社会的必然发展方式。环境问题不仅是自然问题，也是经济问题、社会问题、政治问题、技术问题和文化观念问题。信息科学与技术正是串联解决整个"世界问题复合体"的重要媒介和重要手段。为了实现环境可持续发展，必须进一步降低碳排放，推动碳中和，提升能效，实现绿色发展。一是对绿色节能提出新的发展要求。2020年9月，中国宣布"双碳"目标。截至目前，全球已有130多个国家提出碳中和目标，对未来移动通信设施提出更高的能效要求，加速推动产业的节能和绿色化改造。二是城市信息现代化促进全社会提供高效的智能服务。这促使社会所有部门变得越来越自动化，显著地提高生产力，减少二氧化碳排放，节省公共支出成本，加速开发服务未来城市的创新应用。三是高耗能行业的绿色低碳转型急需更加精准、高效的数字化管理能力。例如，在电力领域，智能电网的运行态势监测、应急指挥调度等功能要求提供更安全、更可靠、更高效的感知和分析能力，助力电力系统提效；在建筑领域，"装配式"建筑工厂推广、智能制造质量管控与安全监管等要求提供更完善的数字化设计体系和人-机智能交互能力；在工业领域，工厂需借助未来高速率、海量连接的优势推进工业生产全流程动态优化和精准决策，助力工业企业节能减排。

极端天气、重大疫情等驱动信息科学与技术的继续发展，使其建立更广泛的感知能力和更密切的智能协同能力。一是全球极端气候变化事件频发，催生了环境实时精准感知体系和高智能协同调度系统。近年来，全球变暖趋势日益加剧，导致洪水、飓风、火灾等自然灾难频发，造成巨大的经济损失，严重威胁人类的生命健康安全。为更好地满足全方位生态保护、环境可持续发展监测的需求，通信网络要具备超越陆地、跨越海洋的连接能力，使分布在高山、雨林、草原中的传感器智能连接，实现环境生态预防、监测、保护、救援等管理闭环。二是全球蔓延的新冠疫情等重大突发性事件需要跨地区共同应对，对区域协同和资源调度能力提出了更高的要求。未来为了更好地应对重大突发性事件，提高资源利用效率，急需移动通信技术进一步发挥地海空天全覆盖的优势，以更加普惠智能、高效的跨区域协同方式，实现社会资源的密切协同和灵活调度，助力更大范围的密集性动员。

（五）信息科学与技术是国防现代化和国防安全的重要保障

国防现代化是以现代最先进的科学技术武装国家的防御体系，包括武装力量、人民防空、国防科研、国防工业等的现代化。随着社会由工业时代向信息时代高速迈进，信息化的各种特征正日益明显地在国防领域中表现出来。国防信息化战略构想最早在 1999 年由美国国防部（Department of Defense，DoD）提出，意在构建一个集指挥、控制、通信、计算机、情报及监视与侦察等功能于一体的现代化军事信息指挥控制系统，现称军用指挥控制通信专网系统，搭建包括通信、计算机、情报、监视、侦察等要素的全维度军事信息系统框架，及时将战场信息进行分析处理后，以指令形式经由可靠安全的军工通信网络传达到具体作战单元，形成完整的信息闭环，达到增强战力的目的。美军在后来几场高技术局部战争中显示了国防信息化升级后的强大能量。根据中国产业信息网数据，美国陆军的装备信息化程度已达到 50% 以上，美国海军、空军的装备信息化程度已达到 70% 以上，已初步建成了符合现代战争、战术要求的信息化国防体系。中国共产党第十九次全国代表大会报告指出，适应世界新军事革命发展趋势和国家安全需求，提高建设质量和效益，确保到二〇二〇年基本实现机械化，信息化建设取得重大进展，战略能力有大的提升。信息化通过增强国防建设中的信息能力，促进国防建设向网络化、智能化方向发展，有效地组合、协调各要素，为国防建设注入新的动力，大大加快国防现代化的进程。全球信息化时代的到来，既对机械化进程尚未完成的国防建设提出了更为严峻的挑战，也创造了历史机遇。

随着科学技术的发展，人类战争大致可分成冷兵器时代、机械化时代和信息化战争时代。机械化战争始于第一次世界大战，此间坦克的诞生颠覆了陆战模式，同时还爆发了历史上规模最大的水面舰队的正面攻防战，军用飞机也第一次出现在战场上，战舰与战机的参战增加了作战的维度，改变了战场的格局。第二次世界大战（简称"二战"）期间又出现了潜艇战与反潜战，以及航母战斗群攻防战。声学信号处理是较早应用数字信号处理技术的领域之一，也是较早推动数字信号处理理论发展的领域之一。声呐和雷达信号处

第一章 信息科学的战略价值

理是数字信号处理领域早期的重要应用方向，声呐与雷达的出现，使得感知与防御能力跨越式提升，导致战争激烈程度和规模大幅度增加。

信息化战争始于20世纪90年代初期的海湾战争，获取信息、利用信息和引导精确攻防成为信息化战争制胜的最主要的因素。可以预见在未来相当长的一段时间内，夺取信息优势仍将是世界大国军力建设的主要方向。

随着无线传感器网络的发展，美国海军于1997年提出了网络中心战的概念，以协同作战能力网络为主体，实现地面、空中、太空、水面通信平台的全球点对点连接，建立起实施网络中心战的联合传感器网络，对空地海实施广泛和连续的监视。但是，由于水下通信节点的缺失，这个强大的立体信息网无法为美国海军提供监视水下目标的能力，为了弥补这一缺憾，增强海洋数据收集和水下预警能力，美国海军将水下信息感知的重点聚焦到网络化反潜预警方面。虽然美国凭借其强大的信息化能力和装备制造能力，在空天地海等多维空间构筑了绝对的军事优势，但是受水下探测难、跟踪难、信息传输组网难等多重因素的影响，美军迟迟无法对广阔的水下战场实现"透明化"，这与其信息化支撑下的网络中心战理念严重不匹配。

随着人工智能、大数据、云计算等高新技术的发展，未来战争形态将逐步由信息化转变为智能化。美国进行了提前布局，DoD提出的第三次抵消战略中就提及要聚焦于人工智能与自主技术，开发验证无人机蜂群作战、人-机协同作战、智能认知作战、数据开源作战、全域渗透作战等模式，并提升作战平台的智能化、无人化和自主化。自动化学科中的导航制导与控制技术在惯性导航、卫星导航、组合导航、航空航天、空间探测等研究领域发挥着关键作用。2020年，北斗系统的第55颗卫星的成功发射，标志着北斗三号全球卫星导航系统的全面建成。2021年，我国首个火星车"祝融号"成功登陆火星并圆满完成探测任务。2021年，神舟十二号搭载三人在轨驻留三个月，实现了空间站阶段首次载人飞行。2022年，中国空间站首个科学实验舱"问天"成功发射。这些国防航天领域的成果都广泛地依赖自动化学科的进步。同时，一些国防安全直接相关的技术领域，如视觉/惯性组合导航系统、精确制导技术、新型武器装备研制、导航与探测器件开发、拦截技术等，仍然依赖于模式识别、导航制导与控制论、检测技术与自动化装置等相关核心技术的研发与创新。

本章参考文献

[1] Shannon C E. A mathematical theory of communication[J]. Bell System Technical Journal, 1948, 27(3): 379-423.

[2] Wiener N. Cybernetics or Control and Communication in the Animal and the Machine[M]. Cambridge: MIT Press, 1948.

[3] Bertalanffy L V. General System Theory: Foundations, Development, Applications[M]. New York: George Braziller, 1968.

[4] Turing A M. On computable numbers, with an application to the entscheidungsproblem[J]. Proceedings of the London Mathematical Society, 1937, s2-42(1): 230-265.

[5] Sipser M. Introduction to the Theory of Computation[M]. 3rd ed. Boston: Cengage Learning, 2013.

[6] 郭华东，许健民，倪国强，等. 信息获取与处理技术是信息技术的源头 [J]. 高科技与产业化，2001, (1): 17-19, 33.

[7] 徐文，鄢社锋，季飞，等. 海洋信息获取、传输、处理及融合前沿研究评述 [J]. 中国科学：信息科学，2016, 46(8): 1053-1085.

[8] 吴文俊. 数学机械化 [M]. 北京：科学出版社，2003.

[9] Jumper J, Evans R, Pritzel A, et al. Highly accurate protein structure prediction with AlphaFold[J]. Nature, 2021, 596(7873): 583-589.

[10] 李新，郑东海，冯敏，等. 信息地理学：信息革命重塑地理学 [J]. 中国科学：地球科学，2022, 52(2): 370-373.

[11] Topol E J. High-performance medicine: the convergence of human and artificial intelligence[J]. Nature Medicine, 2019, 25(1): 44-56

[12] 世界互联网大会. 2021 年世界互联网领先科技成果盘点之人工智能驱动的重大疾病动态画像新技术和远程高效防治系统 [EB/OL]. http://cn.wicinternet.org/2021-10/21/content_36314940.htm[2022-05-31].

[13] 王让会. 环境信息科学：理论、方法与技术 [M]. 北京：科学出版社，2019.

[14] You X H, Wang C X, Huang J, et al. Towards 6G wireless communication networks: vision, enabling technologies, and new paradigm shifts[J]. Science China Information Sciences, 2021, 64(1): 1-74.

[15] 中华人民共和国国务院. 国家中长期科学和技术发展规划纲要（2006—2020 年）[EB/OL]. http://www.gov.cn/jrzg/2006-02/09/content_183787.htm[2022-05-31].

[16] 王雪松, 戴琼海, 焦李成, 等. 高性能探测成像与识别的研究进展及展望 [J]. 中国科学：信息科学，2016, 46(9): 1211-1235.

[17] 许科敏. 立足制造强国网络强国建设，进一步强化新一代信息技术产业标准化工作 [J]. 中国标准化，2021, (23): 9-10.

[18] 刘亚洲, 金一南. 强军策 [J]. 军事文摘，2018, (1): 80.

[19] 伍朝辉, 武晓博, 王亮. 交通强国背景下智慧交通发展趋势展望 [J]. 交通运输研究，2019, 5(4): 26-36.

[20] 崔爽. 5G 健康发展带动数字经济新一轮增长 [N]. 科技日报，2021-08-31(2).

[21] 董正浩, 李帅峥, 邓成明, 等. "双碳" 战略下新型智慧城市建设思考 [J]. 信息通信技术与政策，2022, (1): 57-6.

[22] 华为. 绿色 5G 白皮书 [R/OL]. https://www-file.huawei.com/-/media/corp2020/pdf/tech-insights/1/green_5g_white_paper_cn_v2.pdf?la=zh [2022-05-31].

[23] 中国信息通信研究院. 中国数字经济发展白皮书 [R/OL]. http://www.caict.ac.cn/kxyj/qwfb/bps/202104/P020210424737615413306.pdf[2022-05-31].

[24] Latva-aho M, Leppänen K, Clazzer F, et al. Key drivers and research challenges for 6G ubiquitous wireless intelligence[R/OL]. http://jultika.oulu.fi/files/isbn9789526223544.pdf[2022-05-31].

[25] GSMA. 5G 毫米波在中国的机遇 [R/OL]. https://www.gsma.com/spectrum/wp-content/uploads/2020/03/mmWave-5G-Benefits-China-Mandarin.pdf[2022-05-31].

[26] NGMN. 6G drivers and vision[R/OL]. https://www.ngmn.org/wp-content/uploads/NGMN-6G-Drivers-and-Vision-V1.0 final New.pdf[2022-05-31].

第二章

发展规律与研究特点

信息科学学科是人类有史以来最具创新思维的产物。通过信息科学的发展，人类实现了"千里眼""顺风耳"的梦想，获得了看似博闻强记的能力，达到了天涯咫尺的境界。信息科学学科之所以取得如此成就，在于其摆脱了以往科学技术发展的传统路线，形成了独特的发展规律。

第一节　信息科学的定义与内涵

信息科学是研究信息运动过程，涵盖信息的产生、获取、存储、处理、传输、显示、相互作用及应用的科学，如图 2-1 所示。信息科学是以信息论[1]、控制论[2]、电磁场理论[3]、图灵计算模型[4]和系统论为基础理论，以信息科学方法论为主要研究方法，以集成电路、计算机、传感器等为主要软硬件平台和技术手段，以扩展人的信息功能为研究目标的一门综合性科学。20 世纪以来迅猛发展的信息科学与技术对人类的影响不亚于牛顿时代物理学和瓦特蒸汽机所产生影响的总和。信息科学以计算、通信为手段，以信息材料、集成电路为技术手段，为科学研究提供了认识世界的新范式，向社会生产和生活全面渗透并成为和能源一样重要的社会基础，深刻地改变了包括传统农业、制造业和商业等在内的各行各业。

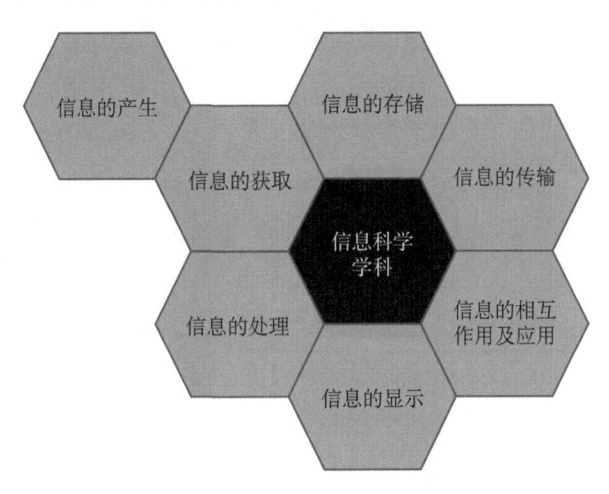

图 2-1 信息科学学科的范畴

信息科学学科是工业社会迈向信息社会的阶梯，是信息社会的基石。作为兼具科学和技术属性与特征的学科，其具有不同于传统学科的发展路径。当前，信息科学学科呈现出新的发展特征：①基础研究蓬勃发展，新兴技术方兴未艾；②支撑学科发展的技术百花齐放，新原理、新材料、新器件、新工艺和新架构不断涌现，集成电路技术发展路径多样化；③信息科学学科内涵不断扩充、融合加速，朝着智能化感知、通信、计算、存储和控制深度融合发展；④信息科学学科外延拓展加快，信息空间由人-机二元世界步入人-机-物三元世界；⑤学科交叉融合趋势更加显著，已全面渗透到现代自然科学和社会科学，成为推动各学科创新发展的先导力量；⑥信息领域的全球科技社区影响力不断增加。

信息科学学科涉及面广、影响力大。其涉及的领域包括器件、系统、方法与工具等。信息科学学科为其他领域的科学技术进步提供了广泛的支持：在器件方面涉及电子/光电子器件、芯片/集成电路、传感器/天线等；在系统方面，独立的信息获取、处理、通信等系统一方面形成了独立的信息感知系统、计算机系统、通信网络系统和自动化系统等，另一方面广泛地渗透进入其他领域的系统之中——现代的飞行装置、汽车等都成为综合集成的计算、通信和控制系统；在方法与工具方面，大数据与人工智能成为广泛影响科学研究和社会生产与生活的工具。

信息技术在材料、器件等方面的需求带动了物理、材料、生物、能源等学科的发展。21世纪已有47种新材料进入集成电路制造；材料持续创新是信息器件高速发展的重要驱动力，从晶体管-晶体管逻辑（Transistor-Transistor Logic，TTL）到互补金属氧化物半导体（Complementary Metal Oxide Semiconductor，CMOS），从硅基材料的广泛应用到碳基材料的探索，从集成电路、微机电系统（Micro-Electro-Mechanical System，MEMS）到光子集成的广泛应用，从镍氢电池到锂电池的迅速更迭，信息技术的基础需求推动了从物理、材料到能源领域的迅速进步。信息科学学科的进步也推动了新学科的诞生，一个典型的例子是量子信息科学，它主要是由物理科学与信息科学等多个学科交叉融合所形成的一个新兴的科学技术领域，量子信息科学的诞生和发展，极大丰富了量子理论，深化了量子力学基本原理的内涵。

信息科学学科为其他领域的发展提供了重要的工具和手段。信息科学学科发展的技术支撑了物理、天文、能源、材料、生物、医学等领域的重大科学发现。两个典型的例子是引力波的发现和黑洞成像，其背后都是强大的信息系统所支撑的信息获取和信息处理能力与技术。信息处理技术也极大地提升了生命科学和生命与健康领域的研究能力——以新冠相关治疗药物的研制为例，得益于信息技术所提供的基因分析以及快速的药物筛选，短期内新冠病毒疫苗和新冠药物的研制成为可能。

从学科的角度，信息科学可以分为电子学与信息系统、计算机科学与技术、自动化、半导体科学与信息器件、光学与光电子学、人工智能以及交叉学科中的信息科学。各部分的定义与内涵如下。

电子学与信息系统重点关注信息获取与处理，是研究信号特性、信息采集机制和信息处理的理论与方法。信息获取与处理主要以信号与系统理论、通信理论、电磁理论等为基础，研究声、光、电、磁等信号的特性，并以其作为探测手段，综合利用各种传感器、计算机等先进技术，从信号中提取信息，其涵盖了信号的采集、表征、存储、传输、变换到信息提取的完整过程。该领域的主要研究范畴包括信号理论与信息处理、雷达原理与技术、遥感信息处理、探测与成像、图像信息处理、多媒体信息处理、声信号处理等，相

第二章　发展规律与研究特点

关学科包括信息与通信工程、电子科学与技术、计算机科学与技术、控制科学与工程、仪器科学与技术、生物医学工程等。

计算机科学与技术以图灵计算模型和多种数学理论为基础，以电子学、微电子学、光学和光电子学为实现支撑，研究自动计算模型、算法、装置及其高效应用，与生命科学、数学、物理、化学、地学、机械学以及管理科学等学科的日益渗透和交叉融合，是产生新概念、新理论、新技术和新方法的重要源泉。其研究内容涉及计算机科学基础理论、软件理论与软件系统、软件工程与服务、计算机系统结构与硬件技术、网络与系统安全、计算机应用、数据科学与大数据计算以及新型计算模型、理论及其应用等。随着器件的快速进步、网络的大规模普及、数据规模的指数级增长，计算机的发展趋势包括量子计算等新型计算理论与模型、人-机-物三元空间软件理论与系统、异构计算系统、分布式计算系统、基于新型器件的计算系统、新型人-机交互、大数据计算理论、模型及其应用等。计算机涉及数学、信息材料、电子学、微电子学、光电子学、集成电路等多个学科，并成为支撑多个学科发展的关键和动力。

广义的自动化是指在人类的生产、生活和管理的一切过程中，采用一定的技术装置和策略，仅用较少的甚至没有人工干预，就能使系统达到预期目的的过程，从而减少与减轻了人的体力和脑力劳动，提高了工作效率、效益并取得更好的效果。自动化科学与技术主要以工业装备等固定物体、运动体以及人参与的信息物理系统为研究对象，以替代人或辅助人来增强人类认识世界和改造世界的能力为目的，是综合运用控制科学与工程、系统科学与工程、信息与通信工程、计算机科学与技术、数学、网络空间安全、人工智能等学科知识和所涉及对象的领域知识，研究具有动态特性仿真与分析、预测、控制与优化决策功能的自动化系统设计方法和实现技术的一门工程技术学科。自动化科学与技术的核心理论基础是动态系统的建模、控制和优化的理论及方法，核心技术基础是具有动态特性仿真与分析、预测、控制与优化决策功能的系统设计方法与实现技术。自动化技术在人类生产、生活与管理进程中起到了不可替代的作用。自动化技术广泛应用于制造业、航空、航天、轨道交通、汽车、海洋运载工具的导航、制导与控制，机器人的控制与运动轨迹的规划等。

半导体科学与信息器件是以固体电子学和能带理论为基础,以半导体中的原子状态、电子状态以及器件内部电子/光子过程为研究对象,理解半导体材料的性质、现象和效应,通过微纳加工技术进行信息器件的制作和集成,实现信息的感知、处理、存储和传输等功能的综合性学科。其研究内容涉及半导体物理、材料、器件、集成电路设计和制造等。近年来,基础科学的发展以及微纳加工技术的进步,为半导体科学与信息器件提供了新的发展方向。自旋电子学、谷电子学和拓扑绝缘体物理学的发展促使一批新原理器件出现;宽禁带半导体、低维材料、有机半导体和钙钛矿、硅基异质材料等新一代半导体材料的崛起为实现高性能信息器件与系统开拓了新方向;基于新原理信息器件的存算融合的新型计算架构成为高算力、高能效计算技术发展的重要趋势;异质异构3D集成技术成为集成电路性能提升、功能拓展的新路径。半导体科学与信息器件相关学科包括半导体材料、集成电路设计、半导体光电子器件与集成、半导体电子器件与集成、半导体器件物理、集成电路器件、制造与封装、微纳机电器件与控制系统、新型信息器件以及半导体与其他领域交叉等。

光学与光电子学是探究光的本质,研究光产生的机制与方法、光传输规律与特性、光信号增强与探测、光信息处理与重构、光与物质相互作用及相关应用的学科。光具有相位、振幅、偏振、波矢等多维度信息,具有波粒二象性,利用光与物质相互作用原理,以光作为信息载体,研究光的产生、调制、放大、发射、传输、交换、信号处理、感知与探测等。光学的发展经历了一个漫长的历史过程,主要包括几何光学、波动光学、量子光学和现代光学等发展阶段。随着光电效应的发现,以及光子激发电子或电子跃迁产生光子等物理机制的阐明,光电子学推动了光学、电子技术和材料科学的融合发展,为光纤通信与无线通信网络、量子通信、卫星通信、红外与太赫兹探测等新一代信息技术的发展奠定了基础。该领域的主要研究范畴包括光学信息获取/显示/处理、光子与光电子器件、传输与交换光子器件、红外与太赫兹物理及技术、非线性光学、激光、光谱信息学、应用光学、光学和光电子材料、空间/大气/海洋与环境光学、生物/医学光学与光子学、能源与照明光子学、微纳光子学、光子集成技术与器件、量子光学、交叉学科中的光学问题,相关学科包括物理学、光学工程、仪器科学与技术、材料科学与工程、电子科学与技术、信息与通信工程。

人工智能也称机器智能,是以机器为载体,模拟、延伸与扩展人类的感知、认知、决策和执行的理论、方法、技术及系统的学科。经过 60 多年的演进,人工智能在符号主义、联结主义、行为主义三大基本思想此消彼长的引领下螺旋式发展。21 世纪以来,深度学习掀起人工智能发展的第三次浪潮,主要得益于计算机性能和大数据的指数级增长,但存在可解释性差、高功耗、弱迁移等问题。人工智能在特定领域取得了重大进展,目前正处于感知智能适应性差、认知智能天花板低、通用智能发展乏力的关键阶段。新一代人工智能的发展需要基础理论、物理载体和自主系统三个层次的根本性突破,才能实现更强的智能乃至通用人工智能。人工智能是个典型的多学科综合交叉领域,在智能机理层次,需要加强与认知神经科学(如大脑神经系统结构和功能解析)、数理科学(如复杂动力学系统)的交叉融通;在实现智能的物理载体层次,需要新型的功能材料实现人工神经元和人工突触,需要物理学科和工材学科的合作,同时探索新型的智能物理载体;在自主系统层次,探索从单一智能能力到复杂多智能能力组合,具有一定范围通用性的自主系统。围绕国家人工智能战略规划,人工智能技术与数理、生命、工材等学部开展综合交叉研究,争取实现重大突破。

第二节　信息科学的发展规律和特点

信息科学学科的发展经历了一个从基础理论积累、应用价值逐渐显现、发展不断加速、全方位渗透到助力并引领多学科发展成为推动社会进步的核心引擎的过程。

信息科学学科基础研究的突破能够开创新领域,应用需求的牵引则会激发新技术产生指数级的增长。20 世纪 40 年代以来,几项重要的突破及其后续的发展充分验证了这一规律——图灵计算模型奠定了自动计算的基础,冯·诺依曼结构使得存储程序得以实现,光纤将超高带宽传输变成现实,集成电路的进步持续保障了摩尔定律的延续，无线通信成为国际竞争的焦点。正是由于信息科学学科的这些特点，在重大理论或基础研究突破的前夜往往只有少数人能够意识到这一突破的重要性。交换性是计算机技术及其应用的重要特征。为了实现信息交换，一旦某种格式、标准、生态成为主导，赢者通吃（Winner Take All）就成为必然。应用是信息技术得以迅速发展的重要驱动力，在应用上需要把握行业痛点、凝练关键共性技术，将信息技术积极主动赋能传统行业，是颠覆传统行业、发展新兴产业的关键。

信息科学的发展呈现如下规律。

1）基础研究的突破快速开创新的应用领域，而应用需求的牵引则激发新技术产生指数级的增长。

2）信息科学与技术自身飞速发展的同时促进了学科内各分支领域的相互渗透融合。

3）信息科学与技术的发展协同多学科共同进步，并延伸出新的交叉学科。

4）信息产业正从产品驱动转向服务带动，呈现泛在智能的显著特征。

5）网络空间安全威胁全面泛化，范畴和风险不断扩大。

一、学科发展动力

（一）基础研究的突破快速开创新的应用领域，而应用需求的牵引则激发新技术产生指数级的增长

信息科学学科的发展呈现理论与技术交替进步、相互推动的特点。以通信技术为例，尽管电报（1843 年）的诞生在系统的电磁场理论之前，但麦克斯韦电磁场理论（1865 年）[5]促成了无线电技术从广播、电视、通信到射电天文学的广泛应用。在计算上也是如此，巴贝奇的自动差分机诞生在19世纪，而完备的图灵计算模型直到 1936 年才完成[4]，这一模型从理论上推动和保障了后续通用计算的普及，与此同时以电子技术为基础的冯·诺依曼计算模型使得自动计算进入实用化阶段[6]。

特别是近 20 年，随着量子计算、人工智能、脑科学等基础理论的突破，有望引发新一轮信息科学学科革命；人-机-物三元融合的普及、面向物端的

智能传感、轻量级计算、5G/6G通信网络、大数据和软件生态成为信息产业的竞争焦点；信息科学与技术和传统行业的紧密结合，将推动传统行业的颠覆性发展，催生经济新活力。

（二）信息科学与技术自身飞速发展的同时促进了学科内各分支领域的相互渗透融合

通信和计算的相互渗透、模拟与数字的相互转换、光与电信息处理过程的不断交融都催生出新的研究领域。信息科学学科发展的动力源于三个方面。

首先是基础理论的突破。在信息科学学科发展的历史上，每一次基础理论的突破都会带来巨大的进步。今天信息科学学科所依赖的基础理论——麦克斯韦电磁场理论、信息论、图灵计算模型、博弈论等，无一不是如此。

其次是技术进步的推动。例如，材料科学的进步、信息处理传输、存储手段的进步都极大地促进了信息科学学科的发展。一个典型的例子是在过去70多年间，由于集成电路技术的持续进步，通信、计算发生了根本性的变化。早期的计算机受到体积、功耗等的制约，只能用于科学计算。进入20世纪80年代，大规模和超大规模集成电路使得个人计算机成为可能并迅速得以普及。同时计算装置的进步带动了数字通信的普及，进而极大地推动了移动通信的发展。移动通信和个人计算的结合推动了移动计算的普及。

最后是最为重要的动力，即应用的旺盛需求。如果说理论提供了可能性，技术将可能性转化为现实性，那么应用则是实现大规模普及的火车头，现实应用的需求一直是信息科学学科发展的最大动力。现代航空、航海等应用需求极大地推动了通信、定位、雷达、计算等装置的进步。信息获取和信息处理等技术的进步一方面满足了个人信息处理的需求、电子商务的发展要求，同时极大地促进了信息物理系统、社会计算等领域的进步。移动通信、移动计算等广泛应用又反过来推动了集成电路、电池技术的进步，一个例证就是当前几乎所有最先进的集成电路工艺首先都用来制造手机芯片。

结合上面三个方面的分析，未来信息技术依然会在这三个方面的推动下持续进步。在基础理论方面，尽管对自然界的认识不断深入，但随着对量子材料、超快光子等认识的提升，有望在基础的通信、计算等器件上产生飞跃。类似地，对新型计算模型的探索成为未来可能的重大突破点，如量子计算理论的突破，有望解决一些在传统图灵计算模型下难以解决的问题。基础技术和工艺的突破，也将对信息技术的发展产生重大而深远的影响。例如，化合物半导体材料的进步和使用，由于其在宽禁带、高热导率、高击穿电场、高抗辐射能力等方面的独特优势，在功率型、低信噪比等环境下的应用效果得到了极大的提升。以计算为例，核心器件的进步支撑了从科学计算、个人计算到社会计算、移动计算的持续进步，在人-机-物三元融合的背景下，面向物端的计算和通信成为重要的应用场景，数量上需要面对比以往高出 1—2 个数量级的物端设备，通信带宽上需要满足千倍以上的增长，能效比上则要提高千倍以上，这些需求都将极大地推动计算和通信技术的发展。在应用方面，与行业的紧密结合是信息科学学科发展的重要推动力量，这将对传统行业产生颠覆性的影响，很多行业将因此而发生巨大的变化。

二、信息科学学科促进学科交叉

（一）信息科学学科的发展推动了多学科的共同进步，推动传统学科发展

传统上，实验探索和理论分析是科学研究的两个重要范式。信息科学学科的发展直接导致了两个重要的新科学研究范式的诞生——计算范式和数据范式[7]，从而改变了以往科学研究探索的手段和方法。正因为如此，信息科学学科已经成为交叉学科的核心，这些新兴交叉学科的共性体现在以新型传感为手段，以高速传输和高性能计算为工具，以人工智能为处理方法。这极大地推动了交叉学科的产生和相应学科的进步——从基础的物理、化学、天文学研究到应用领域的航空、航海等都将信息科学学科作为与其交叉的重要学科。信息技术支撑了物理、天文、能源、材料、生物、医学等领域的重大科学发现。

近年来，这些领域的若干重大发现都深刻地得益于信息技术的支撑。以天文学为例，近期重要成果之一的黑洞成像就是利用分布在全球的 8 个天文台的射电望远镜进行同时观察，获得大量的传感数据，之后经过计算而产生

的。这一工作利用了超过 4 PB 的数据，并经过复杂的反演计算，最终获得人类第一幅黑洞图像，如图 2-2 所示。类似的例子还包括引力波的探索等。在应用学科上，计算和通信以及传感等技术同样扮演着越来越重要的角色，以航空工业为例，现代飞机就是一个飞行的信息系统。不仅如此，信息技术还深刻地改变了航空工业的过程。传统的飞机设计是离不开风洞实验的，这不仅需要消耗巨大的能量，经历漫长的实验周期，而且需要复杂的调整修正和反馈过程。随着上述技术的进步，数字风洞的广泛应用使得航空器的设计、实验过程大大加快，今天数字风洞已经成为航空工业的新手段。

图 2-2 通过事件视界望远镜获得的黑洞照片[8]

即使是在传统的化学等领域，信息技术的使用也大大推动了其发展，近期由利物浦大学研究人员开发的化学实验机器人在 8 天时间里独立完成了 668 个实验，并研发出了一种全新的化学催化剂[9]。这种不知疲倦的化学实验，大大加快了以往实验的进程，同时能够避免由人为疲劳带来的错误。因此可以看出信息技术与传统学科的结合形成的"计算 +X"大大地推动了传统学科的发展，甚至进一步衍生出新的学科。

（二）信息科学与技术的发展协同多学科共同进步，不断衍生出新的交叉学科

新型信息器件和芯片技术的发展依赖于物理和材料学科的发展；智能系统物理载体需要新型的功能材料实现人工神经元和人工突触。信息科学与技术和其他学科的结合还衍生出一些新的学科，派生出大量的新概念、新构思、新技术和新学科。例如，信息技术与生物技术交叉产生了生物信息学，与纳米材料结合形成了纳米电子学和纳米光电子学等。多学科交叉发展和融合给信息科学与技术带来了新活力和重大创新机遇，推动人类社会迎来人-机协同、跨界融合、集智创新的新时代。例如，生物信息学就是通过组学方法利用信息科学学科的数据获取和分析手段对生物学进行研究的交叉学科。这一交叉学科极大地推动了传统生物学从定性到定量的进步，并在

生物制药等领域发挥了重要的作用。信息科学学科给医学领域带来的最大变迁莫过于医学成像技术的发展，X 射线机是最早的成像设备，威廉·康拉德·伦琴（Wilhelm Conrad Röntgen）因此获得 1901 年诺贝尔物理学奖，这也是世界上第一位诺贝尔物理学奖获得者，X 射线机与信息科学学科的结合导致了计算机断层扫描（Computed Tomography，CT）的诞生，亨斯菲尔德（G.N.Hounsfield）和考迈克（A.M. Cormack）因此获得 1979 年诺贝尔生理学/医学奖。

另一个例子是核磁共振，从其基础理论到系统应用的过程中共产生了十多位诺贝尔奖获得者。其中，早期获奖者的贡献集中于从物理和化学角度揭示这一成像过程的原理［如 1902 年获得者彼得·塞曼（Pieter Zeeman）、1944 年获得者伊西多·艾萨克·拉比（Isidor Isaac Rabi）、1952 年获得者爱德华·珀塞尔（Edward Purcell）和费利克斯·布洛赫（Felix Bloch）、1955 年获得者波利卡普·库施（Polykarp Kusch）、1964 年获得者查尔斯·哈德·汤斯（Charles Hard Townes）］和设计实验方法［如 1966 年获得者阿尔弗雷德·卡斯特勒（Alfred Kastler）和 1977 年获得者范弗莱克（Van Vleck）］，与信息科学学科的结合则导致了核磁共振成像设备的诞生并极大地改变了医生获取信息的手段，因而有三位研究者先后获得了 1991 年［理查德·恩斯特（Richard Ernst）］和 2003 年［保罗·劳特布尔（Paul Lauterbur）和彼得·曼斯菲尔德（Peter Mansfield）］的诺贝尔奖。总之，以新型信息器件和芯片技术为支撑的通信和计算技术的发展形成了一批以信息科学学科为核心的交叉学科，极大地拓展了传统科学研究的深度和广度。

（三）信息科学与技术自身飞速发展的同时促进了学科内各分支领域的相互渗透融合

信息物理系统融合了通信、计算、控制、人工智能、操作系统、芯片等理论和技术，实现物理对象的大规模信息感知、计算和自动控制，是智能制造、智能电网、智能交通、智慧城市、智能医疗等智能系统运行的重要支撑技术，具有广阔的应用前景。信息科学与技术领域各分支学科互相融合渗透，为发展革新性的信息科学理论和方法，实现人类社会信息化、网络化、智能化、自主化、强安全性提供关键理论与技术支撑。

（四）信息科学学科与其他领域交叉的同时带来了广泛的安全问题

网络空间安全威胁全面泛化，范畴和风险不断扩大，从电磁攻击、未授权的访问、信息完整性受损，到冒充、抵赖、病毒入侵、网络敲诈等。一些典型的例子有：2019年震网病毒感染了45 000个网络，导致了工业自动化控制系统的瘫痪，甚至使得伊朗的核设施被迫瘫痪[10]；2020年德国硅晶圆厂商X-FAB遭到网络攻击，导致6个生产基地被迫关闭[11]；2020年全球第四大集装箱船和海运公司——（法国）达飞海运集团（CMA CGM）遭受Ragnar Locker勒索软件攻击，全球货运集装箱预订系统被迫下线；2021年美国最大燃油运输管道商科洛尼尔管道运输公司（Colonial Pipeline）遭受勒索软件攻击，导致5500英里①输油管系统被迫停运[12]。

伴随信息科学与技术的飞速发展，互联网、通信网络、计算机系统、自动化控制系统、数字设备及其承载的应用、服务和数据等组成的网络空间，正在全面改变人们的生产生活方式，深刻影响人类社会发展进程。网络空间已经成为与空天地海同等重要的人类活动第五空间，国家主权拓展延伸到网络空间，网络空间主权成为国家主权的重要组成部分。网络安全的内涵随着信息技术从单机向网络直至人－机－物融合的发展而逐步扩大，不仅要实现网络空间的安全，还要实现物理空间、虚拟空间甚至社会活动的安全。不同于传统的信息安全仅是信息技术的伴生问题，网络空间安全已成为信息技术内在的核心挑战之一。安全问题导致的相关交叉研究涉及自然因素及偶发因素引起的网络安全问题，例如，各种自然灾害和偶发性因素（如电源故障、设备故障等）的威胁；电磁攻击问题，如通过电磁泄漏进行信息窃取以及电磁暴干扰等；网络应用中的不安全因素，如网络终端处于开放状态而易被暴力攻击；操作系统本身存在的安全漏洞和缺陷，如操作系统漏洞未能及时修补等；数据库存在的安全隐患；网络防火墙存在的安全漏洞和局限性。

（五）信息科学学科发展的需求，推动相关基础学科不断进步

信息技术在材料、器件等方面的需求带动了物理、材料、生物、能源等

---

① 1英里＝1.609 344千米。

学科的发展。物理、化学、材料等基础学科的进步推动了以通信和计算为核心的信息技术的迅速发展，一个典型的例子是具有广泛影响的摩尔定律在很大程度上得益于材料、工艺等的持续进步。

三、成果转移态势

作为信息时代的核心支撑技术，信息科学学科扮演着重要的角色。信息科学的进展推动了从理论、技术到产品和市场的转移。从麦克斯韦电磁场理论、马可尼电报到无线通信、雷达探测和射电天文学，从图灵计算模型、冯·诺依曼模型到大型计算机、移动计算都深刻地体现了这一趋势。信息科学学科的成果转移呈现出不同于传统工程学科的鲜明特色：转移周期快，技术、产品和服务交替驱动发展，代际更迭加速。当前信息技术已经发展到"大智移云物"时代，即大数据、智能化、移动互联网、云计算驱动、物联网的时代。信息技术的网络化、泛在化、智能化趋势蕴含了人-机-物和谐发展的美好愿景。基于互联网、云计算、物联网、大数据等出现了多种新型应用与服务模式，软件服务、数据服务、Web2.0、社交网络等应用开始风靡全球，网络正迅速渗透到人类社会的各个角落，不但通过信息世界和物理世界相融合形成了物联网，而且推动了信息技术和人与人之间社会网络的交叉融合，新型的三元共生虚拟世界即包含人类社会、计算系统、物理世界的网络空间正在逐渐形成，一个例子是近期开始风靡的"元宇宙"概念。在这样的背景下，技术成果的转移周期不断加快。以移动通信为例，从 1G 诞生的 1986 年算起，到 2020 年 5G 投入商用，其间历经四次技术更迭，涉及的专利等技术成果转移具有鲜明的不断加速的特性，这为后来的进入者提供了平等竞争的机会，同时为后来者的颠覆式创新提供了机会。

（一）技术驱动是早期成果转移的主要源动力

和前两次工业革命一样，技术进步和成熟是最初的源动力。以数字通信为例，编/解码技术是其重要的支撑，由此促成了数字移动电话、数字电视等一系列数字产品的出现和普及。以数字电视为例，数字视频广播（Digital

Video Broadcasting，DVB）[13] 标准的核心就是对其中涉及的信道进行编/解码和数字调制方式的定义与规范，而相应对信源进行编/解码的规范则体现在运动图像专家组 2（Motion Picture Experts Group 2，MPEG-2）[14]、H.264[15] 和高效视频编码（High Efficiency Video Coding，HEVC）[16] 等标准中。

（二）材料与器件的进步是成果转移的加速器

信息技术领域早期的成果常常是建立在已有条件下的，因而不可避免地具有迁就当前环境的特征。以计算机为例，最初的尝试是巴贝奇的机械形式构想，尽管最终未能彻底实现，但按照其设计完成的样机，即使采用 20 世纪 80 年代的制造工艺，依然重达 2.5 吨。1946 年完成的电子数值积分与计算机（Electronic Numerical Integrator and Computer，ENICA）采用了基于电子管和继电器的实现方式，占地面积约 170 平方米，有 30 个操作台，重达 30 英吨①，耗电量 150 千瓦。相比之下，全晶体管计算机早期的代表，即 1959 年国际商业机器公司（International Business Machines Corporation，简称 IBM 公司）生产的全部晶体管化的电子计算机 IBM7090，开始进入校园。在此之前，由于电子管计算机体积庞大、功耗高和价格昂贵，流传着一个关于 IBM 总经理托马斯·约翰·沃森在电子管计算机时代的名言：我想这个世界大概只需要 5 台计算机。从电子管到晶体管，把计算机的市场范围从大型计算机构扩展到一般机构。这个趋势还在不断延续——到了集成电路时代，计算机市场从机构扩大到家庭。从 20 世纪 80 年代开始，先后出现了台式计算机、笔记本电脑，从而突破了以往大型计算机、小型计算机，甚至工作站的市场范围，以英特尔（Intel）8086/8088 和金属氧化物半导体（Metal-Oxide-Semiconductor，MOS）6502 为代表的一批中央处理器（Central Processing Unit，CPU）支撑了 IBM 个人计算机（IBM Personal Computer，IBM PC）以及 Apple Ⅱ 等早期的台式计算机走向家庭，直到移动计算进一步将计算装置从家庭普及到个人，这在很大程度上都得益于材料工艺和器件的进步。

类似的例子在信息领域其他方向上也是如此，例如，近年来 GaAs 半导体在功率器件上的应用大大地推动了功率模块的小型化，缓解了整机散热等问题。与此同时，手机天线的变迁也极大地推动了手机尺寸的改变。

---

① 1 英吨 = 1 016.046 9 千克。

（三）快速迭代是信息科学学科成果转移的另一个重要特征

服务的普及，加上网络特别是移动网络的广泛应用，为快速迭代提供了基础支撑，同时由于集成电路、软件系统的复杂性等，在应用中通过快速迭代促进技术成果转移、完善产品成为成果转化与应用的重要方式。以移动通信为例，从 1991 年全球移动通信系统（Global System for Mobile Communications，GSM）至今经历了四代制式的变迁。而软件和硬件的更新则更加迅速，以手机厂家为例，各大厂家的顶级配置手机几乎是按年更新的，中低端的更新往往更加迅速。与此同时，手机操作系统的更新速度几乎相当，并且在一段时间之后就不再支持更新了，从而迫使用户不得不完成相应的硬件升级。应用程序（Application，APP）的更新则更加频繁，即使是集成电路的芯片，不同批次之间的迭代改进也是重要的特征之一。

（四）从产品驱动市场到服务带动市场

技术在撬动信息技术市场的初期起到了至关重要的作用。随着市场的启动，信息领域加速市场迭代的主要动力由技术、产品转向服务。服务的提升导致用户规模的迅速增加，同时对技术和产品体系提出新的要求，很多技术正是在市场要求下迅速走向成熟的。以 Apple 为例，从最初的掌上设备提供者到音乐服务商＋掌上播放设备取代 Walkman，再到增加电话功能推出 iPhone，以及随后的 iTune ＋ APP Store（软件商店）的服务模式。

上述这些成果转移的趋势与态势可以从这些年移动计算和移动通信的结合中得到印证。鉴于 iPhone 在移动计算与通信行业的引领作用，以及随后各大主流品牌的跟进效应，下面以 iPhone 为例剖析成果转移的特点与趋势。

首先从交互方式的改变来看这种转移。2007 年史蒂夫·乔布斯（Steve Jobs）第一次发布 iPhone，手机历史上第一次使用触摸屏取代了物理键盘，从触摸屏原型诞生到此时的大规模使用已经过去了 40 年。在此之后一系列新的交互技术得到了更快的转移，稍后，Siri 伴随着 iPhone 4S 应运而生，语音服务成为新标配；2013 年发布的 iPhone 5 的最大的特点是引入指纹识别（Touch ID）；iPhone 6S 还配备了三维触控（3D Touch）技术——通过测量手指的力量，可以提供额外的功能，即通过轻轻按压屏幕上的内容，可以方便地将其在单独的窗口中打开。2016 年发布的 iPhone 7 将起始键（Home 键）全新设计为按压式，并添加了第二代振动反馈。2017 年发布的 iPhone X 在交互上更是使用人脸识别（Face ID）解锁手机，而将指纹识别放弃，同时放弃的还有 Home 物理键，但支持从屏幕底部向上滑动手势。

其次从衍生功能看转移趋势的变化。iPhone 的出现第一次将之前以 Palm Pilot、Palm PC、Newton 等为代表的掌上电脑（Personal Digital Assistant，PDA）与电话结合，从而将通信与计算两个领域有效地结合起来，之后的计算能力不断增强，移动计算也成为生活中不可或缺的一部分。从 iPhone 3G 开始引入的全球定位系统（Global Positioning System，GPS）功能则使得 GPS 得到了前所未有的普及，同时为独立的车载 GPS 设备的终结埋下了伏笔，而车内内置的 GPS 几乎成了可有可无的设备。另一个例子是相机相关成果，特别是数字图像处理技术的转移所导致的相机市场的变迁，这也体现了消费模式和商业模式对技术成果转移的影响。iPhone 4 第一次引入前置摄像头，为后续的自拍和视频通信奠定了基础。iPhone 6 的 CMOS 为了降噪而采用了"深槽隔离"技术，支持 4K 视频摄录。iPhone 7 采用了双摄像头且前置摄像头升级到 700 万像素，支持光学防抖功能，并新增了速度更快的图像信号处理器，吞吐量是原来的两倍。2016 年则在 iPhone 7 Plus 中引入两倍无光学变焦。2019 年发布的 iPhone 11 Pro 中进而采用后置三摄设计，分别提供了广角、长焦和超广角能力，从而将有限的光学变焦能力分段扩展。作为这一技术/成果转移的结果，截至 2020 年几乎所有的传统相机企业，包括佳能株式会社、尼康株式会社等都先后放弃了其低端消费类相机的市场。根据日本国际相机影像器材工业协会（Camera & Imaging Products Association，CIPA）公布的报告，2020 年全球数码相机出货量仅为 888.6 万。相比之下，2010 年，数码相机的全球年销售量超过 1.2 亿，仅剩下 7.4% 的市场。按照 IDC 的数据，同期智能手机的出货量则从 2010 年的 3.047 亿增加到 2020 年的 12.92 亿。

手机应用的需求对移动通信技术的发展和转移起到了重要的推动作用。从 2G 到 5G 的发展，大大加快了技术成果转移的速度。这背后是从文本传输（2G）、图像通信（3G）到视频应用（4G）直至万物互联（5G）应用需求的推动。从下行传输速率上看，1995 年的 GSM 2G 不超过 150 千比特/秒

Kbit/s，2003 年的第三代码分多址（Third Generation-Code Division Multiple Access，CDMA 3G）不超过 6 兆比特/秒，2009 年的第四代时分长期演进（Fourth Generation-Time Division-Long Term Evolution，TD-LTE 4G）理论峰值达到百兆，相应在通信核心技术方面也从 GSM 的时分多址（Time Division Multiple Access，TDMA）技术到 CDMA 直至 4G 的正交分频复用（Orthogonal Frequency Division Multiplexing，OFDM）的加入。为了支持多制式的兼容，移动通信终端在支持的频段和制式方面也取得了很大的进展，这也得益于数字通信的灵活性。iPhone 11 能够支持从 GSM 到 TD-LTE 和频分双工长期演进（Frequency-Division Duplexing- Long Term Evolution，FDD-LTE）六种制式，支持多达 28 个 4G LTE 频段。

此外，Apple 宣布推出移动应用商店 APP Store，这一事件成为智能发展中的分水岭，标志着软件从产品走向服务，服务从此成为核心，也使得 Apple 在与应用提供商的博弈中占据了绝对的优势。受此影响，主要手机提供商纷纷推出各自的应用商店，软件行业在和手机的结合中也彻底改变了其形态。成果不再单纯以产品的形态进行转移，而是以服务的形态出现，例如，近年来软件系统逐渐走向服务化，这在很大程度上得益于网络化可以保持服务时刻在线。伴随着软件领域的软件即服务（Software as a Service，SaaS）、平台即服务（Platform as a Service，PaaS）以及网络领域的网络即服务（Network as a Service，NaaS）等模式的出现，信息科学学科的成果更容易被用户以服务的形式接受。

（五）信息技术成果转移的另一个重要趋势就是与产业资本的结合，特别是与风险投资的结合

风险投资在信息技术的转移中起到了助推器的作用，同时因为信息技术成果转移的成功，风险投资成为投资的新热点。风险投资在信息技术上最早成功的例子是国际金融投资机构美国研究与开发公司（American Research and Development Corporation）在 1957 年投资美国数字设备公司（Digital Equipment Corporation，DEC），到 1966 年 8 月 DEC 上市，获得超过 500 倍的回报。之后从 20 世纪 70 年代开始，全球几乎每一家科技公司（包括 Apple、Intel、微软等）背后都有风险投资基金的支持。2020 年全球市值最

高的十大企业中，有风险投资参与的信息技术企业超过一半，信息技术成果转移成就了风险投资行业，风险投资行业也大大降低了信息技术成果转移的资金门槛。

四、人才培养特点

当今大学之中，培养人才数量最多的无疑是信息科学学科。国际上对信息科学学科人才的需求持续保持旺盛的态势。信息科学学科具有学科基础交叉、专业发展迅速、应用渗透面广的特点，因此在人才培养上具有不同于传统基础学科的显著特征，要求培养的学生具有扎实的基础，同时具有贯穿知识体系、应用所学知识的能力，不仅如此，由于学科发展迅速，面临着工作中会遇到大量在学习阶段尚未进入教育体系的知识，因此人才培养上要基础与应用结合、现代与未来并重、知识与能力贯通、多层次培养分类。

（一）学科发展迭代迅速，培养终身学习能力

过去100多年间，信息科学学科飞速进步，以通信技术为例，从模拟通信到数字通信、从地面通信到卫星通信、从微波电缆到光纤传输、从大功率长波到太赫兹通信都发生了巨大的变化；以元器件为例，从1907年真空三极管诞生，到1947年晶体管问世，再到1958年集成电路问世，直至今天的光子集成，不断向着微型化、高速化、高能效方向发展；以计算机为例，从单用户独占到分时系统再到云计算、从个人计算机到移动计算直至人-机-物三元计算，信息科学学科一直处于不断迭代之中。与之相应的人才知识体系需要不断更新。

以计算机学科为例，为了适应信息科学学科的这种特点，建立终身学习的能力是人才培养的重点和支撑学科长远发展的根本。即使以全球的眼光来看，过去半个世纪中，大学毕业生在学校学习的知识如果不持续更新，毕业后十年将跟不上时代的进步。20世纪70年代的毕业生在80年代会遇到个人计算机普及带来的冲击，80年代的毕业生在90年代会面临互联网的挑战，90年代的毕业生在21世纪会遭遇云计算，21世纪最初十年的毕业生可能也没有为移动互联网做好准备。这一切要求在课程体系上有面向未来的设计，这

里以美国计算机学会（Association for Computing Machinery，ACM）/IEEE 制定的课程体系为例考察这种变化，ACM 最早于 1968 年在 *Communications of the ACM* 发表了第一个推荐的计算机科学课程体系"Curriculum 68"[17]，1979 年再次在 *Communications of the ACM* 上发表了推荐的计算机科学课程体系"Curriculum 78"[18]，之后 ACM 与 IEEE 合作在 2001 年[19]、2008 年[20]、2013 年[21] 和 2020 年[22] 对推荐的课程体系做了更新，以适应社会的发展。下面的对比可以看出这一变化：仅仅以计算课程体系规范（Computing Curricula 2001，CC2001）和计算机科学课程体系规范（Computer Science Curricula 2013，CS2013）为例，后者增加了对"信息保障与安全"和"并行与分布计算"方面知识的推荐，而减少了对"体系结构与组织"和"操作系统"方面知识的推荐，但同时从更宏观的层面增加了对"系统基础"方面知识的推荐。与此同时，从这些推荐的体系中也可以看出对毕业生的衡量标准也在发生变化，例如，在 CC2020 中采用"能力"模型来衡量毕业生满足社会需求的程度，包括三方面的因素，即知识、技能（Skills）和品行（Dispositions）三个方面，其中涵盖 13 个方面的知识、6 个方面的技能和 11 个方面的品行。其注重对这三方面综合能力的均衡培养，提高对职业素养、团队精神等方面的要求。这些要求不仅涵盖了 CS2013 中要求的包括"致力于终身学习"在内的 11 个方面，而且更多地强调"分析与批判性思维"、"伦理与跨文化视角"、"主动性"和"合作"等特质。

类似的情况在信息类其他专业同样存在。

（二）科学、技术、工程与数学综合能力培养是信息类人才培养的关键

科学、技术、工程与数学（Science, Technology, Engineering, and Math，STEM）人才的培养是近年来国际上发达国家普遍重视的领域。信息科学学科正处在 STEM 的交汇点，信息科学学科处理的对象必须具有完整的数学模型，处理的手段必须是系统的且可以工程化实施的，所以这是一个始于数学，有其独特的科学规律、技术基础的学科，并且需要服务于广泛的工程领域。因此在很大程度上 STEM 人才的培养就是信息科学学科人才的培养，或者说信息科学学科人才的培养是 STEM 的核心。

此外，信息科学学科的人才培养不仅限于大学及其以后的教育，还需要从基础教育开始强化 STEM 素养。当前人类社会正处于从工业社会全面进入信息社会的历史拐点，产业结构的变迁，凸显出 STEM 人才培养的重要性。国际上，主要发达国家均将 STEM 教育作为人才战略的必选，例如，美国、英国、加拿大、澳大利亚、以色列、日本、韩国等相继推出 STEM 教育战略；类似地，这一领域在德国称为数学、信息、自然科学与技术（Math, Informatics, Natural Science, and Technology，MINT）并推出了 MINT 项目，在芬兰称为 LUMA（芬兰语自然学科和数学的缩写）项目。各国都希望借此提升未来竞争力，解决劳动力结构和产业发展中的相关问题，因而需要探索如何将 STEM 元素融入学前教育、高等教育甚至终身教育中。STEM 教育有助于培养学生长远的适应能力，特别是应对信息社会快速发展的能力，从而对社会做出持续的贡献，保持长久的竞争力。一方面，STEM 教育有助于发达国家应对老龄化带来的劳动力人口减少，填补技能劳动力缺口，促进经济良性发展；另一方面，STEM 教育能够帮助新兴经济体抓住信息技术和互联网革命带来的发展契机，在新兴产业领域中抢占先机，实现经济的飞跃和赶超。

以美国为例，2018 年底颁布 STEM 未来规划——《为成功规划路线：美国 STEM 教育行动方略》[23]，旨在使美国在 STEM 领域的国民素养、发明创造和劳动力就业方面成为全球领导者。这一规划称为"北极星计划"。在这一规划中凸显了信息科学学科的重要性，一个例子是首次将"数字素养"和培养学生的"计算思维"作为 STEM 素养的核心内容，并将程序设计等技能落实到 K-12 教育中。在此之前，2007 年美国国会通过了《美国竞争法》(全称为《为有意义地促进杰出技术、教育与科学创造机会》)[24]，提出加强 STEM 教育投入，美国国家科学研究委员会在 2011 年制定了《K-12 科学教育框架：实践、跨学科概念、学科核心思想》[25]，推动 STEM 教育全面展开。

近年来，我国对此高度重视，国务院发布的《全民科学素质行动计划纲要实施方案（2016—2020 年）》和教育部印发的《义务教育小学科学课程标准》都强调在高中阶段要鼓励探索开展科学创新与技术实践活动，特别是探索信息技术的应用，并鼓励在教学实践中尝试 STEM 教育。

（三）宽口径是培养创新型信息人才的关键

信息科学学科人才不仅需要具备 STEM 素养，还需要更加广泛的知识。以人工智能为例，不仅涉及电子、计算机、自动化、数学等知识，还涉及脑科学、心理学、伦理学等的背景。此外，如前所述"计算 +X"需要具有更加宽广的学科基础。宽口径培养一方面能够允许学生按兴趣确定未来的专业，另一方面能够提升学生的人文素养和拓展专业覆盖面。宽口径培养既可以通过本科阶段构建宽口径、大类培养的模式实现，也可以通过研究生阶段的跨专业招生实现。从一些统计数据上看，跨专业往往能够产生更为杰出的人才和突破性的成果——截至 2020 年的 74 位图灵奖获得者中仅有 3 位获得者的本科专业是计算机，其他获得者都来自其他专业，甚至包括政治学专业。即使分析这些人中拥有博士学位的获得者，也会发现从计算机专业获得博士学位的人也仅仅占 22%，而数学专业则高达 35%，物理专业占 12%，电子工程专业占 16%，机械工程专业占 2%。因此可见宽口径培养的重要性。

信息类人才宽口径培养一方面源于其学科基础的特点，另一方面源于应用的广泛需要。信息科学学科需要坚实的数理基础，从上面图灵奖获得者的分布就不难看出这一点，仅仅以能够理解当下专业知识为出发点、以数理知识为要求的教育所培养出来的人才，显然是难以产生创造性成果的。对于信息科学学科中的与信息材料相关的领域而言，掌握材料科学的知识是极其重要的，但对材料到应用的各个环节也都需要有深入了解。以半导体专业为例，既要有坚实的固体物理、半导体物理等方面的知识，也要对新兴的纳米、量子等有深入的理解；既要对器件的设计制备有了解，也要能够进行加工封装；既要了解电路原理，也要了解计算装置。再结合人工智能学科的人才培养来看拓宽口径的必要性，在人工智能进入大众视野之前，从来没有一个工科类的学科如此重视伦理问题，同样由于人工智能既需要脑科学、神经科学的基础，也需要心理学特别是认知心理学的支撑，既需要数学建模，也需要计算装置支撑，既需要丰富的传感装置获取外界信息，也需要灵活的响应操控，所以这是一个单一学科很难全面覆盖的学科，需要新的宽口径培养体系。

实现宽口径、大类培养的关键是重塑课程体系，精简传统课程、减少冗余，做好衔接。这方面国内外很多学校开展了有益的尝试，典型的是在低年级不定专业或者按大类确定专业类别，在进入高年级之前可以自由选择转换专业。即使在高年级仍然允许有部分跨专业甚至大类的学分供学生选择。同时一些学校探索导师指导下的专业知识组合的灵活培养模式。除了在本科进行宽口径培养之外，研究生的跨专业流动也是重要的宽口径培养和促进学科交流的手段。前面提到的图灵奖获得者中，本科学位专业为计算机的仅有4%，而博士学位专业是计算机的则占22%，也说明了这种流动性对创新型人才培养的重要性。以计算机视觉的先驱 David Marr 为例，其本人的本科和硕士专业都是数学，而其博士学位专业则是神经科学，之后在麻省理工学院人工智能实验室（MIT AI Lab）工作期间取得了影响深远的关于计算机视觉的成果。

（四）推进协同教育和工程教育

作为应用性学科，信息学科与应用领域的结合对人才培养具有重要的意义。一方面，应用部门提供了最前沿的应用需求，正如在前面提到的技术成果转移的趋势之一中的服务带动市场，这是信息科学学科发展的重要动力之一；另一方面，应用部门提供了强大、完备而真实的应用系统，这会大大加速人才的成长进程。因此协同育人成为面向应用培养人才的关键。国务院和教育部先后下发了若干指导意见与通知，例如，2017年国务院下发了《国务院办公厅关于深化产教融合的若干意见》（国办发〔2017〕95号），2018年教育部、工业和信息化部、中国工程院下发了《关于加快建设发展新工科实施卓越工程师教育培养计划2.0的意见》（教高〔2018〕3号）等。2020年教育部办公厅进一步针对信息类等新工科专业的协同育人发布了《教育部产学合作协同育人项目管理办法》（教高厅〔2020〕1号），鼓励结合应用需求对教学内容和课程体系进行改革，促进教育链、人才链与产业链、创新链的有机衔接，以产业和技术发展的最新需求推动高校人才培养改革，将产业和技术的最新进展、行业对人才培养的最新要求引入教学过程，推动高校更新教学内容、完善课程体系，适应行业发展需要。

作为新工科核心之一的信息科学学科，不仅需要培养创新型人才、工程型人才，也需要培养应用型人才。分层协调的人才培养是完善国家创新体系、实现智造强国与制造强国并举的重要保障。相应地，在培养人才的知识体系、知识深度、职业技能等方面形成不同层级要求的体系。

总而言之，对于高等教育中的人才培养，要注重能力和面向未来的宽口径培养，需要按照创新型、工程型和应用型的要求差异，在人才培养上进行差异化培养，同时需要切实加大基础教育中信息科学学科教育的成分。

五、研究组织形式

科学家个体在研究中具有举足轻重的作用，这是至今为止诺贝尔奖只能颁给不多于三位受奖者的原因。信息科学学科中科学家个体的作用同样极其重要，例如，图灵计算模型就是图灵以一己之力完成的，但现代信息科学的研究还有更为灵活和复杂的研究组织形态。从爱迪生和贝尔开始，信息科学学科的研究就是以组织形式为主的。以图灵奖为例，截至 2020 年的 74 位获奖者中有 19 位获奖时在企业工作，一些重要的工作也都是以合作的形式完成的。这里以几个不同类型的例子加以说明。

计算机已经成为今天信息社会的基础设施，第一台通用计算机是 1946 年完成的 ENIAC。ENIAC 的诞生可以看作一个在政府资金支持下，以大学组织方式完成的重要发明。当时宾夕法尼亚大学的 J. Mauchly 和 J. P. Eckert 负责主要的设计工作，其他参与的工程师包括 R. F. Shaw（功能表）、J. C. Chu（除法器/平方根）、T. K. Sharpless（高级程序员）、F. Mural（高级程序员）、A. Burks（乘法器）、H. Huskey（读取器/打印机）和 J. Davis（累加器）等。约翰·冯·诺依曼在中后期加入这一工作，但贡献了极其重要的存储程序思想。

晶体管被认为是 20 世纪最伟大的发明之一[26]，1947 年贝尔实验室展示了从 1945 年开始布局，由威廉·肖克利（William Shockley）和约翰·巴丁（John Bardeen）以及沃尔特·布拉顿（Walter Brattain）"半导体小组"完成的第一个基于锗半导体的具有放大功能的点接触式晶体管，标志着现代半导体产业的诞生和信息时代的正式开启。这一成果得益于这个小组的专注和贝尔实验室的机构组织，从此开启了半导体时代。

光纤是现代通信的重要基础，光纤从概念提出到大规模应用可以看作一个典型的众多机构接力，由松散的分布式的组织完成，最终将知识转化为产品的过程。1887 年，英国物理学家查尔斯·鲍艾斯（Charles Boys）爵

第二章　发展规律与研究特点

士因设计扭力天平在实验室里拉出了第一条光纤。1960年，西奥多·梅曼（Theodore Maiman）发明的激光器激起了人们利用光纤通信的渴望。1966年，当时在国际电话电报公司（International Telephone and Telegraph Corporation，ITT）中央研究机构——标准电信实验有限公司工作的高锟指出了利用光纤进行信息传输的可能性和技术途径，奠定了现代光通信——光纤通信的基础。1970年，美国康宁（Corning）公司研制出满足高锟给定条件（损耗低于20dB/km）的石英光纤[27]。

深度学习是当今对人工智能发展影响深远的技术，这是一个少量个体研究者长期坚持的结果。在神经科学家沃伦·麦卡洛克（Warren McCulloch）和数学家沃尔特·皮兹（Walter Pitts）的麦卡洛克-皮兹神经元（McCulloch-Pitts Neuron，MCP）模型[28]，以及弗兰克·罗森布拉特（Frank Rosenblatt）的感知机[29]的基础上，1986年鲁梅尔哈特（Rumelhart）和辛顿（Hinton）等提出了适用于多层感知器（Multi Layer Perceptron，MLP）的反向传播（Backpropagation，BP）算法[30]，但梯度消失问题困扰了人们将近20年。直到2006年，辛顿等在Science上发表深层网络训练中解决梯度消失问题的一种方法[31]，随后该方法在众多领域得到广泛的应用，辛顿因此获得了图灵奖。

上述四个例子代表了信息领域研究组织的多样性。在二战之前，科研的组织是相对单一的，以大学教授为核心的科研组织是其主要形式。二战以后，以美国为代表的一些国家对科研组织进行了有组织的布局，对日后的科研产生了重大影响。国家主导的科研资助机构成为资助的主体，形成了包括国立研究机构、企业研究机构、企业联合研究机构、非营利性开源组织、大学研究团队的体系。

（一）国立研究机构

1945年二战结束前，麻省理工学院（Massachusetts Institute of Technology，MIT）前副校长、时任美国总统科学顾问的万尼瓦尔·布什（Vannevar Bush）给罗斯福总统提交了题为《无尽的前沿》的报告[32]，奠定了战后美国科研格局，导致美国政府设立了美国国家航空咨询委员会［(National Advisory Committee for Aeronautics，NACA，国家航空航天局（National Aeronautics and Space Administration，NASA）前身］和国家实验室等。报告建议政府应承担起资助战略性科学研究的责任，否则不足以应对 20 世纪的科技竞争。根据万尼瓦尔·布什的建议，在《原子能法案》的授权下，1946 年美国原子能委员会的第一个国家实验室即阿贡国家实验室正式成立。美国的国家实验室在 20 世纪 40 年代至 90 年代期间都有针对性的任务。信息领域作为基础设施一直在这些实验室起着重要的作用，历史上很多著名的大型计算机的用户都是这些实验室，如 Jaguar、Summit 超级计算机都是美国能源部橡树岭国家实验室参与研制并使用的，Roadrunner 超级计算机也是洛斯阿拉莫斯国家实验室参与研制并使用的。

这种国家实验室及其类似机构不仅是信息技术的重要用户，由于其特殊的需求，对信息技术同样产生了重要的成果，一个典型的例子是蒂姆·伯纳斯－李（Tim Berners-Lee）在欧洲核子研究中心（European Organization for Nuclear Research，CERN）因为工作需要所发明的万维网雏形，他在 1989 年提出了利用超文本构造链接信息系统的设想以及浏览器的概念。

（二）企业研究部门

由于信息科学学科的特殊性，在信息领域产生了一批以研发为核心业务的企业或合作机构，典型的如美国电话电报公司（American Telephone and Telegraph Corporation，AT&T）的贝尔实验室、IBM 的华生实验室、施乐帕罗奥多研究中心（Xerox Palo Alto Research Center，Xerox PARC）以及近年来的微软研究院、谷歌研究院等。这些实验室对信息技术的发展起到重要的作用。以贝尔实验室为例，这里产生了 9 个诺贝尔奖、5 个图灵奖，诞生了晶体管、信息论、UNIX 操作系统、C 语言、电荷耦合器件（Charge-Coupled Device，CCD），就连 V. N. Vapnik 的支持向量机（Support Vector Machine，SVM）和 Y. LeCun 的深度卷积网络也是在这里完成的。Xerox PARC 实验室同样对信息技术产生了重要的影响[33]。这里产生了最早的个人计算机 Alto、激光打印机、鼠标、以太网以及图形用户界面、面向对象的语言 Smalltalk、页面描述语言 Interpress（PostScript 的先驱）、图标和下拉菜单、所见即所得文本编辑器等。一种说法是 20 世纪 70 年代中期，全世界前 100 名的计算机科学家中有近一半在 Xerox PARC 工作。

今天最热门的企业研究机构也许是谷歌旗下的 DeepMind，从 AlphaGo[34]

系列、AlphaFold[35]系列到刚刚宣布的 AlphaCode[36]，这些成果在不断刷新我们对智能系统能力边界的认知。自从 AlphaGo 战胜人类世界冠军之后，彻底改变了我们对限定域人－机博弈的认知，没有人再会考虑在这些领域战胜机器。AlphaFold 在蛋白质折叠预测方面取得了令生物学家震惊的结果。AlphaCode 则号称在 Codeforces 的 10 场比赛中排名达到前 54.3%。这些都是在企业研究机构中利用大规模资源和人力集体完成的，体现了兴趣和资源结合的优势。在本书即将付印之时，ChatGPT 再次印证了这种方式所体现出的优势。

（三）企业联合研究部门

在信息领域的企业研究机构中，还有一些为了阶段性目标而联合成立的研究机构，如美国为提升半导体工艺而成立的半导体制造技术联盟（Semiconductor Manufacturing Technology，SEMATECH），以及为了研制 PowerPC（Performance Optimization With Enhanced RISC-Performance Computing）CPU 而由 Apple、IBM 和摩托罗拉公司（Motorola）成立的 AIM 联盟等，其中 SEMATECH 诞生于日美存储器产品激烈竞争的 1986 年。当年占美国半导体产业产值 80% 的 14 家企业包括 Intel、IBM、惠普（Hewlett-Packard Company，HP）、AT&T 微电子、Motorola 等，在美国国防高级研究计划局（Defense Advanced Research Projects Agency，DARPA）年补贴 1 亿美元的资助下，联合成立了研发联盟，即 SEMATECH。SEMATECH 的主要使命是增加半导体技术的研究数量并为联盟内的成员企业提供研发资源，分享成果，减少资源重复浪费。该联盟专注于一般的过程研发，而不涉及具体产品，避免其成员利益受威胁。该联盟也不参与产品的销售，并且不限制成员独立的研发活动。该联盟的成员需将其半导体销售收益的 1% 上缴给联盟，最低缴纳 100 万美元，最高缴纳 1500 万美元。在 DARPA 的支持和鼓励下，该联盟逐渐转向充分利用全国的资源进行研发任务外包，有效整合产学研力量，外包对象包括半导体制造设备商、国家实验室和大学。1990 年前后，该联盟开始将研发重心转向半导体制造设备，从而加强了半导体产业链。在这一联盟成立十年之后，美国半导体产业已全面恢复在国际上竞争力。特别是在半导体制造设备领域，美国的控制性地位至今无人能撼动。DARPA 在对这一联盟支持的十年中,很好地将企业的中短期目标与 DARPA 的中短期技术支持目标相结合。

(四)非营利性开源组织

在信息科学学科领域,特别是与计算机相关的领域,开源已经成为一种潮流,例如,今天广泛使用的 Linux,甚至 Android 的背后都有 Linux 的影子。目前已经产生了一批这样的开源组织支持开源软件的研发,最早的开源组织应该是 1985 年由开源领域的传奇人物 Richard Stallman 创办的自由软件基金会,其他著名的开源组织还包括 Apache 软件基金会、Linux 基金会、OpenStack 基金会等。近年来,国内也成立了开放原子开源基金会、中国开源云联盟等类似的组织。

这些基金会本身不是软件的研发机构,不论企业还是个人均可以通过这些独立的非营利性机构,与其他开发者一起合作进行开源项目的研发。相比前面的联盟,这些开源基金会提供了一种低门槛的合作模式,同时还可以为个人或中小机构等贡献者提供保护,规避合同责任或法律风险。相比上面这些基金会,GitHub 等平台为小型项目的开源合作提供了简便的方式。

(五)大学研究团队

大学一直是科学研究特别是基础研究的重要力量。大学的科研水平也是一个国家科研水平的重要体现。除了纯粹教学的一些大学/学院之外,科研也是衡量大学水平的重要标志,具有世界影响力的大学无一不具有高水平的科研。不同于传统自然科学中主要依靠"孤独天才式"的发现和发明,信息科学学科的进步往往是和团队作用分不开的。正因为如此,信息科学学科的重要成果产出往往是集聚性的。高水平的大学研究往往具有一定的集聚效应,从而形成"学派",这种"学派"的影响往往能够导致集聚性的人才和成果。以加利福尼亚大学伯克利分校为例,截至 2020 年的图灵奖的获奖者中,有 6 位在这里完成本科学习,7 位在这里获得博士学位,13 位曾在这里工作过。

从科研组织形式上,上述这些方式体现了科研组织的多样性,同时和目标导向相关。大学的科研组织在研究组可能是明确的,甚至是长期的,但在宏观上更加是松散的和自由的,充分体现了学科推动的作用;开源组织下的项目除了少数明星项目之外，更多的项目是依靠少数人的兴趣维持的；相比之下，企业的研究机构则目标明确，体现出中短期应用拉动的特点，而政府主导的实验室往往具有更加长期的目标和国家使命导向。

六、资助模式

在二战之前，科研工作主要是小规模作坊式的，第二次工业革命期间，各种新技术、新发明主要是由企业和私人实验室投资完成的，相比之下，大学介入的研究非常有限。究其原因是缺乏完善的科研资助和管理体系。二战之后，信息科学学科的资助主要包括政府机构（包括专业资助机构和一些政府部门）资助、跨国联合资助、企业资助，以及非营利性基金会资助等，其中政府机构资助是资助的主体。

（一）政府机构资助

严格意义上国家对科研的资助始于二战后的美国。因为当时战争的需要，政府资助的大学科研经费飙升——从战前的1%提高到战后的约40%。这些资助使得核能、航空、航海、电力、医疗等方面取得了显著的成效，如典型的曼哈顿工程。战争结束前万尼瓦尔·布什给罗斯福总统的那篇《无尽的前沿》的报告中不仅提到国家科研机构，而且建议了战后美国科研资助的格局，这使得美国在1946年和1950年分别设立了国立卫生研究院（National Institutes of Health，NIH）和国家科学基金会（National Science Foundation，NSF）两个资助机构。这一资助体系得到了很多国家和地区的认同，并纷纷设立相应的机构，如欧洲联盟（欧盟）的欧洲研究委员会（European Research Council，ERC）、英国研究与创新局（UK Research and Innovation，UKRI）等。与企业资助机构相比，政府机构主要负责资助基础科学研究。除了政府直接管理的专业资助机构之外，还有一些政府部门下的资助机构。以美国为例，包括DoD下设的DARPA、NASA、能源部（Department of Energy，DOE）以及陆海空军的资助机构等。相比专业资助机构，其他部门的资助在时效上更加关注中短期的研究。在政府资助体系中，对于政府领导的专业研究机构（如国家实验室），往往采用稳定的拨款模式，同时有相对长期的研究目标和任务。部分国家科研机构，如 NIH 和美国国家标准与技术研究院（National Institute of Standards and Technology，NIST）等，既有自身研究实体，又有资助研究的机构。国家资助的科研通常不会有对知识产权回馈的诉求，但仍需要以合同形式约定，包括研究的内容、资助使用的范围，以及对科研产出的评价等。值得注意的是 2021 年美国参议院通过的《2021 年美国创新和竞争法案》，其中首次提出了要设立"技术创新理事会"，负责指导全国基础研究和应用研究，推进关键领域技术进步和商业化。直到写作本章之时，这一法案也未最后通过，尽管如此，设立技术类基金也可能会对未来研究资助的趋势发生根本性的影响。

（二）跨国联合资助

另一个值得注意的趋势就是随着大科学的发展，资助和管理方式也发生了相应的变化。大科学是指以统一的方式把相关的科学事业组织起来加以科学管理（如大科学体制）的科学，是社会化的集体活动，其研究活动规模越来越大，发展至国家规模，甚至国际规模，包括大科学计划（工程）、分布式研究等。大科学计划（工程）由于复杂程度、经济成本、实施难度、协同创新的多元性等都往往超出一国之力，需要通过国际科技创新合作来实施。在资金上，也不同于大多数项目单一资助来源的做法，国际大科学计划（工程）往往是在一个大目标下通过从多个国家募集资金共同完成的，如国际空间站等。跨国联合资助往往能够导致重大科技成果的产生。二战结束以来，美、德、法、俄、欧盟等国家和国际组织在地质、物理、生命科学等诸多领域组织了数十个国际大科学计划（工程），取得了一系列推动世界科技发展的重大成果，有效提升了自身的国际地位和影响力。这些大科学计划（工程）虽然不是面向信息科学学科的，但信息科学学科在其中扮演了重要的角色，例如，万维网就是从其中的欧洲原子能研究组织产生的。这些联合资助的大科学计划（工程）可以分为三大类：①巨额投资建造、运行和维护的，依托单个大型研究设施的"单址式大科学计划"，如国际热核聚变实验堆计划（International Thermonuclear Experimental Reactor，ITER）；②依托多个大型研究设施的"分布式大科学计划"，如平方公里阵列（Square Kilometre Array，SKA）射电望远镜；③需跨学科合作的大规模、大尺度的前沿性科学研究，通常是围绕一个总体研究目标，由众多科学家有组织、有分工、有协作、相对分散开展研究的"虚拟式大科学计划"，如人类基因组计划（Human Genome Project，HGP）等。

在联合资助中包括了灵活的合作和管理模式，既有发起方负责资金管理的模式，也有成立基金会进行资金管理的模式。合作方之间，既有通过资金直接投入的，也有通过设备投入的；既有单一地点共同研究形成成果的，也有分布研究，从局部到全局形成最终成果的。

（三）企业资助

信息科学学科相关领域的企业是当今最为活跃的经济因素，也是科技发展的重要推动力量。2020年，在全球市值最高的十强企业中，与信息科学学科相关的企业占据前五席。由此可见，信息类企业除了自身的研究部门之外，对支持外界的研发活动既有需求，也有能力。企业在资助大学科研上通常的形式包括捐赠性质的小额资助、委托项目研发、设置联合实验室等。

企业采用捐赠形式资助研究通常只面向某些特定大学的有潜力的年轻研究人员或者有影响力的资深研究人员，并注重对学生的培养。这类资助通常不要求任何形式的回报，但常常借此从大学获得信息咨询。相比之下，采用委托形式资助的研发，常常是针对某些特定问题，从应用中抽象出具有研究价值的具体问题，由大学教授和企业共同完成研发，这类研究在一定程度上相当于付费购买的科研服务。与此同时，很多企业也给大学教授提供利用学术休假进行访问合作研究的机会。从近年来企业和大学联合发表的文章当中就可以看出这一趋势愈加明显。一些大型企业还会根据其研究的主攻方向以及大学的特点，在部分学校内部或学校周边设立联合实验室或者以企业为主的实验室，同时聘用大学的教授作为兼职研究人员甚至研究部门的负责人。这一类联合实验室，通常会有更加明确的中期研究目标，而且研究人员相对固定。通过企业资助，除了可以将研究问题和应用结合之外，还可以通过企业获得真实的实验场景，以及在大规模数据以及人力方面的支撑，充分发挥企业和研究机构之间的互补性。

（四）非营利性基金会资助

在大规模政府资助出现以前，私人基金会对高等学校的科研起着重要的作用，早期的私人基金会如洛克菲勒基金会、卡内基基金会等都将其关注的重点放在社会和人文学科等领域，典型的做法是在大学支持建立相应的研究中心。某些私人基金会如斯隆基金会则选择直接资助重点的单个科研人员，在受斯隆基金会支持的研究人员中，先后有 16 位科学家获得诺贝尔奖。近年来，很多基金会将其关注的重点放在生命、健康等领域，典型的如盖茨基金会。这些基金会的特点普遍是关注政府投入有限的领域，寻求互补性和独特性，因此针对信息科学学科领域的研究，国际上很少有相应的民间基金会支持。

2018 年国务院出台的《国务院关于全面加强基础科学研究的若干意见》（国发〔2018〕4 号）中已经提出探索共建新型研发机构、联合资助、慈善捐赠等措施，激励企业和社会力量加大基础研究投入。这里的慈善捐赠已经逐渐被认可为支持科学研究的一种投入方式。国内目前已经出现了一些通过设立基金会进行奖励/资助的方式，并且多数与信息科学学科密切相关。一是设置科学奖项，对已有科技成果/人员进行奖励，如从 20 世纪 90 年代开始的"何梁何利"奖以及近年来设置的"未来科学大奖"和"科学探索奖"等；二是支持中青年科研人员进行探索性研究，典型的如中国计算机学会与若干企业联合设立的科研基金。

上述这些资助模式对信息科学学科的发展起到了至关重要的作用。政府机构的资助往往是更加长期的目标导向，趋向于关注长期收益，典型的如从支持人才培养开始的基础性科研，在绩效上趋于多元化；跨国联合资助由于其天然的公益性特征，更多地面向支持人类认知范围的开拓；相比之下，企业的资助常常带有明确的中短期目标，关注资金的使用效率；非营利性基金会更多地关注其他渠道的盲点，以提高资金的使用效率，这方面国内的基金会还处在探索阶段。

本章参考文献

[1] Shannon C E. A mathematical theory of communication[J]. Bell System Technical Journal, 1948,27(3): 379-423.

[2] Wiener N. Cybernetics or Control and Communication in the Animal and the Machine[M]. 2nd ed. Cambridge: The MIT Press, 1965.

[3] The Editors of Encyclopaedia. Maxwell's equations. https://www.britannica.com/science/Maxwells-equations [2023-05-10].

[4] Turing A M. On computable numbers, with an application to the entscheidungs problem[J]. Proceedings of the London Mathematical Society,1936, 42 (2): 230-265.

[5] Maxwell J C. A dynamical theory of the electromagnetic field[J]. Philosophical Transactions of the Royal Society, 1865, 155: 459-512.

[6] Levy S. Hackers: Heroes of the Computer Revolution[M]. Sebastopol: O'Reilly Media, 2010.

[7] Hey T, Tansley S, Tolle K. The Fourth Paradigm: Data-Intensive Scientific Discovery [M]. Seattle: Microsoft Research, 2009.

[8] The Event Horizon Telescope Collaboration. First M87 Event Horizon Telescope Results. Ⅳ. Imaging the Central Supermassive Black Hole[J]. The Astrophysical Journal Letters, 2019, 875(L4): 1-52..

[9] Burger B, Maffettone P M, Gusev V V, et al. A mobile robotic chemist[J]. Nature, 2020, 583: 237-241.

[10] 明说网络. 网络战武器：震网 (Stuxnet) 病毒. https://zhuanlan.zhihu.com/p/378291643 [2023-05-10].

[11] Palmer D. This company was hit by ransomware. Here's what they did next, and why they didn't pay up. https://www.zdnet.com/article/this-company-was-hit-with-ransomware-heres-what-they-did-next-and-why-they-didnt-pay-up [2023-05-10].

[12] Stracqualursi V, Sands G, Saenz A. Cyberattack forces major US fuel pipeline to shut down. https://www.cnn.com/2021/05/08/politics/colonial-pipeline-cybersecurity-attack [2023-05-10].

[13] DVB. DVB 标准. https://dvb.org/specifications [2023-05-10].

[14] MPEG. MPEG 标准. https://www.mpeg.org/standards/MPEG-2 [2023-05-10].

[15] ITU. ITU H.264 标准. https://www.itu.int/rec/T-REC-H.264 [2023-05-10].

[16] ITU. ITU H.265 标准. https://www.itu.int/rec/T-REC-H.265 [2023-05-10].

[17] Atchison W F, Conte S D, Hamblen J W, et al. Curriculum 68: recommendations for academic programs in computer science: a report of the ACM curriculum committee on computer science[J]. Communications of the ACM, 1968,11(3): 151-197.

[18] Austing R H, Barnes B H, Bonnette D T, et al. Curriculum' 78: recommendations for the undergraduate program in computer science: a report of the ACM curriculum committee on computer science[J]. Communications of the ACM, 1979,22(3): 147-166.

[19] The joint task force on computing curricula. Computing curricula 2001[J]. Journal on Educational Resources in Computing, 2001, 1(3es): 1-es.

[20] Cassel L, Clements A, Davies G,et al. Computer Science Curriculum 2008: An Interim revision of CS 2001.https://dl.acm.org/doi/10.1145/2593246 [2023-05-10].

[21] Joint task force on computing curricula of ACM and IEEE CS. Computer Science Curricula 2013: Curriculum Guidelines for Undergraduate Degree Programs in Computer Science[M]. New York: Association for Computing Machinery, 2013.

[22] CC2020 task force. Computing Curricula 2020: Paradigms for Global Computing Education[M]. New York :Association for Computing Machinery, 2021.

[23] Committee on STEM education of the national science and technology council. Charting a course for success: America's strategy for STEM education. 2018.

[24] America COMPETES act: America creating opportunities to meaningfully promote excellence in technology, education, and science act of 2007. Public Law 110–69 -- August 9, 2007.

[25] National Research Council. A Framework for K-12 Science Education: Practices, Crosscutting Concepts, and Core Ideas[M]. 2012.

[26] Riordan M, Hoddeson L. Crystal Fire: the Invention of the Transistor and Birth of the Information Age[M]. New York: W. W. Norton & Company, 1998.

[27] Lewis R. Fiber Optic Communications 101: History, Theory, and Application of Optical Fiber in Telecommunications[M]. Independently Published, 2022.

[28] McCulloch W S, Pitts W. A logical calculus of the ideas immanent in nervous activity[J]. Bulletin of Mathematical Biophysics, 1943, 5:115-133.

[29] Rosenblatt F. The perceptron: a probilistic model for information storage and organization in

[30] Rumelhart D E, Hinton G E, Williams R J. Learning representations by back-propagating errors[J]. Nature, 1986,323:533-536.

[31] Hinton G E, Salakhutdinov R R. Reducing the dimensionality of data with neural networks[J]. Science, 2006, 313 (5786): 504-507.

[32] Bush V. Science, the endless frontier: a report to the president on a program for postwar scientific research[R]. New York: United States Office of Scientific Rese, 1945.

[33] Hiltzik M A. Dealers of Lightning: Xerox PARC and the Dawn of the Computer Age[M]. Brighton :Harper Business, 2000.

[34] Silver D, Schrittwieser J, Simonyan K,et al. Mastering the game of go without human knowledge[J]. Nature, 2017, 550: 354-359.

[35] Jumper J, Evans R, Pritzel R, et al. Highly accurate protein structure prediction with AlphaFold[J]. Nature, 2021, 596: 58-589.

[36] Li Y J, Choi D, Chung J, et al. Competition-level code generation with AlphaCode[J]. Science, 2022,378(6624): 1092-1097.

第三章

发展现状与发展态势

第一节 国际上信息科学学科的发展现状和趋势

一、电子学与信息系统领域的发展现状和趋势

（一）电子科学与技术领域的发展现状和趋势

美国方面，DARPA 围绕电子器件、射频电路关键技术部署了多项计划与发展策略。2018 年，DARPA 启动了"电子复兴计划"（Electronics Resurgence Initiative，ERI），重点针对"材料与集成"、"电路设计"和"系统架构"3 个方向设立项目，旨在探索电子技术发展新路径，确保美国在半导体技术领域持续领先并引领未来电子技术[1]。同年，DARPA 又启动了"毫米波数字阵列"（Millimeter Wave Digital Arrays，MIDAS）项目，旨在开发单元级数字相位阵列技术，研发用于国防的新一代毫米波系统。针对新型电磁材料在电磁领域的应用，DARPA 设立了碳基电子射频、柔性混合射频等研究项目[2]。针对强耦合超宽带天线阵列研究，DARPA 启动了可重构天线计划（Reconfigurable Antenna Program，RECAP）。在微波光子前端功能芯片以及前端处理方面，

第三章 发展现状与发展态势

DARPA设立了"直接片上光频率合成"（Direct On-Chip Digital Optical Synthesizer，DODOS）、"片上可扩展光子学"（On-chip Scalable Photonics，OSP）和"场可编程调制阵列"（Field Programmable Modulation Array，FPMA）项目。为了满足国防电子系统对真空电子器件日益增长的需求，DARPA启动了创新真空电子科学与技术（Innovative Vacuum Electronics Science and Technology，INVEST）、高空/高速进攻反击（High Altitude/High-Speed Offensive Counterattack，HOC）等计划，重点研究极端复杂环境下小型化高功率毫米波太赫兹真空电子器件。在敏感电子学与传感器研究方面，DARPA设立了智能传感与微系统技术（Smart Sensing and Microsystem Technology，SSMT）专项。近年来，NASA针对柔性共形天线系统重大应用需求，布局了面向航空通信的共形轻质天线系统项目研究；针对超导电子学发展，启动了利用超导单光子探测器的月球激光通信演示（Lunar Laser Communication Demonstration，LLCD）和深空光通信（Deep Space Optical Communication，DSOC）项目。目前，美国已经完成了人类基因组计划，标志着人类科学走进了后基因组时代，促进了生物电子与生物信息等新学科的形成和发展。近年来，针对复杂环境的遗传生态研究和后基因组时代的遗传数据获取与分析，美国陆续开启了人类脑计划（Human Brain Project）、精准医学、抗癌登月和国家微生物组等国家计划，旨在促进人类理解大脑的运行方式，进而阐明意识的发生、思维过程等一系列科学谜题。2017年，美国国家科学与技术委员会（National Science and Technology Council，NSTC）医学成像跨部门工作组发布了主题为"推进高价值影像学"的《医学成像研发路线图》，旨在通过医学成像技术获得更好的医疗卫生成效，减少医疗保健支出[3]。2019年，美国国家生物医学影像与生物工程研究所发布《医学影像人工智能转化研究路线图》报告，提出了促进人工智能在医学成像中应用的优先发展方向，旨在充分发挥大数据、云技术和机器学习的作用，提升临床医生规划和利用成像技术的能力，提高疾病诊断和治疗应答评估水平[4]。

欧盟方面，在电路与系统、电磁场与波、物理电子学等领域，2020年欧盟11国通过了"欧洲电子芯片和半导体产业联盟计划"，旨在打破美国对芯片领域的主导。2022年，欧盟全体成员国通过了《欧盟芯片法案》，拟投入430亿欧元资金，加强投资和研发，扩大欧盟芯片产能在全球市场的占比[5]。德国"微电子研发框架计划"支持电子设计自动化（Electronic Design Automation，EDA）、数字专用处理器、智能传感器、通信与传感技术的高频电子、节能电子、跨技术主题，以及微电子制造主题。荷兰科学院应用工程学部（Faculty of Applied Engineering，Netherlands Academy of Sciences Programme，FAENG）投资11亿欧元支持光子芯片，后极紫外（Extreme Ultraviolet，EUV）时代光刻技术专题。同时，恩智浦半导体、英飞凌半导体和意法半导体等公司集中产业资源与政府投入，推动高性能模拟射频产业链技术快速发展。针对新型材料在电磁领域的应用，欧盟启动了石墨烯旗舰计划。针对自旋电子学在强太赫兹波的产生和调控研究中的作用，欧盟设立了地平线科研创新项目，开发基于自旋电子模块的先进太赫兹技术。同时，欧盟地平线计划也将传感器列为重点发展方向之一。德国基础研究优先发展项目中启动了面向无线通信系统应用的高频可折叠柔性电子研究。此外，欧盟持续资助了大量微波光子集成芯片项目，包括面向大规模微波光子集成前端的哈姆雷特（Hamlet）项目，专注于InP工艺平台的"面向集成通用制造的光子学研究"（Photonics Research for Integrated General Manufacturing，PARADIGM）项目，着力解决InP与SiN集成芯片高精度、自动化装配与封装的"柔性波导的光子混合组装"（Photonic Hybrid Assembly of Flexible Waveguides，PHAFW）项目，以及"面向下一代合成孔径雷达成像的光子射频前端"（Photonic RF Front End for Next-Generation Synthetic Aperture Radar Imaging，PRFSAR）项目等，内容涵盖了工艺开发、封装测试、功能芯片、系统验证等。敏感电子方面，欧盟于2016年5月启动了为期三年的"传感互联"（IoSense）项目，项目创新主要集中在前端工艺技术、传感器封装和系统集成技术、传感器系统[6]。在生物电子与信息方面，2013年欧盟启动了"人类脑计划"，旨在借助计算和神经信息学的先进方法研究大脑及其疾病，进而推动类脑计算和神经机器人等领域的创新。这是欧盟资助的最大的研究项目之一，也是继人类基因组计划之后又一个全球性的科学项目[7]。医学信息检测与处理方面，欧盟拥有西门子医疗和荷兰皇家飞利浦公司两大国际巨头。近几年来，欧盟及其成员国极为关注和重视人工智能在医疗领域的发展与应用，已发布了多项人工智能政策、战略及项目，例如，2018年欧盟发布《人工智能时代：确立以人为本的欧洲战略》等[8]。

第三章　发展现状与发展态势

韩国方面，1978年三星集团（简称三星）成立三星半导体公司，以及1979年乐金（Life's Good，LG）集团与美国AT&T合资成立金星半导体公司，为韩国集成电路产业的发展奠定了基础。1981年，韩国制定了"半导体工业育成计划"，进一步推动了集成电路产业的发展。之后，韩国通过采用"技术引进、消化吸收、自主研发"发展道路方式，使集成电路产业呈现出高速发展的态势。在存储器等领域，韩国已实现核心技术跨越式发展，成为世界集成电路产业第三大生产国，在存储器芯片等领域的技术水平处于世界领先水平。2020年，三星和SK海力士芯片生产商的销售收入分别位列全球第二和第三。同时，三星、LG等在移动通信设备等领域不断发展，已成为全球顶尖的消费电子产品制造企业。围绕6G技术，三星电子、LG电子、韩国科学技术院（Korea Advanced Institute of Science and Technology，KAIST）和韩国信息与通信技术促进研究所（Korea Institute for Information & Communications Technology Promotion，IITP）等积极开展6G太赫兹频段无线信号传输研究和测试。物理电子学方面，韩国国立首尔大学（Seoul National University，SNU）和KAIST开展了基于微加工的紧凑型光子晶体速调管、X射线光刻（X Ray Lithography，XRL）技术行波管、史密斯－珀塞尔（Smith-Purcell）辐射、返流电子束振荡器、纳米速调管等一系列真空电子器件的研制工作。2009年，韩国设立了为期十年的太赫兹科学技术发展计划，组织成立了太赫兹生物学应用系统中心，主要开展太赫兹生物医学相关研究。韩国在超导电子学方面的研究主要集中在新型电子器件，在量子信息技术方面有一定的研究。KAIST等在面向微波光子射频前端的集成微波光子滤波器、集成光学频率梳等方面开展了广泛研究，涵盖超高Q值集成二氧化硅微腔制造，微波光子集成芯片涉及的工艺、封装、测试、功能芯片设计和实现，以及集成微腔锁定技术和相噪抑制技术等。敏感电子学方面，韩国贸易、工业和能源部于2021年宣布启动"K-传感器技术开发项目"，相关研发资金将分配给韩国当地大学、研究所、企业等，开发广泛应用于汽车、移动设备等产业的传感器技术，韩国通过提升新一代传感器元件等核心技术和传感器基础技术等，争取在2030年跃升为传感器生产强国。在生物电子与信息方面，2006年，韩国启动了"韩国基因组计划"，计划测序4000个韩国人基因组。2015年底，韩国又启动了"韩国万人基因组计划"，研究韩国人群的遗传多样性，构建标准化基因变异数据库，发现罕见基因突变，推动精准医疗。医学信息检测与处理方面，韩国积极投资人工智能和精密医疗领域[9]。韩国知识产权局强调未来人工智能将会加速医疗模式的变化，决定利用优先审查制度来确保知识产权的迅速获取，从而帮助韩国企业抢先取得人工智能基础医疗市场的份额，确保技术竞争力。在近年的北美放射学年会上，韩国展示了各种类型的诊断成像软件，已将人工智能算法应用于成像设备以辅助医生诊断。

日本方面，在射频电路器件、传感器件、微波光子器件等领域有长期的技术积累，在射频电容和滤波器芯片等领域具有显著的技术优势，拥有日本村田（Murata）等国际著名射频器件企业。东京工业大学、京都大学、东北大学等高校在射频器件、集成电路、天线、无线能量传输等方向的研究实力一直处于国际前列。在传感领域，日本将开发和利用传感器技术确定为国家重点发展六大核心技术之一。早在20世纪90年代，日本科学技术厅确定的70个重点科研项目中，就有18个与传感技术密切相关。目前，日本约有800家传感技术领域的企业，包括欧姆龙株式会社、基恩士株式会社、横河电机株式会社、富士电机株式会社等国际著名公司，在光电、光纤、压力、温/湿、流量、接触式传感等方向具有显著的技术优势，占据了全球19.5%的传感器市场份额。此外，2010年，日本启动了光子融合系统基础技术开发计划（Photonic Fusion System Basic Technology Development Plan，PFSDP），目标是在2025年实现基于光子技术的"片上服务器"和"片上数据中心"[10]。在太赫兹理论与技术方面，早在2005年，日本就将太赫兹技术列为"国家支柱技术十大重点战略目标"之一。日本电话电报公司（Nippon Telegraph & Telephone，NTT）、日本电气公司（Nippon Electronic Company，NEC）、富士通株式会社（简称富士通）等公司和大阪大学以及东京工业大学在太赫兹核心器件和通信系统方向开展了长期深入研究，取得了丰硕的创新成果。2008年，NTT公司将120GHz通信系统用于北京奥运会节目转播。2011年，大阪大学和罗姆（ROHM）公司合作研制了基于共振隧穿二极管的300GHz太赫兹通信系统，实现了1.5Gbit/s的传输速率。2018年，东京工业大学和NTT公司合作，基于研制的InP材料太赫兹电路芯片实现了100Gbit/s通信速率的300GHz太赫兹通信系统[11]。物理电子学领域，日本福井大学、东京大学和东芝公司开展了一系列真空电子学器件的研制工作,以回旋管器件为主,研制的多频段太赫兹回旋管主要用于动态核极化增强的核磁共振系统、陶瓷烧结等。日本超导电子学领域依然活跃,包括高温和低温超导电子器件的研究,并在量子信息、射电天文、超导集成电路等方面开展应用,处于国际领先水平。生物电子与信息方面,日本一直高度重视遗传资源数据管理和生物信息研发。1984年,日本建立的日本DNA数据库(DNA Data Bank of Japan,DDBJ)是世界三大DNA数据库之一。日本的基因注释也走在世界前列,京都基因和基因组数据库(Kyoto Encyclopedia of Genes and Genomes,KEGG)是生物信息学领域应用最广的知识库,金久实教授因此被提名2018年度诺贝尔奖。医学信息检测与处理方面,日本的医学成像技术处于世界领先地位,拥有奥林巴斯株式会社、佳能株式会社、株式会社日立制作所等国际著名公司。日本将人工智能用于医疗产业作为政府重点工作之一。2019年,日本厚生劳动省公布了人工智能医疗重点支持领域,包括影像诊断、辅助手术、基因组学分析等。

电子科学与技术是信息社会发展的重要支撑。新一代信息技术的高速发展以及通信与探测应用范围向空天地海拓展,给电子科学与技术学科带来了强劲的发展动力,有力地促进了电路与系统、电磁场与波、太赫兹技术、微波光子学、物理电子学、敏感电子学、生物电子与信息、医学信息检测与处理等学科领域的持续进步。同时,信息传输和感知的宽带、高频、高精度、集成化发展趋势,应用场景向空天地海各类极端和复杂环境扩展,以及生物科学和生命医学等交叉领域提出的新要求,也给电子科学与技术领域提出了新挑战,迫切需要突破电子器件、电路与系统、电磁场与波、生物及医学信息检测等领域存在的理论与技术瓶颈,发展各类新型电子器件、电路与系统、无线通信及探测器件、生物及医学信息检测技术,奠定未来电子科学与技术的理论和技术基础。需要重点突破的关键问题包括建立基于新材料、新结构、新体制的电子器件和电路理论与技术,突破传统理论与技术在器件、电路和系统实现机理、设计方法、性能水平、应用环境要求方面存在的关键瓶颈,实现高密度集成、宽带多频、功能复用、敏感高效的新型电子器件、电路与系统,构建智能化稳定可靠的信息探测和传输系统。

（二）信息论与通信系统领域的发展现状和趋势

美国方面，1948年克劳德·艾尔伍德·香农创立的信息论[12]，一直指导着现代通信技术的发展，广泛应用于无线通信、编码、存储等前沿研究。过去十余年中，NSF支持了许多信息论研究项目，促进了信息论在图像处理、安全通信、人工智能、大数据等领域的发展。2008年至今，NSF还支持了包括11个高校的信息科学中心项目。在5G通信领域，美国仍然具有强大的竞争力，陆续发布了《引领5G的国家频谱战略》、《美国5G安全国家战略》和《加速美国5G发展》。美国是全球较早开通5G商用网络的国家之一。2019年4月3日，美国最大的电信运营商威瑞森通信公司（Verizon）推出商用5G网络。DoD也高度重视5G技术，2020年5月批准发布了《美国国防部5G战略》[13]，同年12月又批准发布了《5G战略实施计划》[14]，2022年3月又成立了5G及未来无线网络跨职能小组（Crazy Frog Information Technology Inc，CFT）。美国正在大力开展6G技术研究，以确保6G领先地位。2019年3月19日，美国联邦通信委员会（Federal Communications Commission，FCC）决定开放面向未来6G网络服务的太赫兹频谱，用于创新者开展6G技术实验。2020年10月，世界无线通讯解决方案联盟（Alliance for Telecommunications Industry Solutions，ATIS）牵头组建了"下一个G联盟"研究6G技术，并于2022年发布了《6G路线图》[15]。在卫星通信领域，2014年，美国太空探索技术公司（SpaceX）提出了"星链"低轨星座计划，截至2022年3月，SpaceX已经累计发射2200余颗"星链"卫星。在激光通信领域，2015年10月，美国启动了光通信和传感器演示（Optical Communications and Sensors Demonstration，OCSD）项目，并于2017年首次展示了从立方体卫星到地面站的高速激光通信下行链路，传输速率达到200兆比特/秒。2021年，美国启动了激光通信中继演示（Laser Communications Relay Demonstration，LCRD）项目[16]，于2021年底发射了空间测试计划卫星-6（Space Test Program Satellite-6，STPSat-6），利用1550纳米波长激光与地球相距45 000千米地面站开展1.244Gbit/s高速激光通信和组网实验。此外，NASA和美国喷气推进实验室（Jet Propulsion Laboratory，JPL）主导的"深空光通信"计划正在逐步开展，计划于2025年对太阳系小行星带开展研究。在无人机通信领域，2014年至今，DARPA资助了多项多无人机协同作战研究项目。自2015年以来，美国

第三章　发展现状与发展态势

启动了多项研究计划，对无人机集群自主编队飞行、集群对战等关键技术开展了深入理论研究和实际演示，相关技术逐渐走向实用化。在量子通信和量子计算领域，美国是全球量子科学与技术的领跑者。多年以来，DOE、NSF和NIST一直支持量子信息科学的基础研究。2018年12月19日，美国国会通过了《国家量子计划法案》。2020年2月，美国白宫国家量子协调办公室发布了《美国量子网络战略构想》报告，明确提出美国将开辟世界首个量子互联网。2022年3月24日，美国国家科学与技术委员会量子信息科学小组委员会发布了《将量子传感器付诸实践》的战略计划[17]。

欧盟方面，早在2G时代就推出了GSM标准，拥有诺基亚公司（NOKIA）和爱立信公司两大全球通信设备商以及世界闻名的瑞典希斯塔"无线谷"，在移动通信领域占有重要的地位。然而，由于政策、频谱、新冠疫情等原因，欧洲5G建设起步艰难，商用进度、规模以及用户数明显落后于中美日韩。2021年3月，欧盟委员会发布了《2030数字罗盘：欧洲数字十年之路》计划[18]，聚焦于下一代固定、移动和卫星网络，推出5G等超高容量网络，并在未来几年推进6G研发，到2030年实现：①培养2000万名ICT专家；②建设安全和性能可持续的数字基础设施，实现千兆网络覆盖所有欧洲家庭，实现5G覆盖欧洲人口密集地区；③实现企业数字化转型，使75%欧洲企业使用云计算、大数据和人工智能，90%以上欧洲中小企业至少达到基本数字化水平；④实现公共服务数字化，使欧洲公民和企业的重要公共服务实现100%在线，100%欧洲公民可以访问自己的电子医疗记录，80%公民将使用数字身份证解决方案。在6G研发中，欧盟委员会计划与产业界、各成员国加强合作，以实现最佳协同效应，为未来6G通信技术领先奠定基础。智能网络和服务（Smart Networks and Services，SNS）合作伙伴项目将在欧盟2021—2027年预算中获得9亿欧元的公共投资进行6G研究。2021年1月，欧盟启动了6G旗舰项目——Hexa-X（https://hexa-x.eu），研发6G智能网络体系结构、技术、用例等。在5G公私合作伙伴关系（5G public-private partnership，5GPPP）计划中，欧盟启动了多个6G项目，研发可重构智能表面、智能连接计算平台、新型交互式应用等技术。在量子计算领域，2020年，欧洲推出了第一个公共量子计算平台——量子灵感（Quantum Inspire），目的在于推动欧洲量子技术的发展，利用量子技术的力量建立更智能、更可持续、更安全的欧盟。2020年3月，欧盟"欧洲量子技术旗舰计划"官网发布《战略研究议程》报告[19]，围绕量子通信、计算、模拟、传感和计量，制定每个应用领域3年或6—10年的发展路线。当前，该计划已经从基础科学、通信等24个领域启动了研究或资助项目。2021—2027年，预计将资助130个项目，实现将量子技术从实验室拓展到商业化应用。

韩国方面，国际电信联盟ICT发展指数全球排名显示，自2010年以来韩国排名一直稳定在前三位，其ICT发展水平走在了世界前列。韩国拥有三星、SK海力士、LG等全球知名ICT企业。韩国是全球第一个开通5G商用服务的国家，综合商用体验处于世界前列。为了确保未来韩国成为全球首个6G商用国家，2020年韩国科学技术信息通信部发布了《引领6G时代的未来移动通信研发战略》。2021年，韩国宣布了"6G研发实行计划"，为实现"全球最高水平的6G技术强国"制定了详细的计划：①确保下一代核心原创技术；②抢占国际标准与专利；③夯实相关产业与研发基础，明确了五个试点领域，即数字医疗、沉浸式内容、自动驾驶汽车、智慧城市和智慧工厂，在2025年前将投资1.67亿美元开发6G关键技术。美国半导体行业协会（Semiconductor Industry Association，SIA）发布的最新数据显示，2020年韩国占据全球半导体市场20%份额[20]，三星和SK海力士占据全球存储器市场72%份额，处于近乎垄断地位。但是，在逻辑芯片、模拟芯片和分立器件方面，韩国与美国、日本和欧盟相比较还处于弱势地位。为了巩固存储半导体世界第一的地位，并争取系统半导体也成为世界第一，2021年，韩国在"K-半导体战略报告大会"上公布了综合半导体强国目标的战略规划，携手相关企业于2030年之前构建全球最大规模的半导体产业供应链——"K-半导体产业带"。三星电子和SK海力士等企业将在未来10年期间投资超过4300亿美元，建立集半导体生产、原材料、零部件、设备和尖端设备、设计等为一体的高效产业集群。在量子计算领域，2019年韩国启动了《量子计算技术五年发展规划》，在五年内投入约3980万美元用于开发量子计算机硬件等核心技术以及未来有前途的领域，包括量子计算新架构、量子算法和基础软件。2021年美国量子计算独角兽企业IonQ宣布与韩国量子信息研究支持中心（Quantum Center，Q Center）达成为期三年的联盟合作关系，旨在促进韩国量子信息研究的发展。

日本方面，在信息论领域，集中于香农理论中的基本问题、结合数据科学的信息理论以及信息编/解码等研究，培养了一大批杰出的科研人才。2010年，日本情报通信研究机构（National Institute of Information and Communications Technology，NICT）韩太舜（Te Sun Han）荣获电气电子工程师学会（Institute of Electrical and Electronics Engineers，IEEE）信息论协会"香农奖"。在信息编/解码方面，2013年，早稻田大学R. Nomura利用信息谱方法设计了具有二阶可解性、内在随机性的固定长度混合源编码方法。2014年，日本北陆先端科学技术大学院大学B. M. Kurkoski针对二进制输入的离散无记忆信道设计了最大化信道输入和量化输出之间互信息量化方法。在信息安全和量子通信方面，2010年，NICT的M. Sasaki提出了量子密码网络，后又证明了通过将小型量子计算机纳入光接收电路，有望实现突破常规理论"香农极限"的量子通信。在移动通信领域，日本早在2G/3G时代就研发出先进的移动通信技术，如公用/个人数字蜂窝系统（Public/Personal Digital Cellular Systems，PDC）和NTT电信沟通无界限（Do Communication Over the Mobile network，DoCoMo）提出的宽带码分多址（Wideband Code Division Multiple Access，WCDMA）。2010年12月，NTT推出4G-LTE服务。2020年3月，日本三大电信运营商NTT、软银集团和KDDI公司（前身为Daini Denden Inc，DDI）又推出5G服务。近几年，日本不断提出和更新中长期发展计划，加强5G建设和推进第五/六代移动通信（5th/6th Generation Mobile Communication，5G/6G）国家战略，大力推进以人工智能、网络安全、分布式计算、量子通信等前沿技术为主的科学研究，加快实现《科学技术创新综合战略2020》中提出的"社会5.0"[21]。2020年1月，日本总务省设立官民研究会用于研究6G技术，计划在2030年实现商用。在光纤通信及无线光通信领域，日本起步较早且长期处于技术领先地位。1976年，日本筹建世界首个光纤通信实验区，实现了百兆级通信。1983年，日本敷设了纵贯日本南北的光缆长途干线。21世纪以来，日本实行"e-Japan""i-Japan"等宽带发展计划大力发展光纤网络，到2010年底光纤用户数高达2000万。目前，日本在下一代光纤通信的核心器件研发领域处于世界领先地位。2017年，NICT利用多芯光纤成功创造数据中心网络交换容量达53.3Tbit/s的世界纪录，在2021年又实现3001千米距离下319Tbit/s超高速率数据传输[22]。在无线光通信领域，日本较早开展了一系列星地激光通信实验场，如光学在轨测试通信卫星（OICETS）计划等都完成了激光通信测试，实现了世界首次低轨卫星与移动光学地面站间的激光传输。2020 年，日本成功发射带宽高达 1800 兆的 Japanese Data Relay Satellite-1（JDRS-1）高轨激光中继卫星。在可见光通信（Visible Light Communication，VLC）方面，1970 年，日本 NEC 建立 633 纳米自由空间光学（Free Space Optical，FSO）系统。2003 年，日本成立可见光通信联盟。2019 年，NTT 提出创新光学无线网络（Innovative Optical and Wireless Network，IOWN）概念，瞄准光电子融合、光子网络和分布式计算等。2020 年底，日本科学家引入深紫外发光二极管（Deep Ultraviolet Light Emitting Diode：DUV-LED）进一步扩展可见光通信系统性能。

信息通信系统是重要的信息基础设施。为了满足不断出现的新业务、新场景和新需求，信息通信系统面临着重大挑战。未来，信息论研究重点聚焦于下一代移动网络的超可靠和低时延通信的性能理论、支撑大规模物联网随机多址接入系统的性能理论和性能优化、可解释的机器学习的信息理论基础、面向语义通信的信息理论基础、信息瓶颈的扩展理论与应用、基于信息论的生物信息识别和隐私保护理论。分布式计算信息理论研究主要面向机器学习任务场景的大规模分布式矩阵乘法、中心化/非中心化场景下高维数据集的梯度训练理论、多元多项式的分布式函数计算、非精确数据恢复的近似计算、稀疏数据的结构化编码设计、联邦学习的安全聚合，以及分布式存储场景下的隐私数据提取和函数提取等。信道编码主要研究适用于译码硬件实现的低复杂度低密度奇偶校验（Low Density Parity Check，LDPC）码译码算法/方案、有限长空间耦合 LDPC 码的构造与译码、极化码的高吞吐率译码算法、LDPC 码/极化码的机器学习辅助译码、低复杂度的代数几何码的译码算法以及面向 6G 的新型信道编码技术。信源编码主要研究基于机器学习的高维/海量信号数据的压缩理论、信源信道联合编码、基于语义的压缩编码等。存储编码主要研究具有低复杂度、低修复带宽的高码率最小可辨信号（Minimum Discernible Signal，MDS）编码、局部修复编码，适于 DNA 存储和新型存储介质的信道建模、纠正插入删除错误/编辑错误的纠错码、序列重构算法、约束码及其与纠错码的结合、内码外码的联合译码等。通信系统研究高度关注 B5G 战略（Business 5G，Broaden 5G，Beyond 5G）增强技术以及未来 6G 移动通信技术、空天地海信息网络、超高速巨容量超长距离的光纤通信系统、巨容量的星间和星地激光通信系统等。

（三）信息获取与处理领域的发展现状和趋势

美国方面，近10年，以信号、数字图像、多媒体为代表的处理技术伴随着航空航天电子技术、压缩感知和深度学习理论的发展而得到了快速的发展。在卫星遥感信息获取方面，美国作为卫星遥感发展的主要引领者之一，将中低分辨率的卫星遥感数据及其信息产品开放共享，其数据在相关领域获得广泛应用，衍生了一大批信息处理方法。以美国陆地卫星（Landsat）系列遥感数据为典型，稳定可靠的数据质量、公开的数据及处理算法、海量的存档数据使得Landsat成为全球中分辨率、长序列对地观测中使用的主要数据源，是公益性中分辨率陆地观测卫星的标杆[23]。除此之外，美国的商业卫星也大放异彩，具有代表性的数字全球卫星地球之眼、伊科诺斯卫星、快鸟、WorldView-1/2/3/4卫星，可提供每月60%全球覆盖和每日300万平方千米覆盖。在多媒体信息处理技术方面，VR/AR技术在美国有着比较广泛的发展和应用[24]，Facebook开发了Oculus VR头盔以及其他VR/AR领域的硬件，同时致力于VR/AR软件和应用开发。与此同时，谷歌开发了Daydream VR眼镜，Apple也在VR/AR领域投入资源。美国在《2020财年国防授权法》中提到VR/AR技术是5G应用非常重要的一环。面对互联网技术的发展和网络社交媒体的兴起对信息处理技术提出的新挑战，DARPA设立了不同方案的主动解释（AIDA）项目，解决多媒体信息处理中信息复杂、混乱和不可靠的问题，用以增强信息作战的能力。在脑机接口多学科交叉以及多感官信息交叉领域，Synchron、神经链（Neuralink）、Facebook等公司开展了大量的研究。2021年8月，美国Synchron公司开发的微创脑机接口获得美国食品药品监督管理局（Food and Drug Administration，FDA）的人体临床试验批文。在成像探测领域，美国在21世纪做出了很多突破性贡献，并保持着大量投入，持续为天文监测、测地成像、燃烧监测等提供大量可视化信息。例如，美国筹备的X射线成像偏振探测器，是继哈勃太空望远镜之后，主要工作波段为X射线，采用了偏振探测技术的探测器，可以观测到更多的天体活动。在燃烧场的成像监测领域，基于光学测试的方法，如激光吸收光谱技术、平面/体激光诱导荧光技术、辐射图像技术等展示出了有效的应用和广泛的前景。美国最早应用激光吸收光谱技术进行气体温度测量，使用可调谐二极管激光器获得了火焰中 CO 分子的吸收光谱，并在之后的几十年中持续探索激光光谱成像方案，应用于航空航天发动机燃烧室监测。

欧盟方面，近 10 年一直不断加大投入，在延续传统信息获取技术的基础上，依托信号处理新理论新技术进行不断的技术能力迭代。在卫星遥感信息获取方面，欧盟持续推进公益卫星数据的获取处理与共享，"哨兵"（Sentinel）系列卫星是与美国中分辨率成像光谱仪（Moderate-Resolution Imaging Spectroradiometer，MODIS）和 Landsat 类似的公益性卫星，是欧洲哥白尼（Copernicus）计划空间部分的专用卫星系列，由欧盟委员会投资，欧洲航天局（European Space Agency，ESA）研制[25]。法国、德国等在光学遥感卫星、合成孔径雷达遥感卫星以及航空遥感信息获取上展示了领先实力。空客防务与航天（Defence and Space，D&S）公司的昴星团（Pleiades）卫星可获取 0.5 米全色和 2 米多光谱影像，组网可实现对任意地点的每日重访。2007 年，德国宇航中心（Deutsches Zentrum für Luft- und Raumfahrt，DLR）发射 X 频段陆地合成孔径雷达（TerraSAR-X）卫星，经过 2013 年技术升级，最高分辨率达到 0.25 米。2010 年，德国 DLR 又发射陆地合成孔径雷达 – 数字高程模型 -X（Terrestrial Synthetic Aperture Radar-Digital Elevation Model-X，TanDEM-X）卫星。在多媒体信息处理领域，欧盟有着深厚的技术积累，并已经为其带来了可观的经济效益。同时，欧盟也十分重视多媒体信息处理的发展，出台了一系列计划用于推动该产业升级转型。在顶级相机镜头制造与相机光学领域，欧洲尤其是德国掌握着全球最先进的技术，为其多媒体信息产业的发展提供了强有力的保障。从光学医疗器械到光学消费商品，欧盟占据了大量的市场份额。全球有大约 28% 的相关产品生产于欧洲，而其中约有 41% 来自德国，同时其出口配额更是达到了 70%。近十几年来，该行业呈现出持续增长的态势，德国相关产业各公司在研发上的平均支出占到了总收入的 9%；荷兰、西班牙、瑞士的相关公司也于 2020 年研发出了一系列新型的光场相机与显示设备。深厚的技术积累与持续的快速发展使得欧洲将多媒体信息产业视为其重要的未来产业之一。在成像探测领域，2017 年起，耗资 12 亿欧元的欧洲 X 射线自由电子激光器（X-ray Free Electron Laser，XFEL）在德国汉堡投入运行，为欧洲科研人员提供高分辨率、快速成像的分子图谱，服务于欧洲材料学、化学物理学、光学等学科[26]。在临床医学领域，先进的医学成像技术用于欧洲的直肠癌等疾病筛查，激光成像技术用于皮肤癌的诊断，传统的核磁共振、X 射线断层成像等技术也有了多种改进（增强造影、人工智能等），用于全身疾病的高精度、动态检查。在工业测量领域，欧盟拥有世界领先的研究和生产能力。德国 LaVison 公司是燃烧测量、流体测量领域首屈一指的设备供应商，涉足激光技术、成像技术、信息化技术等重点技术的研发。

韩国方面，各大应用领域和电子技术领域的迅猛发展带动了信息获取与处理理论及技术的不断发展，促进信息处理的智能化、高时效等不断增强。在卫星遥感信息获取领域，韩国重点发展遥感信息获取。自 1994 年启动韩国多用途卫星（Korean Multi-Purpose Satellite，KOMPSAT）首个遥感卫星项目以来，韩国共发展了低地球轨道（Low Earth Orbit，LEO）的 KOMPSAT 和静止地球轨道（Geostationary Earth Orbit，GEO）的地球同步韩国多用途卫星（Geostationary Korea Multi-Purpose Satellite，GEOKOMPSAT）两大系列，形成了高低轨结合、高分辨率光学成像和雷达成像结合的遥感卫星系统。2012 年 5 月，韩国发射 KOMPSAT-3 卫星接替 KOMPSAT-2 卫星执行高分辨率成像和测绘任务，搭载 1 台名为先进地球成像系统（Advanced Earth Imaging System，AEISS）的高分辨率推扫成像仪，全色和多光谱分辨率分别达到 0.7 米和 2.8 米。2013 年 8 月，韩国发射首颗合成孔径雷达成像卫星 KOMPSAT-5，使韩国具备全天时、全天候地球观测能力，成为世界第 7 个具备 1 米分辨率空间雷达成像能力的国家。韩国还发展了 GEOKOMPSAT 系列，用于进行朝鲜半岛及周边区域的气象和海洋监测。2010 年 6 月 26 日，韩国发射了 GEOKOMPSAT 系列的首颗卫星——"通信、海洋和气象卫星"（Communications, Oceanographic and Meteorological Satellites，COMS，又名"千里眼"卫星），接着于 2018 年和 2020 年分别发射了两颗 GEOKOMPSAT-2 卫星，分别是一颗静止轨道气象卫星和一颗静止轨道海洋与环境卫星。在多媒体信息处理技术方面，韩国于 2001 年开始研究将 VR 技术应用于心理疾病治疗，至 2003 年有了较为成熟的发展。由于其对虚拟场景的高可控性与对现实的高还原性，越来越多的心理治疗采用 VR 技术作为传统医疗方法的辅助手段，让 VR 技术的应用迈上了新的台阶。此外，VR 技术还应用于心肺复苏（Cardiopulmonary Resuscitation，CPR）训练。2015 年调查显示，只有 38.1%

的韩国人接受过 CPR 教育，其中有一半的人只听过理论课程而没有实际经验。VR 技术可以轻松构建 CPR 教育所需的虚拟环境，大大降低 CPR 教育的成本。同时，其附加的趣味性，更能够激发受教育者的学习热情，从而提高 CPR 教育的普及程度。近年来，韩国在燃烧场成像领域稳步发展，利用激光吸收光谱层析成像实现了温度场 3D 重建。2019 年，韩国利用构建的 2 层使用计算机断层扫描可调谐二极管激光吸收光谱（Computed Tomography-Tunable Diode Laser Absorption Spectroscopy，CT-TDLAS）系统对液化气燃烧火焰的废气进行了 3D 温度分布测量，5 次测量的温度标准偏差在 1 层和 2 层分别达到了 55 开尔文和 24 开尔文。依据可调谐二极管激光吸收光谱（Tunable Diode Laser Absorption Spectroscopy，TDLAS）层析成像技术构建五层二维传感器平面，结合 SMART 计算平面网格的吸收系数，重建 3D 温度分布，以每层热电偶测得的温度分布为对照，可得温度平均相对误差 19.7 开尔文[27]。

日本方面，电子学材料和元器件的突破与发展为信息处理领域的快速发展提供了良好的基础，多维度信息获取能力和信息处理水平得到了快速提高。在卫星遥感信息获取领域，2006 年 1 月 24 日，日本发射先进陆地观测卫星（Advanced Land Observation Satellite，ALOS），搭载三个传感器：全色遥感立体测绘仪，主要用于数字高程测绘；先进可见光与近红外辐射计 -2，用于精确陆地观测；相控阵型 L 波段合成孔径雷达，用于全天时全天候陆地观测。2014 年 5 月 24 日，日本发射 ALOS-2 卫星，配备了全球领先的 L 波段合成孔径雷达传感器，能够消除恶劣天气的影响，并拥有较强的植被穿透能力，成像范围提高了 3 倍，雷达传感器的拍摄模式也有显著增加，可以获取 1—100 米多种不同分辨率图像[28]。在多媒体信息处理领域，日本的诸多企业与高校都在相关方向进行着积极布局。以高逼真媒体信息采集为例，日本拥有佳能株式会社、尼康株式会社、索尼株式会社（简称索尼）、富士胶片株式会社、松下电器产业株式会社（简称松下）等世界领先的光学设备企业。根据 BCN 株式会社 2020 年统计数据，上述五家公司在单反相机领域占据了超过 96% 的市场份额，而在数码摄像机领域占据了近 70% 的市场份额。在电影级摄像机领域，索尼旗舰产品之一的电子装置（Electronic Device，ED），底层的全画幅传感器尺寸达到了 36mm×24mm，最高分辨率高达 6048 像素 × 4032 像素，这使得它几乎能够录制电影拍摄中所需要的任何格式。2020

年，索尼发布了一种使用 3D 体素捕捉的虚拟内容制作技术，展示了未来摄影技术的一个发展方向。在光场领域，早在 2013 年，松下就向阵列相机公司 Pelican Imaging 投资，加入到光场相机的研发行列。2020 年，日本广播协会（Japan Broadcasting Corporation，NHK）科学技术研究所基于光场技术开发了一种新的 3D 电视系统，显示的图像能够具有水平方向和垂直方向的视差，并具有足够高的分辨率，展现了更大的商业化的可能。在临床医学方面，日本滨松光子学株式会社宣布开发出一种高精度医疗成像技术，该技术使用一对探测器来获取数据，而不需要进行图像重建处理，利用这种技术可开发出一种简单而小型的放射检查设备，其精确度与传统的放射检查设备相同或比传统的放射检查设备更好。东芝医疗系统株式会社拥有最前沿医用影像系列产品，产品遍布日本、美国、中国、欧洲等 135 个国家及地区，成为世界主要医学影像产品厂商之一。在工业成像领域，日本国际成像技术展已发展成为世界范围内图像处理、机器视觉及其相关设备领域最具规模和专业性极强的展览会。在工业相机制造领域，日本一家独大，目前世界上性能最先进的可见光高速相机来自日本活图隆（Photron）公司。

信息获取与处理领域围绕更高分辨率多源探测成像与信息处理、可靠的低采样率/低比特率压缩采样、复杂电磁环境下的稳健处理、一体化信息表征/传输/处理/重建/挖掘/可视化、多尺度/多维度/超场景的时-空-谱信息协同处理/广域认知及一体化探测应用新理论、时变非均匀环境特征和目标特征约束条件下的信号处理/目标检测及参数估计优化、多域多维图像感知/理解与推理等科学问题进一步发展，主要发展重点包括聚焦于低采样率低量化率压缩采样方法边界条件和性能极限、多维稀疏信号理论与信号处理；雷达、光学、声、电磁等多源多维度稀疏探测成像新机理与新方法；空-时-频多维度信息联合处理；多模态计算成像新机制、新技术与信息联合重建理论和方法；复杂干扰环境下的信号、图像精准化处理；数据一体化表达、仿真、压缩、传输、重建、分析、监测、可视化及反演；多源多尺度信息智能关联与协同感知；高维智能信息处理与弱小/弱反差/未知/群目标等检测、识别、定位跟踪方法；面向 VR/AR 的媒体信息表示与处理；高效高性能声成像，协同跨介质声信息交互与处理；面向公益民生应用需求和强时效性响应突发应急需求的新体制信息获取与高效处理等。

二、计算机、互联网等领域的研究现状与趋势总结

随着计算的普及，计算机及其相关技术成为科技发展的重要引擎。国际上对此给予了高度的重视。在软硬件系统方面，随着新型和颠覆性技术的出现、异构硬件的普及、数据规模的增长、软件复杂程度的增加，以及基于人工智能和机器学习新方法的发展，从整个生态系统的角度来看，计算机领域正在经历多维度快速变化。一方面，计算密集型的应用、数据驱动的方法要求计算能力持续提升；另一方面，以云计算、边缘计算为代表的分布式应用要求不断提高稳健性、敏捷性和可用性。人－机－物三元融合的计算成为关注的核心，美国网络与信息技术研究与发展计划（Networking and Information Technology Research and Development，NITRD）在其发展领域中列入了计算使能的网络物理系统（Computing-Enabled Networked Physical Systems，CNPS），以及软件生产率、持续发展和质量（Software Productivity, Sustainability, and Quality，SPSQ）。CNPS 包括信息物理系统（Cyber-Physical System, CPS）、高可信软件和系统（High Confidence Software and Systems, HCSS）两个工作组。CPS 的目标是集成信息、物理和人类三元世界，HCSS 面向自主和智能技术下的稳定可靠，SPSQ 则关注未来软件开发的效率、成本、质量与维护，特别是安全攸关的软件的可信和韧性以及软件漏洞等问题。

由于先进计算系统的异构性等特点，需要从生态系统的角度关注未来计算软硬件系统。为此 NITRD 还设立了一个战略计算快速通道行动委员会（Fast Track Action Committee，FTAC）负责应对新兴计算领域的挑战，并在 2019 年发布的《国家战略性计算计划（更新版）：引领未来计算》（*National Strategic Computing Initiative Update：Pioneering the Future of Computing*）[29] 报告中充分强调了整个生态系统的重要性。该生态系统包括异构计算系统（涵盖从极大规模到以边缘为中心的系统）及其相关的网络、软件、数据和专业知识，被认为是保障美国国防以及其科学和经济领导地位的利器。

未来高级计算生态系统将由一组架构上异构（甚至包括经典和量子系统）的系统资源［这里的资源包括高性能计算（High Performance Computing，HPC）、云、加速器、嵌入式和实时以及边缘计算单元等］和服务组成，目标是实现彻底的无缝对接，因此关注的重点包括可重构性、可编程性、可靠性

第三章　发展现状与发展态势

以及能效比，此外也需要解决关键的安全和隐私问题。其目的是将未来的先进计算生态系统构建为跨越政府、学术界、非营利性组织和行业的战略性国家资产，支持神经形态、仿生、量子、模拟、混合和概率计算。为此 DoD、DOE、NIH 和 NSF 都将支持构建集成涵盖 HPC、云和其他新兴架构的高级计算系统和服务，以及相应的新型计算范式，并支持在数据分析、人工智能、决策等方面的应用。

计算机的发展面临着登纳德缩放定律（Dennard Scaling）的终结和摩尔定律的放缓问题，这直接导致从单一传统的、基于冯·诺依曼的计算模型向多种计算模型如神经形态、仿生学、量子、模拟、混合和概率计算等并存的阶段转移。此外，在新型计算模型和硬件实现方面，神经计算模型、存内计算、图计算等受到广泛的关注。受全球气候问题和联合国可持续发展目标的驱动，智能化、低功耗成为未来几年的重点，特别是物端系统。同时，计算系统从集中的 HPC 向包括端边云以及人-机-物的阶段过渡。随着时间的推移，系统变得更加专业化、异构化和复杂化。未来用于计算和存储的新型材料可能来自一系列新的技术（如 DNA 存储和量子技术）。计算元件以及系统内存、存储和通信功能都需要这些材料与设备的创新。美国计划在未来几十年充分利用异构处理器和加速器、异构存储器和模型、新互连技术以及专用和节能架构，以保持其领先地位。三元计算覆盖从边缘到 HPC 和云：先进计算正在从地理集中的资源转向全球大规模分布的数据和计算资源。

软件系统的开发周期、开发难度、稳定性、安全性等是制约计算机的关键。在未来先进计算生态系统（Future Advanced Computing Ecosystem，FACE）分委员会的规划中[30]，致力于构建稳健、可持续的软件和数据生态系统。FACE 分委员会认为支持未来高级计算生态系统的软件必须兼顾开发、调试、验证和确认的效率；同时考虑可用性、可复用性、可管理性、可扩展性和可持续性等；满足安全、隐私和信任的要求等。新兴的计算技术、硬件平台给软件系统带来了颠覆性创新的机会，同时加剧了软件挑战。2016 年欧盟委员会发布《2016—2020 年数字化战略》（*Digit Strategic Plan 2016-2020*），旨在推动数字化技术的创新和应用，并提高欧盟在数字领域的国际竞争力。[31]

从基础性的角度，NSF 更加集中于软件基础、形式化方法、自动程序设计和安全可信软件系统等方向，DARPA 则更关注大规模程序理解和挖掘、构建资源适应的软件系统、可信自主系统、意图定义的适应性系统、自动快速软件认证等问题。

软件工程是开发大型软件的基础，2021 年卡内基·梅隆大学软件工程研究所发布了《构架软件工程的未来：软件工程研究与开发的国家议程》（Architecting the Future of Software Engineering: A National Agenda for Software Engineering Research & Development）[32]。大型软件向新系统的迁移开发，仍然是一个重大挑战。DARPA、DoD、DOE、NIST、NSF 等都已经并且还将长期支持软件系统向 E 级甚至更大规模系统迁移。这些大型软件凝聚了多年的开发成果，但却需要越来越大的维护成本，甚至一些系统的开发语言几乎都不再有人使用，这种迁移能够有效地利用既有的系统和新兴的处理能力。这将需要平衡稳定性和维护的新方法（如应用程序使用的库和其他工具，以及创新和软件进化）。人−机−物融合复杂场景下，软件工程面临着系统快速演进、平台异质耦合、规模快速增长的挑战。面向人−机−物融合场景计算，结合人工智能的软件技术、软件成长和演化、组合化软件构件等成为核心技术的重要方向，而大规模社会化软件、人工智能赋能软件系统将逐渐形成新的重要软件开发范式。

机器学习的应用中，基础算法构件被广泛采用，与传统软件建立在形式化系统的基础上不同，特别是近年来很多机器学习构件往往采用神经元结构如 TensorFlow、PyTorch 等，这与传统软件建立在形式化系统的基础上不同，其行为具有不确定性，这使得传统的程序理论和方法也对其难以适用。因此，传统的分治、复用等基本设计原理在神经网络等机器学习构件的实现和二次应用上难以有效发挥作用，需要研究异质构件的交互协议等。软件形态的变化要求对软件的基础理论做深入的思考，甚至重塑。为此很多研究机构如英国阿兰·图灵研究所、美国 IBM、微软等实验室开展了相应的基础研究。2020 年美国计算社区联盟（Computing Community Consortium，CCC）发布了《确保自治：通向我们可以信任的自治系统之路》（Assured Autonomy: Path Toward Living With Autonomous Systems We Can Trust）[33] 报告，将基于构件的软件系统安全与可信等提到重要的位置加以考虑。

开源逐渐成为软、硬件的新增长点，今天的开源已经不单纯限于软件，

第三章　发展现状与发展态势

也为数据、硬件的开源提供了环境。开源系统，包括软件和硬件方面，吸引了越来越多的研究人员、企业和政府的关注。这不仅确保了有越来越多的硬件、软件、库、编程环境和工具可以用于研究，而且提供了一种更加公平、较少依赖、可持续、稳健和值得信赖的环境与开源社区。

网络成为信息社会的重要基础设施，成为发达国家竞相争夺的制高点，美国、欧盟等对网络从新型网络设备、未来体系结构、新型网络协议、网络基础设施和大规模实验环境等方面进行布局，强化其影响，以满足未来应用场景的需求。2017年国际电信联盟启动面向2030年及未来的网络技术发展，包括新的网络体系结构及其演进。NSF先后支持了一系列与网络体系结构相关的研究[34]，从内容中心网络、移动网络、云网络到网络安全可信机制、经济模型等，如NewArch、命名数据网络（Named Data Networking，NDN）、ChoiceNet等。欧盟在第七框架计划（7th Framework Programme，FP7）[35]下资助了FIRE（Future Internet Research and Experimentation）、4WARD（Architecture and Design for the Future Internet）等未来网络研究的项目。

大规模网络实验床是未来网络体系结构研究的重要支撑，各国及跨国组织纷纷加以支持，如美国的PlanetLab和全球网络创新环境（Global Environment for Network Innovations，GENI）、欧盟FIRE项目下的OneLab、日本的JGN2plus、韩国的FIRST等。这些平台为未来网络体系结构研究提供接近真实的、大规模的网络实验环境。目前已有相当多的国家和地区正在部署未来网络实验平台，核心是希望解决资源共享和统一控制框架的问题。

网络技术在给社会和人们生产生活带来极大便利的同时，使得网络空间的安全逐渐成为社会稳定发展的重要前提。因此，网络空间在技术创新与演进的过程中需要安全性的保障。由于网络空间中安全边界日益模糊、攻击行为蔓延，新的安全威胁和挑战不断出现，国际安全领域的整体发展呈现持续性的安全增强和加固的态势。同时，利用新兴的计算模式和技术，如区块链、量子计算等，探索网络空间安全技术上的突破，也成为当前领域发展的主要方向。

网络安全和隐私保护受到各国的高度重视，按照NITRD公布的材料[36]，网络安全和信息保障（Cyber Security and Information Assurance，CSIA）机构间工作组的参与单位就包括陆军未来司令部（Army Futures Command，

AFC)、DARPA、美国国土安全部（Department of Homeland Security，DHS）、美国能源部（Department of Energy，DOE）、美国运输部（Department of Transportation，DOT）、情报高级研究计划局（Intelligence Advanced Research Projects Activity，IARPA）、NIH、国家司法研究院（National Institute of Justice，NIJ）、NIST、国家科学研究委员会（National Research Council，NRC）、国家安全局（National Security Agency，NSA）、NSF、国防部部长办公室（Office of the Secretary of Defense，OSD）、财政部、空军科学研究局（Air Force Office of Scientific Research，AFOSR）等。设置的战略优先领域包括：威胁评估，评估对手的威胁，有效和及时地对恶意网络活动进行归因并支持归因信息共享；系统保护，从设计、构建和验证等角度限制系统漏洞，并通过身份验证、访问控制和密码学等技术加强安全性；恶意行为的检测，增强系统拥有者和用户对安全态势的感知与对网络行为的理解，并可靠地检测恶意网络活动；系统响应，发展对系统异常的实时评估技术，提供对干扰中断的自适应响应和对关键功能的支持并保证自动恢复；人工智能的应用与保护，发展能够实现自动网络防御的方法，最小化人工智能系统对攻击的敏感性，并确保人工智能系统是可解释的；量子信息科技，发展用于保护量子软件和硬件以及针对基于量子攻击的应对策略；构建可信的分布式数字基础设施，开发技术以提供安全且有弹性的通信和计算基础设施，包含先进的无线、云计算、物联网等；隐私保护，发展保护隐私的数据处理和分析技术，并提供从隐私入侵中恢复的能力；安全的软硬件系统，发展以确保IT硬件和软件的设计与操作可验证可信且不会被恶意破坏的技术；关注教育和劳动力，制定并实施有效的教育计划，为国家在各级教育与社会各部门中应对可能的网络安全问题和安全可靠地使用网络空间做好准备。

计算技术极大地改进了人类交互和人-机交互，增强了用户与IT系统、其他人和物理世界交互的能力；这包括对社交计算、人-机交互与协同以及IT对人类和社会的影响等方面的研究。这类研究引起了政府机构和企业的极大重视[37]，美国政府多个部门如医疗保健研究与质量局（Agency for Healthcare Research and Quality，AHRQ）、疾病控制与预防中心（Centers for Disease Control and Prevention，CDC）、医疗保险和医疗补助服务中心（Centers for Medicare & Medicaid Services，CMS）、DoD、NASA、NIH、

NIJ、国家职业安全卫生研究所（National Institute for Occupational Safety and Health，NIOSH）、NIST、国家海洋和大气管理局（National Oceanic and Atmospheric Administration，NOAA）、NSF、国家卫生信息技术协调办公室（Office of the National Coordinator for Health Information Technology，ONC）、农业部等均列在资助重点范围之内，Apple、微软、谷歌、Meta等企业也将此方面的成果作为重要的竞争优势。重点关注的研究领域如下。

（1）支持群体协同

发展支持协作和创新的有凝聚力的社会技术系统，包括帮助人们在线管理、验证和传播信息的系统；帮助不同规模、不同合作紧密程度的团队和组织高效协同的系统；能够包容不同目的倾向和知识体系的协同系统。典型的协同系统有：临床决策支持；以人为中心的计算，通过计算系统和多学科交叉帮助扩展人类的体能、认知和社会能力；发展具有开放系统架构的人-机协作系统，以连接多域的协作对象。

（2）改进人与智能系统之间的接口，以完成复杂的任务

这里的智能系统包括机器人、智能代理、自动驾驶汽车和机器学习系统等。典型的领域有：研究与人类无缝协作或在生活中为人们提供各种帮助的机器人交互技术与系统；关注可用性研究，如改善临床数字医疗系统流程；通过交互改善人工智能系统的可解释性和消除偏见，促进公平；发展与健康、可用性以及与安全使用相关的技术。

（3）支持人-机-物融合、虚实相融的交互

随着人与环境、人与数据、环境与数据之间交互方式的不断改进，发展人与融合真实及虚拟环境的交互技术，研究对用户意图与物理环境的多模态感知，以及虚拟环境的逼真呈现与交互建模技术，增强沉浸感。

从感知、响应、交互等不同角度对人-机交互的研究极大地改善了人-机共生的环境，对复杂场景的自动理解、自然语言理解等的研究促进了机器对用户和环境的感知。新型建模、实时绘制和呈现系统极大地改善了VR系统，元宇宙的出现在很大程度上是多用户与复杂环境交互的重要成果。在交互的感知方面，对限定领域下用户意图、环境情景的理解取得了重要的进展，如物体检测与识别、用户的语音和人脸识别等，为了应对更加复杂的开放域情景，感知正从单一传感器向多模态、多维度过渡，利用包括各种相机、雷达、

超声等多种传感器的组合。同时发展多模态信息的协同分析与理解技术，这些都将有助于将人-机交互式的主动感知推向智慧医疗、自动驾驶、城域级虚实交互等应用场景。除此之外，穿戴式体感、自然动作交互、脑机接口等方面的研究处于方兴未艾的阶段。

三、自动化技术领域的研究现状与趋势总结

（一）美国自动化领域的发展现状和趋势

人工智能、大数据、云计算、物联网、智能通信等新一代信息技术的快速发展带动美国自动化产业不断升级变革。当前，美国在智能机器人、智能无人系统、空间探测与深海探索、人工智能驱动的自动化等领域取得了一系列突出进展。

在智能机器人领域，美国高度重视相关领域的研究工作。美国在2017年发布了《国家机器人计划2.0》，旨在加快美国在智能机器人领域的开发和实际应用的进程。此外，美国发布"先进制造业伙伴计划"和"国家制造业创新网络计划"，对智能机器人技术和相关产业进行了部署。美国还开展"未来作战系统"、"阿尔法"和"进攻性蜂群使能战术"（OFFensive Swarm-Enabled Tactics，OFFSET）等颠覆性研究计划项目，不断推动自动化装备和技术走向实战。2020年在《美国机器人技术路线图：从互联网到机器人》中指出，未来15年智能机器人将作为促进美国经济发展的关键因素。美国的诸多高校和企业都在相关方向进行布局，哈佛大学、斯坦福大学和加利福尼亚理工学院等美国高校在智能机器人运动控制、轨迹规划、人-机交互控制方面具备明显优势。波士顿动力公司所生产的双足机器人Atlas、四足机器人Spot引起了广泛关注，标志着美国智能机器人技术的飞速发展。美国直觉外科公司（Intuitive Surgical）研制的达芬奇手术机器人系统，能够进行精密操作，使用微创方法完成复杂的外科手术，已在全球医疗机构广泛应用。

在智能无人系统领域，美国陆续发布诸多促进智能无人系统发展的相关计划，如《美国陆军无人机系统路线图（2010—2035）》、《美国服务机器人技术路线图》和《无人系统综合路线图（2017—2042）》，包含无人机、地面无人系统等，对智能无人系统的发展起到了促进作用。依靠自主攻击以及集群

第三章　发展现状与发展态势

作战能力，无人系统在作战中的优势进一步扩大，这在一定程度上影响了美国未来兵器装备的发展。DoD 也在《无人系统综合路线图（2017—2042）》中指出美国将尽可能把无人系统纳入现有的组织结构中，体现了有人/无人系统的融合和无人系统对于未来作战的重要性。卡内基·梅隆大学、斯坦福大学、MIT、加利福尼亚大学伯克利分校等在无人系统自主控制领域取得了一系列代表性科研成果，波士顿大学在无人系统集群的分布式控制与优化方面做出了突出的研究工作。

美国在空间探测与深海探索领域的重要突破与导航、制导、控制技术的迅速发展密切相关。美国在深空探测与深海探索领域有着先发优势，在空间探测方面，由美国主导，俄罗斯、日本、欧洲、加拿大等国家和地区参与了月球空间站建设；美国 SpaceX 公司成功发射并回收"猎鹰 9"火箭，这标志着美国已经掌握了火箭从太空直接垂直回收的相关技术；NASA、欧洲航天局合作探索在火星取样并返回地球。在深海探索领域，美国是最早进行深海研究和开发的国家。美国海军发布的《海军无人水面艇主计划》提出了进一步提高区域覆盖率，提高对水面目标进行检测、分类和识别的能力以及跟踪技术的需求，美国也在加紧研制与调试能够长时间持续工作的长航程反潜无人艇。

美国 DeepMind 公司研发的阿尔法围棋（AlphaGo）备受瞩目，在全世界范围内引起人们对人工智能的广泛关注。在人工智能驱动的自动化领域，美国政府长期进行布局。美国发布《为人工智能的未来做好准备》和《人工智能、自动化与经济》等，同时制定多项举措推动人工智能与自动化技术的深度融合。美国对人工智能驱动的自动化进行长期重点投入，在基础理论、关键技术等方面均处于全球领先地位，引领了第一代与第二代人工智能驱动的自动化理论和技术突破。斯坦福大学人工智能实验室、得克萨斯大学人工智能实验室、麻省理工学院计算机科学与人工智能实验室（MIT's Computer Science and Artificial Intelligence Laboratory，MIT CSAIL）结合新一代人工智能技术，对考虑不确定性的复杂系统智能控制问题进行了深入探索。2017 年 DARPA 启动可解释人工智能重大研究计划，发展新一代可解释、可信的人工智能驱动的自动化技术。2018 年 9 月 DARPA 启动了 20 亿美元的人工智能新体验与技术组织（Artificial Intelligence New Experience and Technology

Organization，AINETO）战略，明确发展 3G 人工智能基础理论和技术，重点内容包括鲁棒、对抗、高效知识推理，以及更强能力的人工智能理论和技术；同期还启动了数据学习和分析的相关项目，目标是显著提升机器学习数据利用的高效性，并引领自动化技术的创新发展。以生物医学行业为例，2017年，美国梅奥医学中心个性化医学中心与 Tempus 公司达成合作，使用机器学习等方法，研究对癌症患者进行护理的个性化方案，显著提高医疗护理的自动化程度并降低人工成本。马萨诸塞州综合医院临床数据科学中心与英伟达（NVIDIA）联合，共同研究疾病的检测、诊断、治疗和管理，进一步提高其自动化和智能化水平。

（二）欧洲自动化领域的发展现状和趋势

近年来，欧洲依托多年在制造业深厚的技术积累，积极探索自动化新技术在智能制造、交通自动化等领域的应用。同时，欧洲各国重视智慧医疗等人工智能驱动的自动化技术，并在相关领域取得了一定的进展。

在智能制造领域，欧洲将智能制造自动化系统的发展作为经济发展的重要支撑方向，依托"未来工厂"和"工业 4.0"等国家战略，提出了智能制造技术与数字化工厂等优先发展领域。欧洲各国有着深厚的工业基础，拥有世界一流的机器人和自动化等智能制造企业与研究机构。例如，德国有西门子、罗伯特·博世有限公司、库卡系统有限公司、戴姆勒股份公司、弗劳恩霍夫陶瓷技术和系统研究所等，瑞典有沃尔沃集团、爱立信、山特维克可乐满等，英国有 GKN- 航宇公司、达尔康（Delcam）、罗尔斯·罗伊斯公司等，由于政策支持力度大，企业参与程度高，欧洲各国在智能制造自动化领域取得了诸多研究成果。英国 GKN 航宇公司提出的斯特林化学公司（Sterling Chemicals Incorporated，STEX）项目利用新兴的自动化和智能机器人技术显著提高了机翼结构的自动装配速度。D＆S 公司提出的未来装配项目使用工业机器人解决方案实现航空装配过程的高度自动化，实现了双臂工业机器人与操作员在人-机共享环境下的高效协作。德国弗劳恩霍夫研究院组织 D＆S 公司、奥地利未来先进复合材料股份公司和德国库卡实验室共同设计可在生产车间内自主作业的移动机器人平台，其具有自主感知、控制与决策能力。

在交通自动化领域，欧洲在车辆智能控制、车辆自动控制系统、数据处理等交通自动化技术方面取得了长足的进步。欧盟委员会明确表示将全力支持在欧洲迅速部署汽车互联与自动驾驶技术。由欧盟科研创新计划"地平线2020"资助的自动驾驶项目，将推动互联汽车的高度自动化。高效通信和有效地从车辆周围的物体收集数据的能力是自动驾驶的关键因素；欧盟预计花费10年的时间，2020—2030年逐步实现从高速公路上的自动驾驶到市中心的低速自动驾驶，车辆最终将具备通信功能并实现车联网。德国亚琛工业大学汽车工程研究所使用计算机视觉算法，获得了高速公路上自然车辆的数据集，识别误差小于10厘米，克服了现有道路交通数据采集的局限性。慕尼黑工业大学机器人与人工智能实验室与巴伐利亚发动机制造厂股份有限公司展开合作，根据本地的视觉数据和定位结果，制作了大规模一致的3D观察场景地图。该实验室还与福特汽车公司合作，开发了一种主动路径生成方法，可用于预测交通参与者的不确定性未来行为。牛津大学机器人研究所开发了汽车自动驾驶系统，采用了主动学习的框架，在语义地图上可以对周围的物体有更高层次的理解。

新冠疫情期间，欧盟委员会发起"欧洲共同应对新冠疫情人工智能和自动化倡议"以寻求将自动化和人工智能技术投入疾病预防、诊断和治疗的解决方案。2020年欧盟委员会发布《人工智能白皮书》，提出一系列政策措施，旨在大力推进欧洲人工智能驱动的自动化技术的研发，同时有效应对其可能带来的风险。欧盟计划将在今后10年内每年投资高达200亿欧元用于数字医疗、自动驾驶、智慧城市等人工智能技术的研发。据欧盟估算，欧盟人工智能驱动的自动化等数字技术的现有经济规模为3000亿欧元，占欧盟GDP的2.4%，5年之后这一数字将是目前的3倍。英国工程和物理科学研究委员会投资建立的阿兰·图灵研究所，联合英国5所顶级高校，重点研究人工智能在国防、医疗、经济和城市发展等领域的应用。阿兰·图灵研究所是目前全球最高级别的人工智能研究所，已经在人工智能驱动的自动化关键领域取得突破性进展。

（三）韩国、日本自动化领域的发展现状和趋势

韩国和日本近年来在自动化相关行业积极布局，在机器人技术、无人系统、工业互联网、以人工智能为驱动的自动化等领域具有显著发展。

在机器人领域，韩国和日本在工业机器人水平方面将起到世界领先的作用。目前，韩国的工业机器人厂家已占全球 5% 的市场份额。为进一步促进机器人产业的发展，韩国政府提出机器人制造业发展蓝图，计划在 2023 年有 20 家以上从事相关产业的公司收入超过 1000 亿韩元，整体产业规模跻身世界前四，同时传统产业领域使用的工业机器人数量增加至 70 万。2020 年，韩国产业通商资源部表示将在未来的 7 年拨款 1000 亿韩元用于研发工业机器人自主控制等关键技术。日本在机器人领域具有先发优势，日本发那科、安川电机株式会社、松下智能融合型焊接专用机器人公司所生产的机器人已广泛应用于智能制造领域。日本研发的无线应用协议远程单元（Wireless Application Protocol Remote Unit，WAPR）WAPRU-4 胸部肿瘤诊断机器人能够对病人进行精确诊断；筑波大学所设计的硬件抽象化层（Hardware Abstraction Layer，HAL）系列下肢运动辅助外骨骼机器人能够帮助老人和残疾人实现基础运动功能；日本机械工程研究所研发的 MELKONG 机器人能够用来照顾行动不便的患者。

在无人系统领域，韩国、日本近年来不断加大投入，高度重视智能无人系统的研发工作。2020 年，韩国国防部发布《国防中期规划（2021-2025 年）》，规划中明确指出：韩国未来的发展重点是利用第四次工业革命的核心技术搭建无人作战体系。韩国计划 2025 年研发出无人搜救车和多功能无人车，2030 年研发并部署无人战车。同时，韩国将设计能够在水面作战的无人水上舰艇、无人侦察潜艇，并研制面向空中作战的中大型进攻无人机、中程及短程侦察无人机等。日本出台了一系列计划用于推动无人系统发展，2016 年公布了《第五期科学技术基本计划（2016—2020）》；2017 年举办"人工智能技术战略会议"，以推动智能无人系统的发展；2020 年开始实施《道路运输车辆法》，以促进日本自动驾驶技术的商业化应用。目前，日本本田技研工业株式会社、丰田汽车公司等公司持续布局无人驾驶行业，无人物流和无人驾驶等行业逐步成为热点产业，NEC、东芝、富士通等企业纷纷启动智能无人系统研究计划。韩国于 2019 年开始积极推进自动驾驶基础设施建设，将于 2027 年建成相关的基础设施，包含通信、精密地图、交通管制、道路等，使无人驾驶汽车能够投入商业化使用。

在工业互联网领域，韩国、日本发展迅速，正在加快推进信息化建设、数字孪生、智能制造等方面的行业布局，在技术、产业方面保持已有优势，从而占据全球高端制造自动化领域的有利地位。日本政府发布"智能制造系统"国际合作计划和"战略性基础制造技术提升计划"，韩国政府发布"高度先进技术国家计划"，并于2019年发布《制造业复兴发展战略蓝图》，计划到2030年将目前制造业规模排名由全球第六提升至全球第四；其核心是在制造业领域加快推进自动化技术，提高制造业的附加值。日本、韩国在与工业互联网、信息物理系统相关的方向开展了战略布局和技术研发。日本对先进设备制造非常重视，在理论创新、技术创新、产品研发和产业化等方向上均有超前规划。日本在低速磁悬浮列车方面的研发处于国际领先地位，在磁悬浮列车控制算法上不断升级，已实现了低速磁悬浮列车商业运营。

在人工智能驱动的自动化领域，韩国政府借助人工智能技术赋能传统行业，推动自动化技术持续发展。2020年7月，为解决新冠疫情带来的经济危机，韩国政府正式推出"韩版新政"综合规划，宣布将在未来2年和5年分别投入68万亿韩元和160万亿韩元来实现国家的传统行业全面自动化转型升级。其中包含"数字新政"，旨在全面推动制造业领域实现数字化、自动化、智能化转型。日本政府为推动人工智能驱动的自动化发展，提出组建一个依托人工智能的科研网络，从而有助于各研究机构进行紧密合作。2019年，东京大学和软银公司进行合作，建立了一所具有国际顶尖技术水平的人工智能研究所，该研究所已开展人工智能驱动的自动化等基础研究和应用研究。此外，日本希望深度融合人工智能驱动的自动化技术与日本的优势技术，提高生产率并增强工业核心竞争力。

（四）发展中国家自动化领域的发展现状和趋势

在自动化领域，俄罗斯、印度、巴西、墨西哥等发展中国家近年来不断加大投入，在智能机器人与智能无人系统、空间探测与深海探索、智能制造等领域有了长足的进步，依托人工智能、自动化新理论新技术，不断迭代技术能力。

在智能机器人和智能无人系统领域，俄罗斯出台了《军用机器人综合系统使用构想》和《2025年前先进军用机器人技术装备研发专项综合计划》等计划，对俄罗斯军队无人作战装备的研制、发展和使用进行了整体布局。俄罗斯已研制了具有战斗能力的人形机器人 Fedor，未来将计划用于月球基地建设；俄罗斯彼尔姆的 Promobot 公司研制的人形机器人已经拥有了仿人逼真的外观。印度古尔冈格的机器人公司 GreyOrange 推出了移动搬运机器人，Gridbots 公司推出自动导引运输车（Automated Guided Vehicle，AGV）搬运机器人等推动印度智慧工厂建设，支持印度智慧物流发展。巴西 Jacto 公司所研发的自主喷雾机器人 Arbus 4000 JAV 能够远程操控实现精准喷洒，并具备自主控制与无人作业能力。2020 年越南研制了智能机器人"智仁"，该机器人应用于服务教育行业，能够流利地使用越南语和英语与人进行交流。

无论在空间探测还是深海探索领域，俄罗斯都位居世界前列。近年来，俄罗斯积极制定面向未来空间探测的相关规划，《2016—2025 年联邦航天计划》将俄罗斯空间探测重点锁定于月球，在规划中俄罗斯将发射 15 个航天器，用于探索火星并开展第一阶段月球计划。俄罗斯寻求与欧洲和 NASA 的合作，进行"火星生物学"项目，启动"火卫一-土壤"任务。印度计划在 2023 年重启载人航天任务，执行金星探索任务和太阳探索任务，并计划于 2030 年建立空间站。在深海探索领域，2019 年，俄罗斯政府批准新修订《2030 年前俄联邦海洋活动发展战略》，对俄罗斯海洋战略进行整体性谋篇布局和全面部署；2020 年，俄罗斯出台的《2035 年前国家北极基本政策》把北极地区社会经济发展和基础设施建设摆在更加突出的位置，拟通过实施大型探测项目带动社会发展。俄罗斯深海载人潜水器、巴西深海油气勘探开发技术等在深海探测方面也各具优势。

在智能制造领域，俄罗斯公布《联邦数字经济规划》促进数字化技术和现有工业相结合，推动工业自动化发展。借助政府计划和企业项目的共同支持，俄罗斯航空工业的数字化逐步推进，提高了产品研发、测试、生产、交付、运营和维护等多个流程的效率。2020 年，巴西政府宣布建立人工智能研究网络，该网络由 8 个实验室组成，其中一个新实验室将专注于尖端人工智能、自动化技术。由于美国制造业不断向外转移，墨西哥政府紧抓机遇，吸引大量外国企业在墨西哥投资建厂，外资企业带来了资金、技术、就业岗位，同时带来了制造业自动化和智能化的趋势，帮助墨西哥逐步成为制造业强国。

在人工智能驱动的自动化领域，俄罗斯政府提出 2025 年前发展军事科学综合体构想，将逐步对国防科研体系进行强化建设，将人工智能技术、自动化技术作为发展重点。俄罗斯在《2018—2025年国家武器装备计划》中公布了大量新式装备，包括基于新物理原理的武器、超高声速武器样机和智能化机器人系统。印度国家转型研究所发布的《国家人工智能战略》报告指出人工智能驱动的自动化等相关技术，能够为印度的经济增加1万亿美元。2018年，印度政府花费了366亿印度卢比，为相关的自动化技术升级注入了资金；2019年，印度政府投资750亿印度卢比为印度建立人工智能框架，以期推动人工智能技术及其驱动的自动化技术进行更大规模的创新与发展。

（五）国际自动化技术领域的发展现状和趋势

近年来，自动化技术赋能全球生产力高速发展，已成为反映各国科技发展水平和综合实力的重要标志。随着国际上控制理论、系统科学等基础理论的重大突破，人工智能、大数据、物联网、新一代通信等新兴技术的不断涌现，自动化学科正朝着深度智能化、共融交叉化、高度信息化方向发展，应用领域向智能制造、深海深空探测、智能无人系统、智能机器人等方向不断拓宽。

在控制理论与应用领域，国际学者在自适应控制、预测控制、鲁棒控制、学习控制、故障诊断等方向取得了重要进展，在多智能体、数据/事件驱动控制、多目标优化、系统演化等新兴研究方向形成新的学科增长点。复杂系统建模与智能控制是当前国际前沿热点问题，国外高校如卡内基·梅隆大学、斯坦福大学、MIT、加利福尼亚理工学院、牛津大学、新加坡国立大学等围绕该问题，在随机非线性系统建模、多智能体分布式优化、无人系统智能控制、人-机交互、资源优化与系统演化等基础理论研究方面取得了一系列创新性研究成果[38,39]。控制系统的应用也带动以高速列车、无人船舶等为代表的重大装备转型升级。日本对磁悬浮列车控制系统不断进行迭代升级，长期保持磁悬浮列车的国际领先地位，已实现了磁悬浮列车大规模商业运营。

在系统建模理论与仿真、系统工程理论与技术领域，系统仿真技术呈现出新的发展趋势，数字孪生、可视化技术得到了迅速发展和广泛关注。系统仿真技术在推动武器研究、作战指挥、军事训练等国防和军事工业技术的发展中发挥着越来越重要的作用。近年来，国际上在复杂网络、多智能体系统、信息物理系统、系统工程等系统科学和技术领域取得了丰硕的成果。信息物理系统被美国列为未来研究八大信息技术之一，NSF、欧盟FP7等将信息物理系统列入优先资助领域，德、英、法、日发布了"智能制造"等支持信息物理融合系统战略布局和技术研发[40]。美、日、德等发达国家高度重视信息物理系统的发展，加快在数字孪生、信息物理系统等方面的战略部署，谋求在系统建模理论与仿真、系统工程理论与技术领域的领先优势。

在生物、医学信息系统与技术领域，美国政府公布了2.25万亿美元的基建计划，拟重点投资生物技术。欧盟委员会发布《"地平线欧洲"2021-2024年战略计划》，在2021—2022年投资147亿欧元用于数字化、疫苗等优先事项；欧盟委员会发布《2021年管理计划：通信网络、内容和技术》政策文件，拟重点开发脑科学技术。法国发布第四期未来投资计划，计划在2021—2025年投入125亿欧元于脱碳氢能、生物制药、生物燃料等重点领域。世界各国重视人工智能在生物和医学上的研究，在康复机器人、假肢和医学影像等方面获得了一些重大研究成果，如法国Kinetec公司推出的Maestra手指康复机器人、冰岛奥索公司研发的多种假肢、比利时布鲁塞尔自由大学的踝关节假肢AMP-Foot、英国的i-Limb灵巧手、日本Nabco公司的NI-C411假肢腿、德国西门子研发的智能化辅助扫描工作系统（Fully Assisting Scanner Technologies，FAST）等。类脑计算的相关研究在国际上已经有30多年的历史，国际上类脑计算系统开发的先驱包括德国鲁普莱希特-卡尔斯-海德堡大学、英国曼彻斯特大学、美国斯坦福大学等，其围绕各自的类脑芯片开发了相应的软件体系。

在自动化检测技术与装置领域，受工业系统工艺复杂、规模大、不确定性高、成本昂贵的影响，工业系统的稳定安全运行越发重要。自动化检测技术与装置用来检测工业系统存在的故障信息，对工业系统的可靠运行起着至关重要的作用。目前国际上的热点问题包括工业系统的故障诊断与容错控制、分布式能源并网等。国际上对诸如间歇故障、微小故障以及系统闭环等系统故障诊断与容错控制问题进行了长期的投入，并取得了重大突破。在分布式能源并网、微网体系、能源互联网及储能领域也取得一些进展。新能源适应性控制技术、先进测量及智能控制技术等自动化技术成为热点。美国、欧洲发达国家从反应堆辅助应用系统开始，开发了具有自愈特性的仪表控制系统，被视为核电站的中枢神经，并形成了配套的法规和标准。

在导航、制导与控制领域，深空、深海探测是发达国家科技创新战略的重要组成部分,是具有战略性、基础性、前瞻性、关键性作用的重大科技课题。空间探测领域的代表性成果有美国主导、多国参与的月球空间站建设[41];俄国、欧洲国家合作开展的寻找火星生命的"火星太空生物学"(Exobiology on Mars,ExoMars)任务[42];NASA、欧洲航天局合作探索的火星取样任务;美国 SpaceX 公司发射的"猎鹰9"火箭成功实现软着陆等[43]。美国是在深海探测领域最早进行研究和开发的国家,一些国家在深海探测方面也各具优势,如俄罗斯深海载人潜水器、日本深海钻探船、巴西深海油气勘探开发技术、英国深海采矿技术等。

在智能制造自动化系统理论与技术领域,美国提出"工业互联网",德国提出"工业4.0"[44]。英国发布了"未来制造业"和"高价值制造"战略,法国制定了"未来工业"战略计划,日本发布了"智能制造系统"国际合作计划和"智能制造振兴计划",韩国发布了"2021—2035核心技术计划"等,在智能生产制造技术相关方向开展战略布局和技术研发。近年,美、日、韩、欧盟等启动了"智慧地球"、"u-Japan"、"u-Korea"和"物联网行动计划"等战略规划以加大相关技术研究力度。世界各国均在大力发展用于智能制造的工业机器人技术及装备。2016—2017年,欧盟提出"地平线2020"工业机器人项目,主要面向工业机器人开发和制造业应用。美国提出的《国家机器人计划2.0》、"先进制造业伙伴计划"和"国家制造业创新网络计划"都包含了发展工业机器人相关产业的内容。美国、日本、欧洲各国等国家是最早研发并将工业机器人投入生产的国家,现已成为工业机器人生产制造的强国,日本川崎机器人、爱普生机器人、德国库卡机器人、瑞典ABB(Asea Brown Boveri,瑞典通用电气布朗-博韦里)机器人,瑞士史陶比尔机器人,以及意大利柯马工业机器人等国际机器人的快速发展推动全球制造业的迅速转型升级。

在机器人学与智能系统领域,随着对机器人的柔顺程度和精度要求越来越高,对柔性机器人、可重构机器人和并联机构机器人进行研究成为当前研究的热点之一。此外,机器人应用逐渐由结构化环境拓展到非结构化复杂环境,机器人智能感知与自主控制也成为当今机器人研究领域的另一大研究热点。欧盟"地平线2020"、德国"工业4.0"、英国"工业2050"、法国"新工业法国"等战略都体现了发达国家对智能机器人的高度重视和政策扶持[45,46]。近年来，发达国家尤其是美国高度重视自主智能系统的研究，提出《国家机器人计划 2.0》、《美国机器人技术路线图：从互联网到机器人》和《无人系统综合路线图（2017—2042）》，旨在加快美国智能系统研发和实际应用进程。当前仿生机器人、类脑机器人、自主无人系统、人－机交互等已成为智能机器人的主要发展方向[47-51]，如何实现类脑智能和复杂仿生系统的紧密融合将是未来智能系统研究的前沿问题。

人工智能驱动的自动化、新兴领域的自动化理论和技术与认知科学、信息科学、神经科学及计算机科学的发展密切相关。近年来，半监督学习、弱/无监督学习、深度学习、数据降维、多特征抽取等新技术不断涌现，类脑智能、集群智能、模式识别、机器学习、计算机视觉、自然信息处理、人－机交互等领域的研究与应用取得了显著进步[52]。美国、加拿大、欧洲等对人工智能驱动的自动化技术进行长期重点投入，在基础理论、关键技术等方面均处于全球领先地位，引领了第一代与第二代人工智能的主要理论和技术突破[53]。英国阿兰·图灵研究所、牛津大学牛津机器人研究所、MIT CSAIL 研究所、斯坦福大学人工智能实验室等对新一代可解释人工智能驱动的自动化进行了大量研究。新兴自动化技术也已经成为教育发展的内生动力，促使教学方式、教育管理模式等发生深刻变革。脑科学、自动化、人工智能、心理学与教育的交叉融合也日益显著。世界各国都从国家战略的层面上设立了面向教育的交叉研究基金或重大项目，对教育研究进行深度探索。

中国科学院文献情报中心的学科发展态势评估系列研究报告显示[54]：2010—2019 年自动化学科 SCI 论文数量由 12 760 篇增长到 25 781 篇，论文产出规模呈现快速增长的特性，年均增速达 8.1%，由此可见自动化学科在国际上处于快速发展态势，并在基础理论、关键技术、工程应用方面都取得了较大的发展。

四、信息器件与光学领域的研究现状及趋势总结

半导体（集成电路、芯片）推动了几乎所有现代技术的进步，从计算机到手机再到互联网，在智能家电、医疗设备、制造业、能源、国防和其他经

济与社会关键领域的创新中发挥着关键作用。芯片还将支撑未来必胜技术的进步，包括人工智能、先进无线网络（5G/6G）和量子信息。鉴此，欧美日韩等发达国家与地区极其重视芯片法案，在近年纷纷出台了一批激励政策和行动计划。美国的《芯片与科学法案》于2022年出台，并正式成为法律。该法案授权对国内芯片制造和研究计划进行投资。为了使美国在未来取得成功，必须在半导体方面领先。通过采取大胆行动应对这些决定性挑战，国会和政府可以迎来美国芯片制造业的历史性复苏，加强美国最关键的产业，并帮助确保美国在关键的芯片技术方面处于领先地位：人工智能、量子计算、5G/6G通信，还有无数其他的领域。这种复苏将决定美国未来几十年的实力；2022年欧盟委员会宣布了《欧洲芯片法案》，旨在支持提高研究、设计和测试能力，并确保国家投资与更广泛的联盟的投资相协调；同年，日本经济产业省发布了《半导体和数字产业发展战略》，韩国政府发布了《K-半导体战略》，讨论推动《半导体特别法》立法等，其战略愿景是在2030年之前建成全球最大的半导体产业供应链。

集成电路为了实现速度更快、能耗更低、应用更广的芯片功能，在过去的几十年里，一直通过晶体管微缩化来完成这一技术目标。然而，随着集成电路特征尺寸逼近工艺和物理极限，一方面，人们依然沿用以往的技术路线，通过引入EUV光刻等尖端技术，进一步按比例微缩化晶体管尺寸，并利用3D集成等技术继续维持算力的提升；另一方面，随着大数据时代和人工智能时代的到来，人们也开始探索能够满足更高算力、更低能耗需求的新型架构和工艺技术。例如，为满足大数据产业而产生的非冯·诺依曼架构芯片、人工智能产业催生的类脑芯片以及完全颠覆比特概念的量子计算芯片等技术成为集成电路发展的新方向。

集成电路产业遵循摩尔定律的预测，在过去几十年里，一般每两年完成一次CMOS器件尺寸的成倍微缩，同时芯片集成的器件数目和复杂性持续增加。随着器件尺寸从亚微米级逐渐缩微至纳米级，技术和资金的投入呈现指数级的增加。这种数额巨大的投资导致了集成电路的技术研发越来越集中于少数企业。而少数企业的技术领先，会增加其市场占有率和盈利，形成了"投资-盈利"的循环正反馈。目前，只有三星、Intel和台积电这三家头部企业均达到了最顶尖的10纳米工艺节点阵营，已经分别量产了7纳米和5纳米产品，3 纳米产品也将进入量产。存储芯片作为集成电路芯片的重要部分，已经占据了整个全球半导体市场的接近 1/3 的份额。以 Flash 为代表的传统非挥发性存储器和以铁电存储器（Ferroelectric Memory，FeRAM）、自旋转移扭矩磁随机存取存储器（Spin Transfer Torque Magnetic Random Access Memory，STT-MRAM）、相变存储器（Phase Change Memory，PCM）、阻变式存储器（ReRAM）为代表的新型非挥发性存储器持续发展的同时，2019 年起三星、Intel、台积电、Global Foundries 四大集成电路制造企业都实现了自旋电子芯片 STT-MRAM 量产，未来 3—5 年产能将逐步提高，加速集成电路的存算融合。

以 GaN、SiC 为代表的宽禁带半导体和以氧化镓（Ga_2O_3）、金刚石为代表的超宽禁带半导体是继硅和 GaAs 之后最重要的半导体材料体系，具有高频率、高功率、高耐压、高工作温度、高光效、全光谱"六高"特征，是制备短波长光电子器件和高频、大功率电子器件不可替代的新的半导体体系。近 20 年来，基于 GaN 基蓝、白光 LED 的半导体照明技术和产业飞速发展，对节能环保和人们的生活方式产生了巨大影响，而 GaN 基高电子迁移率晶体管（High Electron Mobility Transistors，HEMT）的微波射频技术和相控阵雷达技术的发展则对国家安全与世界战略格局产生了显著影响。为此，美国、日本和欧洲国家等均将宽禁带半导体材料和器件列入国家重大战略研究计划。DARPA 通过实施"宽禁带半导体技术创新计划"和"氮化物电子下一代技术计划"等，有力地推动了宽禁带半导体技术的发展。在欧洲，欧洲防卫机构资助开展了面向国防和商业应用的"GaN 集成电路研发核心机构"（Key Organization for Research on Integrated Circuits in GaN，KORRIGAN）计划，欧洲航天局资助开展了面向高可靠航天应用的"GaN 可靠性增长和技术转移项目"（GaN Reliability Enhancement and Technology Transfer Initiative，GREAT2）计划。日本则通过"移动通信和传感器领域半导体器件应用开发"和"GaN 半导体低功耗高频器件开发"等计划推动宽禁带半导体在未来通信系统中的应用。

在市场化方面，基于宽禁带半导体的广阔应用前景、巨大的市场需求和经济效益，美国、日本、欧洲国家等已将宽禁带半导体器件应用提升到了国家战略的高度，在民用市场的商业化进程已开始加速。全球有超过 30 家公司

第三章　发展现状与发展态势

拥有 SiC、GaN 相关产品的研发、制造能力，绝大部分为国外行业巨头。根据法国市场研究公司 Yole Developpment 发布的数据，预测到 2025 年全球功率半导体市场规模将达到 221.5 亿美元，射频器件的市场规模达到 20 亿美元；根据 Yole Developpment，预测紫外 LED 市场的年增长率（2018—2023 年）约为 41%，从 2018 年的 2.42 亿美元到 2023 年的 13.39 亿美元，整个紫外光电产业预计接近 25 亿美元。所以无论在消费电子设备、照明、新能源汽车、5G 通信，还是在雷达、微波、导弹和卫星，宽禁带半导体材料、器件和集成电路都有极其广泛的应用前景，市场规模达到千亿美元，中国更将成为全球最大的 GaN 功率放大器市场。近几年，宽禁带半导体照明技术开始从光效驱动转向品质驱动，从传统照明转向智慧照明。基于无荧光粉的纯 LED 照明技术被视为未来发展的重要方向，将催生和带动万亿元级的半导体照明技术与产业的转型升级。特别是正在兴起的微米发光二极管（Micro-LED）技术，其被视为下一代显示技术，有望形成万亿美元级规模的新兴显示产业。

国际上，欧美日等发达国家与地区持续投资信息光子技术的战略布局和科研攻关，纷纷制定针对信息光子技术的发展战略并部署了相应的研究计划。例如，美国建立了"美国制造集成光子学研究所"（AIM Photonics），日本实施光子融合系统基础技术开发计划（PECST）等。

在信息光电子器件产业方面，根据咨询机构 Ovum 的数据，2020—2025 年，全球通信光电子器件市场规模总体呈增长趋势，预期 2025 年市场规模将达到 158 亿美元。其中，电信市场和数据通信市场对光电子器件的需求保持稳定的增长，而接入网市场需求趋于平稳。此外，随着全信息量的爆发式增长，光纤通信技术的应用范围正从传统的电信骨干网、城域网向接入网、企业网加速扩展，并正在步入消费电子领域。光器件和组件不再仅仅用于传统电信网的光传输设备上，而是广泛用于超级计算机、交换机、路由器、服务器、存储网、无线网基站、视频安防、消费类个人计算机和高清视频终端等几乎所有的高速通信和计算设备上，网络通信设备对光模块的需求不断增加。

在显示光学器件产业方面，光显示技术受到各国的高度重视，近年来获得了快速发展。近十年来以投影阵列光场技术、集成成像光场技术、光显示技术、VR/AR 近眼光场技术为主，在分辨率、显示视角、显示尺寸以及实时性等方面取得了一定的进展。新型显示技术开始应用在各行各业，在消费电子、先进制造、精准医疗、未来教育等领域创造数字经济产业新模式与消费新形态，并推动相关上下游产业链蓬勃发展。例如，3D 视频、内容开发、显示终端、硬件设备制造业等给各行业带来革命性变革和跨越式发展。VR/AR、3D 显示等技术具备重大的经济价值。以手机为例，2019 年全球智能手机出货量为 13.71 亿台，国内智能手机出货量为 3.72 亿台，华为手机出货量达 2.4 亿台。在未来重大应用需求的牵引下，人们对光显示技术的真实化、舒适化、自然化不断提出更高的要求，下一代的光显示技术将朝着轻量化、高分辨率、智能化、沉浸式、高效化方面发展。光场作为下一代成像技术，将带来从平面到立体、从像素到体素等诸多变革，既是科研前沿热点，更受到产业界的重视和关注，为智慧城市、智能制造、基建工程、军事、生命科学及医疗、VR/AR 等领域带来了新的机遇。然而，大场景精细化视觉信息的飞速增长给光场感知、传输、存储、计算和再现带来了巨大的挑战，使得未来五年的发展趋势是高通量光场成像与呈现。

在光电子与光学器件前沿研究方面，硅基光波导损耗持续缩减至 dB/m 量级；硅基电光调制器和光电探测器的带宽均已达到 60 吉赫兹以上；硅基激光器通过了产品级可靠性验证并已实现商用；硅基的光耦合器、热光相移器、波分复用器、偏振复用器等核心功能均获得验证。德国在混合光子器件研究方面，兼顾超高速光调制和低损耗光波导优势，主要关注发挥新材料的特长，克服现有材料体系的不足。在微波光子器件方面，为了实现最优的微波光子系统性能，采用不同材料体系，实现不同单元器件的性能最优化；为了实现不同材料体系芯片的集成，异质异构集成、光电混合集成、光电共封装等技术也是研究热点；研究大规模集成中的串扰抑制、可编程调控、机器学习等。在新原理、新材料光子器件研究方面，通过光与物质相互作用机理，开发新机制、新结构、新功能、新应用的新型片上光学器件，并进行高性能材料的筛选及其独特物性在光学器件中的应用，实现对光场的任意调控，构建超薄、超轻和超集成化光学系统。在智能光学器件研究方面，开发智能光计算，将光直接用于计算，解决当前计算系统算力不足的问题。在全波段光学起价研究方面，材料主要研究蓝宝石、硅、GaN 等不同衬底上的大失配外延生长技术；器件重点研究紫外激光器、深紫外发光二极管、黄光 / 红光发光二极管，器件功率由小到大，尺寸向微纳尺寸扩展，衍生出 Micro/Mini LED 技术；量子级联激光器重点研究高质量量子级联激光器材料制备和有源区结构优化，实现全波红外覆盖；锑化物半导体主要研究超大规模、低噪声、全光谱的多光谱红外焦平面芯片与雪崩光电二极管阵列芯片等。在新型显示器件研究方面，利用有机 LED 或量子点 LED 制成显示屏，突破显示从刚到柔的形态变革，实现可自由卷曲和稳定折叠，将微米量级尺寸的发光二极管高密度集成在一个芯片上，实现超高分辨率显示，实现超大色域、接近人眼极限的高保真显示，实现"类纸"效果的视觉健康显示，实现无视觉疲劳和清晰的裸眼 3D 显示，实现高临场感和高舒适度的终极 3D 显示等。

第二节　我国信息科学学科的发展现状

在国家的大力引导和支持下，经"十三五"期间的发展，我国在信息科学与技术领域取得长足进步，学术水平日益接近国际水平，中青年研究人才储备丰富。以超级计算、5G 通信、雷达、卫星、无人机为代表的部分研究领域已达到国际先进水平，人工智能领域具有和国际先进水平相当的研究基础与实力。北斗系统提供全球服务，使我国成为继美、俄之后世界上第三个拥有自主卫星导航系统的国家。天宫二号空间站顺利在轨运行、神舟六号载人飞船成功返回、嫦娥四号月背探测，标志着我国在航天控制技术方面跻身世界强国之列。在光刻机领域，2018 年，中国科学院光电技术研究所成功研制世界首台分辨率最高的紫外超分辨率光刻装备；2020 年，上海微电子技术公司成功研发 22 纳米光刻机。

但我国信息科学与技术研究和产业整体仍然大而不强，正处于由大变强、由"跟随并跑"向"并跑领跑"转变的关键期。在基础研究方面，我国重大原始创新的数量及质量与欧美等发达国家和地区还存在一定差距。在信息产业方面，我国仍然存在严重的核心技术依赖性，在高端半导体芯片等核心元器件，以及基础软件和互联网地址分配、网络安全技术、网络基础服务等领域深受垄断厂商与外国政府制约。信息科学与技术产业发展失衡，呈现核心技术"空心化"现象，应用服务占比远大于软件和硬件之和，互联网科技产业还集中在消费级领域或应用性技术，在企业级、工业级和底层技术领域严重落后，我国仍处于全球信息技术产业价值链的中下游，关键技术创新能力、国际化程度与盈利能力等方面距离美国等发达国家还有明显的差距。信息技术基础设施及研发投入力度与实际需求相差甚远，我国信息通信技术采用率（ICT Adoption）位居世界第 26 位，信息化程度仍需进一步加强。

综上可见，近年来，我国信息科学领域的学术水平显著提高，而基础创新与产业整体和发达国家仍存在差距。从信息科学细分领域出发，自然科学基金委围绕电子学与信息系统、计算机科学、自动化科学、信息器件与光学的发展主线，在理论和应用方面取得了一些优秀成果，推进了信息科学学科的快速发展。

一、电子学与信息系统的发展现状

（一）电子科学与技术领域的发展现状

电磁场与微波技术方面，在我国综合国力不断提升的背景下，其在以前所未有的速度加快发展。目前，我国的电磁场与微波技术领域无论研究规模还是学术影响力，均已处在国际前沿；从国际视角来看，我国电磁场与微波技术领域的研究水平已经从过去的整体落后，发展到现在的许多领域处于国际先进水平的状态，在信息超构材料与超构表面、二维可调电磁材料、四维天线阵、大规模复杂电磁可信计算等领域已具有国际领先的优势。但是，各学科方向间的发展还不平衡，总体研究质量和水平还需要进一步提升，在一些核心科学和技术问题上，还需要下大力气进行攻关。

真空电子学与相对论电子学方面，国内开展了长期的研究工作，发展了一系列电真空器件，包括回旋管、行波管、返波管、速调管和扩展互作用器件，但受制于加工工艺、材料以及实验测试设备，在器件的输出功率和工作频率等方面跟国外相比还存在较大的差距。

微波光子学方面，我国近年来大力支持微波光子技术的研究，在光电器件及微波光子关键技术方面也已经取得明显进展，已在实时超高分辨率微波光子雷达成像、微波光子认知雷达等方面形成鲜明特色，但是总体上与国外还有差距。

（二）信息论与通信系统领域的发展现状

近 10 年，我国在信息论与通信系统领域取得了长足的进步。在国际无线移动通信领域，我国实现了从 1G 空白、2G 跟随、3G 突破、4G 并跑到 5G 领先的跨越式发展。我国 5G 专利数量和 5G 标准必要专利数量均居全球第一。中国的 4G 通信技术标准已被国际接受，全球五大通信设备制造商，中国占有两席，其中华为超越爱立信成全球最大设备商。此外，我国在量子通信领域也取得了一系列突破性进展。2017 年，中国科学院院士潘建伟的团队成功实现了"墨子号"量子卫星千千米级星地双向量子纠缠分发及大尺度量子非定域性检验、从卫星到地面的量子密钥分发以及从地面到卫星的量子隐形传态三大关键性科学目标。"墨子号"量子卫星是由我国完全自主研制的世界上首颗空间量子科学实验卫星，标志着我国在量子通信领域的研究达到国际领先水平。

以 4G/5G 为代表的无线移动宽带网络已经全面渗透到经济社会各领域，成为国家战略性公共基础设施。根据工业和信息化部发布的《2019 年中国通信业统计公报》，我国移动电话用户达 16 亿户，普及率达 114.4 部 / 百人，其中 4G 用户总数达到 12.8 亿。4G 是过去十年的主流移动通信技术，支持移动宽带（Mobile Broadband，MBB）应用场景。2019 年开始商用的 5G 可以提供高达 20Gbit/s 峰值数据速率，支持增强型移动宽带（Enhanced Mobile Broadband，eMBB）、海量机器类通信（Massive Machine Type Communication，mMTC）和低时延高可靠通信（Ultra-Reliable and Low-Latency Communication，URLLC）三大应用场景，致力于满足下个十年的需求。遵循无线移动通信技术十年发展一代的规律，为了满足未来智能信息社会如全息通信、全感数字现实等新兴应用的需求和应对激烈的 6G 全球竞争，我国于 2019 年成立了国家 6G 技术研发推进工作组和总体专家组，正式启动 6G 研发。

高速光纤宽带网络是加速推进信息网络宽带化进程和全面实现"宽带中

国"战略的重点。在实施"光进铜退"战略之后，我国骨干传输网和固定宽带接入已全面实现了光纤化，迈入了全光网络时代。光纤的传输容量和传输距离不断得到突破，从 10Gbit/s 发展到 100/400Gbit/s，乃至 1Tbit/s 和 1Pbit/s。随着 5G、大数据和云计算等新技术的兴起以及如超高清视频、VR 等高品质大容量业务的不断涌现，全光网络正向基于全光智能调度的 2.0 时代迈进。

云计算与大数据是信息化发展的重要特征和方向，是推动数字经济发展的重要支撑基础。我国在国家大数据战略与"云计算和大数据"重点专项的支持下，在云计算和大数据关键技术与应用等方面实现了突破，云计算和大数据产业规模达到万亿元量级。随着云计算和大数据领域的全球竞争加剧，未来急需突破高端服务器和存储芯片、核心算法、大型数据库等"卡脖子"的关键技术。

物联网和工业互联网是万物互联时代实现数字世界与物理世界融合的关键，是国民经济增长的重要引擎。2010 年，我国将物联网发展纳入七个战略性新兴产业，在"十二五"和"十三五"期间投入大量资源推动物联网产业的高速发展。2019 年，我国物联网产业规模突破 1.5 万亿元。工业互联网是物联网在工业领域的深化应用，本质上是工业化和信息化的深度融合，是实现智能制造的关键。芯片、传感器、可编程逻辑控制器（Programmable Logic Controller，PLC）、工业网络协议、操作系统与高端工业软件等是物联网和工业互联网发展竞争的关键。

车联网通过深度融合汽车、交通运输、电子信息、通信和计算机等行业，致力于全面提升道路交通安全和交通效率，是建设交通强国的重要技术支撑，被认为是 5G 能够取得最大规模经济应用的单体行业应用场景。我国已形成包括顶层产业发展规划、法律法规、路测、商业化应用等在内的多层次、宽领域的产业发展战略，并建立起长沙、无锡、天津（西青）、重庆（两江新区）四大国家级车联网先导区。

量子通信是近 20 年发展起来的新兴交叉学科，具有信息传递的绝对安全性，是下一代安全通信体系的关注焦点。量子计算革新了计算模式，赋予计算机远超传统计算机的计算能力，有望突破摩尔定律并开启算力的新时代。我国将量子通信与量子计算机纳入了《"十三五"国家基础研究专项规划》，分别于2016年和2017年发射了全球首颗量子卫星"墨子号"和建成了量子保密通信"京沪干线"。

（三）信息获取与处理领域的发展现状

我国在信息获取与处理领域不断探索高效的信息探测技术，从传统的粗分辨、单谱段、单极化、单角度、单平台、单尺度，到超高分辨率、多谱段、多极化、多角度、多平台、多尺度等都取得了很大的进展[55]。雷达、光学、声、电磁等多源探测成像新机理与新方法不断涌现，以突破现有信息探测能力限制。国家通过对"高分辨率对地观测系统"的建成和完善、空间信息网络/空天地海一体化监测网络的布局规划以及商业卫星遥感的快速发展，对地和对海探测的高时-空-谱分辨率的数据获取能力得到了极大提升[56]。不断积累和丰富的海量多源空天探测大数据，极大地推动了高维智能信息处理与目标识别方法、多源多尺度信息协同处理理论等的研究，在航天国防、自然资源、生态环保、农林等众多涉及国家安全、国民经济的领域中展示了巨大的应用效果和社会价值[57-59]。多模态计算成像新机制、新技术得到进一步发展，其中将成像处理后端面向具体任务的理论方法与信息处理过程相结合的新型计算成像机制及信息系统会被广泛关注。基于平稳/正交/高斯/线性的传统信号处理理论、单传感器单一事件/任务感知与处理等方面的研究趋于成熟并且已成功应用于各类工程系统。各类探测信号的形式、结构、数量也在不断变化，非平稳、非正交、非高斯、非线性的信号处理理论一直在不断地完善并随着海量、异构等新信号特点而进一步发展，基于稀疏性、结构性等信号内在特征的信号处理理论与方法成果在2015年至今尤为明显。适合处理高维、多源、海量、时变、异构信号的理论与方法研究逐步受到关注和重视。认知系统得到了初步研究，以适应复杂多变的地理和电磁环境，通过动态调整优化探测信号形式，信息获取系统部分地具备了"感知-学习-自适应"的能力。

随着各种应用的普遍展开，特别是大数据的蓬勃发展，众多新的信息处理与分析方法不断出现。当前信息处理技术在低级和中级任务上已经取得了显著的突破，研究逐步聚焦于结合自然语言处理、知识工程、大数据、脑认知科学等领域的技术进行更深层次的视觉理解与推理、视/音/触多感官媒体信息的融合处理。此外，针对新应用环境、新应用需求所提出的新问题，目前，基础研究领域已在逐步加大力度推动向非平稳/非高斯/非线性/高维度/分布式信号处理、向复杂电磁/光谱/声场环境非常规目标信息获取、向高维信息智能感知反馈的智能化信息提取方向发展，已经取得部分有代表性的成果。针对时空大差异、信息多模态、信息大爆炸情况下的关联难题，人工智能等新技术展露身手，对多源异类信息面向场景、任务、目标进行关联处理，从而实现信息的聚焦匹配。

为分析我国信息获取与处理领域的论文发表情况，选择本领域 80 余个代表性 SCI 期刊做了几组统计数据：2010 年，中国发表 SCI 论文 2202 篇，占世界 22%，位居世界第一，超过位于第二的美国 361 篇。2019 年，中国发表 SCI 论文 20 084 篇，占世界 55%，位居世界第一，超过位于第二的美国 16 268 篇。中国在 2010—2014 年发表论文 15 225 篇，在 2015—2019 年发表论文 52 501 篇，前后两个 5 年，增速显著。从 SCI 引用频次来看，中国在 2010 年位于世界第二，到 2019 年位于世界第一。从高被引论文数量来看，2010 年中国有 109 篇，位于世界第二；到 2019 年中国有 1 454 篇，超过美国位于世界第一。中国 2010—2014 年高被引论文共 788 篇，2015—2019 年高被引论文共 3439 篇，前后两个 5 年，增速显著。中国的信息获取与处理领域无论研究规模（论文数量）还是学术影响力（被引频次），近 10 年来国际地位均呈现出快速提升的态势。

未来，有望实现更高时-空-谱-辐射/散射分辨率目标探测和观测场景精细化感知，建立较为成熟的压缩采样、多源异构海量信号处理、信号无损压缩采集、复杂电磁/光谱/声场环境下的认知理论体系，为深空、对地、对海探测国家重大需求和高时效性响应重大民生应用需求提供基础理论与方法支撑。

二、计算机科学的发展现状

我国从 20 世纪 50 年代开始进行计算机的研究与应用工作。1956 年中国科学院计算技术研究所成立，1958 年中国的第一台数字电子计算机——103 机诞生，1965 年中国科学院计算技术研究所成功研制中国第一台晶体管计算机——109乙机，这一系列计算机在我国"两弹一星"的研制中发挥了重要的作用。随着集成电路的采用，20世纪70年代初我国先后研制出一系列采用中小规模集成电路的计算机，其中的DJS100系列计算机是当时国内产量最高、使用最为广泛的计算机，在科研、生产、教学等方面得到了广泛的应用。早期的计算机主要服务于科学研究和国家重大需求，因此相应的软件系统也多是面向专用领域的，通用软件非常匮乏。随着改革开放，我国计算机的研制也逐渐采用了与国际接轨的基于商用CPU的路线，与国外差距不断缩小，特别是在超级计算机方面，我国已经成为拥有TOP500计算机最多的国家之一，尽管在CPU、操作系统等关键核心技术与系统软件等方面依然在一定程度上受制于人，但在自主体系的CPU、操作系统与计算机系统方面，已形成了完整的计算机工业体系。我国也是国际上最主要的计算机制造国，在计算机的应用方面，形成了以网络服务、移动服务为代表的各类服务体系，已经成为信息服务最为便捷的国家之一。

与此同时，信息学科依然日新月异地高速发展，在计算机科学与技术领域，不论从计算理论、计算模型与实现手段、软件系统，还是从网络安全以及应用等方面，我国信息化发展正形成自己的优势，面临难得的机遇。

（一）计算机科学基础理论

我国在理论计算机科学领域，特别是数理逻辑、形式化方法等方向有着较长的研究历史，近年来，在国家自然科学基金、973计划、国家重点实验室等科研项目和科研平台的大力支持下，在计算复杂性理论、重大基础性算法、交叉领域应用算法、形式化方法验证等研究方向上取得了多项重要的创新性成果，与国际同行相比基本上已从之前的跟踪性研究进入了并驾齐驱的阶段。

算法与复杂性理论是计算机领域的根基，是计算机性能与效率的数学模型、度量标准和理论保障。近年来，国际上算法与复杂性理论不断地向纵深层次发展，很多经典的问题或重要的猜想取得了阶段性突破或被完全解决，其中华人学者在一些细分领域及具体问题上做出了重要的贡献。例如，在算法博弈论中纳什均衡的计算复杂性、量子计算中交互式证明系统的计算能力、判定树理论中的敏感度复杂性猜想、极值组合论中的葵花引理等多个研究点上的重大理论突破；另外，在约束满足计数问题的分类、子团问题的参数化算法、在线算法中边权匹配问题等多项研究中也有一些重要进展。

最近，国际上算法与复杂性理论的发展呈现出的一个最大趋势是在广度上朝着多学科、多领域交叉融合，算法与复杂性理论研究更加注重新的应用场景中所产生的理论问题，例如，理论与数学交叉的计算数论和密码学，与物理学交叉的量子计算，与生物学交叉的计算生物学，与经济学交叉的计算经济学等。人工智能、大数据、网络安全等领域为理论研究带来了大量新的问题和挑战，如深度神经网络计算能力与收敛效率的问题，面向大数据的计算模型和精细化复杂性分析理论，分布式计算环境下的多方隐私安全计算、代码安全性分析与验证，以及云计算环境下的编程语言、模型和程序验证等，其中华人学者在深度学习算法的局部极值与可解释性、社交网络影响力传播模型与算法、多随机源的随机性抽取、并发程序的分离编译验证、量子电路的优化与深度压缩等一些方向都有重要进展。需要指出，我国在算法与复杂性理论的教育培养和人才储备方面与世界先进水平仍有较大差距，工业界程序开发人员的算法与复杂性理论修养还有很大的提升空间，特别是对学术界提出的一些最新的交叉领域应用算法技术的了解和掌握。在当前互联网、大数据、人工智能和实体经济深度融合，并将数字经济上升为国家战略的背景下，算法与复杂性理论是数字经济发展的重要推动力之一，因此对理论计算机科学领域的重视具有重要的战略意义。

（二）计算机系统与体系结构

我国较早启动了计算机系统与体系结构领域的研究工作，在国家自然科学基金、973 计划、863 计划、国家科技支撑计划、国家重点研发计划等项目的支持下，从芯片、操作系统、智能计算机等计算机软硬件系统的多个层次开展研究工作，取得了一系列具有世界影响的优秀成果。

过去几十年，我国对芯片和计算机系统技术加大支持力度，并进行了全面布局，在通用处理器芯片（龙芯、海光、申威、飞腾和兆芯等）、专用处理器芯片（寒武纪人工智能芯片）、图形处理器（Graphics Processing Unit，GPU）芯片等领域，取得了快速发展，基本满足了我国在信创市场和细分领域的芯片产业需求，补上了国产自主芯片产业供应链中的重要一环。

在国家部委的支持下，我国在新型体系结构下的分布式计算、图计算、闪存和非易失性内存储系统等领域的基础研究上，取得了较好的技术突破，对国内产业界产生了积极的促进作用。同时，我国积极部署第五代（计算机）精简指令集（Reduced Instruction Set Computer-Ⅴ，RISC-Ⅴ）开源芯片、处理器敏捷开发、芯片集成、存内计算等新一代计算机系统与体系结构前沿研究领域，布局面向各专用领域的跨层垂直软硬件优化技术体系，为缓解我国在半导体工艺上的技术差距、破解"卡脖子"问题提供了新的思路。

未来人-机-物三元融合时代，产生了海量的云-边-端协同的计算机系统与芯片需求。一方面，在新兴应用、国家"双碳"目标的牵引下，云计算、边缘计算等场景对计算机系统如何提高性能、降低功耗带来更多的挑战；另一方面，作为世界制造业大国，我国有着极为丰富的制造业与智能互联网紧密融合的物端计算机应用场景，但在低功耗、高可靠、高安全、敏捷开发等方面仍面临一系列技术挑战。因此，大力度推进计算机系统与体系结构研究具有重要的战略意义。

（三）计算机软件

随着互联网、云计算、物联网、大数据、人工智能等信息技术领域技术浪潮的不断兴起，人类社会、信息世界、物理世界三元融合，使信息服务进入了普惠计算和网络时代，从而提出了新型软件范型、可信软件、泛在基础软件等一系列重大挑战。

我国学者在 973 计划的支持下，将构件化方法的研究扩展到互联网环境下大型复杂系统的软件工程，面向"呈网络体系结构，在网络环境中开发，在网络平台上运行，通过网络提供服务"的软件形态，提出了"网构软件"新范型。在 863 计划的支持下，我国学者研制确实平台（Trustie 平台），系统地提出了基于网络的软件开发群体化方法，构建形成了大规模群体智能软件开发服务环境。"十三五"期间，在国家重点研发计划专项的支持下，以应用为牵引，对人-机-物三元融合时代的软件进行了基本布局，开展了可持续演化的智能化软件理论、方法和技术研究。

在泛在计算的时代，人−机−物融合应用场景使得软件的使能空间进一步大幅度扩展，导致软件系统的规模和复杂性进一步增加，软件开发和演化的成本进一步上升。由于受到可投入成本的限制，人们越来越清楚地认识到在客观证明的基础之上形成对软件质量的客观认识是现实完不成的理想目标，因而软件质量的核心价值观正在转变为强调"相对可信"，即在客观证据（包括部分客观证明）的基础上形成对软件质量的主观判断。2007—2016 年，自然科学基金委实施了"可信软件基础研究"重大研究计划，有力地推动了我国可信软件理论与技术的从小到大、从散到整、从弱到强的快速发展，形成了可信软件理论与技术体系，使得我国进入可信软件研究领域国际先进行列。

泛在基础软件是泛在计算时代的重大需求和挑战，梅宏院士等中国学者在 *IEEE Computer* 杂志（2018 年 1 月刊）上发文[60]指出面向不同场景的泛在应用模式，需要多样化的无处不在的统一操作系统（Unity Operating System，UOS），其核心是异构资源虚拟化和管理功能可编程，基本方法学是软件定义。国际上已经开始出现人−机−物融合场景下的操作系统雏形，如英国智慧城市（Smart Cities）操作系统、美国机器人操作系统（Robot Operating System，ROS）、德国车联网操作系统（Volkswagen Operating System，VW.OS）。我国也出现了华为"鸿蒙"、阿里巴巴集团"城市大脑"、京东集团"智能城市操作系统"等新型操作系统形态。这些操作系统的实例由领域需求和应用场景牵引，均在一定程度上呈现出人−机−物融合的操作系统特征，但相应的理论模型、技术架构、应用框架、可信保障等并未形成系统化认识，技术体系还未形成。未来操作系统将呈现众多生态共存的局面，技术换代窗口期已经来临，开展人−机−物融合环境下泛在操作系统的研究是一片新的"蓝海"。近年来，我国学者已经开始了泛在操作系统的探索，但是还未形成体系化的研发能力和标准化的行业生态。

从整体看，国内外已经认识到泛在计算需求给软件带来的极大挑战，急需在方法学、关键技术和工具环境上有新的变革；各国只是在一些局部点上已开展动作，例如，在物联网环境下的体系结构和系统软件设计方面取得了一定的进展，但在更大的尺度和更高的维度上还没有清晰的思路与典型的工作，对未来软硬件范型（包括开发态和运行态的可能变化）的布局尚不系统和完整。

（四）计算机网络

国家一直重视计算机网络及相关领域的基础研究和技术创新，在科技部、教育部、自然科学基金委等国家部委的大力支持下，开展了一系列重大科研项目的攻关，取得了丰硕的成果，例如，建成并运行中国教育和科研计算机网（China Education and Research Network，CERNET），实现校园间的计算机联网和信息资源共享；建成并开通了未来互联网试验设施（Future Internet Technology Infrastructure，FITI）的高性能主干网，为我国研究和设计未来互联网体系结构提供了国际领先的开放性实验环境。

在基础研究和技术创新的支撑下，我国的互联网实现了跨越式发展，基础支撑、创新驱动、融合的引领作用更加凸显，正在推动数字技术与传统实体经济深度融合，已成为经济社会创新发展的重要引擎。中国互联网络信息中心发布的第 48 次《中国互联网络发展状况统计报告》显示，截至 2021 年 6 月，我国互联网用户规模达到 10.11 亿，5G 标准必要专利声明数量占比超过 38%，5G 应用创新案例已超过 9000 个，已在实现规模、标准数量和应用创新等方面处于全球领先水平。

当前我国正面临着从移动互联网向智能万物互联网转型的关键演变时期，国家高度重视"互联网+"的发展，2015 年 7 月我国颁布了《国务院关于积极推进"互联网+"行动的指导意见》，这是充分发挥我国互联网的规模优势和应用优势、推动互联网由消费领域向生产领域拓展、加速提升产业发展水平、增强各行各业创新能力、构筑经济社会发展新优势和新动能的战略举措。2015 年 11 月我国进一步出台了《工业和信息化部关于印发贯彻落实〈国务院关于积极推进"互联网+"行动的指导意见〉行动计划（2015—2018 年）的通知》，将互联网与制造业融合进一步深化，提高制造业数字化、网络化、智能化水平。"互联网+"逐渐成为大众创业、万众创新的重要支撑平台，基本建成宽带、融合、泛在、安全的下一代国家信息基础设施，初步形成自主可控的新一代信息技术产业体系。目前，国内设备厂商在网络设备、网络芯片等方面已取得了不少进展，互联网企业在网络应用方面达到了较高的水平，这些都为网络强国战略和"互联网+"的实施创造了有利的条件。

（五）信息安全

互联网等信息网络已经成为信息传播的新渠道、生产生活的新空间、经济发展的新引擎、文化繁荣的新载体、社会治理的新平台、交流合作的新纽带、国家主权的新疆域，其安全问题也日益受到各国重视。在2016年，经中央网络安全和信息化领导小组批准，我国发布了《国家网络空间安全战略》，贯彻落实习近平总书记的网络强国战略思想，阐明了中国关于网络空间发展和安全的重大立场与主张，明确了战略方针和主要任务，切实维护国家在网络空间的主权、安全、发展利益。近年来，随着信息技术深入发展，网络安全形势日益严峻，国家互联网应急中心发布的《2020年我国互联网网络安全态势综述》显示，我国网络安全问题较上一年度同比增长了110%，一些重大的网络安全事件严重危害国家经济安全和公共利益。

为聚焦于网络安全紧迫的技术需求和重大的科学问题，我国相继启动并实施多个国家重点研发计划专项，着力突破网络空间安全基础理论和关键技术，研发关键技术装备和系统，力争到打造自立自强的网络空间安全治理技术体系，支撑共建、共治、共享的网络空间命运共同体建设。另外，我国网络空间法治体系建设也在加速开展。2017年6月1日，《中华人民共和国网络安全法》正式实施，我国网络安全管理的综合法律体系建设正式启航，这也标志着我国网络空间法治进程迈入新时代。随后，2021年我国再次出台了《中华人民共和国数据安全法》，从法律上为网络安全、数据监管提供了支撑。在标准制定方面，全国信息安全标准化技术委员会加快推动重点标准的研制，包括"网络安全产品与服务"、"关键信息基础设施保护"和"网络安全等级保护"等国家标准的研究。此外，在技术支撑、政策扶持、需求扩张、应用升级等多方面因素的驱动下，我国网络安全产业综合实力显著提升，涌现出不少专注研发网络安全技术的公司，如绿盟科技集团股份有限公司、启明星辰信息技术集团股份有限公司、亚信安全科技股份有限公司等，在入侵检测、主机安全以及网络隔离方面形成了具有自主知识产权的安全产品，可分别从源头和用户终端对互联网威胁进行防护。

（六）计算机应用技术

计算机广泛应用于各行业，极大地促进了社会经济的快速发展，支持了

第三章　发展现状与发展态势

从信息传播、交通物流、工业制造、现代农业、医疗卫生到国防安全各个领域的信息化，并正在向智能化发展。作为制造大国，我国在解决了很多应用的性能问题之后，面临的挑战就是改进人−机交互，构建更加好用、易用的系统。对于一般性的应用发展，这里不再赘述，下面仅讨论人−机交互及相关技术的发展现状。

在人−机交互领域，近年来国内的学术界取得了快速的进步，在国际人−机交互领域的主流会议上成为重要的力量，积累了深厚的理论基础、概念方法以及系统原型。此外，国内学术界与工业界开展密切合作，在人−机交互领域形成了良好的产业生态，能够将概念方法和系统原型转化为产品。人−机交互的发展依赖于支撑的硬件及其软件系统，涉及传感、意图理解与分析判别以及响应反馈等，还涉及 VR/AR、计算机视觉、自然语言处理、图形学、心理学等领域，这些领域的研究均已取得了丰富的研究成果，实现了多元信息融合下的物理世界的动态高保真度数字孪生、物理空间与信息空间的协同表达、多模态感知与大数据的高效分析和利用等，解决了智能手机、电子白板、AR 头盔等先进终端上的一些挑战性交互难题。

国内近年来也对该技术进行重点关注，早在《国家自然科学基金"十三五"发展规划》中，人−机交互技术就被列为重点支持的方向。2017 年国务院发布的《新一代人工智能发展规划》将人−机交互能力作为新一代人工智能的关键共性技术之一，提出数据和知识成为经济增长的第一要素，人−机协同成为主流生产和服务方式。在自然科学基金委、科技部项目等的支持下，我国在人−机交互及其相关领域取得了蓬勃的发展，从科研成果发表的角度，这一系列原创性的理论成果在国际上已经形成一定的影响力，使我国具备了人−机交互进一步跨越式发展的坚实理论基础。按照全球计算机协会专业排行榜（Computer Science Rankings，CSRankings）的统计，智能人−机交互研究在人−机交互及其支撑的计算机视觉、自然语言处理、可视化等领域多个单位进入这一方向的国际前十。

在人−机交互及相关技术的应用领域，凭借用户基数和经济、技术快速发展的优势，我国人−机交互技术市场规模处于全球领先地位，并呈现稳步增长的趋势。越来越多的领军企业具备了先进的加工制造能力，以及和人−机交互技术结合的条件。国内的学术界与工业界展开密切合作，构建了良好的产业生态，支持了华为、北京搜狗信息服务有限公司等企业采用先进的人-机交互技术并将其应用于产品，为用户提供了良好的使用体验。随着中国互联网经济的快速发展，社交网络、电子商务以及各类"互联网+"服务应用发展迅速，积累了大量关于社会活动的数据，这些衔接了人-机-物三元空间的数据资源，为人-机交互提供了在广度、深度和尺度上前所未有的基础与应用平台。以数据为基础资源的交互形成了独具特色的智能交互环境。此外，我国将大数据提升到国家发展战略层面上，推出了一系列促进大数据发展的规划政策和行动纲要，并在数据共享、数据安全等方面进行规范和立法，从国家政策层面保障了大数据的健康有序发展。人-机交互作为信息社会的人与环境的重要界面，极大地改变了人们认识世界、改造世界的方式，正是人-机交互技术的进步，才使得用户无需手册/无需学习即可对绝大多数设备进行便捷使用，增强了用户的使用体验，同时促进了一系列硬件产品的出现与升级，创造了极大的经济效益与社会效益。

三、自动化科学的发展现状

自动化科学与技术是以物理系统、信息系统及有人参与的信息物理系统为研究对象，以设计、构建、分析和评价自动或自主运行系统为手段，以辅助、替代和延伸人的体力或脑力劳动，并借以提高人类认识世界和改造世界的能力为目的的系统理论与技术。当今世界，自动化技术已经成为推动生产力发展、改善人类生活以及促进社会前进的动力之一，其在制造、通信、航空、航天、医疗、轨道交通、汽车、海洋运载工具的导航、制导与控制，机器人的控制与运动轨迹的规划等各个方面，以及几乎所有的主要技术革命中都发挥着不可取代的作用。自动化将人们从单调而繁重的重复性工作中解放出来，进而使人们更多地投入到创造性的工作中，极大地拓展了人们认知和改造世界的范畴。所以，自动化科学也成为衡量一个国家科技发展水平和综合国力的重要标准之一。

在国家的引导和大力支持下，特别是"十三五"期间在以国家自然科学基金项目等为代表的国家级科技项目的强力资助下，我国从事自动化研究的人才队伍已经形成一定的规模，人才资源丰富。自动化科学的不少研究领域的学术水平及取得的重要研究成果也日益接近国际水平，部分研究领域已具有和当前国际水平相当的学术基础与研究能力。

在国内方面，2010—2020年，自动化科学领域入选中国科学院院士6人、中国工程院院士7人，教育部批准资助"长江学者奖励计划"特聘教授41人，自然科学基金委批准资助国家杰出青年科学基金项目65项、创新研究群体项目21项、重点项目182项、优秀青年科学基金项目125项、面上项目3552项、地区科学基金项目393项、青年科学基金项目3967项。2010—2020年，自动化科学领域学者获得国家自然科学奖26项。

在国际方面，自动化科学基础研究已达到国际先进水平，我国学者在自动化领域的国际顶级期刊 IEEE TAC 与国际会计师联合会（International Federation of Accountants，IFAC）会刊发表的论文数量与质量显著提高。近十年来，自动化科学领域入选的中国学者118人，其中 IEEE 会士（IEEE Fellow）51人、IFAC Fellow（IFAC 会士）4人，科睿唯安高被引学者63人。本领域学者在国际上所获的荣誉有 IEEE 系统与控制联合会议控制研究杰出工业成就奖，亚洲控制协会柴天佑（Wook Hyun Kwon）教育奖，IEEE 控制系统学会波德讲座奖、杰出演讲者奖，国际自动控制联合会青年作者奖、杰出服务奖，美国李氏基金杰出成就奖，IEEE 机器人与自动化协会杰出服务奖，以及 IEEE 诺伯特·维纳奖等。本领域学者多次应邀在 IFAC、自适应巡航控制（Adaptive Cruise Control，ACC）、CDC、IEEE 国际会议上做大会特邀报告，国际认可度较高。

从上述计量学角度出发可以看出，自动化科学人才队伍在近十年逐渐壮大，已形成一定的规模，国家资助力度较大，无论从国内还是国际方面均取得了重要的研究成果，国际地位较高。

在国家的大力引导和支持下，经过"十二五"至"十三五"期间的发展，自动化科学在理论和应用方面取得了一批优秀成果，并逐渐形成了各领域优势互补的良性循环。根据我国自动化科学的发展现状，其典型优势体现在控制理论与方法、生产制造过程自动化系统的理论与技术、运动体自动化系统的理论与技术、多学科交叉等领域。自动化学科已经与数学、力学、机械、光学、能源、环境、管理、生物、医学、神经与脑科学等学科领域形成了多学科交叉，建立了产学研紧密配合的创新队伍，推进了自动化学科的理论技术与各行业领域的协同发展。下面通过典型案例进行分析。

（一）控制理论与方法

控制理论与方法是自动化学科能够长远发展的核心基础和源动力。自动化学科经过几十年的发展，基础理论已经成熟。近年来，在国家自然科学基金的大力资助下，我国学者在线性与非线性不确定系统控制、自适应控制、控制系统参数化设计等控制理论与方法方面取得了重要进展，推动了我国自动控制技术的飞速发展。

1）在线性与非线性不确定系统控制、自适应控制方面，我国学者首次对二阶非线性不确定系统具体给出了比例积分微分（Proportion Integration Differentiation，PID）控制器参数设计的选取范围，从理论上证明了相应闭环控制系统的全局稳定性及跟踪性能的渐进最优性；发现并证明了关于反馈机制最大能力与局限的一系列基本定理和"临界"常数；克服了动态连通性困难，建立了局部相互作用下典型非线性大群体的同步理论。

2）在控制系统参数化设计方面，我国学者提出了一类高阶全驱系统参数化设计方法，给出了闭环控制系统特征向量和反馈控制律的完全参数化表示；证明了线性定常系统能控的充要条件是它能否化成一个高阶全驱系统，同时还在一定程度上将这一结果推广到非线性系统的情形；提出了非线性全量测系统观测器的设计方法，使观测误差系统为线性定常系统，并且可以任意配置其特征多项式的系数矩阵。

在控制理论与方法的研究过程中，研究者大多关注单个对象的建模与控制，而目前的控制系统规模已经越来越大，各部分存在关联和耦合，控制任务对实时性、控制精度和自主能力等方面有了更高的要求，急需融合非线性控制、自适应控制、智能控制、稳定性、最优化、人工智能及数据处理等方面的理论和方法，建立智能控制的新理论和新方法。

（二）生产制造过程自动化系统的理论与技术

生产制造工业是国民经济的支柱和基础产业，是我国经济持续增长的重要支撑力量。我国学者在钢铁制造、有色金属冶炼、石油化工制造等方面均取得了重要进展，为国民经济和综合国力的提升提供了重要保障。

1）在钢铁制造方面，我国学者将非线性补偿和 PID 控制策略相结合，提出了多变量自适应解耦控制理论与方法；将智能控制、计算机集散控制技术相结合，研制出智能解耦控制技术及系统；提出了以综合生产指标优化为目标的全流程智能优化控制理论与技术，研制了生产全流程智能优化控制系统和综合自动化系统，并成功将其应用于钢铁制造工业，取得了显著的社会经济效益。

2）在有色金属冶炼方面，我国学者提出金属冶炼双层结构优化控制方法，求解构造的非线性优化控制问题，采用模型参数自适应校正方法，保证优化控制器的性能，实现了过程的准确控制；提出了基于谱聚类相似度的自适应定量分析方法，实现了硫化锑的定量分析。上述方法已应用在多家大型企业，为我国有色金属工业领域自动化技术的提升和自主创新做出了重要贡献。

3）在石油化工制造方面，我国学者采用模糊核聚类对石脑油数据库进行最优划分，利用差分进化算法进行参数寻优，提高了模型的精度和泛化能力；针对汽油的辛烷值属性，提出基于调和效应的离线配方优化策略，创新提出了汽油管道调和优化控制方法，提高了调和模型的精度和优化算法的有效性。研究成果已在大型石油化工装置上成功得到应用，取得了显著经济和社会效益。

近年来，虽然学术界和工业界的很多研究者从事生产制造过程的运行优化与控制方面的研究，但随着嵌入式系统技术、智能感知与认知技术、软件技术的不断提升，需要攻克具有综合复杂性的生产制造过程高性能控制系统的关键核心技术，在自愈控制和自优化控制方面取得突破性进展，形成一批具有自主知识产权的生产制造过程智能自主控制系统的软硬件产品，并孕育出该领域的高技术公司，在选矿、钢铁、建材等典型行业示范应用。

（三）运动体自动化系统的理论与技术

运动体是指具有一定功能，可以实现一定任务或某种目标的运动的系统或装置，在航空、航天、军事、工业生产、交通运输、生活服务等领域中均有着非常广泛的应用。我国学者在多运动体协同控制、导航、制导与控制、机器人感知与控制、航空、航天、无人车、轨道交通等方面均取得了重要进展。

1）在多运动体协同控制方面，我国学者从协调决策智能化、系统可控化、集群控制智能化等方面出发，将智能控制和多运动体协同等理论相结合，提出并建立了分布式协同控制的混合智能优化和稳定性的理论与方法，解决了数字化阵地信息的快速自主获取与控制、多运动平台的分布式协同控制等技术难题，成功研制出装备，并得到大量列装，产生了显著的社会效益和经济效益。

2）在导航、制导与控制方面，我国学者提出了光纤陀螺新技术体制，系统地阐述了误差机理及其抑制方法；在国内率先研制出宇航长寿命光纤陀螺组合并实现空间应用，提出光电一体小型化光纤陀螺惯性系统方案，解决了和航天飞行器制导与控制相关的一系列关键技术难题；提出并实现了光纤电流、电压互感器工程化技术方案，为中国航天惯性技术的创新发展做出了重大贡献。

3）在机器人感知与控制方面，我国学者围绕中国高端制造的重大需求，开创了机器人自主加工动态规划与决策控制技术体系，提出一系列高速高精视觉感知与自适应鲁棒控制方法，解决了多机器人高效协同制造的技术难题；率先研制出自动化加工柔性生产线控制系统，并成功将其应用于航空、舰船、汽车、电子、医药等 620 余家国内外企业和国家重大工程，取得了显著的社会效益和经济效益。

4）在航空、航天方面，我国学者提出了全系数自适应控制理论和方法、航天器变结构变系数的智能控制方法等，为降阶控制器和智能控制器的设计开拓了新的道路，已将其应用于神舟飞船返回控制、空间环境模拟器控制、卫星整星瞬变热流控制和铝电解过程控制等 9 类对象、400 多个控制系统。特别是在神舟飞船返回再入自适应控制中，控制精度已达到世界先进水平。我国学者还提出了空间飞行器月地高速再入返回的方法，突破了月地高速半弹道跳跃式再入返回的关键技术，实现了我国首次再入速度达到 11km/s 的月地安全准确返回；提出了空间飞行器控制系统星载计算机抗恶劣环境的容错方法，突破了多机容错控制计算机故障诊断和系统重构的关键技术，并将其应用于"神舟"飞船、月球探测器、卫星等多个系列的空间飞行器。

5）在无人车方面，我国学者提出了用于无人车交通环境感知的视觉主导的多传感器融合计算框架，通过几何和语义约束融合来自相机、激光雷达及地理信息系统的信息,为无人车提供高精度的自主定位和准确鲁棒的障碍物感知。该框架已用于自主研发的无人车,并在各种真实城区环境中进行了长达八年的实地测试,验证了视觉主导的多传感融合感知框架的鲁棒性和高效性,推进了无人车的研发。

6)在轨道交通方面,我国学者研制了数字化通用式和主体化机车信号,在全路列车上广泛推广应用;建立首个独立第三方互通互联测试平台,首次完成全部型号的CTCS-3级列控系统的实验室及现场互通互联测试;首次研制出我国城轨基于无线通信的列车自动控制系统(Communication Based Train Control System,CBTC),实现了列车最小设计间隔90秒的安全追踪、平稳运行和精确停车;攻克了多媒介融合车地通信、多级控制模式一体化系统定制集成等核心关键技术,在北京等六个城市城轨中推广运用。

运动体控制系统的推广应用对运动体适应环境、执行任务的能力提出了越来越高的要求。针对现阶段运动体控制系统的研究对环境不确定性和任务多样性的考虑不充分,运动体在自主性、自适应性、智能化水平方面存在不足,人–机协作和人–机交互能力欠缺等问题,今后可重点关注感知、认知、控制与行为的一体化研究,使运动体自动化系统具备高精度、强实时性的感知能力,高智能认知学习能力,自主协同决策能力,以及自适应预测智能控制能力等。

(四)多学科交叉

自动化学科除了在以上传统领域上有了重要发展之外,还在多学科交叉领域具有旺盛的生命力。我国学者已在电子、生物医学、能源、管理、新兴应用领域等方面取得了多学科交叉的重要成果。

1)在与电子、生物医学的交叉研究中,我国学者致力于开展多维多尺度计算摄像仪器的研究,在立体视觉、3D重建和计算摄像仪器等方面做了基础性与开拓性工作;将仪器研发与生命科学应用紧密结合,创造性地提出数字自适应光学框架,自主研制出扫描光场显微镜,实现了活体3D、长时间、高分辨率的显微观测,推动了包括细胞生物学、肿瘤学、脑科学等在内的生物医学的进步。

2)在与能源、管理的交叉研究中,我国学者针对能源电力系统优化与安全问题，提出了拉氏优化系统化理论和创新方法，精确高效地求解了对偶问题和系统地获取了原问题可行解，解决了复杂混合动态、线性与同构奇异等多个难题；提出了网络安全监管新方法，解决了流量异常定位的解析计算、无流量数据估计僵尸网络规模和全球分布等难题，并研发了集成化网络安全防卫系统。

3) 学科交叉派生了大量新兴应用领域，如量子导航、微纳制造等。在量子导航方面，我国学者攻克了无自旋交换弛豫（Spin-Exchange-Free Relaxation，SERF）态精密调控、超低噪声检测等关键技术，研制了国内第一套基于原子自旋 SERF 效应的超高灵敏极弱磁场测量实验研究装置和超高灵敏惯性测量装置，达到了国际前沿水平的灵敏度；研制了国内第一台 SERF 原子自旋陀螺仪原理样机，实现了国际前沿水平的漂移指标。在微纳制造方面，我国学者结合预测与前馈、反馈与自主优化等技术，在基础理论、微纳尺度加工、微封装等方面均取得了长足的进步。在生物信息学方面，我国学者在高性能计算、人工智能等信息技术领域的创新突破，为自然生物系统的信息学分析及人工生物系统的设计与控制研究提供了关键技术和重要保障。

多学科发展与交叉研究给自动化学科带来了新的活力和重大创新机会，已成为当今学科发展的重要趋势。下一步需结合我国发布的重要政策和重点发展方向，以及自动化学科与多学科交叉的发展现状和特点，进一步对复杂网络、人工智能、社会系统等重要学科进行大跨度交叉研究，形成产学研紧密配合的创新队伍，推动自动化学科与其他学科领域协同发展。

四、信息器件与光学的发展现状

我国拥有全球最大的半导体集成电路元器件产品消费市场，2021 年进口集成电路芯片规模达到 6354.8 亿片，进口额近 4400 亿美元，出口额 1500 亿美元，集成电路芯片为我国第一大进口商品，其进口量为石油的两倍以上。目前我国高端半导体器件、集成电路和光电芯片在很大程度上依赖国外进口，自主可控的高端芯片的技术积累匮乏，面临的形势更加严峻。在目前技术封锁的国际形势下，我国在集成电路芯片领域的技术落后，已经威胁到了国家产业安全。美国对中兴通讯股份有限公司、华为等高技术企业的制裁，严重影响我国相关新兴信息技术产业的发展，并对产业安全和国家安全造成了严重的威胁。因此，未来集成电路和光电芯片的发展将直接决定我国的经济命脉，只有掌握集成电路芯片领域的一系列核心技术，迅速提升半导体相关产品的自主研发和生产能力，才能摆脱西方国家对我国高端器件和芯片及相关技术与装备的限制和打压，从根本上保障我国的产业安全、信息安全和国家安全。

至 2019 年，我国境内拥有 28 条（全球 121 条）12 英寸[①]生产线和 35 条 8 英寸生产线。中芯国际集成电路制造有限公司（简称中芯国际）作为集成电路制造业的龙头企业已经量产 14 纳米逻辑芯片，完成 7 纳米工艺开发。华虹半导体有限公司 65/55 纳米射频与反射式双稳胆甾型液晶显示器（Bistable Cholesteric Displays，BCD）特色工艺平台达到世界先进水平，14 纳米的鳍式场效应晶体管（Fin Field-Effect Transistor，FinFET）工艺已实现全线贯通。长江存储科技有限责任公司（简称长江存储）在非易失性存储设备（Non-volatile Memory Device，NAND）领域持续发力，实现 128 层堆叠技术跃进，目前 128 层堆叠的 NAND 的产能约占全球总产量的 7%。在设计方面，我国的集成电路设计产业是全球第二大设计业聚集地，其销售额约占全球集成电路设计业的 50%，但所设计产品多集中在中低档芯片，尖端芯片设计仍是亟待发展的领域。在封测方面，我国的技术能力与国际先进水平基本接近。在 EDA、逻辑器件、存储器件和分立器件领域，半导体材料和设备供应链方面的市场份额都有待进一步提高，以早日摆脱被国外技术制约的不利处境。

在"十五"到"十三五"期间，我国通过 863 计划、973 计划、国家重点研发计划、国家科技重大专项等科研项目在集成电路与光电子技术研究方面逐步加大了投入。2014 年，国务院印发了《国家集成电路产业发展推进纲要》，对我国高端集成电路技术发展目标做了明确部署。同年，国家集成电路产业投资基金成立，投资芯片制造等重点产业。自然科学基金委先后启动了"半导体集成化芯片系统基础研究"和"后摩尔时代新器件基础研究"等重大研究计划，旨在通过新材料、新原理、新结构、新器件和新架构的创新研究，突破芯片算力瓶颈，提升我国的芯片研究水平。目前，我国半导体学术和产业界经过卧薪尝胆，从基础研究到先进制造、从产业规模到人才队伍已经具备了国际竞争能力。一是器件研究水平突飞猛进，一批具有自主知识产权的新型器件

---

① 1 英寸 =2.54 厘米。

技术成果处于国际领先地位；二是制造技术取得长足进步，以武汉新芯、长江存储、弘芯半导体等为代表的制造企业具备了较强的芯片加工能力和研发能力；三是以华为、紫光股份有限公司、中科寒武纪科技股份有限公司、海光信息技术股份有限公司、龙芯中科技术股份有限公司等为代表的芯片设计公司开始在世界市场上掌握一定的话语权；四是通过引进和培养人才，建立了一支具有丰富经验和开拓创新精神的科研技术队伍。

我国在以宽禁带半导体为代表的第三代半导体领域已与发达国家先进水平基本接近，特别是我国半导体照明 LED 芯片产能已居全球首位，部分指标处于国际领先地位。我国自主研发的功率电子、高频微波器件，技术参数与国际水平差距缩小，在高铁电力设备、5G 无线通信等领域发挥关键作用。我国紫外固态光源的发光效率和输出功率与国际先进水平相当，SiC 和 GaN 基紫外探测器已经实现产业化，并完成了若干型号装备，紫外焦平面成像技术已可以应用到星载海洋环境和溢油分布监测。在激光器方面，中国科学院半导体研究所、中国科学院苏州纳米技术与纳米仿生研究所等单位的研发水平走在国际前列；在 Micro-LED 方面，科研单位与企业均开展了相关研究及其产业化布局，三安光电股份有限公司等企业在芯片方面已达到国际先进水平。重要的是，《中共中央关于制定国民经济和社会发展第十四个五年规划和二〇三五年远景目标的建议》明确指出，在"十四五"规划中大力发展以 GaN 和 SiC 为代表的第三代半导体，将其上升到国家战略层面。

2018 年，科技部国家重点研发计划启动"光电子与微电子器件及集成"重点专项，按照硅基光子集成技术、混合光子集成技术等 6 个创新链（技术方向）进行部署。"十三五"期间，推动云计算与大数据、移动互联网深度耦合互动发展，其中部署了 15 项 VR 与人−机交互技术研发任务。

我国在光学信息器件产业上的市场竞争力也逐步增强，产业规模稳步增长。目前，国内光器件生产制造企业已有 760 余家，商用产业规模跨越 300 亿元，占全球光器件商用市场规模的 45%—50%，至少 50% 的光纤网络用户通过中国生产的光模块接入互联网。国内光器件和光电子芯片龙头企业逐渐培育形成。2015 年前十名厂商占据了 62.1% 的市场份额，其中仅有一家中国厂商武汉光迅科技股份有限公司（简称光迅科技）（5.5%）。2019 年 Q3 末，全球前十名厂商占据了 67.7% 的市场份额，其中我国厂商已占有三席，分别是光迅科技（7.6%）、中际旭创股份有限公司（6.4%）、海信宽带多媒体技术有限公司（4.2%），它们分别位于第 3 名、第 5 名和第 8 名，中国公司整体市场份额达到 18.2%，有了较大的提升。在国内头部企业的带动下，已经形成珠三角、长三角、环渤海、华中等四大激光产业带，建成了从芯片、器件、模块到系统的全链条产业生态圈，并且不断向周边区域辐射扩散。

从信息光电子器件产业水平上看，中国企业在 100—400 吉比特 / 秒高速光收发模块上逐步形成竞争优势。国产自主光芯片的研制取得较大进展，国内光器件企业基本攻克了 10 吉比特 / 秒速率的半导体激光器 / 光探测器芯片，以及部分 25 吉比特 / 秒半导体激光器 / 光探测器芯片的关键工艺，并实现量产。但在产业化方面，国内集成电路发展突飞猛进，高端芯片在技术上仍存短板，与国外仍存在两三代技术差距。高端光通信芯片与器件的国产化率不超过 10%，"大而不强"问题突出，供应链安全受制于人，成为制约我国信息光子产业发展的一个主要"卡脖子"问题。

在显示光学器件产业方面，我国制造业已掌握了近眼显示领域完整的生产工艺。目前，我国生产了国际上大量的主流近眼显示设备，从相关产品的设计、研发到批量生产的整个产业流程，掌握着具有自主知识产权的核心技术。同时，大量的自有品牌产品也迅速发展。在轻量化 VR 设备领域，由我国建立起的高端产品研发及原始设计制造商（Original Design Manufacturer，ODM）业务合作在高端市场的占有率已经超过 70%。

在光电子与光学器件前沿研究方面，我国取得了一系列创新突破。2019 年中山大学蔡鑫伦团队实现了基于硅与薄膜铌酸锂混合集成的高带宽电光强度调制器[61]；2018 年中国科学院半导体研究所李明团队报道了首款集成光电振荡器芯片[62]；2020 年南京航空航天大学潘时龙团队报道了首个集成微波光子雷达芯片[63]；2020 年南京大学朱嘉、祝世宁团队和北京大学马仁敏团队等报道了钠基通信波段等离激元纳米激光器，创造了等离激元纳米激光器室温激射的阈值新低[64]；2019 年浙江大学陈红胜团队报道了首个 3D 光学拓扑绝缘体，将 3D 光学拓扑绝缘体从费米子体系扩展到了玻色子体系[65]；2020 年北京大学刘开辉团队报道了世界上速度最快与面积最大的单层石墨烯和氮化硼生长技术，实现了超高非线性二维材料复合光纤的制备[66]；2018 年中国科学院半导体研究所游经碧团队连续两次创造钙钛矿太阳电池效率世界纪录

（23.7%）[67]；2019 年清华大学戴琼海团队报道了一种基于傅里叶空间的衍射神经网络，可以实现全光图像处理和高精度物体分类[68]；2019 年华中科技大学王健团队报道了一种超紧凑、超宽带且偏振多样性的硅基轨道角动量涡旋光子芯片，实现了多维光通信和光互连[69]；2016 年中国科学院半导体研究所赵德刚团队报道了我国首支电注入激射的紫外激光器[70]；2013 年中国科学院半导体研究所刘峰奇团队报道了世界上第一个室温脉冲工作的面发射单模可调谐量子级联激光器[71]；2019 年南昌大学江风益团队报道了世界一流水平的黄光 LED[72]；2018 年上海交通大学金贤敏团队报道了世界上规模最大的光量子计算芯片，演示了首个真正空间二维的随机行走量子计算以及量子快速到达算法[73]；2018 年国内外学者合作报道了基于硅基光电子集成技术的面向通用量子计算的光量子芯片[74]；2020 年香港科技大学范智勇团队报道了一种新型仿生人眼光学器件[75]。

我国信息领域关键技术的整体产业化率相对于世界领先国家明显滞后，仅 30.5% 的关键技术处于产业化阶段，而领先国家高达 61%。整体而言，我国信息技术领域正从实验室阶段向产业化阶段过渡，且三个阶段（实验室阶段、产业化阶段、推广应用阶段）的比例基本差不多；领先国家的信息技术领域主要集中在产业化阶段，且实验室阶段的比例非常低。其中，我国先进计算子领域的技术产于产业化阶段的比例最高，而网络与通信的产业化阶段比例最低。微电子与光电子有高达 56.7% 的技术正处于实验室阶段，由此可见，我国微电子与光电子技术产业化任重道远。

第三节　经费投入与平台建设情况

一、经费投入情况

近十年来，通过国家重大科技专项、863 计划、国家重点研发计划、各类基金项目等形式对信息科学相关领域进行了研发资助。科技部资助的信息领域重点专项包括"新一代人工智能"、"网络协同制造和智能工厂"、"脑科学与类脑研究"、"智能传感器"、"网络空间安全治理"、"多模态网络与通信"、"高性能计算"、"信息光子技术"、"宽带通信和新型网络"和"智能机器人"等。

自然科学基金委信息科学部（简称信息科学部）资助的信息领域基础研究包含 7 个一级申请代码，自然科学基金委交叉科学部也包含了部分信息与其他学科交叉研究领域的资助，有力地推动了信息科学的快速发展。其中，资助类型包括青年科学基金项目、地区科学基金项目、面上项目、重点项目、优秀青年科学基金项目、杰出青年科学基金项目、创新研究群体项目、基础科学中心项目和国家重大科研仪器研制项目等。

近十年来，国家自然科学基金对信息领域的蓬勃发展起到了重要的推动和支持作用。尤其是针对人工智能方向，自然科学基金委在 2018 年调整了学科代码，单独设立了人工智能的一级学科代码。此外，为进一步合理构建相应的人才层次和结构，自然科学基金委在 2012 年设立了优秀青年科学基金项目。

信息科学部包含 7 个一级申请代码领域（F01—F07），下面将根据项目类型分别对每类项目近十年来的申请资助情况进行分析，并总结国家自然科学基金对信息领域的大致经费投入情况。首先是资助范围比较广的青年科学基金项目。

（一）青年科学基金项目

人才培养是基金项目中的一个重要任务，青年科学基金项目为研究人员职业发展的第一步提供重要支撑，是国家自然科学基金人才类项目中最基础的部分。2012—2021 年，信息科学部青年科学基金项目的资助情况如表 3-1 所示。

表 3-1　信息科学部 F01—F07 青年科学基金项目的资助情况

年份	申请数量 / 项	资助数量 / 项	资助比例 /%	平均资助强度 / 万元
2012	7 306	1 688	23.10	24.88
2013	7 510	1 855	24.70	24.81
2014	7 327	1 940	26.48	24.99
2015	7 566	1 943	25.68	20.40
2016	7 319	1 918	26.21	20.01

续表

年份	申请数量/项	资助数量/项	资助比例/%	平均资助强度/万元
2017	7 306	2 031	27.80	24.31
2018	8 280	2 111	25.50	24.66
2019	8 837	2 134	24.15	24.44
2020	9 559	2 152	22.51	23.84
2021	10 366	2 515	24.26	29.75

青年科学基金项目的申请数量和资助数量均呈波动上升趋势。自2020年开始，青年科学基金项目的资助金额变成了定额资助。由于2020年受新冠疫情影响，资助比例略有降低。

（二）地区科学基金项目

地区科学基金项目支持特定地区的部分依托单位的科学技术人员在基金资助范围内开展创新性的科学研究，培养和扶植该地区的科学技术人员。2012—2021年，信息科学部地区科学基金项目的资助情况如表3-2所示。

表3-2 信息科学部F01—F07地区科学基金项目的资助情况

年份	申请数量/项	资助数量/项	资助比例/%	平均资助强度/万元
2021	1 641	248	15.11	35.32
2020	1 577	248	15.73	35.81
2019	1 556	227	14.59	38.40
2018	1 463	225	15.38	37.86
2017	1 237	218	17.62	37.98
2016	1 103	214	19.40	38.69
2015	1 076	231	21.47	37.62
2014	1 075	231	21.49	44.98
2013	1 079	207	19.18	44.06
2012	971	206	21.22	44.17

信息科学部地区科学基金项目申请数量逐年增多，资助数量也随之呈波动上升趋势，但是资助比例和平均资助强度整体呈现波动下降趋势。由于近些年可以申请地区科学基金项目的地区逐年增多，所以可以申报的范围也在

增大，这也会导致申请数量的增多。可以预见的是，未来几年的资助比例将会持续降低。

（三）面上项目

面上项目是国家自然科学基金研究项目系列中的主要资助类型，支持科技人员在国家自然科学基金的资助范围内自主选题，开展一系列的创新性基础研究。2012—2021年，信息科学部面上项目的资助情况如表3-3所示。

表3-3 信息科学部F01—F07面上项目的资助情况

年份	申请数量/项	资助数量/项	资助比例/%	平均资助强度/万元
2021	11 652	2 070	17.77	58.06
2020	12 348	2 064	16.72	57.98
2019	11 342	2 024	17.85	59.65
2018	10 558	2 007	19.01	59.81
2017	8 867	1 912	21.56	59.56
2016	7 995	1 861	23.28	58.36
2015	8 240	1 793	21.76	60.79
2014	6 747	1 572	23.30	80.94
2013	8 264	1 646	19.92	77.78
2012	9 880	1 724	17.45	77.04

面上项目的资助比例没有与平均资助强度同步变化，主要是因为面上项目每年的申请数量和资助数量的增长具有不确定性和不协调性，资助比例变化比较明显，在16%—24%上下振荡，且总体呈波动下降趋势。其中2020年的申请数量达到新高，比2019年和2021年的申请数量都要多，主要的原因可能是受新冠疫情影响推迟了申请的截止日期，从而更多的人参与到了申请面上项目的工作中。近五年来，资助数量逐年提高，但增长的趋势较为缓慢。

上面介绍的面上项目和地区科学基金项目是在国家自然科学基金的资助范围内自主选题，开展的一系列创新性基础研究。下面将介绍一种由自然科学基金委确定主题并进行资助的大额项目，也就是重点项目。

（四）重点项目

重点项目主要是由自然科学基金委确定主题并通过一定的竞争进行资助的大额项目，这类项目的成功实施对信息科学部相关学科的发展非常重要。2012—2021年，信息科学部重点项目的资助情况如表3-4所示。

表3-4　信息科学部F01—F07重点项目的资助情况

年份	申请数量/项	资助数量/项	资助比例/%	平均资助强度/万元
2021	374	92	24.60	300.91
2020	450	105	23.33	300.00
2019	384	105	27.34	300.00
2018	347	98	28.24	285.71
2017	267	89	33.33	286.52
2016	253	85	34.60	264.71
2015	272	85	31.25	295.29
2014	311	80	25.72	350.00
2013	273	82	30.04	289.02
2012	254	71	27.95	295.77

重点项目的平均资助强度除2014年达到了350.00万元外，其他年份均在300万元左右，基本保持稳定。其中，2020年的申请数量达到新高，比2019年和2021年的申请数量都要多，主要的原因可能是受新冠疫情影响推迟了申请的截止日期，从而科研人员有了更多的时间来完成相应的申请工作。近5年的重点项目的资助比例有波动下降趋势，说明重点项目的竞争将越来越激烈。

（五）基础科学中心项目

基础科学中心项目旨在集中和整合国内优势科研资源，瞄准国际科学前沿，超前部署，致力于科学前沿突破，抢占国际科学发展制高点，形成具有国际重要影响力的学术高地。2016—2021年，信息科学部基础科学中心项目的资助情况如表3-5所示。

表 3-5 信息科学部 F01—F07 基础科学中心项目的资助情况

年份	申请数量/项	资助数量/项	资助比例/%	平均资助强度/万元
2021	6	2	33.33	6 000.00
2020	7	2	28.57	6 000.00
2019	9	2	22.22	8 000.00
2018	1	1	100.00	18 750.00
2017	2	0	0.00	
2016	1	0	0.00	

从申请资助情况来看，基础科学中心项目是一类新的资助类型。基础科学中心项目从 2018 年开始资助，除 2018 年仅资助一个项目外，其他年份每年资助两个项目，2020 年和 2021 年的平均资助强度较前两年，略有下降。总体来看，基础科学中心项目的平均资助强度非常大，但资助的数量也非常少。

（六）国家重大科研仪器研制项目

国家重大科研仪器研制项目 2016 年开始设立，面向国家需求和科学前沿，资助对促进科学发展、探索自然规律和开拓研究领域具有重要作用的原创性科研仪器与核心部件的研制。2016—2021 年，信息科学部国家重大科研仪器研制项目的资助情况如表 3-6 所示。

表 3-6 信息科学部 F01—F07 国家重大科研仪器研制项目的资助情况

年份	申请数量/项	资助数量/项	资助比例/%	平均资助强度/万元
2021	171	20	11.70	1274.58
2020	179	28	15.64	969.30
2019	194	23	11.86	912.33
2018	185	28	15.14	985.01
2017	175	23	13.14	718.30
2016	202	28	13.86	862.83

国家重大科研仪器研制项目的申请数量在 2016—2021 年保持基本稳定。2021 年的资助数量相较之前的年份有所下降，但平均资助强度进一步增加。

经费投入力度的不断增强，充分体现了国家对科技强国战略的重视和强力支持。信息领域正在蓬勃发展，研究人员规模、研究成果数量、基金资助数据都在稳步提升。与此同时，在自然科学基金委的持续大力资助和指导下，相关重要领域得到协调均衡发展，许多研究人员在国家自然科学基金的资助下快速成长，正在成为自动化研究领域的重要力量，多人在国家自然科学基金的资助下成长为院士，平台建设成效显著。

二、平台建设情况

信息领域重点实验室面向国家重大需求，瞄准相关研究领域的关键科学技术发展前沿，开展基础研究、应用基础研究和前沿技术探索，承担了大量的国家重大科研项目，解决了一系列关键科学与技术问题，取得了一大批高质量的研究成果，作为国家科技创新体系的重要组成部分发挥了重大作用。

电子学和信息系统领域的多个国家重点实验室取得的重要突破如下：

1）电子薄膜与集成器件国家重点实验室首次提出电磁修复/雷达吸波/红外辐射多机制协同模型和超宽带设计方法，解决了多频谱隐身材料可见光明度高、红外辐射强、雷达波不兼容等技术难题。

2）综合业务网理论及关键技术国家重点实验室提出了静止活动图像一体化压缩方法及其硬件架构，构建了目前最先进的超分辨率重建和质量评价模型，研制了我国第一颗航天级图像压缩芯片。

3）移动通信国家重点实验室率先在国际上系统地回答了分布式协作无线网络如何组网的方法，分析了频谱效率和能量效率对其产生的影响，以及如何求解小区边缘效应度量及理论计算，如何获取移动用户的服务能力，并辅助于工程实践与组网实验和测试，探索出分布式协作组网构架是显著提升系统性能的现实可行途径，从而为这一新兴发展方向提供基础性支撑。

4）毫米波国家重点实验室围绕新型人工介质的电磁波调控理论、结构设计、实验验证开展了系统深入的研究，数字编码超材料的工作入选2016年"国家自然科学基金基础研究十大进展"和2016年"美国光学学会30项重要成果"。

5）生物电子学国家重点实验室发现纳米酶的电子转移新机制以及测控细

第三章　发展现状与发展态势

胞氧化应激状态的新功能，研制出超小靶向磁性纳米探针，突破了 3 毫米以下原位肿瘤的靶向磁共振成像技术瓶颈，获国内该领域唯一的临床应用批件，在肿瘤诊疗领域中具有颠覆性的应用前景。

6）网络与交换技术国家重点实验室首次提出软件定义存储/计算/传输一体化网络，能够满足网络中的新兴业务对定制化服务能力提出的更高要求，设计了网络虚拟化与协同管控机制，构造了基于空、时、频的无线网络智能重构机制，有效指导并支撑了国家重大工程的建设工作。

7）区域光纤通信网与新型光通信系统国家重点实验室提出抑制平方律检测损伤、补偿克尔效应的方法，在光学领域内具有技术领先优势。

计算机科学领域多个国家重点实验室平台助推产出了具有较大国际影响力的科技成果，具体如下。

1）计算机软件新技术国家重点实验室突破了基于弱监督信息的机器学习理论与方法，解决了国际上 15 年的争论问题，创立了多示例多标记学习新框架，率先提出了安全半监督学习等新方法，并研制了面向应用领域特点的系统，在国家工程和大型企业应用中发挥重要作用。

2）计算机体系结构国家重点实验室在国际上率先开展了深度学习处理器的新方向研究，提出并研制了国际上首款深度学习处理器——寒武纪，该处理器是目前国际上性能领先的人工智能应用加速芯片并进入大规模产业应用。

3）计算机科学国家重点实验室在国际上首次实施了千万核可扩展且支持超大型异构众核系统的全隐式求解器。千万核可扩展全隐式求解器 2016 年获世界公认的高性能计算应用最高奖——戈登·贝尔奖，实现了我国该奖项零的突破。

4）虚拟现实技术与系统国家重点实验室在数据驱动的虚拟场景生成、虚拟场景自动编辑生成、虚拟场景自动构建生成、可视素材自动语义解析和虚拟场景生成技术系统、装置与数据集等方面取得了创新成果。

5）软件开发环境国家重点实验室开创了群体软件工程这一新方向，在国际上系统地提出了群体软件开发的理论框架和过程模型，构造了群体软件社区的软件项目影响力传播模型，率先采用博弈论方法研究群体软件工程。

6）计算机辅助设计与图形学国家重点实验室开展了复杂产品个性化设计与制造的关键技术研究，重点解决了基于大数据的个性化设计需求挖掘问题，提出了高层语义驱动的产品形状个性化设计方法以及水转印彩色 3D 打印与个性化选配技术，为个性化设计与制造提供了理论方法和一体化软件工具。

7）软件工程国家重点实验室所研制的广域实时精密定位高效处理系统将定轨精度从米级降至厘米级，为北斗地基增强系统提供了重要支撑。

8）信息安全国家重点实验室是国家信息安全的研究基地，提出的高效程序分析方法解决了浮点数误差传播控制难题，提升了大规模数据处理准确率。

自动化学科领域的多个国家重点实验室有力地推动了我国自动化领域整体基础研究工作向国际先进水平迈进，具体如下。

1）流程工业综合自动化国家重点实验室创立了生产全流程多目标动态优化决策与控制一体化理论和技术，攻克了多层次、多尺度、多冲突目标动态优化决策与控制一体化难题，解决了生产全流程全局优化控制问题，产生重要的国际影响。

2）机器人学国家重点实验室突破了深远海水下机器人总体结构设计要求、自主导航等核心关键技术；研发了多款应用于极地海冰、深渊科考，海底冷泉、海底热液资源调查的实用化机器人装备。

3）工业控制技术国家重点实验室在高端控制装备高安全性、高可靠性、高适应性、大规模化方面的理论创新与技术突破，解决了高端控制装备与系统难题，打破了国外高端控制系统在我国市场的垄断局面。

4）复杂系统管理与控制国家重点实验室建立了复杂系统建模、实验、分析和决策的平行管理与控制方法框架；拓展了知识自动化领域并推动了自适应动态规划方法的进一步发展，为研究信息−物理−社会系统提供了一套可计算、可实现、可比较的理论与方法。

5）模式识别国家重点实验室提出了利用脑连接信息构建脑网络组图谱的思想，建立了脑网络组图谱构建所需要的脑亚区划分的新理论和新方法，成功绘制了全新的脑网络组图谱。

6）精密测试技术及仪器国家重点实验室发明了新型结构单元陀螺仪及高精度惯性导航系统，代表了我国惯性导航系统的最高精度水平，填补了我国战略级陀螺仪的空白。

7）传感技术国家重点实验室跨代发展传感器技术，在基础研究成果突破的基础上，研制出可在室温（近室温）下工作的短波红外传感器，有力地支

第三章　发展现状与发展态势

撑了我国遥感技术跨代发展。

信息器件与光学领域的多个国家重点实验室结合国际学科发展前沿和本专业领域学科发展的新趋势及新方向，取得了显著的技术突破和进展，具体如下。

1）红外物理国家重点实验室突破了硅基大晶格失配碲镉汞异质外延生长关键技术，解决了甚长波器件的暗电流难题，实现了大面阵碲镉汞红外焦平面，使得我国拥有红外空间高分辨率对地观测能力。

2）集成光电子学国家重点实验室研制出高可靠超辐射发光二极管模块，该模块在多个国家重大工程上获得批量应用；研制出高带宽高线性光发射模块、高速窄线宽激光器和高速探测器。

3）微细加工光学技术国家重点实验室研制了国际首台超分辨率光刻装备，该装备应用于加工生化传感器件、超导纳米线单光子探测器、局域波前调控器件等。

4）瞬态光学与光子技术国家重点实验室突破了大能量飞秒激光与材料高效耦合解离理论、复杂微结构加工技术，研制出国内首台工业级最高功率飞秒光纤激光器和高精度光子极端制造装备。

5）信息光子学与光通信国家重点实验室首次研制出轴向泵浦近红外纳米激光器等新型器件，提出了基于腔点结构的量子调控新方法等。

6）应用光学国家重点实验室建立了完整的超精密光学工程技术体系，技术水平居国内领先地位；建成适应于 EUV 光刻曝光光学系统研制的关键技术研发平台。

7）发光学及应用国家重点实验室针对宽禁带Ⅱ族氧化物的 P 型掺杂科学难题，提出复合掺杂新策略，被国际学者证实并采用。

8）专用集成电路与系统国家重点实验室发明了半浮栅晶体管，它是我国微电子核心器件领域的原始创新成果；系统地提出一系列基于半浮栅结构的新型器件。

9）量子光学与光量子器件国家重点实验室在国际上率先实现一维、二维及强相互作用下超冷费米气体自旋轨道耦合的量子模拟，对量子模拟特别是设计和模拟新型拓扑量子材料具有重大意义。

10）现代光学仪器国家重点实验室建立了去偏光学干涉理论，突破了高稳定去偏、数字多闭环等关键技术，开辟了国内光纤陀螺在工业、空间任务应用的先河。

近年来，信息领域在若干前沿研究方向，建设了知名的高水平综合性国家科学中心，包括上海张江综合性国家科学中心、合肥综合性国家科学中心、北京怀柔综合性国家科学中心、深圳综合性国家科学中心等，国家重点实验室和综合性国家科学中心均在国家布局重要的研究方向上坚持科研工作的长期积累和系统性集成，坚持科研服务于国家重大战略需求，充分发挥自身优势，在带动学科发展、解决国民经济发展过程中的重大科学问题及保障国家安全等重大工程方面做出了突出的贡献。各实验室的多项代表性科研成果达到国际领先水平，部分科研成果在国际上处于"并跑"位置。由于我国信息科学研究起步较晚，而信息科学发展迅猛、日新月异，所以多数研究方向还都在"跟跑"位置，在国际上很难站到"领跑"位置。也正因有这些国家重点实验室的不懈努力，才能保证我国信息科学领域的研究不断跟进国际水平，引领国内的各项科学技术创新、各领域产业发展壮大。

第四节 人才队伍情况

截至 2021 年，我国已有中国科学院院士 798 名，其中信息技术科学部 96 人，占中国科学院院士总人数的 12.2%，相比 2010 年，人数增加 16 名，比例提升 0.6 个百分点；中国工程院院士 890 人，其中信息与电子工程学部 130 人，占工程院院士总人数的 14.6%，相比 2010 年，人数增加 22 名，比例提升 0.3 个百分点。

国家自然科学基金形成了包括青年科学基金项目、优秀青年科学基金项目、杰出青年科学基金项目、创新研究群体项目在内的完整的人才及人才队伍资助链条。各项目之间功能明确、有序递进，形成了覆盖科研人员不同职业发展阶段的有机资助体系。2012—2021 年，信息学科共资助青年科学基金项目 20 287 项、优秀青年科学基金项目 685 项、杰出青年科学基金项目 320

项、创新研究群体项目 80 项，详细资助情况如表 3-7 所示。

表 3-7 2012—2021 年信息学科人才和人才队伍受资助情况

年份	青年科学基金项目/项	优秀青年科学基金项目/项	杰出青年科学基金项目/项	创新研究群体项目/项
2021	2 515	95	43	5
2020	2 152	94	43	5
2019	2 134	93	43	6
2018	2 111	60	29	6
2017	2 031	59	28	7
2016	1 918	60	28	10
2015	1 943	59	28	12
2014	1 940	57	27	10
2013	1 855	55	25	10
2012	1 688	53	26	9
总计	20 287	685	320	80

青年科学基金项目支持青年科学技术人员在国家自然科学基金资助范围内自主选题，开展基础研究工作，特别注意培养青年科学技术人员独立主持科研项目、进行创新研究的能力，激励青年科学技术人员的创新思维，培育基础研究后继人才。

优秀青年科学基金项目支持在基础研究方面已取得较好成绩的青年科学技术人员自主选择研究方向开展创新研究，促进青年科学技术人员的快速成长，培养一批有望进入世界科技前沿的优秀学术骨干。从资助领域上看，涵盖信息科学中基础前沿及特色研究方向，从新型信息器件到类人智能，"软硬兼具"，呈现多样化的趋势。从资助成果上看，尽管基础研究具有很强的探索性和创新性，杰出青年科学基金鼓励有较好研究基础的科研人员开展难度高、挑战性大的创新研究，进而推进重要科学技术问题在 2—3 年内形成了有自身特色的研究方向，以及在信息器件、体系结构、多模态信息获取、存储、传输、处理与认知理解等方面取得了重要研究进展。一些优秀青年科学基金获得者进一步得到杰出青年科学基金的支持，成长为信息学科有机半导体光电子学与光电器件、计算机体系结构、并行分布式计算、知识发现与知识工程、星载雷达、生物信息分析与处理、多媒体内容分析与理解、计算几何与图形学等战略高技术领域的学术带头人。

杰出青年科学基金项目支持在基础研究方面已取得突出成绩的青年科学技术人员自主选择研究方向开展创新研究，促进青年科学技术人员的成长，吸引海外人才，培养造就一批进入世界科技前沿的优秀学术带头人。相较于优秀青年科学基金资助项目的多样性，杰出青年科学基金项目主要资助信息科学中对本学科领域或者相关学科领域发展具有较强的推动作用，以及对国民经济与社会发展的影响较大的研究方向，如新型电子信息材料与神经形态器件，计算机体系结构与操作系统，航空、航天飞行器与空间机器人控制理论技术，大规模、超宽带通信传输、组网的理论方法技术，以及时空、多模态大数据的模式分析与理解等。随着我国社会生产力发展需求的动态变化，资助研究方向也呈现出"应用牵引、突破瓶颈"的新变化，从经济社会发展和国家安全面临的实际问题中凝练科学问题，破解"卡脖子"技术的基础理论和技术原理。

创新研究群体项目旨在支持优秀中青年科学家为学术带头人和研究骨干，共同围绕一个重要研究方向合作开展创新研究，培养和造就在国际科学前沿占有一席之地的研究群体集中力量攻克信息获取、存储、传输等方面的理论及应用基础前沿研究中的重要科学技术问题，包括：①信息论、控制论、系统论等基础理论在重大领域的延伸，如生物信息学，控制理论与方法——网络系统的设计、控制与优化，新能源发电与高效节能系统优化控制理论、技术及应用等；②信息获取、存储、传输和处理各领域发展趋势中的关键科学技术问题，如多媒体智能计算、视觉大数据内容理解的理论与方法、大数据存储系统与技术等；③信息科学领域战略高技术科学问题，如面向开放动态环境的机器学习，多模态碎片化知识的挖掘、融合与应用，面向航空制造的人-机协作技术及应用研究等。

基础科学中心项目自 2016 年开始启动资助，致力于科学前沿突破，系统地解决基础研究和应用基础研究中的重大科学问题，聚力攻克关键技术，产生一批国际领先的原创成果，突破"卡脖子"瓶颈，抢占国际科学发展的制高点，形成若干具有重要国际影响的学术高地。信息学科当前资助的基础科学中心项目包括"低维信息器件"（2018 年）、"自主智能无人系统"（2020 年）、"高阶全驱系统理论与航天器控制技术"（2021 年）和"智能互联系统的系工程理论及应用"（2021年）等，涵盖信息学科基础前沿和战略高技术领域，分别致力于在纳米信息器件、自主无人系统、高阶全驱系统及智能互联系统理论和应用方面取得颠覆性的突破，产出信息论、控制论和系统论方面的国际性重大原创成果，解决我国信息器件、无人系统、航天器控制以及智能互联中的"卡脖子"问题，打造控制领域世界领先的研究团队，培养世界级领军科学家，形成具有重要国际影响的学术高地。

第五节　存在的问题与措施建议

我国在核心元器件方面，芯片、触觉传感器、射频器件、激光雷达、高端电容电阻等比较薄弱；在关键基础材料方面，光刻胶、微球、信息材料等仍然与全球先进水平有着较大的差距；在先进基础工艺方面，光刻机、核心工业软件等需要突破空白；在产业技术基础方面，操作系统、数据库系统、核心算法等需要突破和壮大发展。信息获取与处理领域呈现出国家重大战略需求导向、应用导向明显的特色，但在信息处理的智能化、高时效等方面相对滞后。信息学科的发展需要进一步论证其概念内涵的拓展与延伸，突破信息获取、承载、处理、挖掘及应用的一体化承载能力和效能，构建多源传感、时空分布、数据驱动等新型信息系统，加强经典理论与数理基础、模型机理与精准应用的交叉衔接，满足定量化、智能化、动态重组及迅捷响应等应用需求。

信息科学与技术已成为科技创新的重要支撑和必备手段，成为国家战略性、基础性和先导性研究领域，代表着当今先进生产力的发展方向。信息科学与技术对制造业和服务业的渗透程度已经成为国际竞争力的标志。信息科学与技术的研究布局还要更加以服务于国家目标和战略需求为导向，覆盖学科交叉融合的国际前沿，突破制约学科和产业发展的重大瓶颈。加强在信息和数学、信息和生物、信息和材料等细分领域与交叉研究的合理规划；加强紧密围绕新一代信息技术和新一代人工智能等国家战略的基金布局与规划；加强ICT领域的前瞻性布局，及时启动国家发展战略。在国家政策的支持下，目前信息学科已取得较快的发展，但仍存在以下不足。

（一）我国信息学科原始创新能力有待加强，学科布局有待进一步优化

国家对信息学科发展高度重视，鼓励原始创新，政策持续加码，不断优化财政科技投入，并将重点投向战略性、关键性领域，在注重理论研究的同时，更加注重系统设计与研发，鼓励研究成果的转化。2018年国务院发布的《关于全面加强基础科学研究的若干意见》指出，推进信息技术等重点领域应用技术创新，加强对重大科学问题的超前部署。为贯彻落实党中央、国务院关于加强基础研究的重要战略部署，进一步强化原始创新，积极应对科学研究范式变革，自然科学基金委设立研究原创探索计划项目。按照新时期国家自然科学基金的资助导向，建立项目分类管理机制，开展基于四类科学问题属性的分类申请。修订信息学科申请代码，拓宽项目申请范围，适度调整项目经费使用范围与比例，充分发挥基金育人功能。目前，信息技术蓬勃发展，支撑学科新原理、新材料、新工艺、新架构不断涌现，需要进一步优化学科布局，使信息学科朝着深度智能化方向发展，提升原始创新能力。

（二）学科间有待进一步交叉融合

我国已经制定了相关举措以推动信息学科间的交叉，融入新的学科内容，吸引了更多的科技人才投身于信息学科研究。自然科学基金委成立交叉科学部并设置智能与智造领域，旨在开展基于人工智能、自动化等领域的交叉科学研究，面向国家重大需求和经济主战场，解决我国经济转型过程中和复杂系统相关的控制工程、精密制造、先进智造等关键科学与技术问题以及工程与制造领域中的重大瓶颈问题。国务院学位委员会批准设置交叉学科门类以支持交叉学科发展，下设集成电路科学与工程一级学科来加大信息学科人才的培养力度，同时国务院发布《国务院关于印发鼓励软件产业和集成电路产业发展若干政策的通知》（国发〔2000〕18号）和《国务院关于印发进一步鼓励软件产业和集成电路产业发展若干政策的通知》（国发〔2011〕4号）以促进集成电路产业发展。随着新一轮科技革命和产业变革的加速演进，新的学科分支和增长点不断涌现，学科深度交叉融合势不可挡，经济社会发展对高

层次创新型、复合型、应用型交叉人才的需求更为迫切，学科间亟须进一步交叉融合。

（三）公共开放的科研设备和实验平台有待进一步加强

信息技术与系统的快速发展紧密依赖于完善的科研设备和实验平台，由于缺乏统一的标准化实验平台，各科研单位的研究工作彼此独立，难以快速集成和相互共享，各自重复开发实验平台也浪费了大量的人力物力。因此，需要加强标准化开放科研设备和实验平台建设，通过鼓励实验技术研究、仪器设备功能拓展研究，做到公用平台的仪器设备对外开放，加强大型仪器设备管理的制度化、规范化和科学化，有助于实现理论创新、技术实现和系统集成三位一体的目标。

本章参考文献

[1] DAPRA. Evolving the electronics resurgence initiative (ERI 2.0)[R/OL]. https://www.ndia.org/-/media/sites/ndia/divisions/electronics/eri2_ndia_20210421_releaseapproved_34584.ashx[2021-04-21].

[2] Hancock T M, Gross S, Mcspadden J, et al. The darpa millimeter wave digital arrays (MIDAS) program[C]. IEEE BiCMOS and Compound Semiconductor Integrated Circuits and Technology Symposium.Monterey, 2020.

[3] NSTC. Roadmap for medical imaging research and development[R/OL]. https://www.acadrad.org/wp-content/uploads/2021/04/Roadmap-for-Medical-Imaging-Research-and-Development-2017.pdf[2021-04-28].

[4] NIBIB. NIH and radiology societies map path for translational research on AI in medical imaging[EB/OL]. https://www.nih.gov/news-events/news-releases/nih-radiology-societies-map-path-translational-research-ai-medical-imaging[2019-05-28].

[5] European Commission. European chips act: communication, regulation, joint undertaking and recommendation[EB/OL]. https://digital-strategy.ec.europa.eu/en/library/european-chips-act-communication-regulation-joint-undertaking-and-recommendation[2022-02-08].

[6] Cordis. Flexible FE/BE sensor pilot line for the internet of everything[EB/OL]. https://cordis.europa.eu/project/id/692480[2022-09-30].

[7] Marino L. The human brain project: six achievements of Europe's largest neuroscience programme[EB/OL]. https://connect.geant.org/2021/10/13/the-human-brain-project-six-achievements-of-europes-largest-neuroscience-programme[2021-10-13].

[8] EPSC. Strategic note on artificial intelligence[EB/OL]. https://ec.europa.eu/epsc/site/epsc/files/epsc-strategicnote_ai.pdf [2022-11-01].

[9] Jeon S, Bhak Y, Choi Y, et al. Korean genome project: 1094 Korean personal genomes with clinical information[J]. Science Advances, 2020, 6(22): eaaz7835.

[10] Arakawa Y. Photonics-electronics convergence system technology (PECST) as one of the thirty first projects in Japan[C]. OptoElectronics and Communications Conference. Kaohsiung, 2011.

[11] Okada K. Ultra high-speed IC capable of wireless transmission of 100 gigabits per second in a 300 GHz band[EB/OL]. https://www.titech.ac.jp/english/news/2018/041717[2018-06-13].

[12] Shannon C E. A mathematical theory of communication[J]. M.D. Computing: Computers in Medical Practice, 1997, 14(4): 306-317.

[13] U.S. Department of defense(DoD). 5G strategy[R/OL]. https://www.cto.mil/wp-content/uploads/2020/05/DoD_5G_Strategy_May_2020.pdf[2020-05-05].

[14] U.S. Department of Defense, 5G strategy implementation Plan[R/OL]. https://www.cto.mil/wp-content/uploads/2020/12/DoD_5G_Strategy_Implementation_plan.pdf[2020-09-10].

[15] Alliance for Telecommunications Industry Solutions. Next G alliance report: roadmap to 6G[R/OL]. https://nextgalliance.org/wp-content/uploads/2022/02/NextGA-Roadmap.pdf[2022-02-20] .

[16] NASA. Laser communications relay demonstration (LCRD)[EB/OL]. https://www.nasa.gov/mission_pages/tdm/lcrd/index.html[2022-11-03].

[17] NSTC. Bringing quantum sensors to fruition, a report by the subcommittee on quantum information science committee on science of the national science and technology council[R/OL]. https://www.quantum.gov/wp-content/uploads/2022/03/BringingQuantumSensorstoFruition.pdf[2022-03-05].

[18] European Commission. 2030 digital compass: the European way for the digital decade [EB/OL]. https://eufordigital.eu/wp-content/uploads/2021/03/2030-Digital-Compass-the-

European-way-for-the-Digital-Decade.pdf[2021-03-09].

[19] European Quantum Flagship. Strategic research agenda[EB/OL]. https://qt.eu//app/uploads/2020/04/Strategic_Research-_Agenda_d_FINAL.pdf[2020-04-19].

[20] Semiconductor Industry Association. 2021 state of the U.S. semiconductor industry[EB/OL]. https://www.semiconductors.org/wp-content/uploads/2021/09/2021-SIA-State-of-the-Industry-Report.pdf[2021-06-18].

[21] 日本内阁府. 科学技术创新综合战略2021[EB/OL]. https://www8.cao.go.jp/cstp/tougosenryaku/togo2021_honbun.pdf[2021-06-18].

[22] Puttnam B J, Luís R S, Rademacher G, et al. 319 Tb/s transmission over 3001km with S, C and L band signals over >120nm bandwidth in 125μm wide 4-core fiber[C]. 2021 Optical Fiber Communications Conference and Exhibition (OFC). San Diego, 2021.

[23] Loveland T R, Dwyer J L. Landsat: building a strong future[J]. Remote Sensing of Environment, 2012, 122: 22-29.

[24] Wei W. Research progress on virtual reality (VR) and augmented reality (AR) in tourism and hospitality: a critical review of publications from 2000 to 2018[J]. Journal of Hospitality and Tourism Technology, 2019, 10(4), 539-570.

[25] Torres R, Snoeij P, Geudtner D, et al. GMES Sentinel-1 mission[J]. Remote Sensing of Environment, 2012, 120: 9-24.

[26] Hirata K, Shinzawa-Itoh K, Ueno G, et al. Determination of damage-free crystal structure of an X-ray sensitive protein using XFEL[J]. Nihon Kessho Gakkaishi, 2015, 57(2): 122-128.

[27] Yoon D, Kim J, Jeon M, et al. Calculating of 3-dimensional temperature distribution for high-temperature exhaust gas using CT-TDLAS[J]. Korean Hydrogen and New Energy Society, 2018, 29(1): 97-104.

[28] Rosenqvist A, Shimada M, Suzuki S, et al. Operational performance of the ALOS global systematic acquisition strategy and observation plans for ALOS-2 PALSAR-2[J]. Remote Sensing of Environment, 2014, 155: 3-12.

[29] Fast Track Action Committee on Strategic Computing, Networking and Information Technology Research. National Strategic Computing Initiative Update: Pioneering the Future of Computing[R]. 2019-11.

[30] Future Advanced Computing Ecosystem, Committee on Technology of the National Science and Technology Council. Pioneering the Future Advanced Computing Ecosystem: A Strategic

Plan[R]. 2020-06.

[31] European Commission. Digit strategic plan 2016-2020[EB/OL]. https://ec.europa.eu/info/sites/default/files/strategic-plan-2016-2020-dg-digit_march2016_en.pdf[2016-03-02].

[32] Carleton A, Klein M H, Robert J E, et al. Architecting the Future of Software Engineering: A National Agenda for Software Engineering Research & Development[M]. Pittsburgh: Software Engineering Institute, Carnegie Mellon University, 2021.

[33] Topcu U, Bliss N, Cooke N, et al. Assured autonomy: path toward living with autonomous systems we can trust[EB/OL]. https://arxiv.org/abs/2010.14443CoRR [2020-12-21].

[34] Elliott C. Geni-global environment for network innovations[C]. 33rd IEEE Conference on Local Computer Networks (LCN). Montreal, 2008.

[35] Muldur U, Corvers F, Delanghe F, et al. A new deal for an effective European research policy: the design and impacts of the 7th framework programme[M]. Berlin: Springer Science & Business Media, 2007.

[36] Cyber Security & Information Assurance Interagency Working Group Subcommittee on Networking & Information Technology Research & Development Committee on Science & Technology Enterprise of the National Science & Technology Council. FY2021 Federal Cybersecurity R&D Strategic Plan Implementation Roadmap[R]. 2020-08.

[37] Networking and Information Technology Research and Development Subcommittee and the Machine Learning & Artificial Intelligence Subcommittee of the National Science and Technology Council. Artificial Intelligence and Cybersecurity: Opportunities and Challenges Technical Workshop Summary Report[R]. 2020-03.

[38] Sun C, Welikala S, Cassandras C G. Optimal composition of heterogeneous multi-agent teams for coverage problems with performance bound guarantees[J]. Automatica, 2020, 117(3): 108961.

[39] 中国指挥与控制学会. 美国防高级研究计划局披露 OFFSET 无人机蜂群项目细节 [EB/OL]. https://www.sohu.com/a/126039729_358040[2017-02-12].

[40] VDI-Nachrichten. Industrie 4.0: mit dem internet der dinge auf dem weg zur 4. industriellen revolution[EB/OL]. https://web.archive.org/web/ 20130304101009/http://www.vdi-nachrichten.com/artikel/Industrie-4-0-Mit-dem-Internet-der-Dinge-auf-dem-Weg-zur-4-industriellen-Revolution/52570/1[2011-04-01].

[41] NASA. Deep space gateway to open opportunities for distant destinations [EB/OL].

https://www.nasa.gov/feature/deep-space-gateway-to-open-opportunities-for-distant-destinations[2017-03-28].

[42] BBC News. SpaceX Falcon 9 rocket enjoys successful maiden flight[EB/OL]. https://www.bbc.com/news/10209704[2010-06-04].

[43] European Space Agency. The ExoMars programme 2016-2020[EB/OL]. https://exploration.esa.int/web/mars/-/46048-programme-overview[2017-06-22].

[44] 蔡自兴，蔡昱峰. 智能制造的若干技术 [J]. 机器人技术与应用，2020(3): 13-16.

[45] 工业4.0研究院. Bundesministerium für Bildung und Forschung. Leitbild 2030 für Industrie 4.0[EB/OL].https://www.fu-berlin.de/forschung/service/foerderung/newsletter/2023-03-24/bmbf/index.html [2019-04-04].

[46] 中国社会科学网. 英国工业2050战略重点 [EB/OL]. http://www.cssn.cn/dzyx/dzyx_llsj/201602/t20160215_2866188.shtml[2021-09-28].

[47] Christensen H W, Amato N, Yanco H, et al. A roadmap for US robotics–from internet to robotics 2020 edition[J]. Foundations and Trends in Robotics, 2021, 8(4): 307-424.

[48] Bellicoso C D, Jenelten F, Gehring C, et al. Dynamic locomotion through online nonlinear motion optimization for quadrupedal robots[J]. IEEE Robotics & Automation Letters, 2018, 3(3): 2261-2268.

[49] Chin Y W, Kok J M, Zhu Y Q, et al. Efficient flapping wing drone arrests high speed flight using post-stall soaring[J]. Science Robotics, 2020, 5(44): eaba2386.

[50] Jafferis N T, Helbling E F, Karpelson M. et al. Untethered flight of an insect-sized flapping-wing microscale aerial vehicle[J]. Nature, 2019, 570(7762): 491-495.

[51] 王耀南. 人工智能赋能无人系统 [J]. 智能系统学报，2021, 16(1): 1.

[52] Silver D, Huang A, Guez A, et al. Mastering the game of go with deep neural networks and tree search[J]. Nature, 2016, (529): 484-489.

[53] Tadjdeh Y. Darpa's 'ai next' program bearing fruit[J]. National Defense, 2019, 104(788): 8.

[54] 中国科学院文献情报中心. 信息科学十年：中国与世界 [R]. 上海：上海科学技术出版社，2021.

[55] 吴一戎. 多维度合成孔径雷达成像概念 [J]. 雷达学报，2013, 2(2): 135-142.

[56] 童旭东. 中国高分辨率对地观测系统重大专项建设进展 [J]. 遥感学报，2016, 20(5): 775-780.

[57] 何友，姚力波，李刚，等. 多源卫星信息在轨融合处理分析与展望 [J]. 宇航学报，

2021, 42(1): 1-10.

[58] 徐文，鄢社锋，季飞，等 . 海洋信息获取、传输、处理及融合前沿研究评述 [J]. 中国科学 : 信息科学，2016, 46(8): 1053-1085.

[59] 孙长银，吴国政，王志衡，等 . 自动化学科面临的挑战 [J]. 自动化学报，2021, 47 (2): 464-474.

[60] Mei H, Guo Y. Toward ubiquitous operating systems: a software-defined perspective. Computer, 2018, 51(1): 50-56.

[61] He M B, Xu M Y, Ren Y X, et al. High-performance hybrid silicon and lithium niobate Mach-Zehnder modulators for 100 Gbits 1 and beyond[J]. Nature Photonics, 2019, 13(5): 359-364.

[62] Tang J, Hao T F, Wei L. Integrated optoelectronic oscillator [J]. Optics Express, 2018, 26(9): 12257-12265.

[63] Li S M, Cui Z Z, Ye X W, et al. Chip-based microwave-photonic radar for high-resolution imaging[J]. Laser & Photonics Reviews, 2020, 14(10): 1900239.

[64] Wang Y, Yu J Y, Mao Y F, et al. Stable, high-performance sodium-based plasmonic devices in the near infrared[J]. Nature,2020, 581(7809): 401-405.

[65] Yang Y H, Gao Z, Xue H R, et al. Realization of a three-dimensional photonic topological insulator[J]. Nature, 2019, 565(7741): 622-626.

[66] Zuo Y G, Yu W T, Liu C, et al. Optical fibres with embedded two-dimensional materials for ultrahigh nonlinearity[J]. Nature Nanotechnology, 2020, 15(12): 987-991.

[67] Jiang Q, Zhao Y, Zhang X W, et al. Surface passivation of perovskite film for efficient solar cells[J]. Nature Photonics, 2019, 13(7): 460-466.

[68] Yan T, Wu J M, Zhou T K, et al. Solving computer vision tasks with diffractive neural networks[J]. Optoelectronic Imaging and Multimedia Technology Ⅵ, 2020,580(7803): 11187.

[69] Zhou N, Zheng S, Cao X P, et al. Ultra-compact broadband polarization diversity orbital angular momentum generator with $3.6 \times 3.6 \mu m^2$ footprint[J]. Science Advances, 2019, 5(5): eaau9593.

[70] Zhao D G, Yang J, Liu Z S, et al. Fabrication of room temperature continuous-wave operation GaN-based ultraviolet laser diodes[J]. Journal of Semiconductors,2017, 38(5): 1-3.

[71] Zhang J C, Liu F Q, Tan S, et al. High-performance uncooled distributed-feedback quantum cascade laser without lateral regrowth[J]. Applied Physics Letters, 2012, 100(11): 112105-

112109.

[72] Lai M J, Jeng M J, Chang L B. High-efficiency InGaN-based yellow-green light-emitting diodes[J]. Japanese Journal of Applied Physics, 2010, 49(2R): 021004.

[73] Tang H, Lin X F, Feng Z, et al. Experimental two-dimensional quantum walk on a photonic chip[J]. Science Advances, 2018, 4(5): eaat3174.

[74] Vigliar C, Stefano P, Ding Y H, et al. Error-protected qubits in a silicon photonic chip [J]. Nature Physics, 2021, 17(10): 1137-1144.

[75] Gu L L, Poddar S, Lin Y J, et al. A biomimetic eye with a hemispherical perovskite nanowire array retina[J]. Nature, 2020, 581(7808): 278-282.

第四章

信息科学的发展思路与发展方向

信息技术和产业突飞猛进的发展给人类社会带来了深刻而长远的影响，不断涌现的新兴信息技术促进了产业结构的调整、转换和升级，成为推动经济增长的重要手段。信息科学与技术变革蓄势待发，宽带网络、5G 移动通信、大数据、云计算、人工智能、物联网等新一代信息技术孕育着革命性突破[1-6]，我国信息领域科技创新进入了挑战与机遇并存的新阶段。能否抓住这次信息技术革命和产业变革的历史机遇，培育起支撑未来可持续发展的新一代信息技术产业，不仅关系到经济发展和社会稳定，而且直接决定着各国在全球经济发展中的角色分工。

围绕信息科学的国际发展趋势、国家科技发展需求和人才队伍建设需求，未来 5—15 年信息学科发展的关键科学问题、发展思路、发展目标和重要研究方向分析如下。

第一节　信息学科发展的关键科学问题

以信息技术为代表的新兴学科交叉融合并不断快速发展，科学技术和经济社会发展加速渗透融合，大大拓展了时间、空间和人们认知的范围，人类正在进入一个人-机-物三元融合的万物智能互联时代[7]。信息学科本身的快速发展和应用场景的不断拓展对信息的获取、传输和处理等整个技术链条都带来巨大的挑战。

一、信息获取

随着智能传感器、自动车辆驾驶、智能家居、可穿戴设备等终端的普及，感知与探测技术在工业检测、人脸识别与检测、自然语言处理、资源探测、环境监测、医疗与健康等领域广泛应用，光交互技术正向着多通道、多媒介的交互方式发展，全球每年数量达到 YB（10^{24}，尧字节，$1YB=2^{80}B$）。由于现实环境比较复杂，感知与交互技术普遍存在功耗大、感知精度不高等关键问题。为了更好地获得相关信息和高价值的数据，需要从目标和环境信息的感知、控制和利用角度，研究相应的理论、方法、技术、系统、集成和应用，涉及雷达、声呐、导航、侦察、对抗等领域，破解信息承载的理论、信息获取的方式、接收信号的规律、信息提取的方法、信息控制的技术、系统实现的架构、体系的集成和应用等难题，在雷达探测与成像、声呐探测与成像、电磁环境感知与管控、智能博弈与进化、电磁空间一体化、地理环境感知、目标分类与识别、电子装备智能测控等技术方面实现突破。

二、信息传输

人-机-物三元万物互联，大融合、大连接、大数据、新智能，逐步渗透至整个自然世界和人类社会，如何将物理空间、虚拟空间与心理空间紧密联结并互相渗透，成为急需迫切攻克的难题。此外，空天地海一体的信息网络将信息通信延伸至太空、天空、陆地、海洋等自然空间，实现巨流量、巨连接、超可靠、近零时延、无缝覆盖等性能目标，如何进行空天地海一体化信息通信，将是亟待破解的难题。另外，万物智能互联，连接的数量从目前的百亿级向千亿级和万亿级演进，体现了巨连接和泛在连接的特性，连接速率可达每秒 TB（10^{12}，太字节），急需解决万物互联网络面临的大带宽、大连接、广覆盖、高通量、绿色节能等关键问题。

三、信息处理

传统的信息处理仅针对单一维度的性能目标，如频谱效率、感知精度、感知距离等，而未来需要破解复杂电磁/光谱/声场环境下的信息感知处理，攻克通信感知计算一体处理难题。此外，高性能计算机系统目前已跨越500 PFlops（每秒千万亿次浮点运算）门槛，但发展遇到瓶颈，主要挑战是功耗、性能、可编程性和可靠性。能效指标约束意味着不能单纯依靠扩大系统规模来提高性能。数据大爆炸使得存储技术面临着容量、时延、功耗等多方面的挑战，大数据、人工智能等应用的兴起对存储技术的发展提出新的挑战，"存储墙"问题更趋严重。

以人工智能和集成电路的发展为例，目前人工智能发展所处的信息环境和数据基础发生了深刻变化，指数级增长的数据、持续提升的运算力、不断优化的算法模型及多样化的应用场景，已构成相对完备的生态环境，推动了新一代人工智能的发展。人工智能技术还存在功耗大、大数据依赖、泛化性能差、不可解释等缺陷，距离通用智能还有很大的差距。类脑智能、博弈智能和自主进化智能等颠覆性的智能技术已初露端倪，诸多科学问题亟待探索。

摩尔定律、登纳德缩放定律、冯·诺依曼架构引领了过去集成电路的发展，而当今却面临这些传统定律减缓或失效、传统架构无法适应新应用等诸多问题。摩尔定律将继续演进，但其内涵由等比例微缩演变为新材料、新器件和新集成方法等，集成电路正处于关键技术变革期，亟待打破材料、器件、工艺和架构等核心技术壁垒。

第二节 信息学科发展的总体思路与目标

信息学科沿着如冯·诺依曼架构（1945年）、摩尔定律（1965年）、互联

第四章　信息科学的发展思路与发展方向

网（1969年）等几条主要技术路线高速发展了半个多世纪[8]，未来15年必将会孕育出若干新的技术路线。

信息科学发展的总体思路与目标是依托完备的技术产业体系和旺盛的内需市场进一步强化优势领域，发挥举国体制优势，实现信息学科在基础理论、新方法、新工艺及新材料等关键科学问题上的整体突破，重点解决"缺芯少魂"现实问题，实现信息学科的引领发展，为自主完整的国家安全体系、工业体系和经济体系提供稳固的基础与支撑，构筑起全球信息技术和产业新高地与新高峰。

随着未来网络规模的显著扩大、业务特征的高度复杂化，信息的获取、传输与处理等过程也日趋深度耦合，迫切需要拓展和建立适应未来通信与信息系统的新的信息理论体系。着重在适应未来网络特征、需求的信息有效度量、通信与信息系统的综合指标体系、信息在通信与信息系统中的演变规律和极限约束等方面展开深入探索。

在信息获取方面，发展天地一体的致密无线网络组网理论与技术，实现高分辨率多源多模态信息自主探测；发展密集异构网络智能管控机制与方法；研制天地一体致密无线网络地面仿真测试系统。在未来探索密集高动态网络服务快速无缝切换理论与技术，以及跨时空尺度异构融合网络服务质量保障体系。融合网络结构能够突破传统地面无线电网络的平面结构，实现从网络结构、传输能力、时延性能不同的异构网络形成统一的网络服务能力，解决了跨时空尺度服务质量难保障的问题。

在信息传输方面，发展新一代宽带无线通信传输理论与技术；研究基于毫米波、太赫兹以及全频谱的无线通信技术；研究基于超大规模的多天线、多用户一体化通信网络；突破基于大数据和人工智能的无线与移动通信理论，建立面向"巨流量、巨连接"需求的"全频谱、全覆盖"新一代宽带移动通信理论与技术。

在信息处理方面，探索规模化协同融合网络的信息论基础；探索规模化网络及协同融合网络中的新型信息论模型与分析方法，并揭示其中的信息演变规律和渐近极限性能；发展规模化网络的信息论基础和感知-通信-处理协同融合网络的信息论基础；发展大数据网络的信息论基础和网络智能的信息论基础。

第三节 信息学科发展的重要方向

一、空天地海信息网络基础理论与技术

（一）科学意义与国家战略需求

随着信息网络覆盖范围延伸至多维度自然空间，空天地海信息网络为天基、空基、陆基和海基等各类用户活动提供满足巨流量、巨连接、超可靠、近零时延等需求的无缝覆盖和一致性服务，是未来信息网络的发展趋势，是国家战略性的基础设施[9]。

当前，信息网络技术持续进步，已经成为创新驱动发展的先导力量，对政治、军事、经济、文化等领域产生深远的影响，推动着社会体系的变革和重塑。然而，传统的陆基信息网络和天基信息网络长久以来是独立发展的，局限性日益凸显，难以满足全球网络全域覆盖、安全自主可控、各类用户灵活接入的需求[10]。近年来，信息网络融合发展需求迫切，天地一体化信息网络和基于6G移动通信技术的空天地海一体化无线通信网络的发展愿景[11]相继被提出。随着产学研界的深入研究，空天地海一体化信息网络的技术发展思路已逐渐清晰。

空天地海一体化信息网络是以地面网络为基础，以天基信息网络为延伸，覆盖太空、天空、陆地、海洋等自然空间，为天基、空基、陆基、海基等各类用户的各类活动提供信息保障的信息基础设施[12]；相关研制建设不仅反映了一个国家的科技和经济综合实力，更是推动我国重大领域自主创新发展、满足国家战略需求、提升国家网络空间竞争力的重要支撑。

我国信息产业及其基础研究发展迅速，但"地强天弱""内强外弱"等问题仍然存在。当前，天基信息网络主要服务于我国境内地域，境外地面蜂窝网络因缺少安全可控条件而无法满足外交、应急等方面的应用需求，因此建设空天地海一体化信息网络，是应对国内国际复杂形势的重要信息基础保障[13]。在民用领域，空天地海一体化信息网络需要满足电子政务、能源水利、生产制造、海洋经济、交通运输、证券金融、教育科研、文化旅游、远程医

疗等行业应用与公众应用的需求。

空天地海一体化信息网络可以满足关键用户在全球任何位置、任何时刻的通信需求，具备空间组网能力以实现全球随遇接入与境外信息有效回传；具备用户终端的多网接入能力，支持网络用户接入地面互联网和移动互联网服务，支持移动和宽带服务互通。

地面骨干网络对境外、偏远地区、海域、空域的延展性有限，需要具备空间骨干传输能力。目前，我国民用领域的空间网络用户主要来自交通运输、水利、农业、地方政府、驻外企业/媒体、大众商业等；预计到2025年，公众用户约为1×10^7个，行业用户约为3×10^6个，空间骨干网络传输需求约为300Gbit/s；预计到2030年，公众用户约为3×10^7个，行业用户约为4×10^6个，空间骨干网络传输需求约为1Tbit/s。因此，空间骨干网络传输能力与地面骨干网络同步演进并协同发展，才能满足快速增长的民用需求[14]。

我国幅员辽阔，领土东西跨经度有60多度，南北跨纬度近50度。许多偏远地区的地面蜂窝网络覆盖有限或者存在空白；山区及边疆地区由于地理条件复杂，建设地面信息网络非常困难、成本高昂；地质勘探、野外考察、远洋运输、航空航天、国防军事等领域以及紧急搜救、野外探险等人员都需要一种不受地域、天气条件限制的移动通信方式[15]；此外，深空科学探索和资源开发面临的测控通信导航服务瓶颈问题也日益突出。因此，空天地海一体的信息网络是我国经济建设、社会发展和网络强国战略的重要支撑。

实现互联互通是"一带一路"建设的必然要求。2013年9月和10月，习近平主席在出访中亚和东南亚国家期间，先后提出共建"丝绸之路经济带"和"21世纪海上丝绸之路"（简称"一带一路"）的重大倡议，得到国际社会的高度关注与认同。"一带一路"倡议致力于亚欧非大陆及附近海洋的互联互通，建立和加强沿线各国互联互通的伙伴关系，构建全方位、多层次、复合型的互联互通网络，实现沿线各国的多元、自主、平衡、可持续发展。"一带一路"是以经济为基础，以交通、网络为纽带，提倡文化先行，科技是支撑、助推力量。推动实施"一带一路"构想，必将为实现中国梦开拓新局面、创造新机遇，必将给世界梦注入更多的新动能、新活力。加快"一带一路"建设，在促进沿线各国经济繁荣与合作，加强不同文明交流互鉴的同时，必然要求互联互通，需要信息技术的支持。因此，在推广物理高速公路、高速铁路的同时，也应该加强信息高速公路的建设，实现相关国家在数据信息服务、互联网业务和国际通信业务领域的互联互通，这是"一带一路"建设的必然要求。

"一带一路"倡议下构建空天地海一体化信息网络系统是国家战略需求。我国濒临的自然海域面积约 473 万平方千米，大陆海岸线长达 1.8 万千米，是当之无愧的海洋大国。随着我国参与经济全球化和区域经济一体化的程度不断加深，领海争端不断出现，海洋越来越多地涉及我国的战略和核心利益，牵动着我国的经济命脉，影响着我国的安全和社会稳定。近年来，世界各国对海洋资源的争夺日益激烈，已经从 20 世纪 90 年代的在空天战场对信息优势的先机抢占逐步延伸到在海洋领域的信息优势先机抢占，尤其是在美国重返亚太战略和亚太再平衡战略的实施、南海争端日趋显著以及钓鱼岛问题亟待解决等各种海洋问题凸显的大背景下，海洋安全越来越引起国家的重视。

在 21 世纪新阶段，必须在全社会积极倡导树立符合我国国情的与时俱进的海洋强国意识、海洋可持续利用意识、海洋权益和安全意识，加强海洋信息科技建设，推动海洋网络部署，才能为保证我国的国土安全、能源安全、经济安全及航道安全提供有效的技术支撑。另外，从民生的角度来说，海洋网络的构建也将会切实影响到人们的日常生活。技术上，它可以实现下一代移动通信网"用户能在任何时间、任何地方与任何人进行通信"构想的进一步拓展，还可以监测和预警地震、海啸、台风等突发性事件，有效降低自然灾害造成的生命财产损失。科学上，通过深海的立体探测，它可以深入认知海洋动态过程，提高对海洋环境变化的预测能力，有效做好预防准备工作。同时，信息网络对于海洋环境的保护也能起到积极的作用。

随着我国海洋、太空等国家利益的不断拓展，国内安全应急事件处置以及空间科学探索任务等的不断深入，对跨地-空-海域网络建设提出了更高的要求。海洋网络空间基础设施的研究和发展将会很好地为"一带一路"的倡议构想服务，加强信息交互，将世界格局以网络的形式连接起来，并确立我国信息领域的全球战略优势。这是一项有利于世界和平、造福世界各国人民的伟大事业。海洋网络空间基础设施是海洋信息网络的重要支撑部分，其显著特征就是强调对海洋的立体化监测和实现海洋环境中数据的有效传输，这对我国的海洋战略部署以及海洋权益的维护有着非常重要的意义。认知海洋是走向深海的必要条件[16]，然而我国海洋监测技术与海洋强国相比尚有较大的差距。例如，海洋监测站自动化水平较低，国内自主研发的一些监测设备也由于缺乏成果的标准化鉴定，一直未进入市场，国内高档海洋仪器市场大部分被国外产品所占据，所以没有真正意义上的海洋观测网。因此，急需瞄准海洋环境监测的科技前沿基础和具有巨大应用需求潜力的关键工程技术，通过对海洋多参量传感网络、海面水下无线通信以及大数据智能处理等内容的研究，建设一个拥有自主知识产权的，技术先进的，在多个领域具有推广价值的，能够全方位、多参量交叉融合地覆盖大洋海底、海平面及海洋空中的立体式实时海洋监测物联网[17]。

综上所述，空天地海一体化信息网络作为国家信息化重要基础设施，是我国信息网络实现信息全球覆盖、宽带传输、军民融合、自由互联的必由之路。空天地海信息产业是重要的战略性新兴产业，是支撑产业和社会数字化转型的重要基础。

（二）国内外发展态势和我国优势

空天地海一体化信息网络作为新一代信息核心基础设施，是继地面因特网、蜂窝网之外的又一通信网络领域的全球竞争制高点，空天地海多平台协同将是未来全球通信、监测网络的必然发展趋势。国内外关于空天地海一体化信息网络的研究多以地基网络为基础，以天基网络和空基网络为补充和延伸，为广域空间范围内的各种网络应用提供泛在、智能、协同、高效的信息保障的基础设施[18]。近年来，各国都投入大量人力物力进行空天地海一体化研究，在星座设计、星地融合通信协议的标准化、空天地海一体化信息网络的网络体系结构、一体化网络可靠信息传输技术研究等方面均有重大突破[19]。我国近年来在空天地海一体化方面所获得的理论及实践成果，对我国的发展也有重大战略意义。

1. 国内外发展现状分析

从20世纪90年代开始，关于卫星与地面移动通信相互融合的讨论和尝试就从未停止，其成果主要集中在采用L、S等较低频段卫星移动业务（Mobile Satellite Service，MSS）领域，而较少涉及采用C、Ku和Ka频段的固定卫星业务（Fixed Satellite Service，FSS）领域。从总体上来讲，目前已经形成的若干卫星移动通信的技术方案主要是，在保持地面同期移动通信标准框架、网元功能划分以及上层协议尽量不变的情况下，针对卫星移动通信的特点对物理层、媒体接入控制（Media Access Control, MAC）层、链路层以及无线资源管理机制及算法进行优化设计。

（1）LEO 轨道卫星星座

我国正处于推进天基信息网络、未来互联网、移动通信网全面融合发展的初级阶段。2016 年，天地一体化信息网络重大工程项目被列入《中华人民共和国国民经济和社会发展第十三个五年规划纲要》和《"十三五"国家科技创新规划》。2020 年，卫星互联网被确定为新基建的信息基础设施之一。科研院所和相关企业大力发展低轨小卫星星座，如"鸿雁"全球卫星星座、虹云星座等，相关实验卫星已完成在轨关键技术验证。在积极发展天基信息网络的同时，我国继续发展新一代高通量通信卫星，先后发射了"实践十三号"和"亚太 6D"以及新技术体制实验卫星"实践二十号"；高通量通信卫星对地覆盖范围越来越广，通信容量越来越大，逐步成为我国地面网络基础设施的重要拓展形式。

星链（Starlink）[20] 是 SpaceX 公司正在进行的卫星星座开发项目，旨在开发低成本、高性能的基于空间的互联网通信系统。Starlink 将在超低地球轨道部署大量卫星实现全球网络覆盖。Starlink 项目将发射约 12 000 颗卫星，首先在 550 千米高的轨道部署约 1600 颗卫星，然后在 1150 千米轨道部署约 2800 颗 Ku、Ka 波段卫星，最后在 340 千米轨道部署约 7500 颗 V 波段卫星。SpaceX 公司表示，Starlink 将为地球上的用户提供数据速率至少为 1 吉比特 / 秒的宽带服务和最高可达 23 吉比特 / 秒的超高速宽带服务，端到端时延范围为 25—35 毫秒，可与电缆和光纤的时延媲美。

英国一网（OneWeb）通信公司的"一网"星座 [20] 是一个由是 882 个（648 个在轨，234 个备份）卫星节点组成的网络，为全球个人消费者提供互联网宽带服务的低轨卫星星座。一网公司计划于 2027 年建立健全的、覆盖全球的低轨卫星通信系统。648 个通信卫星节点的工作频谱为 Ku 波段，在距地面大约 1200km 的高度环形 LEO 上运行。

"鸿雁"全球卫星星座通信系统 [20] 由中国航天科技集团有限公司提出，计划到 2025 年部署 300 余颗卫星，首批 60 颗卫星将在 2023 年左右部署完成。

"鸿雁"全球卫星星座通信系统首颗实验卫星于2018年12月被送入1100千米高度的预定轨道。该卫星具有L/Ka波段的通信载荷、导航增强载荷以及航空监视载荷等。未来全面部署后，该系统将能通过低轨道卫星和全球数据业务处理中心实现全天候、全时段及在复杂地形条件下的实时双向通信，可以为用户提供全球实时数据通信和综合信息服务。

"虹云"星座[20]是由中国航天科工集团公司第二研究院规划发布的LEO星座，设计由156个卫星节点组成，在距离地面1000千米的轨道上组网运行，构建一个卫星宽带全球移动互联网实现全球互联网接入服务。2018年12月22日，"虹云"星座技术验证星在酒泉卫星发射中心成功发射入轨后，先后完成了不同天气条件、不同业务场景等多种工况下的全部功能与性能测试。

（2）星地融合协议的标准化进程

随着5G网络技术的日益成熟，卫星与5G网络的融合也引起了许多人的关注[21]，包括第三代合作伙伴计划（Third Generation Partnership Project, 3GPP）、欧洲电信标准化协会（European Telecommunications Standards Institute, ETSI）在内的标准化组织成立了专门工作组着手研究天地融合的标准化问题。

3GPP技术报告（Technical Report, TR）38.913旨在开发下一代接入技术的部署场景和需求，并提出了将卫星网络作为地基网络扩展的场景。3GPP技术规范（Technical Specification, TS）22.261研究了5G网络系统的新功能、市场需求以及满足上述需求所必需的性能指标和基本功能要求，研究中把卫星接入技术纳为5G网络的基本接入技术之一。3GPP TR 22.891提出了使用卫星进行5G网络连接的场景，并指出当前地基网络技术需要进一步提升以实现全球无缝覆盖、时延不超过275毫秒的空中接口以及地面与卫星网络之间的无缝切换。为了实现卫星与下一代通信网络的集成，3GPP TR 23.799将如何通过卫星进行5G网络连接列为下一代移动网络系统架构中的关键问题。卫星网络可实现高效的路径重选，并以最小的服务中断支持服务的连续性。3GPP TR 38.811是支持非地面网络（Non-Terrestrial Networks，NTN）的新无线研究项目，研究考虑并比较了卫星网络、空中接入网以及地面蜂窝网的架构原理和信道模型差异。该项目的研究内容包括5G网络中卫星网络的作用、业务特性、网络结构、部署场景、非地基网络信道模型，并在引入新空口技术后对卫星网络的潜在应用进行了分析。3GPP TR 22.822在将卫星接入网集成到

5G 网络系统时,将服务应用案例分为 3 类,即服务的连续性、普遍性和可扩展性。该项目提出了基于 5G 卫星网络的架构,并确定了未来以及现有的服务在设置、配置和维护方面的需求。

也提出了一些有关卫星和地基网络融合的标准。ETSI TR103 124 确定了结合卫星网络和地基网络场景的定义与分类。ETSI TR 102 641 提出了卫星网络在灾害管理中的作用,并列出了地球观测、卫星导航和卫星通信等应用的资源需求。ETSI TR 103 263 确定了在卫星通信中引入认知无线电(Cognitive Radio, CR)技术时需遵守的法规,并强调了在 Ka 波段使用 CR 技术的不同场景。ETSI TR 103 351 则解决了无线接入网中的流量分配问题,并考虑了卫星和地基网络融合的典型场景,即乡郊地区的回程问题。ETSI TR 103 293 细化了卫星网络与 3G 毫微微基站的合作信息,并提供了大量使用卫星地基网络的回程解决方案。

(3)天地融合网络

卫星通信业界对天地一体融合的探索已接近 20 年。早在 21 世纪初,为了满足"网络中心战"的要求,美军提出了转型通信体系结构(Transformational Communications Architecture,TCA),拟提供一套受保护的、类似互联网的安全通信系统,将天、空、地、海网络整合在一起。TCA 的空间段称为转型通信卫星系统(Transformational Satellite Communication System, TSAT),由 5 颗静止轨道卫星构成。TSAT 计划用激光通信、IP、星载路由、大口径星载天线等一系列先进技术,形成空间高速数据骨干网,从空基和天基情报、侦察与监视信息源头获取数据,实现高容量的信息共享,从而将美军全球信息栅格(Global Information Grid,GIG)延伸到缺乏地面基础设施的区域。出于技术、经费等一系列因素的考虑,TSAT 计划于 2009 年被搁置。2005 年,欧洲成立了综合卫星通信倡议(Integral Satcom Initiative, ISI)的技术联盟组,提出了面向全球通信的综合空间基础设施(Integrated Space Infrastructure for Global Communication, ISICOM)构想。ISICOM 在设计方面不仅瞄准与未来全球通信网络尤其是未来互联网的融合,而且也将通过为伽利略(Galileo)导航系统和全球环境安全监测(Global Monitoring for Environment and Security,GMES)系统提供补充来实现增值服务。ISICOM 的空间段部分以 3 颗地球静止轨道卫星或地球同步轨道卫星(Geosynchronous Orbit, GSO)为核心,结合中地球轨道（Medium Earth Orbit, MEO）/LEO、高空平台（High Altitude Platform, HAP）、无人机（Unmanned Aerial Vehicle, UAV）等多种节点构成。通过采用多重及可重配置轨道系统设计、空间激光通信技术、多频段射频接入、对地虚拟波束成形等一系列关键技术，促进天地一体网络的构建。与此同时，美国天地（SkyTerra）卫星引入地面辅助基站（Ancillary Terrestrial Component，ATC）的概念来解决卫星在城市及室内覆盖不佳的问题，通过共用频率资源和相似的空中接口波形设计，实现天地对用户的协同服务。

从 5G 开始，地面移动通信网开始探索地面和卫星融合的技术。2017 年 6 月，16 家欧洲企业及研究机构联合成立了面向 5G 的卫星和地面网络（Satellite and Terrestrial Network for 5G, SaT5G）组织，研究卫星与地面 5G 融合技术，并推进相关内容的国际标准化工作。SaT5G 组织的研究包括在卫星 5G 网络中实施网络功能虚拟化（Network Functions Virtualization, NFV）和软件定义网络（Software Defined Network, SDN）技术、卫星/5G 多链路和异构传输技术、融合卫星/5G 网络的控制面与数据面、卫星/5G 网络一体化的管理和运维以及 5G 安全技术在卫星通信中的扩展。在 2019 年欧洲网络与通信会议（European Conference on Networks and Communications, EuCNC）大会上，SaT5G 组织演示了标准 5G 用户设备如何通过卫星链路单独或与地面链路并行提供到核心网络的回程连接。3GPP 组织从 R14 阶段开始研究卫星与 5G 融合的问题，并在后继 R15、R16 研究中进一步深化[22,23]。3GPP TS 22.261 规范给出了卫星 5G 基础功能和性能需求，3GPP TR 38.811 研究了 NTN 信道模型以及 NTN 对 5G 设计的影响，提出了 NTN 部署场景及相关的系统参数，研究了多个 NTN 信道模型以及移动性管理问题。3GPP TR 38.821 重点分析了 NTN 对 5G 物理层设计的影响，提出了媒体接入控制协议（Media Access Control，MAC）无线链路控制（Radio Link Control, RLC）、无线资源控制（Radio Resource Control，RRC）层的可选改进方案。

虽然 TSAT、ISICOM、Sat5G、3GPP 等对天地融合进行了一些早期探索，但是天地一体化信息网络整体上仍然处于起步阶段。为了促进该领域的发展，科技部于 2016 年启动了天地一体化信息网络重大项目研制，并将其列入《中华人民共和国国民经济和社会发展第十三个五年规划纲要》和《"十三五"国家科技创新规划》。天地一体化信息网络重大项目拟建设高、低轨协同组网的天地融合网络。其中，高轨节点主要提供宽带接入服务，并与低轨节点互联，优化提升网络能力；低轨节点提供全球覆盖的移动通信、宽带通信、物联网、导航增强、航海/航空自动识别系统（Automatic Identification System, AIS）和广播式自动监视（Automatic Dependent Surveillance-Broadcast, ADS-B）等综合服务。重大项目完成网络"编织"后，将形成"全球覆盖、随遇接入、按需服务、安全可信"的新一代国家公共信息基础设施。

2. 我国现有基础和优势

对于我国而言，空天地海一体化信息网络的建设具有重大意义。"一带一路"和"走出去"等一系列决策对全球全域全时信息服务提出了新的要求，而现有网络覆盖范围不足，网络结构僵化、服务响应慢等是亟待解决的关键问题。空天地海一体化信息网络可以提供全时空信息连续支撑能力，实现"一带一路"周边区域覆盖以及"四海两边两洋"覆盖，满足陆上重要经济带、海外热点区域等信息服务的需求。卫星系统尤其是低轨卫星星座系统具有通信覆盖、宽带接入等重要的潜在功能。此外，卫星轨位、空间通信频谱等资源的稀缺性使得国际上对这些资源的争夺异常激烈。因此，快速发展空天地海一体化信息网络技术、形成完善的网络体系，有利于占领空天技术制高点，抢占资源与技术的先机。我国已在《"十三五"国家科技创新规划》中将"天地一体化信息网络"纳入"科技创新2030—重大项目"。同时，卫星互联网首次被明确列入新基建信息基础设施范围，与5G网络、物联网并列，体现了国家对空天地一体化网络建设的高度重视。

我国自20世纪50年代起便自主发展卫星技术，已取得非常显著的成果，北斗系统的组网成功，更是标志着我国卫星研制技术及空间发射技术的飞跃进步。在这个大前提下，我国有充分的人才及技术可用于空天地海一体化的研究工作。此外，我国幅员辽阔，海域面积广大，使用卫星可进一步覆盖通信资源缺乏的区域，并具有相当大的战略意义。

我国当前的地面移动通信系统已经跻身世界前列，对天基、空基和海基也进行了大量的研究工作，并取得了一定的成就。建立空天地一体化信息网络也早已提上日程，并取得重大进展，这为进一步构建海洋网络空间基础设施提供了充分的技术和理论研究基础。为满足我国海洋事业发展的需要，实现我国"海洋强国"之梦，在大数据、云计算、物联网等技术背景下，构建基于空天地海一体的海洋信息网络具有重要战略意义。应面向空天地海一体化的海洋信息网络，建设硬件基础设施平台，建立海洋数据收集体系、海洋数据处理体系、海洋数据传输体系、海洋数据分析与挖掘体系和海洋数据可视化体系等，打造基于新型传感器的海洋立体数据监测与实时传输网络平台、基于云计算的多源异构海洋数据共享平台、基于大数据的复杂海洋数据分析与挖掘平台、海洋数据可视化输出平台和基于空天地海一体化信息网络的应用服务平台，从而实现并应用空天地海一体化的海洋信息网络。

北斗系统助力空天地海一体化信息网络建设。北斗系统是我国自主建设、独立运行、与世界其他卫星兼容共用的全球卫星导航系统，可在全球范围内全天候、全天时为各类用户提供高精度、高可靠的定位、测速、授时服务，并兼具短报文通信能力。北斗系统于2018年为"一带一路"沿线国家提供基本服务，2020年形成全球服务能力。利用北斗系统，可以实现交通运输、海洋渔业、气象监测、森林防火、救灾减灾等领域的物联网系统解决方案。例如，2016年1月，上海已初步建成重点车辆监控、大众位置服务、社区矫正监管、智能公交应用、高精度位置服务、无线保真（Wireless Fidelity, Wi-Fi）室内定位六大应用系统，以及重点实验室、产业技术创新基地、产品质量监督检验中心三大公共平台，部署完成78 275台套北斗终端，引领全国北斗导航产业的发展。

海洋是潜力巨大的资源宝库，也是支撑我国未来发展的战略空间。卫星、网络和海洋是密不可分的，要高度重视海洋，把海洋作为信息科学和航天应用的主要方向之一。要从国家安全与发展战略全局出发，以北斗系统所提供的时间和空间信息为基础，整合多种信息技术资源、网络资源和数据资源，构建空天地海一体化的自主时空信息服务体系，在推动万物互联的进程中，加速我国信息服务业的规模化发展，提高我国对全球信息资源的掌控能力。

（三）发展目标

空天地海一体化信息网络的发展目标为：突破大规模一体化信息网络基础理论及关键技术，揭示满足巨流量、巨连接、超可靠、近零时延、强安全等需求，适应毫米波、太赫兹、无线光等全频谱特性以及全场景、高移动、广覆盖通信要求的未来通信系统架构及其信息演变规律与渐近极限性能；研究和探索能有效衡量网络性能的本质信息度量和综合指标体系，建立感知、通信与计算协同融合网络的新型信息论模型与高效分析方法；突破未来网络在感知、通信、处理深度耦合，网络资源受限、状态空间巨大且动态变化复杂条件下的信息演变规律和渐近极限性能，揭示网络信息瓶颈与网络智能的形成和演进规律，建立后香农时代信息理论体系；突破超大规模、超高密度网络的跨域态势感知和智能网络协同传输、组网及管控理论，实现多时空尺度下空天地海一体化信息网络的实验验证和组网性能测试，从而形成创新的研究范式，实现自主可控的空陆地海通信网络协同发展。

未来 5 年，突破空天地海多时空尺度、多过程 / 多模态协同融合的通信组网理论及关键技术，探索衡量网络性能的本质信息度量和综合指标体系，攻克满足巨流量、巨连接、超可靠、近零时延等全业务需求，毫米波、太赫兹、可见光等全频谱，以及高速移动复杂场景全覆盖通信的基础理论和关键技术，积极参与并主导 B5G/6G（Beyond 5G/6G）无线通信的标准化进程。

未来 15 年，重点突破超大规模网络的跨域态势感知和多模态智能协同理论，探索网络资源受限等复杂条件下的信息演变规律和渐近极限性能，建立后香农时代信息理论体系，实现多时空尺度和多模态协同下的空天地海一体化信息网络实验验证和组网性能测试，从而形成创新的网络体系结构和技术体系，实现自主可控的空间通信网络发展。

（四）主要研究内容与核心科学问题

空天地海一体化信息网络是未来信息通信学科发展的一个重要领域，可牵引空间信息科学、通信工程、海洋信息工程、下一代网络等领域的创新突破，产出具有世界影响力和国际领先水平的原创成果，扭转网络空间受制于人的被动局面，并培养网络通信理论与技术领域领军人才及优秀科研群体。

该领域的研究预期将产生天网星座架构与卫星系统、空地协同通信与互联协议、智能终端与信息服务、网络空间与信息安全等一系列重大创新成果，有效推动航天 / 卫星、芯片、软件服务和智能终端等核心产业的创新发展，并有效促进解决我国国防与全球利益保障、海洋权益与领空安全、网络自主与信息监管等核心瓶颈问题。

1. 感知 – 通信 – 处理协同融合的信息论基础

主要研究内容：针对未来网络的大规模化、动态性、不均衡性，以及感知、

第四章　信息科学的发展思路与发展方向

通信与处理等多过程/多模态高度协同融合的复杂场景，建立有效衡量大规模、多模态网络性能的本质信息度量与指标体系，揭示网络协同感知、传输、处理的性能极限和演变规律，为未来网络协同融合机制的设计提供理论支撑。

核心科学问题：如何建立多模态协同融合网络的信息演化规律与性能界限。具体包括：如何建立适应泛在感知、跨域传输、分布计算和协同控制需求的未来大规模、多模态网络协同融合架构，并有效刻画感知、通信与计算协同融合过程中网络信息的演化规律，揭示影响协同融合网络高效实时可靠信息服务的瓶颈及其随环境、资源动态变化的性能极限。

2. 多时空尺度全频谱全覆盖通信

主要研究内容：面向空天地海一体化信息网络骨干通信链路，研究毫米波、太赫兹等多频段，无线光、水声等媒介融合的全频谱通信理论与技术；针对信息演化和通信业务的分布性、随机性、动态性和时效性，研究多时空尺度全覆盖通信理论与技术，实现以用户为中心的通信系统设计，保障端到端信息传输性能。

核心科学问题：多时空尺度信息网络资源表征及资源管控机理；构建多尺度异构资源统一表征模型，探索多尺度异构资源统一表征模型的准确性与复杂度之间的量化关系，以及网络资源智能管控机理，研究在线网络资源的调度机制与方法，提高全频谱全覆盖无线网络资源的利用率；研究异构系统跨域的协同传输模型和协同传输性能刻画机制，探索态势感知与网络智能融合的协同传输理论，突破传统无线通信传输固有的范式，实现效率与能耗、灵活性与可扩展性的高效折中。

3. 多时空尺度高速率信息实时可靠传输

主要研究内容：探索空天地海等复杂物理和传播环境对通信性能的影响机理，突破高速移动状态超可靠、近零时延传输以及水下高速率通信与长距离通信的理论和关键技术；穿越或者通过界面中继实现空地、空海、地海、水上和水下跨介/界信息交换，建立异构信息融合和态势感知理论方法，获取目标感知的协同处理增益。

核心科学问题：多时空尺度复杂场景高速率信息高可靠传输机理。针对陆地高速移动、空天超长距离、海域跨介/界等复杂通信和传播环境，非平稳时-空-频多径时延，以及多时空尺度节点与链路动态稀疏特性，研究高移动性及复杂场景对全频谱无线传输性能的影响，突破多时空尺度态势感知与无线网络的深度融合，以及水声、无线光与无线通信的融合理论，实现复杂场景智能化高速率信息高可靠传输。

4. 多时空尺度组网理论与智能管控机理

主要研究内容：针对不同时空尺度的信息网络在网络物理结构、节点部署、节点能力、组网方案等方面的差异性，研究保障信息流跨时空尺度新型组网理论以及智能管控与协同资源管理理论方法，实现大规模、超密集通信网络智能诊断、智能愈合、智能重构和智能优化。

核心科学问题：多时空尺度信息网络规模、高动态性对网络容量和覆盖性能的影响机理。针对空天地海多时空尺度、高动态等特性对网络服务性能的新挑战，研究逼近理论容量界的多时空尺度组网理论，建立网络规模、网络拓扑、高速移动与网络容量间的制约关系，探索网络容量随时空尺度、网络规模和拓扑变化的性能边界与尺度规律，以及大规模网络端到端性能刻画模型与优化机制，揭示网络规模与高动态拓扑对网络覆盖性能的影响机理。

5. 智能通信与智能网络的信息论基础

主要研究内容：针对未来多模态网络用户、业务、环境、资源的动态复杂特性，研究人工智能辅助或增强的新型编码、传输、接入机制与智能组网方法，揭示人工智能对通信和网络极限性能的作用与影响；探索利用通信网络增强人工智能的机理与方法，显著提升网络智能泛在感知、分布计算和协同控制综合效能。

核心科学问题：如何实现可靠、有效的人工智能辅助算法，提升编码、传输、接入机制的效能；如何利用人工智能优化加速通信网络，提升通信网络性能极限，以及建立有效的对应机制；如何利用网络感知提升算法的有效性，表征其对应的信息论基础。

6. 多时空尺度信息网络互联实验网

主要研究内容：构建自主可控、可渐进发展的空天地海信息网络互联实验网，探索面向内容的体系创新，发现大时空约束下动态网络拓扑时空转换过程中的变化规律，验证网络空地协同智能通信以及灵巧波束覆盖、规模与服务能力数量关系及网络容量优化方法，突破网络计算换通信的业务服务新模式，推进我国空天地海一体的信息互联网创新发展。

核心科学问题：卫星与空天通信网络规模和系统能力之间的数学关系。针对当前天基资源受限，包括"天"上的轨道频谱有限、"地"上的海外部署局限、"网"上的地址与根域名受限等客观制约，从源头探索复杂网络与承载能力之间的基本关系，发展新型卫星与空天通信网络体系结构模型，构建中国自主的、安全可控的、可持续发展的未来卫星与空天通信网络原型系统。

卫星与空天通信网络是通过网络耦合关联的复杂巨量信息系统，其开放互联特性与信息可控可管是一对基本矛盾，二者相互制约使网络性能受限于帕累托最优。未来空天通信网络体系需摆脱传统的从通信网络到信息服务的单向支撑模式，回归信息源头，实现通信网络与信息服务的深度耦合，突破帕累托约束，解决网络开放互联与信息可控可管的基本矛盾。

针对当前卫星与空天通信网络中单系统、单网络分立发展导致的体系能力薄弱问题，探索支撑多任务的多网络体系设计理论，构建"系统之系统"和"网络之网络"模型，形成体系化应用示范系统，展示信息化服务的新形态和新模式，为建立"标准之标准"奠定基础。

二、人-机-物信息物理系统基础理论与关键技术

（一）科学意义与国家战略需求

随着信息技术的不断发展，信息物理系统（Cyber-Physical Systems，CPS）已成为集通信、计算与控制于一体的新一代智能系统[24]。随着物联网、车联网和工业互联网等技术的快速发展，信息空间、物理空间和社会空间深度融合、相互交叉，衍生出人-机-物信息物理系统（Human-Cyber-Physical Systems，HCPS），它是高水平智能制造、高质量社会服务和高安全国防的重要支撑技术[25]。人-机-物信息物理系统通过融合计算、通信和控制等技术于一体，实现对物理对象的大规模信息感知、计算和自动控制。另外，人-机-物信息物理系统通过数据的在线感知、信息的网络传输以及决策的实时计算，融合了信息系统的计算决策能力与物理实体的动态特性，并结合人在回路所赋予的决策与交互能力，使系统能进行更加复杂智能的行为[26]。

NSF、NIST、德国国家科学与工程院、欧盟 FP7 等研究机构对信息物理

系统的概念、定义不尽相同，但本质是构建一套赛博（Cyber）空间与物理空间之间基于数据自动流动的状态感知、实时分析、科学决策、精准执行的闭环赋能体系，解决生产制造、社会服务、国防安全等领域中的复杂性和不确定性问题，提高资源配置效率，实现资源优化。状态感知就是通过各种各样的传感器感知物质世界的运行状态，实时分析就是通过工业软件实现数据、信息、知识的转化，科学决策就是通过大数据平台实现异构系统数据的流动与知识的分享，精准执行就是通过控制器、执行器等机械硬件实现对决策的反馈响应。信息物理系统包括智能制造、智能电网、智慧城市、智能交通、移动医疗等，需要实时、可靠、安全的网络实现，覆盖了从生产生活到关键基础设施等大量重要场景。随着信息化与智能化的不断推进，信息物理系统的基本架构及其理论在目前以智能化、数据化为主导的新一代产业革命中扮演着越发重要的角色，受到了各方面的广泛关注，信息物理系统所带来的新技术、新应用将从根本上改变人类社会的生产和生活方式。

与传统的信息物理系统不同，人−机−物信息物理系统除兼顾信息层与物理层之间的感知、决策与控制之外，还需要与动态的环境，其中包括决策者以及其他决策回路中的人为因素进行实时交互，即将社会空间融入其中[27]。同时，人作为对信息物理系统上层整体目标的制定者，其认知与决策又会改变人−机−物信息物理系统的行为，从而形成人−机−物信息物理系统，典型的人在回路的信息物理系统包括无人驾驶系统、智慧交通系统、人−机协同智能制造系统以及大电网系统等[28]。因此，如何描述人−机−物三元间的关系，形成整体系统的全局优化与实时决策成为关键核心问题。从本质上来说，人−机−物融合的信息物理系统其实是一个复杂的大规模系统，其复杂性主要包括异构性、复杂性和主观性[29]。首先，人−机−物信息物理系统在系统模型上有着极大的异构性，其本质上是包含信息层、物理层与人这三个层面的混杂系统，其中信息层表征了系统的逻辑计算特性，物理层表征了系统的动力学特性，而操作者或者环境回路中的人则具有更多主观的智能特性，这三层的动态模型完全异构但又紧密耦合，这给人−机−物融合的信息物理系统的建模与分析带来了极大的挑战[30]。然后，人−机−物信息物理系统在系统维度上也有着极高的复杂性。智能电网、交通网络等许多实际工程人−机−物信息物理系统本质上都是由大量的子系统连接形成的，各子系统间通过网络拓扑进行信息交互与物理耦合从而形成一个整体，这也导致了人-机-物信息物理系统的整体维度往往随子系统数量的增加而呈指数级增长[31]。此外，人为因素的存在给系统建模带来了更多的主观性，难以进行精确定量的描述，其中人的需求本质上是一个强非线性的过程，对运行工况环境极其敏感，而人的意图与推理则具有更强的智能特性，这给人在回路的信息物理系统进一步增加了复杂性[32]。因此，如何针对复杂大规模人-机-物信息物理系统进行高效的分析与设计是目前极具挑战的研究问题。

在人-机-物信息物理系统的众多应用中，最典型的场景是包括离散制造业与流程制造业在内的复杂智能制造场景。以流程工业制造系统为例，流程工业具有装置大型化、生产连续化、开放环境下的不确定性强等特点，面向日益复杂严苛的安全、环保、质量、效益等的多尺度多目标优化调控要求，信息、物理与社会空间深度交叉与融合，研究对象日新月异，急需研究人工智能、物联网快速发展下的工业控制新理论和新方法，推进信息、社会和物理空间深度融合，发展研究复杂人-机-物信息物理系统在面向多任务目标要求、面临行为信息数据难以获取或量大低质等问题下的高效率与高性能的理论和方法，以及适用于大规模系统的高效分布式控制等方法，为当今社会各个领域实现信息化、智能化、自主化、安全化提供关键理论与技术[33]。

当前，研究人-机-物信息物理系统已经成为制造强国、交通强国、乡村振兴多个国家重大战略领域的共同需求，是自动化、计算机与人工智能的理论技术和应用研究前沿。随着传感器网络、物联网、云计算、大数据、移动互联网等新技术的迅速发展，以及其在国家重大战略领域应用的深度和广度不断扩大，我国已具备研究人-机-物信息物理系统的理论技术和示范应用的必要条件。深化人-机-物信息物理系统的研究和应用，将对我国各行各业有重要的科学意义和社会意义。

（二）国内外发展态势和我国优势

1. 国内外发展现状分析

信息物理系统的概念由NSF于2006年给出详细解释，一经提出就迅速受到了全世界科研人员的广泛关注。信息物理系统是控制系统、嵌入式系统的扩展与延伸，其涉及的相关底层理论技术源于对嵌入式技术的应用与提升。

然而，随着信息化和工业化的深度融合发展，传统嵌入式系统中解决物理系统相关问题所采用的单点解决方案已不能适应新一代生产装备信息化和网络化的需求，急需对计算、感知、通信、控制等技术进行更为深度的融合[34]。因此，在云计算、新型传感、通信、智能控制等新一代信息技术的迅速发展与推动下，信息物理系统顺势出现。

NSF 从 2006 年起设立了信息物理系统专项基金，按照基金额度以及团队合作规模，信息物理系统项目包括重大突破专项（Breakthrough）、小型资助（Small）、中型资助（Medium）、前沿领域专项（Frontier）、交叉学科专项（本书为协同作用）（Synergy）以及大型资助（Large）六个种类，可以资助信息物理系统基础理论、方法工具、平台系统等方面的 500 多个研究项目（http://cps-vo.org/projects），重点针对交通、国防、能源、制造、医疗和大型建筑设施等复杂系统应用领域，取得了很好的研究成果和应用效益。欧盟启动 ARTEMIS5 美国 NASA 重返月球的计划等重大项目，将信息物理系统作为一个智能系统。时任 NSF 项目主任 Helen Gill 在 2006 年发布的《美国国家科学基金会对信息物理系统的认识》（*NSF Perspective and Status on Cyber-Physical Systems*）中指出，之所以创造信息物理系统这个概念，其本质上是为了指出未来的研究方向，应对信息系统和物理系统融合的挑战。亚洲国家也开始重视信息物理系统的研究，包括中国、韩国、日本在内的许多国家的科学基金会也已经提出为信息物理系统的研究提供资金支持。最近，也出现多个信息物理系统学术期刊，如 *IET Cyber-Physical Systems: Theory & Applications*、*ACM Transactions on Cyber-Physical Systems* 等。

目前，世界各国进一步将社会空间融入信息物理系统，进一步丰富其内涵。世界各国围绕全过程生产协同和人-机-物交互共融，从生产调度、人工智能、工业大数据等方面开展研究和应用。例如，美国 MIT 提出将认知科学、神经科学和计算机科学聚集在一起，形成基于大数据、机器学习的人工智能模型与算法，推动人-机-物三元智能感知、网络协同与优化决策的应用和发展。德国人工智能研究中心围绕"工业 4.0"及创新工业系统，研究人-机-物信息物理系统下的智慧数据、知识服务、安全认知与智能防护等技术，开展面向智能制造的多项应用性探索研究，形成了大量的产业成果。

人-机-物信息物理系统的发展总体上包括 3 个阶段：嵌入式系统阶段、

第四章　信息科学的发展思路与发展方向

信息物理系统阶段和人-机-物信息物理系统阶段。

（1）阶段一：嵌入式系统阶段

嵌入式系统首次出现于20世纪70年代。嵌入式系统是人-机-物信息物理系统的雏形，以嵌入式系统为代表的早期制造系统（传统制造系统）包含人和物理系统两大部分，物理设备通过嵌入式系统来扩展或增加新的功能，其形成的系统基本上是封闭系统，一般通信功能较弱甚至不支持通信交互等功能。在嵌入式系统中，物理系统代替人进行大量的体力劳动，但仍然要求人完成感知、分析、决策、操作控制以及学习等多种任务，即完全依赖于人对机器的操作控制去完成各种工作任务。根据应用场景的不同，对嵌入式系统的要求也不同，一般需要独立设计，嵌入式系统属于一种"人-物理系统"。

（2）阶段二：信息物理系统阶段

随着信息化的发展，企业逐渐将人从事的感知分析和决策工作中独立出来，用信息系统替代人来进行分析和决策，通过信息系统与物理系统的融合来实现对机器的控制，让信息系统替代人来完成更多更复杂的体力劳动。信息物理系统与传统制造系统相比，在人和物理系统之间增加了一个信息系统，可替代人去自动完成部分感知、分析决策和控制等各种任务，并且在物理系统上增加了各种传感检测装置、动力装置。数字化水平的提高推动传统的"人-物理系统"向"人-信息-物理系统"的演变，由嵌入式系统演变而来的第一代和第二代智能制造系统称为信息物理系统，信息物理系统被认为是推动重点行业革新换代的核心技术，逐渐实现了物理系统和信息系统在感知、分析、决策、控制及管理等方面的深度融合，代替人类完成更多的体力和脑力劳动。

信息物理系统的基础理论源于嵌入式系统计算，但在其发展过程中，通过融入控制、通信以及计算等多学科思想，现如今的信息物理系统理论已经远远超过传统嵌入式系统的内涵。世界著名的信息物理系统专家，美国加利福尼亚大学伯克利分校的Edward A. Lee在《信息物理系统：计算机基础已经够了吗？》（*Cyber-Physical Systems-Are Computing Foundations Adequate*）中指出：要解决信息系统与物理系统融合中的问题，已经不能从传统的嵌入式系统来理解，应该更抽象一些，创造出"信息物理系统"，其目的就是从科学（不是工

195

程或技术)的角度,指明未来所需要的基础科学的研究议题。对于当时的各种科学技术基础研究,Helen Gill 和 Edward A. Lee 等专家都认为,传统的泾渭分明的计算机学科和自动化学科,都有不可忽视的缺陷,无法为相关的工程应用提供理论指导。例如,传统计算机的顺序处理方式和缓存方式,很难为实时的复杂系统提供支撑,难以满足如自动驾驶、群体智能等复杂系统控制的需要。基于这样的"雄心",NSF 组织了美国优秀的科学家,花费了 10 年时间,搭建了一套信息物理系统科学体系,这套体系已经不同于 10 年前的嵌入式系统。正是在信息物理系统已经形成科学体系之后,美国通用电气公司(General Electric Company)和思科(Cisco)等公司提出了"工业互联网"和"雾计算"等概念。为了在新一轮的制造业技术革命中不落于人后,各国国家都提出类似的技术框架和相应的标准,美国、日本、韩国、中国和欧盟等都已经陆续开展了对信息物理系统全方位的研究,包括美国于 2006 年 2 月发布的《美国竞争力计划》、2007 年 7 月发布的前沿报告《挑战下的领先——全球竞争世界中的信息技术研发》,欧盟于 2008 年启动的 ARTEMIS5 重大项目,德国于 2013 年提出的"工业 4.0"的重要概念并制定的信息物理系统的相关标准、技术开发规范、验证实验平台建设等战略部署,日韩等国对信息物理系统在智慧医疗及人工智能领域的高水平研究等。信息物理系统被认为是推动重点行业革新换代的核心技术。

美国总统科技顾问委员会将信息物理系统列为未来八大重点研究的信息技术之一,NSF 也将信息物理系统列入优先资助领域。欧盟 FP7 启动了若干计划,预计投入 27 亿欧元开展信息物理系统相关技术的研发。为了延续 FP7,欧盟启动了 Horizon 2020 计划,将信息物理系统建模与集成框架、智能协作与开放的物理系统作为主要攻关方向[35]。德国认为以信息物理系统为基础的智能生产制造技术将推动第四次工业革命,并于 2013 年正式推出"工业 4.0"战略,通过打造智能化的机器、存储系统和生产手段,构成"网络物理融合生产系统",并将其应用于智能工厂,成为新一代工业技术的供应国和主导市场的核心力量。英国政府发布了《智能制造计划》和《高价值制造计划》,法国政府制定了《未来智能工厂计划》,日本政府发布了《智能制造系统计划》和《制造基本技术振兴计划》,韩国政府发布了《高度先进技术国家计划》等,它们都在信息物理系统相关方向开展战略布局和技术研发。最近几年,信息物理系统的研究也在国内逐步兴起，中国电子技术标准化研究院先后发布了《信息物理系统（CPS）建设指南（2020）》《信息物理系统标准化白皮书》和《信息物理系统白皮书（2017）》等，概述了信息物理系统的最新进展[36]。

（3）阶段三：人-机-物信息物理系统阶段

新一代人工智能技术与先进制造技术的深度融合，形成了新一代智能制造技术，成为新一轮工业革命的核心驱动力[37]。区别于传统信息物理系统的模型和准则在系统研发过程中由研发人员通过综合利用相关理论知识、专家经验、实验数据等来建立并通过编程等方式固化到信息系统，新一代智能制造系统即人-机-物信息物理系统在起主导作用的信息系统中增加了基于新一代人工智能技术的学习认知部分，更加强调了人在智能制造中发挥的核心作用，人和信息系统的关系发生了根本性的变化。在人-机-物信息物理系统中，信息系统不仅具有强大的感知计算分析和控制能力，还增加了认知和学习功能，具备学习和产生知识的能力，尤其是那些人类难以精确描述与处理的知识，可以摆脱研发人员由于知识、能力和研发条件带来的限制，同时可以动态适应系统内部和外部的变化，大大提高解决制造系统不确定性、复杂性问题的能力，极大改善制造系统的建模与决策效果，有效实现产品、生产和服务过程的最优化。

人-机-物信息物理系统的"知识库"是由系统研发人员和智能学习认知系统共同建立的，它不仅包含系统研发人员所能获取的各种知识，同时还包含研发人员难以掌握或难以描述的知识规律，而且"知识库"可以在使用过程中不断学习、不断完善、不断优化。新一代人工智能技术是人-机-物信息物理系统的关键核心技术，通过大数据智能、人-机混合增强智能、群体智能等使系统具有学习发现有关知识规律并有效实现人-机协同的能力，可有效建立与实际产品和生产过程高度一致的模型，不仅可对产品及其生产过程进行优化，还可对产品的服务和维护进行优化，即可对整个产品生命周期进行优化。

2. 我国现有基础和优势

在我国，智能制造在国民经济中占有重要地位，是人-机-物信息物理系统的重要应用领域。国务院于2015年战略性地提出推进信息化与工业化深度融合，推进制造系统智能化，特别是其中明确指出针对信息物理系统网络研发及应用需求，组织开发智能控制系统、工业应用软件、故障诊断软件和相关工具、传感和通信系统协议，实现人、设备与产品的实时联通、精确识别、有效交互与智能控制。人–机–物信息物理系统是工业和信息技术范畴内跨学科、跨领域、跨平台的综合技术体系所构成的系统，覆盖广泛、集成度高、渗透性强、创新活跃。人–机–物信息物理系统能够将感知、计算、通信、控制等信息技术与设计、工艺、生产、装备等工业技术融合，能够将物理实体、生产环境和制造过程精准映射到虚拟空间并进行实时反馈，能够作用于生产制造全过程、全产业链、产品全生命周期，能够从单元级、系统级到系统之系统级不断深化，实现制造业生产范式的变革。人–机–物信息物理系统既在纵向上实现了企业内部研发、生产、销售、服务、管理过程等的动态智能集成，又在横向上实现了企业与企业之间基于工业互联网与智能云平台的集成、共享、协作和优化。《国务院关于深化制造业与互联网融合发展的指导意见》明确指出，构建信息物理系统参考模型和综合技术标准体系，建设测试验证平台和综合验证试验床，支持开展兼容适配、互联互通和互操作测试验证。同时，随着 5G、物联网、人工智能等新一代信息技术的涌现，人–机–物信息物理系统在交通、航空航天、医疗护理等领域也蓬勃发展，驾驶辅助系统、服务机器人等正在将具备复杂动态性与复杂控制功能的人和高度自动化系统紧密结合，从而发挥人–机–物信息物理系统的更广泛的应用和功能。

我国在人–机–物信息物理系统方面的发展优势主要体现在以下两个方面：首先，我国是全球第一制造大国，拥有全世界最齐全的工业门类和最完整的工业体系，迫切需要通过人–机–物信息物理系统提升工业系统的智能化程度，从而实现高附加值、高端工业产品的生产；其次，我国目前的工业企业数字化、网络化、智能化发展处于起步阶段。虽然很多企业不同程度地应用了智能传感、网络通信、数字化管理等技术，但这些网络与生产现场以及企业运营管理系统仍较为分离，难以实现企业级综合智能管控，具有广阔的发展空间。智能制造的发展趋势是全流程一体化集成，如横向多个生产单元的整体协同集成、纵向跨层跨域多业务流的集成，迫切需要发展人–机–物信息物理系统及其相关技术，以实现智能化生产和智慧工厂，最终为社会各个领域的信息化、智能化提供关键理论与技术的支撑。

同时，针对制造业存在低端产品过剩、中高端产品不足、高端产品严重依赖进口等"卡脖子"问题,如何发展制造过程全息信息感知,扩充对信息资源的深度认知,人-机安全可靠共融交互;如何发展制造过程的知识集成与调控方法,实现跨域不同车间业务层的资源集成与优化调度,实现多任务冲突下动态人-机-物的双向协同和智能决策以及复杂动态环境下的生产调度和自主优化以满足系统精细化运行、高端制造的要求;如何有效融合人-机-物的运行机理与特性,主动响应环境/市场变化以进行快速辅助决策;如何实现人-机-物融合的风险评估和智能决策,提升信息安全水平、功能安全水平等,将成为后续发展中亟待解决的基础科学与关键技术问题。

(三)发展目标

推进人-机-物信息物理系统发展,关键要立足于人-机-物信息物理系统的本质,紧扣人-机-物三元融合特征,以系统化建设为核心,以数据为基础,依托底层设备单元、智能传感器、软件定义网络、云计算服务、知识库等载体,构建虚实融合、知识驱动、动态优化、安全高效的运行系统。作为一项持续演进、迭代提升的系统工程,人-机-物信息物理系统需结合工业互联网、数字化转型战略等国家发展战略,遵循协调发展、标准引领的原则,加强平台建设、行业推广和人才培养,预期达成以下发展目标。

未来5年,探索人-机-物信息物理系统领域包括特性表征、全息认知、自主协同控制、融合智能决策、智能优化调控等在内的基础理论方法、共性支撑技术和集成应用示范,逐步完善并推广人-机-物信息物理系统理论、技术、应用标准体系,促进形成理论、技术、产品、应用多方参与、相互促进、快速迭代的创新机制,为我国新一代信息技术的引领发展提供坚实基础。

未来15年,突破人-机-物信息物理系统在全息感知、协同优化、智能决策、信息安全等方面的核心理论和技术,建成可支撑智能制造、智能电网、智能交通、智慧城市以及智慧医疗等的典型人-机-物信息物理系统样板平台,形成控制、人工智能、计算机、通信等多学科深度交叉融合的局面,培养一批具有交叉学科背景和核心攻关能力的团队,在国际上的前沿领域形成开创性和引领性的方向,在承担国家重大需求和解决国民经济主战场中的问题做出重要贡献,为我国生产制造、社会服务、国防安全等领域实现智能化提供关键理论方法和技术支撑。

（四）主要研究内容与核心科学问题

1. 人-机-物信息物理系统集成设计体系

研究内容：全系统集成设计方案、数据共享分析平台、数据信息服务、人-机-物实体一体化计算过程。

核心科学问题：如何融合人及其组织行为，通过结构化的综合布局和计算机网络技术，将各个分离的单元、软件、人员和信息数据等要素集成到相互关联的统一和协调的系统之中，形成全系统集成设计方案；如何搭建以信息标准化处理与清洗技术为基础的数据共享分析平台，提供统一的、适应多种类型系统的信息服务，解决跨时空异质系统数据资产割裂、信息孤岛严重的问题；如何面向特定问题建立人-机-物实体一体化计算过程，避免各元素间的相互干扰。

2. 人-机-物信息物理系全息信息感知与处理

研究内容：极端状态环境下的关键信息在线检测理论与方法、跨域数据时空配准方法、多模态数据高效融合方法、数据传输协议、数据实时感知与低时延高可靠传输技术、面向实时控制的人-机-物信息物理系统数据传输模式、面向不确定性的人-机-物信息物理系统数据处理。

核心科学问题：如何利用光学、电化学等交叉学科方法融合机理与数据分析方法，构建极端状态环境下的关键信息在线检测理论与方法，实现复杂工业场景系统的关键信息感知；如何深度挖掘跨域数据之间的多重时滞耦合关系，探索时效关联关系，实现跨域信息的时空配准，提升系统数据准确性；如何实现群智感知、无源感知、非传感器感知等多场景下的高效智能感知；如何实现人-机-物信息物理系统云-边-端等异构系统间的协同计算；如何设计跨时空尺度下多模态数据的统一表达与高效融合，构建任务驱动的主动调节机制。

3. 人-机-物信息物理系统建模与知识集成认知

研究内容：人-机-物信息物理系统统一描述模型、动态系统多源多域信息的统一认知与表征、人-机-物信息物理系统跨层级知识集成和认知。

核心科学问题：如何针对不同时间尺度、空间维度及智能化水平的系统，

第四章　信息科学的发展思路与发展方向

设计统一有效的建模方法，解决系统跨域分层下多粒度模型不兼容的问题，为实现系统优化决策奠定基础；如何对数据库、本体库、经验库、规则库等多源异构信息进行统一描述；如何在人在回路智能交互以及人-机协同条件下对跨层级知识进行集成与认知，克服人在回路给开放系统带来的难以描述的不确定性；如何挖掘已有知识中的隐性知识，并对其不一致性进行消除统一；如何实现不同知识源之间的知识共享与协作。

4. 人-机-物信息物理系统分布式协同控制

研究内容：通信高效的一致性协议、边缘侧使能的多维异构数据集成架构、网络协同优化与分布式最优分配方法。

核心科学问题：如何设计全域资源协同优化下通信高效的一致性协议，提升一致性算法收敛速度和数据传输效率；如何实现物质流、能量流、信息流以及现金流等信息物理系统全域资源的协同控制和优化；如何构建边缘侧使能的多维异构数据集成架构，将云-端计算功能向边缘侧迁移，实现融合通信、计算与控制的复杂高维信息物理动态系统的综合管控；如何解决带约束条件下的网络协同优化与分布式最优分配方法，保证系统在动态工况与开放环境下的最优资源分配，提高资源利用率；如何实现不确定环境下多智能体的趋同控制、跟踪控制、包含控制等，实现人-机-物信息物理系统的协同稳定运行。

5. 人-机-物信息物理系统调度与协同决策

研究内容：交互式智能控制系统新架构、异质个体共识协同、有限资源下的一致性协同、多目标/多任务冲突下的人-机-物三元协同决策与交互、系统全域资源协同配置。

核心科学问题：如何突破传统工业金字塔结构，构建信息物理系统下端-边-云协同的新型交互式智能控制系统新架构，充分利用各层级设备的计算和通信资源，达到最佳的计算效率和最低的处理延时，提升信息交互能力与设备互操作性；如何对异质个体进行协同共识，提升系统群体合作效率；如何在有限通信资源条件下进行约束一致性协同，消除系统集群内部的损耗；如何协调各子问题的优化任务，实现多个相互冲突的动态多目标优化，提高整体任务的完成一致性，实现动态环境多目标/多任务冲突下的人-机-物三元协同决策与交互；如何考虑系统单元间耦合关系、网络拓扑、动态约束以及时空演化特性，对全域信息资源和物理资源进行协同配置。

6. 人-机-物信息物理系统综合安全与主动防御

研究内容：人-机-物信息物理系统安全协议形式化建模、人-机-物信息物理系统全生命周期功能安全和信息安全一体化的系统架构、人-机-物信息物理系统主动防御技术、人-机共融风险动态智能评估与辅助决策方法、人-机-物信息物理系统安全实验床与应用验证。

核心科学问题：如何进行全生命周期功能安全和信息安全一体化的系统架构设计；如何进行融合工艺机理特征的广域互联架构下工业控制系统典型装置和生产过程的攻击脆弱性与传播机制分析；如何对工业控制系统信息物理安全失效进行判定和预测；如何对人-机-物共融的在线风险进行智能评估与智慧决策；如何分析人-机-物信息物理系统的弹性，以及抵御工程故障和网络信息攻击的能力；如何实现基于系统自主演化的安全防御；如何构建端-边-云三级联动防御的弹性体系；如何构建可配置、可移植的工业控制系统信息物理综合安全一体化测试验证平台。

三、新一代网络体系结构及安全

（一）科学意义与国家战略需求

计算机网络作为国家核心信息基础设施之一，已经渗透到人类社会的方方面面，广泛应用于经济、政治、文化、社会、军事等诸多领域，成为推动经济社会转型、实现可持续发展、提升国家综合竞争力的关键所在。云计算、大数据、物联网、人工智能、量子计算等新兴技术的迅猛发展，带动了智慧城市、智能制造、智慧交通、智慧能源等网络应用的繁荣，深刻改变着人类社会。同时，这些网络应用在安全、数据、智能等方面的多样化需求也驱动着计算机网络技术的进一步发展，不再局限于人与人、机与机、物与物的网络互联技术的发展，而是深度融合社会资源（人）、信息资源（机）和物理资源（物），朝着人-机-物融合的网络空间发展。然而，网络技术是一把"双刃剑"，它在改变人们的生产生活方式，有力推动经济社会发展的同时，其安全隐患也给人类社会带来了严峻的挑战。在人-机-物融合的网络空间中，由于网络虚拟空间与物理世界呈现出不断融合和相互渗透的趋势，国家政治、

第四章　信息科学的发展思路与发展方向

经济、文化、社会、国防安全及公民在网络空间中的合法权益面临更为严峻的挑战。因此，网络空间安全事关人类共同利益，事关世界和平与发展，事关各国国家安全。

当前，网络空间的发展呈现出大融合、大数据、智能化和虚拟化四个特征。具体来说，互联网与人类社会、物理世界不断交叉和渗透，网络空间从人-机-物互联阶段发展到人-机-物融合阶段，网络实体之间深度关联，形成泛在化的统一体，打破了信息资源与自然资源之间的屏障；随着互联网、传感器等技术融合应用于工业、农业等行业，每时每刻都在产生领域大数据，需要网络空间来承载大数据的传输、存储、计算与分析等；随着人们需求的提高以及网络空间变得越来越复杂，智能的网络资源配置、设计与优化更为迫切，其发展可极大提高网络空间的自适应能力；网络功能虚拟化可提高网络资源的利用率，使设备变得灵活可控，而网络形态也从有形化无形，连通人-机-物线下线上世界。这些都驱动着网络体系结构的创新和变革，急需在智能可演化网络、云-边-端融合网络、一体化融合网络、数据中心网络、软件定义网络、工业互联网等方面取得重要突破，以应对互联网数据规模和网络流量的爆发式增长，承载超大规模的设备和服务，使得网络从人-机-物高效互联向人-机-物深度融合的网络发展、从消费型向生产型发展，从传统传输向"计算、存储、传输、服务"一体化发展[38,39]。

网络空间安全既涵盖了物理空间的人-机-物实体、互联互通的网络与系统的安全，也涉及其中产生、处理、传输、存储的各种信息数据的安全[40]。同时，人工智能的兴起，以及新型密码技术如量子密码的蓬勃发展，也给网络空间安全带来了机遇和挑战。随着网络空间与物理世界的深度融合，计算的深度与广度得到了极大的拓展。相应地，在感联知控融的各个环节进行有效的安全增强与加固是构建网络空间命运共同体的必要措施。其中，可信感知是网络空间安全的物理外延，网络监管是网络空间安全的核心手段，新型密码和区块链技术是网络空间安全的重要保障，系统加固是网络空间安全的关键基础，人工智能是网络空间安全的重要驱动。然而，在网络空间安全领域，我国现有的大多数研究工作都沿袭以漏洞扫描、规则比对为代表的传统思路，往往导致"亡羊补牢"的被动安全的困境，难以有效地对未知漏洞、未知后门、未知威胁实施安全防御。随着国际网络空间安全技术竞争日趋激烈，我国应在物性感知安全、网络可靠监管、新型密码机制、区块链、系统安全加固、人工智能安全等方面重点布局，对其关键理论与技术开展前瞻性、基础研究，对于应对来自国内外的双重安全挑战，保障我国经济的高速发展、社会的和谐稳定具有重要的意义。

目前，网络空间已经成为继陆地、海洋、天空、太空之外的第五空间，是社会发展和大国竞争的战略性领域与制高点。2015 年 3 月，中华人民共和国第十二届全国人大第三次会议政府工作报告首次提出"互联网＋"行动计划。2016 年 5 月，中共中央、国务院印发了《国家创新驱动发展战略纲要》。2015 年 10 月，在中国共产党第十八届中央委员会第五次全体会议上，首次提出了实施国家大数据战略和网络强国战略。2016 年 12 月，经中央网络安全和信息化领导小组批准，中华人民共和国国家互联网信息办公室发布了《国家网络空间安全战略》。这一系列国家战略的发布与实施，对网络空间技术的发展提出了新的需求与挑战，期望进一步推动工业互联网、智能制造、VR/AR 等行业应用的发展，实现更可靠的业务质量保证、更安全的网络服务、更灵活的业务定制能力，服务国家社会发展，推进网络空间和平、安全、开放、合作和有序。因此，新一代网络体系结构及安全的创新将有效推动网络强国战略的实施，并为我国成为未来网络及安全相关标准的重要主导者打下坚实的基础。目前，我国已经迈入创新型国家行列，未来 15 年是深入实施创新驱动发展战略的关键时期，加强新一代网络体系结构及安全的理论创新，打好关键核心技术攻坚战，将有助于推动我国信息产业技术体系的整体发展，为新一轮科技革命和产业变革筑牢基础，为跻身创新型国家前列、建成世界科技强国奠定坚实基础。

（二）国内外发展态势和我国优势

1. 国内外发展现状分析

随着计算机网络从消费型网络向生产型网络发展，工业互联网等新场景对网络提出了按需定制、服务保障的实际需求。传统互联网的传输控制协议/互联网协议（Transmission Control Protocol/Internet Protocol，TCP/IP）网络体系结构，采用"尽力而为"的方式实现数据包的传输，造成当前互联网不能满足新应用、新场景的需求，在可扩展性、服务质量、可控可管、安全性等

第四章　信息科学的发展思路与发展方向

方面的技术挑战也日益凸显，已经越来越难以持续发展[41]。因此，美国、欧盟、日本、韩国等长期以来对网络体系结构与关键技术的研究给予了大力的支持，展开了新型网络设备、未来网络体系结构、新型网络协议、网络基础设施和大规模网络实验环境等方面的科研布局，希望通过网络体系结构与协议的革新、网络技术的创新来满足未来应用场景的需求，取得了丰硕的成果和长足的进步[42-46]。

NSF长期支持网络体系结构研究。在NewArch项目和未来互联网设计（Future Internet Design，FIND）计划之后，于2010年启动了未来互联网架构（Future Internet Architectures，FIA）计划，其目标是设计和验证下一代互联网的综合的新型体系结构，研究范围包括网络设计、性能评价、原型开发等。该计划启动后，NSF陆续资助了命名数据网络NDN、MobilityFirst、Nebula、XIA（eXpressive Internet Architecture）、ChoiceNet五个项目，从内容中心网络体系结构、移动网络体系结构、云网络体系结构、网络安全可信机制、经济模型等多个方面研究新型互联网体系。此后，NSF于2013年继续启动了新一期的未来互联网架构——下一阶段（Future Internet Architectures—Next Phase，FIA-NP）计划，长期支持未来互联网的关键技术探索。

在欧盟，从2007年开始，FP7陆续资助了一批关于未来网络研究的项目，包括FIRE、4WARD等。例如，4WARD项目旨在提出一种能解决现有互联网问题的全新整体性解决方案，涉及新型体系架构、网络虚拟化、网络管理等方面，基本覆盖了未来网络发展的主要研究方向。2018国际电信联盟成立网络2030焦点组（Focus Group on Network 2030，FG-NET-2030），旨在探索面向2030年及以后的网络技术发展，包括新的网络体系结构及其演进。

在亚洲，日韩等国也相继启动了新型互联网研究。日本于2006年启动了AKARI项目，该项目的核心思路是摒弃现有网络体系结构，从整体出发设计全新的网络体系结构，并充分考虑其与现有网络的过渡问题。2008年，韩国设立未来互联网论坛（Future Internet Forum，FIF），以针对未来互联网的关键技术开展研究，积极探讨新型网络体系与机制。

未来网络体系结构的研究需要大规模网络实验床的支撑，为此各国还在研究未来网络体系结构的同时，积极研究和部署大规模网络实验设施，如美国的PlanetLab和GENI、欧盟FIRE项目下的OneLab、日本的JGN2plus、韩国的 FIRST 等。其中，PlanetLab 是 2002 年由美国 NSF 资助的一个全球化实验平台项目，是一个开放的，针对网络及其应用和服务进行研究、开发和测试的大规模实验平台，用于支持分布式存储、内容分发、对等网络（Peer-to-Peer，P2P）系统等方面的新技术研究。GENI 是 NSF 于 2005 年启动的一个促进未来互联网革命性创新的计划，由一系列的网络基础设施组成，可为未来网络体系结构研究提供一个统一的、开放的、真实的、大规模的网络实验环境，支持多种异构的网络体系结构和深度可编程的网络设施，同时提供虚拟化支持。欧盟的 OneLab 通过与 PlanetLab 合作，于 2007 年在欧洲搭建了实验平台 PlanetLab Europe，作为 FIRE 项目的主要实验平台，并与 NitLab 的无线网络实验平台 NITOS、IoTLab 的物联网实验平台联邦互联，使用统一的工具向研究人员开放。日本的 JGN2plus 是与 AKIRA 项目对应的新一代互联网实验平台项目，是在 JGN2 实验平台基础上的拓展实现，可支持虚拟化技术，能够为网络技术研发和网络应用实验提供各种服务。FIRST 是韩国于 2009 年启动的未来互联网实验平台项目，包括基于服务器的小规模实验平台和基于 ATCA 的中大规模实验平台，并可与 GENI 联邦互联。由此可见，目前已有相当多的国家和地区正在部署未来网络实验平台，其中普遍采用的两个关键技术是虚拟化和联邦互联。虚拟化主要解决资源共享问题，允许在同一个物理网络上同时开展多个不同的实验。联邦互联主要为了实现大规模的、统一的测试平台，通过将不同国家和地区的多样化的网络实验平台进行互联，提供统一的控制框架，为研究者提供更大规模和更加多样化的实验环境。

此外，在当前万物互联的时代，联网终端数量快速增长，迅速从十亿量级发展到百亿量级；4G/5G、Wi-Fi 等无线联网技术日益普及，窄频物联网（Narrowband–Internet of Things，NB-IoT）、增强型机器类型通信（enhanced Machine-Type Communication，eMTC）、远距离无线电（Long Range，LoRa）等新型低功耗联网技术不断成熟并开始大规模商用；互联网应用平台发展迅速，连接的数据、业务等已形成超大规模；新技术如边缘计算、区块链、人工智能、工业互联网等不断注入，为互联网发展带来新的创新活力。当前，新一轮科技革命和产业变革正加速演进，在各行各业信息化、网络化、智能化变革的关键时期，互联网迎来了更加强劲的发展势头和更加广阔的发展空间，落地项目增速加快，其赋能作用已非常明显。特别是最近一段时期，受

第四章 信息科学的发展思路与发展方向

基础设施建设、基础性行业转型和消费升级三大周期性发展动能的驱动，处于不同发展水平的领域和行业成波次地动态推进互联网应用的落地。为此，未来网络需要满足多元化的万物互联需求，并为其提供海量数据的高效处理服务；能够支持专业化、定制化的服务，以实现各行各业的应用。

网络技术在给社会和人们生产生活带来极大便利的同时，网络空间的安全也逐渐成为社会稳定发展的重要前提。因此，网络空间在技术创新与演进的过程中需要安全性的保障。由于网络空间中安全边界日益模糊、攻击行为蔓延，新的安全威胁和挑战不断出现，国际安全领域的整体发展呈现持续性的安全增强和加固的态势。同时，利用新兴的计算模式和技术，如区块链、量子计算等，在网络空间安全技术上进行探索，也成为当前领域发展的主要方向[47,48]。

具体来说，在万物互联的背景下，各类物联终端和服务将会爆发式增长。为大量的物联设备、用户，以及其之间的交互行为提供可信安全保证是各种智能应用得以健康快速发展的关键，也得到了各发达国家及其安全市场的充分认可，可成为新的发展目标[49]。其中，实现人-机-物各类网络实体的可信识别和关联分析，解决异构多元的物理信息在采集、传输、处理等过程中的可信安全问题，抵御来自旁路、重放、故障分析等的物理层攻击，实现人-机-物可信融合感知与计算是当前的研究热点。在网络可靠监管方面，主要关注由加密技术尤其是匿名通信技术的普遍应用和复杂社交关系带来的安全挑战，包括加密/匿名通信流量的分析和架构于匿名网络之上的暗网空间的探测与分析[50]，以及网络舆情的传播和控制。前者围绕匿名通信流量与数字货币等信息的分析/关联/追踪、暗网内容的发现和分析、暗网的渗透攻防等内容展开，后者集中在对群体行为的建模、传播流的特征形态，以及网络舆情政策和舆情影响。在区块链方面，该技术突破了传统中心式系统架构的缺陷，具有去中心化、去信任、匿名、防篡改的安全特性，能够解决多组织参与的大规模复杂环境中的信任构建和隐私保护问题，建立安全可信的数据存储平台，并通过智能合约机制实现大规模可信的分布式计算，但区块链系统自身也存在着数据安全与隐私保护问题，逐渐成为当前研究的热点。在系统安全方面，由于移动计算和云计算技术已经消除了网络边界，推进安全系统的整合集成，形成一体化联动式安全态势感知与主动防御体系成为国际学界业界关注的焦点，此外，关键信息基础设施系统安全防护也得到了越来越多的关注[51]。随着人工智能技术的发展，一方面，人工智能技术正大量应用于网络安全与公共安全领域，对信息基础设施和社会经济运行的安全态势进行感知、预测和预警，主动决策反应，从而提升网络防护能力与社会治理能力；另一方面，现阶段人工智能尚不成熟，存在算法不可解释、数据强依赖性等技术难题，以及人为恶意应用和个人隐私泄露的严重威胁。针对人工智能系统的内在脆弱性机理以及抵抗各种攻击方法的研究还处于初级阶段，如何从各方面保障人工智能系统的安全性，是人工智能技术进一步发展急需解决的关键问题，使得人工智能安全成为当前的研究热点[52]。

2. 我国现有基础和优势

我国较早开展了网络体系结构的研究，在国家自然科学基金、973计划、863计划、国家科技支撑计划等项目的有力支持下，从基础研究、关键技术突破、推广应用3个层次开展研究工作，取得了一些重要的创新成果，已从跟跑阶段逐渐进入并跑阶段。近年来，在网络强国战略和"互联网+"行动计划的引领下，国家重点研发计划专项"宽带通信和新型网络"启动，有望在网络体系结构、一体化融合网络等方面取得一批突破性成果。为建设一个大规模、国家级的网络实验平台，国家启动了未来网络实验设施的建设。未来网络试验设施（CENI）作为国家重大科技基础设施，将覆盖全国40个城市，搭建88个主干网络节点和133个边缘网络，并连接互联网和国外网络实验设施，其不仅可为网络体系结构基础理论与核心技术研究提供规模验证手段，还可为设备厂商、网络运营商、应用服务提供商等单位的系统与服务创新提供研发、验证与示范的重要平台。此外，由中国信息通信研究院、华为发起，联合了包括国内电信运营商、设备制造商、互联网公司、内容提供商、高校、科研院所等在内的多家网络相关单位共同组建了网络5.0产业和技术创新联盟，必将推动网络技术创新在国内产业界的发展。

当前我国正面临着从移动互联网向智能万物互联网转型的关键演变时期，国内设备厂商在网络设备、网络芯片等方面已取得了不错的成果，互联网企业在网络应用方面达到了较高的水平，诞生出一批具有世界水平的移动运营商（中国移动通信集团有限公司、中国电信集团有限公司、中国联合通信有限公司等）、电信设备制造商（华为技术有限公司、中兴通讯股份有限公司等）、互联网服务提供商（腾讯控股有限公司、阿里巴巴集团控股有限公司等）。同时，我国是行业应用大国，信息产业一直是促进我国经济社会发展的主要动力。在消费领域，2020年全国网上零售额超过11万亿元，比上年增长10.9%。在工业制造领域，自2010年以来，我国连续保持全球工业第一大国地位。我国制造业门类齐全、体系完整，具有联合国产业分类中所列举的全部工业门类。国务院于2015发布了"互联网+"行动计划等，工业互联网发展进入快车道，制造业与互联网融合发展迈出坚实步伐，亟待发展人-机-物融合的新型核心技术与生态系统。因此，我国建设网络强国具有市场规模优势。

与此同时，也应该看到我国在网络核心技术（如核心芯片、网络设备、网络协议、网络操作系统等）上与世界先进水平仍有差距，标准规范国际影响力较小，应该把资源向核心技术倾斜，迅速突破瓶颈，形成我国在网络领域的核心优势，掌握自主知识产权并制定产业标准，打造完善的产业协同创新体系。随着网络技术对国家安全、经济发展越来越重要，我国的网络技术遭到以美国为代表的技术先进国家的封锁。因此，新一代网络体系结构与关键技术方面的优先布局具有重要的战略意义。

近年来，网络安全在我国无论从观念上还是实际应用上都受到前所未有的高度重视，其发展成效显著，理论与技术水平也在不断提升。首先，我国出台了在网络安全领域的第一部基础性法律《中华人民共和国网络安全法》，为各行业网络安全、数据安全监管提供了法律依据；加强了网络空间安全学科的建设，建设了一批国家一流网络安全学院，培养了大批高层次的网络安全人才；通过启动实施"网络空间安全"国家重点研发计划专项，聚焦于网络安全紧迫技术需求和重大科学问题，坚持开放发展，着力突破网络空间安全基础理论和关键技术，研发了一批关键技术装备和系统，取得了不少重要的研究成果；此外，形成了国家、行业、团体标准协同工作机制，颁布实施了300余项网络与信息安全标准。

近年来，我国网络安全产业取得积极进展，在政策扶持、需求扩张、技术升级等因素的不断驱动下，我国网络空间安全研究、技术、产品和服务蓬勃发展，具有以下优势：①产业规模具有巨大的发展潜力，并将长期保持高速增长，网络安全投入占信息化投入的比重将不断提升。②企业实力将持续增强，初步形成了一批可引领产业发展的龙头骨干企业，如奇安信科技集团股份有限公司、启明星辰信息技术集团股份有限公司、天融信科技股份有限公司和绿盟科技集团股份有限公司等，同时，创新创业日益活跃，在国际上获得广泛关注和认可。加速积累的技术能力，海量的数据资源，规模化的研究、开发及产业基础，巨大的应用需求，开放的市场环境等有利条件的有机结合，形成了我国网络安全企业的独特发展优势。③部分领域的核心关键技术实现重要突破。量子计算、语音识别、视觉识别等研究与技术处于世界领先地位，自适应自主学习、直觉感知、综合推理、混合智能和群体智能等初步具备跨越式发展的能力，中文信息处理、智能监控、生物特征识别、工业机器人、服务机器人、无人驾驶逐步进入实际应用。重点研究方向和关键技术的突破，有助于引领和推动网络空间安全乃至整个信息领域的快速发展。④产品体系逐步完善，协同联动、零信任、隐私计算、拟态防御等新兴安全技术逐步成熟落地，安全产品已从传统网络安全领域延伸至云计算、大数据、边缘计算、物联网、工业互联网、5G等新兴应用场景，覆盖物理层安全、系统层安全、网络层安全、数据层安全等多个维度。⑤聚集了一批在理论研究、技术创新、成果转化、应用实战等方面能力突出的网络安全领军人才，具有示范引领和榜样带动作用。

（三）发展目标

未来5年，在网络强国战略的牵引下，以智能可演化网络、云-边-端融合网络、一体化融合网络等未来网络的新型体系结构和数据中心网络、软件定义网络、工业互联网等前瞻性行业网络为主线，研究并突破网络体系结构、网络协议、路由控制、资源管理、性能优化等基础理论与关键技术，建立管控智能化、可为用户提供更好的服务质量和使用体验的网络，实现亿级设备间的高效互联、异构网络的互联互通和大规模数据的时效融合，使网络具备提供低时延、低抖动的确定性服务的能力，推动网络功能创新和应用创新，实现从消费型网络向生产型网络的演变，带动网络空间技术体系的整体发展。同时，为保障网络空间安全，急需突破物性感知安全、匿名通信与暗网、舆情监控、新型密码机制、区块链、系统安全加固、人工智能安全等方面的理论和技术瓶颈。针对全链可信安全需求，突破异构多元感知数据的融合处理、异常行为与物理攻击的监控、人-机-物融合可信关联、跨域跨场景持续性认证等关键技术，实现全网一体化安全可信感知与隐私保护。针对网络舆情智能监管因数据泛滥低质带来的管控难题，提出知识驱动的面向高维异质内容的价值度量与提取方案，设计基于知识图谱的舆情监测与内容保护机制，并佐以用户偏好的引导扩散机制，深度确保舆情的价值关联与可信分发，进而保障网络信息传播的安全有序。针对当前系统安全面临的重大威胁，提出新型抗量子密码算法和量子密钥分发机制，突破基于区块链和共识的分布式信任等关键技术，实现数据驱动的系统安全加固。针对人工智能系统的内在脆弱性，提出多层次多视角的人工智能系统脆弱性评估、攻击检测预警与安全性增强技术，构建风险可控、应用可靠、管理可知的安全人工智能系统架构，最终形成面向现代人工智能的原创性数据安全和隐私保护理论体系。

未来15年，全面突破自主可控的交换芯片、网络处理芯片、智能网卡、可编程网络设备、高性能核心网络设备、网络设备操作系统、全网操作系统等方面的关键技术，将计算、存储等功能有机融入网络核心，实现网络功能的按需定制及服务化，建立开放、透明、可定义、可重构的网络，并且持续增强标准化顶层设计，使我国成为未来网络关键技术和标准的重要主导者；解决网络空间中数据、网络、系统和服务的可信、可靠、可控、可管等关键问题，重点保障关键信息基础设施的安全，推进网络安全保护能力的转型升级，构筑更加主动、前瞻和先进的一体化网络空间安全保护体系，持续提升我国网络安全的综合保障能力，实现网络强国的战略目标。

（四）主要研究内容与核心科学问题

新一代网络体系结构及安全作为信息学科发展的重要领域，急需在智能可演化网络、云-边-端融合网络、一体化融合网络、数据中心网络、软件定义网络、工业互联网、物性感知安全、匿名通信与暗网、网络舆情监控、新型密码机制、区块链、系统安全加固、人工智能安全等方面进行布局并开展科研攻关，引领和拓展相关科学前沿，努力解决技术瓶颈背后的核心科学问题，从而促成基础研究成果走向应用。

1. 智能可演化网络

主要研究内容：交换芯片、网络处理芯片、智能网卡、可编程网络设备；

可重构高效率的数据平面、网络设备操作系统、全网操作系统、自学习和演进的网络协议；智能路由控制、网络资源智能分配、数据驱动的网络管理与运维；超低功耗大规模智能物联，包括智能高效组网、可靠信息交互以及自适应信道接入等机制。

核心科学问题：如何全面提升网络的智能化水平；如何实现可根据网络状态和业务需求动态重构的智能网络；如何构建具备开放灵活、面向业务、具有微服务化架构的网络操作系统；如何实现自学习和演进的网络协议以及网络资源智能分配；如何实现面向路由决策的网络资源大数据实时轻量采集；如何基于体验感知与用户意图实现网络管理、运维的智能化；如何进行感知、传输、组网能耗的深度联合优化，构建超长生命周期（数年无间断）、超大规模（上亿节点）、超长距离（百千米）、智能下移（智能从云端下移到节点端）的智能物联网。

2. "云－边－端"融合网络

主要研究内容：边缘计算软硬件平台；跨层协同计算架构及资源智能管理、跨层协同的多级缓存和服务供给、多维度性能优化；边缘智能、边缘计算框架下的联邦学习。

核心科学问题：如何在时变通信状态、动态服务需求以及层次计算能力等多种复杂条件的约束下，设计云－边－端异构协同计算架构；如何针对资源的广分布、高异构、多碎片特点，实现云－边－端协同和资源管控；如何从数据高效缓存、网络协同传输、弹性训练推理等多角度对性能进行优化提升；如何在环境复杂和算力有限的条件下实现低延迟、高效能的边缘智能分析；如何在边缘进行高效、可信、安全的联邦学习，在不牺牲用户隐私保护的条件下实现数据的有效利用。

3. 一体化融合网络

主要研究内容：一体化新型网络体系结构、异构网络的高效互联互通、网络确定性服务；空天地海一体网络、内容中心网络、应用驱动网络；通信感知一体化、网络计算存储一体化。

核心科学问题：如何设计融合数字世界、物理世界和人类社会的一体化网络体系结构；如何实现更可靠的业务质量保证、更安全的网络服务、更灵活的业务定制能力；如何满足多样化应用和确定性、差异化服务对不同网络体系结构的需求；如何实现从消费型网络向生产型网络的演变；如何实现分布式部署与集中式部署之间的权衡，确保技术之间的有效融合；如何设计异构网络自适应融合的网络体系结构，解决异构网络分布式互联互通的问题；如何构建智能、分布式算力、通感的融合，提升通信节点的内生智能感知能力。

4. 数据中心网络

主要研究内容：数据中心的新型网络体系结构、数据全速传输交换技术、广域数据中心网络；意图感知驱动的资源管理、远程直接数据存储（Remote Direct Memory Access，RDMA）高速网络环境下的流量调度、跨数据中心网络传输调度、数据中心网络能耗优化。

核心科学问题：如何实现数据中心内/间的低时延、高带宽、高能效的网络传输；如何实现敏捷高效的拥塞控制和无阻塞通信；如何保障数据中心网络安全和实现故障快速恢复；如何实现低成本、高带宽、低时延的数据中心网络流量控制；如何设计高效的流调度算法以解决分布式机器学习对于跨数据中心数据传输的需求。

5. 软件定义网络

主要研究内容：分布式控制平面、南北向协议、网络功能虚拟化、网络控制与编排；软件定义5G核心网络、智能软件定义网络、软件定义数据链路层协议；基于全维度可定义的新型网络体系结构、软件定义互连、多模态网络的软件定义互连交换。

核心科学问题：如何以低开销方式实现网络性能的全局优化，如何实现高效可控可管的分布式控制平面，以及如何解决由集中式控制和网络可编程带来的安全问题；如何提升虚拟网络功能组件的处理性能，如何高效低费地部署虚拟网络功能组件，以及如何动态高效分配虚拟网络功能组件；如何实现网络的全维度可定义和协同可控可管；如何通过物理层、数据链路层、网络层协议的协同重构，实现软件定义的互连；如何将深度学习模型与软件定义网络环境进行深度融合，以自适应满足日益复杂的网络需求；如何通过多模态混合可编程交换技术和大规模状态表下的线速转发技术，以实现高效的多模态网络互连交换。

6. 工业互联网

主要研究内容：新型工业互联网体系架构；全场景、高精准的非传感器感知，大规模、高动态的群智协同感知，多模态、分布式的边缘感知，低功耗、高精度的绿色无源感知，以及移动自主感知；基于工业标识的寻址路由、需求感知的终端自适应互联、以数据内容为中心的寻址和路由机制、面向应用服务需求的功能系统间安全可靠互联，以及时间敏感互联；云-边-端三元融合计算、多源数据汇聚与群智协同计算、工业互联网柔性构造与智能调控，以及面向行业的模态生成和应用适配技术。

核心科学问题：如何通过云-端协作对工业数据进行全面深度感知（感）、高效实时联网传输（联）、快速计算处理和高级建模分析（知），从而实现智慧决策优化和精准执行控制；如何在强干扰、大范围、多目标的复杂工业环境中实现全面精准感知；如何设计低时延、高安全性的实体定位与网络传输机制，实现异构网络无缝融合和异质实体互联互通；如何设计云-端融合环境下的新型网络协同计算模式，保证工业数据处理的实时性、安全性、灵活性；对于非传感器感知，如何建立非传感器感知理论，在带宽极度受限的条件下挖掘感知能力的极限、提高感知分辨率；如何解耦人与环境信息，从接收信号中提取环境无依赖的信号特征，并针对无线信号特征空间，建立人员行为的时空模型。

7. 物性感知安全

主要研究内容：非绑定、连续、细粒度的人-机-物可信融合感知；基于物性信息的特征提取与识别认证；新型旁路与故障分析；物联设备的漏洞检测与攻击分析；持续性可信识别与认证；基于物性信息的攻击与防御；虚假数据注入攻击与检测。

核心科学问题：如何开展全网一体化安全可信感知与隐私保护，实施全自动的异常状态和攻击行为实时检测，评估基于持久性故障和新型旁路分析的物理实现安全性；如何发掘并提取信息实体中的唯一"指纹"；如何建立人-机-物强关联绑定和弱关联联系；如何支持跨域跨场景的随遇解析、可持续认证与追踪溯源。

8. 匿名通信与暗网

主要研究内容：基于侧信道信息的匿名通信流量识别、应用分类、内容分析和通信追踪等技术；暗网空间探测与分析技术，包括暗网拓扑和节点发现方法、内容发现和分析方法；暗网渗透攻防技术、暗网态势感知、暗网监

第四章　信息科学的发展思路与发展方向

管与治理；匿名流量与数字货币等信息的分析和关联追踪方法。

核心科学问题：如何设计适用于大规模高速网络环境的高效、准确、易部署的暗网流量监管方案；如何高效、快速地对暗网空间中节点的地域分布、拓扑结构、隐藏服务站点等进行探测；如何通过分析暗网服务技术原理和匿名路由协议，设计有效的暗网服务定位方法；如何对暗网资源进行内容分析以实现敏感资源和事件监控；如何借助大数据处理、知识图谱、人工智能等技术分析暗网数据，挖掘数据中的新物品、新术语、新事件等；如何实现匿名流量与数字货币等信息的发现/追踪/溯源；如何开展匿名化及社交网络融合化分析，安全隐蔽地预警监控暗网中存在的恶意和犯罪行为。

9. 网络舆情监控

主要研究内容：智能化的舆情监测预警、突发性事件发现、热点事件挖掘与情感分析、传播建模与舆情演化分析，以及舆情引导机制；基于社交网络中的碎片化资源的价值度量方法；海量高维异构内容的知识提取技术；混杂传播消息的真假解耦分离策略；高度敏感化内容的模糊处理与隐私保护技术；以内容价值和用户偏好为导向的全局动态引导扩散机制。

核心科学问题：如何高效挖掘并利用社交网络中的隐式因素构建舆情态势以实现定量分析和动态预测；如何利用人工智能、知识图谱等技术实现细粒度的碎片化、口语化中文的语义理解和推理分析；如何构建符合现实社交网络特征的传播演化模型；如何实现大规模、自动化、智能化、准确化、高响应的舆情引导。

10. 新型密码机制

主要研究内容：面向量子计算的新型密码机制的量子计算基础和原理；密码学原语量子计算复杂性评估与安全性分析；抗量子密码算法及其软硬件密码实现、侧信道攻击与防护；新型密码机制与现有密码系统的动态融合构建；抗量子安全协议原语设计与应用；量子密钥分发机制，以及量子密钥的成码率、通信距离、通信规模、通信成本和安全性的优化和实现。

核心科学问题：如何研究量子计算复杂性问题及归约、密码基础困难问题的量子计算复杂性评估、抗量子密码方案的设计与分析等理论；如何发掘量子计算不擅长的数学问题以构建新的抗量子密码算法；如何在不同软硬件资源环境下实现抗量子密码算法以及物理攻击与安全防护；如何实现复杂网络环境下后量子密码技术的应用与标准化，完善基于新型密码机制的安全防御技术体系；如何探索新型密码原语在安全多方计算、隐私保护等方面的安全协议设计与构造方法；如何在长距离条件下实现大规模、高安全成码率的量子密钥分发机制。

11. 区块链

主要研究内容：区块链系统中数据安全、隐私保护、高效共识、密钥管理、智能合约安全、信任评估，以及异常行为内容的检测与监管；多层次、效能平衡、全流程地针对区块链系统需求的密码学安全防护；新型跨链用户身份协同识别与管理；基于区块链的持续性信任评估；多形态区块链系统与交易数据的抗泄露与可监测；细粒度的区块链用户身份信息匿名感知。

核心科学问题：如何实现分布式信任的可扩展性、可持续性、安全性、隐私性和匿名性；如何构建面向不同形态区块链系统的数据安全存储方法、交易层数据安全保护机制；如何设计基于零知识证明、安全多方计算、差分隐私等理论的数据隐私保护机制，实现数据的安全与隐私保护；如何实现跨区块链、链上链下用户身份的信用评估、认证、检测及管理，识别非法用户并保护合法用户的权益；如何结合白盒密码、安全多方计算等技术，开展满足区块链系统需求的密钥安全存储与防护技术研究，推动区块链系统在移动互联网环境中的应用；如何结合博弈论等技术，设计抗攻击的共识协议，以设计高效的区块链系统；如何通过智能合约的形式化验证，探索自动化代码审计、漏洞扫描等技术与区块链的融合，实现智能合约的安全；如何通过基于特征识别的异常交易检测机制、基于区块链交易图挖掘的用户族谱分析技术、内容中敏感信息的实时检测方案，以实现对区块链系统的合法监管。

12. 系统安全加固

主要研究内容：关键基础设施业务流程的形式化分析与验证；关键基础设施薄弱性分析；关键基础设施攻击检测与阻断；数据驱动的关键基础设施安全和数据驱动的系统安全。

核心科学问题：如何针对关键基础设施业务流程进行安全形式化表达和分析；如何在混合攻击场景下对关键基础设施进行薄弱性分析；如何实现关键基础设施复杂攻击的检测与安全阻断；如何分析新型复杂混合攻击的威胁机理；如何发现分布式攻击威胁在数据-模型-应用间跨域传播的规律；如何

实现数据与机理耦合分析的系统安全防护；如何实现数据合规性的智能检验；如何实现分布式安全数据融合，以及如何针对实际运行系统，包括联盟链、网络安全态势感知、系统安全机制优化等，发展多种类型的数据驱动的系统安全场景。

13. 人工智能安全

主要研究内容：人工智能技术内在脆弱性机理分析；智能系统安全对抗机理、对抗样本生成与检测；训练数据与模型隐私防泄露；分布式深度学习安全与隐私保护；软件安全威胁的智能感知分析和修复、系统安全的智能自动化测试、面向未知威胁的智能系统安全预警与协同防御、恶意软件智能检测。

核心科学问题：如何分析对抗样本作用机理，提高反制技术通用性和隐蔽性，建立多层次协同防御体系，确保人工智能安全、可靠、可控发展；如何在模型安全性与模型可用性之间达到一个有效的平衡，使得在保证用户隐私不泄露的前提下，模型依然能够有效稳定地提供相应服务；如何设计更加轻量级的隐私保护算法并构建新型分布式深度学习隐私保护框架，在保证隐私的同时降低计算开销；如何提升现有恶意软件智能检测技术的泛化能力，使其能够更好地检测出未知的恶意软件。

四、高分多源探测与复杂环境感知

（一）科学意义与国家战略需求

随着国家空天地海各域平台的建设、万物互联网络的发展、传感器数量和类型的激增，承载信息的信号形式、结构、数量不断发生变化[53]。信号数据呈现出多源、海量、时变、异构等特点，信号处理理论从传统的平稳、高斯、线性、低维度、集中式向非平稳、非高斯、非线性、高维度、分布式发展。另外，微波、光、声场、电磁等信息获取环境受杂波、多径、媒介不均匀等影响，给日益增多的非常规目标的精细化、定量化、实时、鲁棒的信息获取带来巨大挑战。现有的各个层次任务的信息获取与处理之间相互独立，缺乏信息的全链路一致传递与反馈，难以实现从获取、表征到理解的最优匹配与协同。

随着各类信息获取技术的发展，信息探测的分辨率、距离、时效性等能力不断提升,信息处理对象已经从纯数值向文本、图像与视频等多源信息迅速扩展。然而,多源雷达探测数据、声呐探测数据、空间探测数据、工业探测数据、感官媒体数据多为独立处理,缺乏统一融合;较成熟的信息处理理论和技术主要集中在二维、静态、单一事件/任务,缺乏高维、动态、多事件/任务、弱小目标等信息的有效获取。目前,信息获取技术种类多样且性能极大提高,对地观测网、移动互联网、物联网、社交网蓬勃发展,已获得了海量的探测与成像数据,然而多源多域数据融合、协同应用能力存在不足,亟须针对多源多域数据的异质性、异构性、视角复杂多变、多空间尺度与多分辨率并存、数据缺失等问题提出系统的、高效的解决方案。

本领域重点关注复杂环境信号处理的特点,发展多维稀疏信号处理、复杂环境干扰抑制理论,并将成像后端面向具体应用的数据处理/信息特征提取与探测成像数据获取相结合,形成新的一体化探测计算成像系统,进一步对获得的数据进行表达、仿真、压缩、传输、分析、监测、重建、可视化及反演,为公共安全保障、事故灾害应急监测处置、工业检测、多媒体立体感官交互、关键海域监测等重大应用储备探测成像新机制、数据处理/信息提取新方法;奠定微波/光谱/声场环境下的感知与目标探测认知理论和模型基础,为空天地海一体化观测网络等国家重大工程以及万物互联等大规模民用需求提供支撑。

本领域聚焦于深空、对地、对海探测等国家重大需求,探索雷达、光学、声、电磁等多源探测成像新机理,研究多模探测成像信息获取与重建,解决多维度信息获取、表示与重构的关键科学难题,融合人工智能理论,研究多维度探测智能信息处理与目标认知,重点突破航天国防、深空探测、海洋监测等领域的弱小目标、未知目标识别技术,围绕高分对地观测系统、空间信息网络、海洋观测网络,实现空间探测成像多源、多维度、多尺度信息处理,解决现有空间探测成像"时空碎片化"和"信息差异化"技术瓶颈,为满足深空、对地、对海探测等国家重大需求奠定高分辨率多源探测成像和信息处理理论与技术基础。

(二)国内外发展态势和我国优势

1. 国内外发展现状分析

在信息获取与处理领域,以信号、数字图像、多媒体为代表的处理技术在近 10 年伴随着航空航天电子技术、压缩感知和深度学习理论的发展而得到了快速的发展。国外在本领域有着先发优势，具有起步早、发展快、应用落地强的特点。

（1）信号理论

从 20 世纪 80 年代至今，在基于平稳/正交/高斯/线性的传统信号处理理论、单传感器单一事件/任务感知与处理等方面的研究趋于成熟并且已成功应用于各类工程系统。非平稳/非正交/非高斯/非线性的信号处理理论一直在不断地完善并随着海量、异构等新信号特点而进一步发展，尤其是基于稀疏性、结构性等信号内在特征的信号处理理论与方法，从 2006 年至今被广泛关注，已经在数据量、参数估计精度、分辨率等诸多指标上表现出优势，目前的主要研究焦点是边界条件、性能极限等问题。信号的形式、结构、数量也在不断变化，从 2015 年至今尤为明显，适合处理高维、多源、海量、时变、异构信号的理论与方法研究逐步受到关注和重视。

信号理论方向的研究趋势是聚焦于低采样率、低量化率压缩采样方法边界条件和性能极限，模拟端前处理及高效率数字信号采样，数据异质、跨时空观测、信息碎片化等条件下的多传感器协同处理，高维/海量信号数据的数学表达与解释，基于稀疏结构的欠定信号相位恢复理论，脉冲噪声中的鲁棒张量补全理论，低慢小目标的多源异构传感器协同探测与融合，基于光计算的信息处理理论等。

（2）雷达原理与技术

现代雷达[54]是一种综合了电子科学各种先进技术的信息感知与处理系统，涉及电子信息工程中几乎所有的技术要素。伴随着微波器件、信号理论的发展，雷达技术得到了显著发展。然而，受到微波器件限制，信号带宽大幅提高受限；目标角响应存在退相干，观测的有效视角受限，提升空间分辨率困难。另外，空间分辨率的增加并不意味特征分辨率的提高，急需采用新的途径，突破微波特征成像的能力。应用需求的牵引和新技术的驱动，对微波成像基础理论提出了新的研究需求。雷达技术在向高时间分辨率、高空间分辨率等时间和空间维度不断开拓研究，但尚未形成有效的应用驱动微波成像机制与技术。基于先进信号变换方法的目标能量积累处理得到广泛应用，提高了目标检测与杂波抑制性能；稀疏信号处理、智能（深度学习）信号处理、图信号处理等新理论、新方法已应用于雷达信号处理。认知雷达信号处理得到初步研究，其将认知概念与雷达应用相结合，以适应复杂多变的地理和电磁环境，通过动态调整优化发射波形及工作模式，使雷达系统部分地具备"感知-学习-自适应"的能力。传统雷达信号处理链路在复杂干扰环境下性能急剧降低，难以满足目标探测要求，亟待发展稳健可靠的雷达信号处理新理论与新方法。

雷达原理与技术方向的研究趋势是聚焦于多维度微波成像技术，稀疏微波成像技术，高分宽幅微波成像技术，角度关联全方位精细化成像新技术和新方法，智能及低系统复杂度、低成本的便携式微波探测成像理论、机制与方法，结合雷达工作体制的多维度、精细化抗干扰信号处理，先进雷达目标检测与参数估计，基于大数据和网络技术支撑的极化-空-时-频多维度信息联合处理，基于认知的分布式网络化雷达自组织探测等。

（3）遥感信息处理

近十年来，随着航空航天的发展，遥感数据不断丰富，相应的遥感信息处理技术得到了快速的发展。美国、欧洲、韩国、日本等持续发展一系列遥感卫星，我国也在航空航天遥感领域持续加大投入，已经逐渐改变遥感数据依赖进口的态势。尽管遥感信息处理技术得到了长足的进步，但仍面临时空碎片化、信息差异化的问题。具体表现为：高空间分辨率探测方面，航天的遥感优势在于大尺度广域探测，航空/无人机的遥感优势在于小尺度精细化探测，然而卫星-卫星、卫星-机载多源遥感探测手段之间的协同不足；高光谱分辨率探测方面，高光谱遥感探测正由图谱合一的固有成像方式向时相、时间和空间维度不断拓展，形成全谱段、多时相/视频、高光谱立体一体化成像多模探测能力，协同获取空间-光谱-时间多维度信息，但缺乏相适应的信息处理理论与方法；高时间分辨率探测方面，现有卫星遥感数据获取手段能够实现多时相/视频探测能力，未来将形成较大尺度遥感动态监测能力，亟待发展卫星视频目标信息提取和场景监视理论与方法。

遥感信息处理方向的研究趋势是聚焦于遥感信息探测机理、天空地一体化遥感协同探测与处理、遥感数据校正与图像质量提升、面向定量应用的高精度/高时效/高一致性定标、空天遥感观测场景 3D 重建、凝视/视频卫星目标信息提取与场景监视、智能目标检测与场景理解、空天多源遥感探测信息协同处理、遥感图像智能处理与定量化反演等。

（4）探测与成像

近十多年来，探测与成像研究主要呈现了单模态到多模态、小尺度到跨尺度、高分辨与高动态的发展态势。单模态到多模态：单模态的各类成像方法可以获取单一参数的空间分布信息，但多种模态成像信息在被测对象多物理场模型层次的融合不足，限制了多物理场参数信息的相互校验与物质分布区分能力。小尺度到跨尺度：常见的工业探测尺寸可以实现近似全边界数据的获取，但发展到深地探测及地下空间利用的探测成像，仅能获取部分边界信息，现有的反演测量效果仍严重受限于边界数据的不完整性。高分辨与高动态：探测成像与特征提取的高动态实现，通常制约了其空间分辨率的提高，但通常的被测物理场参数分布具有一定的稀疏特性及先验知识，亟待发展深度融合模型信息的反演成像理论与方法。

探测与成像方向的研究趋势是聚焦于基于物理信息及其特征的工业探测成像理论与仿真方法、基于新型传感技术的信息重建理论、多模态成像理论和信息联合重建理论与方法、高分辨/高动态对象的二维/三维成像理论与方法、基于反演成像的工业测量与人工智能、探测成像工程应用、地下高精度探测与成像、空间高精度探测与成像、多源协同探测与融合重建等。

（5）声信号处理

声波是由振动产生的波动现象，可携带丰富的信息在固体、液体、气体等介质中传播。现有理论与方法关注的主要问题是在较为理想的传播环境中对单一声学事件/任务进行感知与处理，但随着应用需求的不断提升，如何利用多传感器系统来实现声场环境的全面感知变得非常迫切。声信号感知与处理涉及的环境非常广泛、复杂，既有大尺度环境（如水域），也有小尺度环境（如房间），而且这些环境都是时变的，如何实现小尺度环境的高精度感知与大尺度环境的可靠感知，相关方面的研究目前才刚刚起步。目前的处理方法与技术主要针对的是单一声学事件/任务，如何针对声场环境中的多目标/任务/事件来实现关键信息的提取、认知与可靠传输，从而解决远程拾音、噪声/回声/混响/干扰控制、声源分离、鸡尾酒会效应、水下多目标和弱目标等的探测/分类/识别、水下可靠/高速无线通信等问题，相关方面的研究目前还基本是空白。声场环境的关键事件检测、态势预测、关键信息成像、声场重构也是需要继续解决的难题，目前这方面的理论、方法与技术也很少。

声信号处理方向的研究趋势是聚焦于复杂环境（深海、极地冰区、会议室等）下的声场与声信号感知，声学阵列/传感网络信号与信息处理，声场环境建模、关键参数的估计、反演，新型传感与感知原理，海量声信息的挖掘、识别与理解，稀疏资源条件下非合作、弱目标、多目标的探测、识别、理解，声信号产生、合成与声场/声信号重构，声学场景分析与态势预测，高效高性能声成像，跨介质协同声信息交互与处理等。

（6）图像信息处理

图像信息处理的核心特征在于对图像进行多层次的信息处理及智能理解，包括低层次的图像信息获取感知、中层次的图像内容分析识别与高层次的图像理解与推理。现有的各个层次任务的图像信息处理模型之间相互独立，缺乏信息的有效传递与反馈，难以实现从获取、表征到理解的最优匹配与协同。同时，现有图像信息处理模型往往针对特定的任务和环境，难以进行自适应的调整，模型之间的迁移能力不足。现有图像信息处理技术对多源多域数据进行融合与协同利用的能力不强。大多数研究往往只针对单源单域下获取的数据，无法充分发挥不同来源数据的互补性。针对多源多域数据具有的异质性、异构性、视角复杂多变、多空间尺度与多分辨率并存、数据缺失等问题，尚未有系统的、高效的解决方案。当前的深度神经网络在许多图像信息处理任务上取得了巨大的效果提升。但其自身存在的理论基础不稳固、设计效率低下、计算资源消耗高、过分依赖大数据、鲁棒性低、可解释性差等问题，已经制约了图像信息处理技术的进一步发展。当前的图像信息处理技术在低级和中级任务上已经取得了显著的突破，但是在更深层次的视觉理解与推理任务上仍然没有较大进展。如何结合自然语言处理、知识工程、脑认知科学等领域的技术，实现可理解的、可扩展的视觉理解与推理，仍然是一个尚待解决的问题。

图像信息处理方向的研究趋势是聚焦于高时效一体化智能拍摄模式，海量高品质图像、视频数据的高效压缩编码及关键信息提取，高精度实时图像3D视觉重建，机器人视觉基础理论，多域多维图像信息处理理论，图像、视频的精细化、结构化信息提取，不完全、不确切监督/开放环境下的图像识别与处理，知识指导的深层次图像理解与推理，图像信息处理模型的自动设计与结构搜索等。

第四章　信息科学的发展思路与发展方向

（7）多媒体信息处理

欧美日韩在多媒体信息处理领域有着深厚的技术积累，从而取得了可观的经济效益；同时，国外主要国家也十分重视多媒体信息处理的发展，出台了一系列计划用于推动该产业升级转型。但目前存在的主要问题有：重处理轻采集，缺少将采集融入后续处理的全链条一体化研究；以对二维媒体信息的处理为主，针对 3D 媒体的研究相对不足；视/音/触等多感官数据仍分别处理，缺乏统一融合。

多媒体信息处理方向的研究趋势是聚焦于阵列多相机感知系统与技术、光照编码计算摄像理论与技术、几何纹理协同媒体信息处理、光场 3D 数据压缩与传输、音视频协同媒体信息处理与理解、大规模网络媒体信息提取与知识发掘、面向 VR/AR 的媒体信息表示与处理、多感官媒体交互技术与应用、3D 可视媒体信息处理与显示、高逼真媒体信息采集处理与呈现等。

2. 我国现有基础和优势

我国在信息获取与处理领域不断探索高效的信息探测技术，从传统的粗分辨、单谱段、单极化、单角度、单平台、单尺度，到超高分辨、多谱段、多极化、多角度、多平台、多尺度等都取得了很大的进展[55-58]。随着国家高分辨率对地观测系统的建成和完善、空间信息网络/空天地海一体化监测网络的布局规划、商业卫星遥感的快速发展，对地、对海探测的高时-空-谱分辨率数据获取能力极大提升。不断积累和丰富的海量多源空天探测大数据，极大地推动了高维智能信息处理与目标识别方法、多源多尺度信息协同处理理论等的研究，在航天国防、自然资源、生态环保、农林等众多涉及国家安全、国民经济的领域中展示了巨大的应用效果和社会价值。平稳/正交/高斯/线性信号处理理论、单传感器单一事件/任务感知与处理等研究积累丰富并实现工程应用。非平稳、非正交、非高斯、非线性的信号处理理论随着海量、异构等新信号形式的出现而进一步发展。基于稀疏性、结构性等信号内在特征的信号处理理论与方法、适合处理高维、多源、海量、时变、异构信号的理论与方法研究逐步受到关注与重视。认知系统得到了初步研究，以适应复杂多变的地理和电磁环境，通过动态调整优化探测信号形式，使信息获取系统部分地具备了"感知-学习-自适应"的能力。

为分析我国在本方向论文发表情况，选择本领域 80 余个代表性 SCI 期刊

223

做了几组统计数据：2010 年，中国在这些期刊上发表论文 2202 篇，占世界的 22%，位居世界第一，超过位于第二的美国（361 篇）。2019 年，中国在这些期刊上发表论文 20 084 篇，占世的 55%，位居世界第一，超过位于第二的美国（16 268 篇）。中国在 2010—2014 年在这些期刊上发表论文 15 225 篇，在 2015—2019 年在这些期刊上发表论文 52 501 篇，前后两个 5 年，增速显著。从论文引用频次来看，在 2010 年中国位于世界第二，到 2019 年位于世界第一。从高被引论文数量来看，2010 年中国有 109 篇，位于世界第二；到 2019 年中国有 1454 篇，超过美国，位于世界第一。中国在 2010—2014 年发表高被引论文 788 篇，在 2015—2019 年发表高被引论文 3439 篇，前后两个 5 年，增速显著。在本方向上，我国无论是研究规模（论文数量）还是学术影响力（被引频次），近 10 年来国际地位均呈现出快速提升的态势。

随着各种应用的普遍展开，特别是大数据的蓬勃发展，众多新的信息处理与分析方法不断出现。当前的信息处理技术在低级和中级任务上已经取得了显著的突破，研究逐步聚焦于结合自然语言处理、知识工程、大数据、脑认知科学等领域的技术以进行更深层次的视觉理解与推理、视/音/触多感官媒体信息的融合处理。此外，针对新应用环境、新应用需求所提出的新问题，正逐步深入研究非平稳/非高斯/非线性/高维度/分布式信号处理、复杂电磁/光谱/声场环境非常规目标信息获取、高维信息智能感知反馈的智能化信息提取方法研究，并已经取得部分有代表性的成果。未来将围绕上述相关科学问题进一步发展，特别是面向国家重大民生应用需求和强时效性响应突发应急需求的新体制信息获取与高效处理将得到快速发展。

（三）发展目标

未来 5 年，重点开展压缩采样、多源异构海量信号处理、信号无损压缩采集、复杂电磁/光谱/声场环境下的认知理论研究，为整个信息获取与处理领域提供先进、前沿、急需的理论基础支撑。面向信息科学前沿，探索多源探测新机理，突破高维智能信息处理与目标识别关键技术，依托高分辨率对地观测系统、空间信息网络、空天地海一体化监测网络等国家重大科技领域所获取的我国自主探测海量数据，完成多维度感知机理及协同处理可行性和可用性验证实验。面向公共安全、减灾应急、航空航天、海洋权益、石油化工、工业检测、智慧城市等高时效性响应重大民生应用需求，探索建立起特殊环境目标约束下的多模态计算成像的新机制、新模型、新技术和新方法。

未来 15 年，建立较为成熟的压缩采样、多源异构海量信号处理、信号无损压缩采集、复杂电磁/光谱/声场环境下的认知理论体系，为信号获取与处理提供有效的理论模型支撑。实现更高时-空-谱-辐射/散射分辨率目标探测和观测场景精细化感知，为深空、对地、对海探测国家重大需求提供支撑。面向航天国防、海洋安全、深空探测等领域的重大需求场景，突破多源多尺度信息协同处理机理方法体系，实现高分辨率多源探测与信息处理的国际领先。着眼于我国在多模态计算成像领域形成国家重大需求牵引的基础创新与应用验证相互推进的研究范式，实现基础创新研究与应用验证技术创新研究的引领。

（四）主要研究内容与核心科学问题

1. 复杂电磁/光谱/声场环境下感知和认知系统理论与模型

主要研究内容为奠定电磁/光谱/声场环境下的感知和目标探测认知理论与模型基础，为空天地海潜一体化观测网络等国家重大工程以及万物互联等大规模民用需求提供支撑，包括：①信号无损压缩采集，解决低采样率和低量化率数字化采样的边界条件、性能极限、误差控制等关键问题；紧跟模拟信号处理、模数一体化芯片、声光电转换材料的发展，解决在模拟端进行部分处理后进行高效率、低成本的数字信号采样问题。②多源异构信号协同处理，当前及未来的信号类型体现为来源多样、时空不一、性质各异等特点。通过综合发展自适应处理、非平稳处理、分布式信号处理、信息融合等理论与方法，为提升多传感器协同处理异构信号的能力奠定基础。③海量信号高效处理，当前及未来的信号规模体现为高维、海量、冗余度大、信息碎片化等特点，需应用随机矩阵理论、流形与张量分析等新的数学工具并发展实时处理技术，保障高动态、边界不完整或不均匀等采样空间受限条件下的处理精度和效率。④复杂电磁/光谱/声场环境下的认知理论研究，以认知科学、规则推理、智能学习为理论基础，解决电磁/光谱/声场环境（包括空间、深空、深海、极地等）的杂波、多径、媒介不均匀等干扰问题，建立在复杂环境下的认知系统模型与实时处理框架。

核心科学问题：①可靠的低采样率/低比特率压缩采样，信号内在的稀疏性使得从低采样率或低比特率的压缩采样数据中提取有用信息成为可能。研究压缩采样的采样率/比特率的理论性能边界以及其随各种系统参数的变化规律，可保证信息提取的可靠性。②多源异构信号的智能融合，多传感器跨时空观测同一个/同一批目标，形成具备共同语义内涵的多源异构信号形式。为了从多源异构信号中提取有用信息，需要综合运用并发展自适应处理、非平稳处理、分布式信号处理、信息融合等相关理论与方法。③海量信号的高效处理，信号规模海量、信息冗余度大且呈碎片化分布，是当前以及未来信号的显著特征。除了发展硬件之外，还需要综合应用随机矩阵理论、流形与张量分析、优化理论和数值求解方法等新的数学工具，并发展实时处理技术，提升海量信号处理的时效性。④复杂电磁/光谱/声场环境下的稳健处理，在复杂电磁环境（包括空间、深空、深海、极地等）下完成侦察、干扰、探测、通信等任务，是未来电子信息系统必须面对的挑战。为了提升这一能力，需要基于电磁环境的内在稀疏性，解决电磁环境认知建模、强约束下的信号检测与参数估计与实时处理等难题。

2. 高分辨率多源遥感探测成像与信息处理方法

主要研究内容为聚焦于信息科学前沿，为深空、对地、对海探测国家重大需求奠定高分辨率多源遥感探测成像与信息处理理论和技术基础，包括：①多源遥感探测成像新机理与新方法研究，突破现有雷达、光学/高光谱、声呐信息探测能力限制，探索新体制多模探测成像的新机理和空间信息感知的新理论、新技术，解决多维度信息获取、表示、重构与处理的关键科学难题，获取高分辨率空-时-谱-辐射/散射多维度信息，推动我国在深空、对地、对海重大领域的科技创新。②高维智能信息处理与目标识别，融合人工智能理论，研究多维度探测成像智能信息处理与目标识别技术，发展面向空间、海洋目标探测的智能识别方法，解决弱小目标、未知目标的探测与识别难题，为航天国防、深空探测、海洋监测等领域提供多维度探测成像目标识别关键技术。③多源多尺度信息协同处理，围绕高分对地观测系统、空间信息网络，研究空间（对地、对海、深空）探测信息多模态多尺度协同处理理论与方法，突破现有空间探测信息感知"时空碎片化"和"信息差异化"技术瓶颈，实现多源、多尺度、多域空间遥感信息探测。

第四章　信息科学的发展思路与发展方向

核心科学问题：①高分辨率多源探测成像与信息处理方法，受限于探测系统性能及成像条件，探测成像信息获取过程中存在信息空-时-谱-辐射/散射分辨非一致性采样、空间混叠、高维信息冗余、信息异构性、信息不确定性等信息退化问题，严重降低多模态多维度空间信息感知的精确性、可靠性、完整性和鲁棒性。②时变非均匀环境特征和目标特征约束条件下的雷达信号处理、目标检测及参数估计优化，雷达/声呐信号处理、目标检测及参数估计的进一步发展受制于时变非均匀环境特征和目标特征约束。为解决该问题，需突破认知处理环路优化设计、多源信息知识辅助处理、检测跟踪一体化处理、基于人工智能及深度学习的新型雷达/声呐信号处理、超稀疏/分布式、多极化阵列雷达信号精细化处理等新型理论与方法，满足预警、防空、对地监视、自动驾驶、安全监视等不同类型的雷达/声呐探测应用需求。③多域多维图像感知、理解与推理，多源多域数据存在异质性、异构性、视角复杂多变、多空间尺度与多分辨率并存、数据缺失等问题，需充分利用机器学习、计算机视觉、机器人、数学等理论，开展高时效一体化智能拍摄模式设计、海量高品质图像/视频数据的关键信息提取、高精度实时图像3D视觉重建、多域多维图像处理理论等研究，为多域多维大信息系统提供技术基础。

3. 多模态计算成像新机制、新技术与新方法

主要研究内容：提出多模态计算成像新机制、新技术与新方法，为新型多模态探测成像技术开拓新的研究范式、传输模式和优化机制，包括：①多模态计算成像新机制、新技术，研究将成像处理后端面向具体任务的理论方法与信息处理过程相结合的新型计算成像机制及信息系统，提高信息处理精度、速度和鲁棒性等；进一步对获得的数据进行表达、压缩、传输、分析、监测、重建、可视化及反演。②高时空分辨率安全监测光/声/电磁成像机制与方法，研究高帧率、高识别率安全监测新机制和新方法，研究弱定位约束下的目标高精度定位识别微波成像探测模型与方法，研究多模态计算成像安全监测的数据获取机制、数据处理以及信息提取参数反演方法。③基于多模态计算成像的3D信息获取与高效处理，研究利用光信息传输过程中的光路、传感、计算耦合相关特性的感知-重建全局最优模型，研究结合3D表面空间分布稀疏性等特征实现3D信息的高效表达、传输与分析的模型与方法。④分布式、多节点、多模态计算成像系统的智能协同技术和方法，研究分布

227

式、多节点、多模态计算成像系统的智能协同技术和方法，形成重大需求牵引驱动的创新范式，促进重大监测数据与信息的精细化、定量化和智能化应用。

核心科学问题：①基于计算成像理论的一体化信息表达、压缩、传输、分析、重建、反演及可视化，基于冗余性结构的压缩与编码、复杂场景受限条件下的高帧率多源探测成像感知、精确定位识别与跟踪方法、多径抑制多通道误差校正的高精度3D成像和3D定位算法、边界数据的高精度获取及参数分布信息的提取方法等，建立边界映射数学表达与测量模型，实现融合测量对象数学物理模型的高精度瞬态反演。②高空间分辨率与高物质属性区分能力的新机理和新方法，利用多角度观测及多物理场模型，基于电磁波谱及机械波在不同频段的特征信息，研究基于分布重建的参数或特征估计新方法，高效、并行的数据处理、图像重建和多媒体处理算法，挖掘基于人工智能信息处理的信息系统高性能实现方法，加速海量数据的信息提取与利用，提升精准、迅捷成像探测的能力。③多尺度、多维度、超场景的时-空-谱分辨信息协同处理、广域认知及一体化探测应用新理论与新方法，研究探测体制、分辨率、观测场景覆盖、探测条件等差异条件下以及多平台、多时相、多角度、多物理场等观测模型下的高维空间观测目标的多维空间特性、全谱段电磁频谱特性、时变动态特性的数据表征和信息挖掘方法，研究瞬态时间分辨条件下动态变化观测场景的连续即时响应信息提取方法。

五、自主智能运动体和群系统

（一）科学意义与国家战略需求

在国务院发布的《新一代人工智能发展规划》中，将"群体智能"和"自主无人系统"作为重要发展方向。自主智能系统包含了智能机器人、自主运动体、人-机融合系统等诸多内容。自主智能系统是自动化和人工智能技术的最佳载体，各种先进的自动控制技术和人工智能算法在自主智能系统中可以得到充分的验证与应用，其基础理论研究的创新将是未来自动化和人工智能发展的源动力。

自主智能系统在国民经济与国防安全等领域具有重要地位。在国防安全方面，自主智能系统的发展将推动无人装备的发展，提高无人装备作战能力。在近海、深海、极地和外太空等环境中，自主智能系统是实现极端环境活动和资源发现利用的有效工具。自主智能系统的研究将大力推进科技与经济的快速发展，提高人类的生活质量。在未来20年，自主智能系统产业将成为世界经济进步的新引擎，引领智能产业与智能经济的发展。

自主智能系统的研究不断发展，研究的深度和研究对象维的度不断扩展。为了适应人工智能、无人系统、系统科学、大数据等的融合发展，在以往异构多智能体系统、复杂系统、无人系统的基础上，"智能群系统"[59]的概念被提出并不断延伸，成为未来学科发展的重要增长点。具体地，智能群系统是由多个具有不同智能水平的异构系统通过信息交互形成的人在回路的群体系统，是物理空间、信息空间、人类空间相互耦合、相互影响的复杂系统。智能群系统是信息–物理–人系统（Cyber-physical-human systems，CPHS）、多智能体系统、集群系统多个研究领域和范畴交叉的系统。智能群系统的体系、理论方法是解决城市治理、公共安全等含有多单体智能的复杂群体问题的关键。当今的疫情防控系统、城市安全救灾系统、智慧教育系统、空天地一体的智能无人系统、人/车/路一体的智能交通系统等，都是典型的智能群系统[60]。

自主智能运动体和群系统的研究具有重要的科学意义，符合国家发展的重大战略需求。由于自主智能运动体和群系统的涉及面非常广泛，结合自然科学基金委信息领域的"十四五"规划，下面主要选择了智能仿生机器人、人–机交互与生机电相融合控制、自主智能系统智能感知与理解、自主智能体运动控制与群系统协同、自主智能运动体安全控制五个重点方面展开论述。

1. 智能仿生机器人

机器人学的"感知–思考–行为"范式已经使人类能够扩展其对世界的操纵、互动和改造。用于制造机器人的材料也在逐渐改变，从传统的具有离散传感、驱动关节和集中控制器的低自由度刚性连杆结构，转向具有分布式、集成多模态传感、驱动的可变拓扑可重构高自由度系统；并且随着传感技术、仿生与生物模型技术、生机电信息处理与识别技术不断进步，仿生机器人已逐步实现"感知–决策–行为–反馈"的闭环工作流程[61]，在某些特定场景下，具备了初步的自主能力。与此同时，包括液态金属控制技术和基于生机电信号的控制技术在内的前沿科技将推动新型材料在机器人领域的使用与普及，仿生新材料与刚柔耦合结构也进一步打破了传统的机械模式，提升了仿生机器人的环境适应性[62]。由于兼具机器人的可控性和所仿生物的卓越特性等突出优点，仿生机器人在医疗救援、防爆处突、深空探索以及灾害防治等多个领域凸显出巨大的应用潜力[63,64]，逐渐成为当前机器人领域的研究前沿和热点方向，并积累了丰硕的研究成果。

2. 人-机交互与生机电相融合控制

习近平总书记在致 2019 年第三届世界智能大会的贺信中指出，在移动互联网、大数据、超级计算、传感网、脑科学等新理论新技术驱动下，人工智能呈现深度学习、跨界融合、人-机协同、群智开放、自主操控等新特征，正在对经济发展、社会进步、全球治理等方面产生重大而深远的影响①。在人-机协同技术中，人与机器人的双向信息传递、语义表达及实时认知方法作为人-机交互的重要基石[65]，极大地影响着我国自主人工智能的发展。这些重点攻关领域的关键技术创新和落地应用，均需要用到高效、自然、智能、新型的人-机交互技术，其中包括脑控、眼控、手势、体感、语音、遥操作等新型交互方式。《新一代人工智能发展规划》同时提出五个技术发展方向，其中包含探索智慧医院建设，开发人-机协同的手术机器人、智能诊疗助手，研发柔性可穿戴、生物兼容的生理监测系统，研发人-机协同临床智能诊疗方案，实现智能影像识别、病理分型和智能多学科会诊。可见，生机智能交互与生机电一体化已经上升成为国家战略需求的关键技术。

3. 自主智能系统智能感知与理解

美国国会报告指出，2030 年自主智能系统将会为全球 GDP 带来 14% 的增长空间，突破自主智能系统在复杂环境中的鲁棒性与适应性，对促进未来自主智能系统的爆发式增长至关重要。在真实世界中，自主智能系统的应用场景常常涉及环境、目标的时变性、不确定性、复杂性、对抗性和突发性，如何使自主智能系统智能、实时、准确地感知并理解复杂环境，是设计决策机制或控制律、使自主智能系统顺利完成相应任务、提高其鲁棒性与适应性的基础。未来研究将聚焦于面向复杂环境的感知与理解中的前沿科学问题，

---

① 习近平致第三届世界智能大会的贺信. http://www.gov.cn/xinwen/2019-05/16/content_5392199.htm [2019-05-16].

充分发挥多学科交叉优势，开辟传感技术、信息技术与人工智能等研究领域的新方向，从而形成一套完整的理论与技术体系，大大提升我国的自主系统智能化水平。各项研究成果可有效应用于智能蜂群作战、群系统协同作战等军事领域，推动国防现代化建设；在农业、交通、救灾等民用领域也能发挥巨大作用，为人民生活水平的提高与社会发展做出重要贡献。研究面向复杂环境的感知与理解，是提高自主智能系统在复杂环境下的任务执行能力、提升自主智能体和智能群系统智能化水平的基础，具有重大的科学意义与战略价值。

4. 自主智能体运动控制与群系统协同

自主智能体和智能群系统的研究需要人工智能、控制科学、系统科学、计算机科学、信息与通信系统等多学科深度融合交叉，以实现智能体稳定、高效自主运动和动态协同运动的高度集成，是科学与技术的结合，也是未来学科发展的重要增长点。自主智能体和智能群系统服务于国家经济社会发展和国家安全的重大需求，是加快推进新一代信息技术与制造业深度融合、推动我国工业智能化发展的重要支撑。作为自主智能体和智能群系统的一个重要组成部分，智能机器人是建设制造强国的重点发展领域之一，在海洋开发、宇宙探测、工农业生产、军事、社会服务、娱乐等各个领域中，有着广阔的发展空间与应用前景。因此，自主智能体运动控制与智能群系统仿生协同控制的基础理论和关键技术的深入研究，对推动我国制造业转型升级、强化工业基础能力、推进制造强国建设、发展智能经济、建设智能社会、维护国家安全具有重大的科学意义和战略价值。

5. 自主智能运动体安全控制

安全性是自主智能运动体设计需要考虑的首要指标[66]。"安全"意味着运动体在合法的工作区域或模式初始化后，始终不会运行到不合法的区域。随着运动体技术向自主化、网络化、智能化的方向发展，运动体安全性还包含了数据隐私安全、网络通信安全等新内容。美国国家职业安全卫生研究所研究表明，1992—2015年只有61例致命案例与机器人等自主智能运动体相关。随着机器人、无人车、无人机等自主智能运动体的数量不断增加，伤害和死亡人数可能随时间而增加。因此，对自主智能运动体的安全行为准则、危害评估方法及安全保障机制的研究具有十分重要的意义。

（二）国内外发展态势和我国优势

1. 国内外发展现状分析

近年来，国外尤其是美国十分重视无人系统的研究，先后出台了覆盖无人机、地面无人系统、机器人等一系列无人系统技术发展规划，包括《美国陆军无人机系统路线图（2010—2035）》《无人系统自主技术路线图》《美国地面无人系统路线图》《美国机器人技术路线图：从互联网到机器人》等。自主智能无人系统迅速发展，凭借自主攻击目标以及实施集群作战的能力，使得无人系统在作战中的优势进一步扩大，这在一定程度上影响了未来兵器装备的发展。DoD 也在《无人系统综合路线图（2017—2042）》中指出，美军将尽可能将无人系统纳入现有的组织结构，体现了有人/无人系统的融合和无人系统对于未来作战的重要性。

我国《新一代人工智能发展规划》中指出，必须放眼全球，把人工智能发展放在国家战略层面系统布局、主动谋划。从机器人到自主智能系统的跨越，从个体智能到群体智能，这是当今我国新一代人工智能必须抓紧抢占的重要领域。近年来，我国对人工智能的发展给予了充分的重视，但与自主智能系统大规模工业实践还存在一定差距。一些关键技术、前瞻性理论支撑还比较缺乏，需要重视发展相关基础性科学研究。

（1）智能仿生机器人

2020 年发布的《美国机器人技术路线图：从互联网到机器人》新版中指出，机器人在现实世界中成功部署的核心要求包括半自主操作、对环境的持续适应、数据驱动的学习和控制以及能源效率和零停机时间。驱动、机构和控制的多功能模块化集成是其研究挑战中的重要一环，底层机电体系结构与控制它们的算法复杂性之间存在着复杂的相互作用。具有被动动力学的智能机电设计可以大大简化下一代系统体系的控制挑战。因此，模仿各类生物的智能仿生机器人平台是当前机器人领域的前沿研究和热点方向，成为美国、欧洲、日本等发达国家与地区的科技发展重大战略。智能仿生机器人已经积累了丰硕的研究成果，近期大量发表在《自然》(*Nature*) 与《科学》(*Science*) 等顶级刊物中。DARPA 宣布将投资 20 亿美元支持若干可用于救灾或在高风险环境执行任务的机器人项目，欧盟启动的资助额达 28 亿欧元的《欧盟机器人研发计划》(SPARC)、日本近期发布的《机器人新战略》将智能仿生机器人研究作为重要资助对象。在国际上,如美国波士顿动力公司的 Atlas 和 Spot、日本本田的 ASMIO、瑞士 ANYbotics 的 ANYmal 以及德国 Festo 的一系列仿生机器人等,无论是从实际性能还是仿生程度均代表了当今仿生机器人领域的领先水平。随着基础科学的进步,以及计算机技术的发展,仿生机器人已经开始与生物性能进行部分融合,如传统结构与仿生材料的融合以及仿生驱动的运用,也逐步向结构与生物特性一体化的类生命系统发展,仿生机器人不仅具有生物的形态特征和运动方式,同时具备生物的自我感知、自我控制等性能特性,更接近生物原型。

作为人工智能的重要载体,仿生机器人的研究尤为重要。自然科学基金委非常重视对仿生机器人项目的培育、优选和资助工作,特别是近年来,资助力度有较大增长,在仿生机器人方向共资助项目上百项,资助经费上亿元。仿生机器人及相关技术的研究被列入《"十三五"国家科技创新规划》的"科技创新 2030—重大项目"专栏,科研人员在自然科学基金委、科技部等多个部门的资助下展开了相关研究工作。我国的仿生机器人研究虽起步较晚,但也取得了一些代表性成果,例如,四足机器人、软体机器人部分研究成果均处在世界先进水平。但是当前的研究存在生物运动机理不够深入,仿生结构设计、仿生智能材料应用、驱动及控制方式大多较为传统,能量利用率低等问题,与国际上最前沿的科技水平存在一定差距。

(2)人-机交互与生机电相融合控制

美国 2017 年出台的《国家机器人计划 2.0》,重点发展协作机器人,其中重点提到了人与机器人的交互部分,要求让机器人能够与新用户交互,包括语言和非语言交流;机器人能够与专家有效交互,包括远程交互;机器人能够可靠地识别和预测其他人的行为与活动;研究机器人的社交智能,包括心智模式、观点获取和共同注意能力。人-机交互与生机电相融合控制已经成为美国、欧洲、日本等发达国家与地区的研究热点。各个国家纷纷投入大量的人力和物力,开展相关方面的研究工作。2012 年,谷歌发布一款"拓展现实"眼镜,其具有和智能手机一样的功能,可以通过声音控制拍照、视频通话和辨明方向以及上网、处理文字信息和电子邮件等,通过眼睛对各种功能进行选择;英国政府列出包括智能机器人和自主系统在内的"八大科技领域",并进行重点支持;日本于 2016 年发布的《防卫技术战略》和《中长期技术规划》，将地面、空中和海上无人系统列入重点发展的军事技术领域，将人-机交互技术和智能化技术作为军事技术发展的重点方向；俄罗斯国防部也先后发布了《未来俄军用机器人应用构想》和《2025年先进军用机器人技术装备研发专项综合计划》等多个文件，指导俄军对无人作战装备的研制及人-机交互技术的研究。此外，人-机交互与生机电相融合控制研究不仅要考虑机器人技术的高速发展，更要考虑交互主体——人的思维与认知方式，让机器与人各司其职、互相促进，这才是自主智能运动体研究的前景与趋势。

我国也将"智能制造"与"机器人"项目纳入面向2030年的新一轮国家重大专项，并推出了《机器人产业发展规划（2016—2020年）》。其中的"十大标志性产品"包括具备自主行走、人-机交互、讲解、导引等功能的智能型公共服务机器人和具有智能感知识别能力并可以与用户进行交流的智能护理机器人。"基础能力建设重点"包含生机电感知与融合技术和感知与识别、控制与交互等方面的共性关键技术。中国西部科技创新港高端装备研究院初步建成"生机电融合与服务机器人研究子平台"并投入运行，具体主要包括"机电融合""服务机器人""智能监控"等方面的研究。国家重点研发计划"生-机智能交互与生机电一体化机器人技术"于2018年5月正式启动，该计划致力于解决生-机智能交互过程中面临的神经感知、修复、替代、增强等关键性难题。

（3）自主智能系统智能感知与理解

2010年，美国陆军在《美国陆军无人机系统路线图（2010—2035）》中提出，无人机系统能显著提高完成任务的能力，陆军将继续在无人机系统能力和相关技术领域进行投资。欧盟2016年推出的"地平线2020"机器人计划，主要面向智能机器人的应用基础研究，将人工智能与认知能力列为核心技术。日本2015年推出了《机器人新战略》提出机器人应该与大数据、人工智能等深度融合，并将重点研发人工智能、传感认知等关键技术。2016年11月，以加利福尼亚大学圣迭戈分校和卡内基·梅隆大学为首的美国19所大学在NSF的赞助下，联合发布了《美国机器人技术路线图：从互联网到机器人》，将环境感知与理解列为关键技术之一。

建立仿生主动感知系统，从高维交互数据中提取有效信息并将其应用于学习和归纳，实现有效学习是提高自主系统智能化水平的关键。2019年5月在 *Science Advances* 发表的论文指出，针对复杂场景主动感知挑战，获得自主系统单体智能发育所需要的交互大数据、建立知识表征与学习模型、形成知识增长与长期自治是重要难题。2019 年 5 月，*Nature* 报道指出，对人类感官能力的研究和复制，如视觉、听觉、触觉，以此建立通用范式的感知数据库，可以提升自主智能系统（如机器人）对复杂环境的动态认识能力。近年来，各国的研究者普遍认为高度智能化的实现需要从脑科学中受到启发，并积极开展在类脑智能方向的研发工作。2011 年，美国谷歌大脑诞生，意图建立包括机器感知、自然语言处理、机器翻译及语音处理的互联网人工智能系统。2010 年，美军启动的"心灵之眼"（Mind's Eye），通过使用人工智能进行视频分析，实现提前对时间敏感的重大潜在威胁进行分析。2013 年，美国启动"人类脑计划"，意在研究人脑成像技术、理解神经回路机理，并取得了重大突破。DoD 于 2017 年 7 月批准立项的 Maven 项目计划使用机器学习和类脑智能技术来协助分析由无人机拍摄的海量影像资料。2016 年，美国 Facebook 人工智能实验室的 Ross Girshick 等推出了基于区域的卷积网络 Faster-RCNN，极大地提升了目标识别的速度。2017 年，该团队进一步提出 YOLO，使目标识别彻底达到了实时检测的标准。众多实践表明，单一的传感器很难满足自主智能系统在复杂环境下对导航参数的连续可靠获取和对环境重建与感知的需求。多传感器融合技术可以综合利用多个传感器的测量信息，通过对多传感器数据的特征提取，进行异类多传感器多元信息融合，充分利用数据冗余性和互补性，具有巨大的优势和研究价值。

近年来，我国对自主智能系统感知技术以及智能化发展给予了充分的重视。2018 年，我国将以"机器人"为典型代表的自主智能系统项目纳入面向 2030 年的新一轮国家重大专项，并推出了《机器人产业发展规划（2016—2020 年）》，重点围绕人工智能、感知与识别等方面开展基础和共性关键技术研究。2016 年国务院发布《"十三五"国家科技创新规划》，将人工智能作为发展新一代信息技术的主要方向。在自主系统智能感知与理解方面，重点突破跨媒体感知计算理论、低成本低能耗智能感知、复杂场景主动感知、自然环境听觉与言语感知、多媒体自主学习等理论方法，实现超人感知和高动态、高维度、多模式分布式大场景感知。2017 年 10 月，人工智能和实体经济深度融合被写入中国共产党第十九次全国代表大会报告。2020 年，人工智能又作为"新基建"七大领域之一被明确列为重点发展领域。

（4）自主智能体运动控制与群系统协同控制

自主智能体运动控制和智能群系统协同控制基础与前沿技术正在迅猛发展，涉及工程材料、机械控制、传感器、自动化、计算机、生命科学等各个方面，是解决智能制造、智能医疗、战场空地协同等含有多单体智能的复杂群体问题的关键。作为自主智能体的典型代表，智能机器人是全球各国工业、制造业、人工智能相关发展战略的重要组成部分，是各个国家引领第四次工业革命的重要技术力量。美国"再工业化"计划明确提出了将工业机器人作为智能制造的代表进行大力发展，并试图借助《美国机器人技术路线图：从互联网到机器人》来建立下一代智能机器人技术及应用方面的优势。日本《机器人新战略》计划提出了"迈向世界领先的机器人新时代，要成为世界第一的机器人应用国家"的目标，以期望彻底巩固智能机器人产业的培育能力。欧盟推出《欧盟机器人研发计划》，发布了机器人技术多年路线图，以确保欧洲机器人在世界范围的战略领先地位。英国政府也在2017年宣布了《现代工业战略》，增加的47亿英镑的研发资金将用在人工智能、"智能"能源技术、自主智能体系统等领域。智能群系统是新一代人工智能的重要研究领域，也是军事智能未来发展的必然趋势。仿生协同控制技术是集群智能涌现的重要保障和途径，智能群系统仿生协同控制[67]也是世界各国产业界和学术界共同关注及研究的热点与难点。美国多年前就已经开始着手发展智能群系统装备，开展了"小精灵"、"蜂群战术"和低成本无人机集群技术等多个无人机集群协同控制研发项目。欧洲一批学者对鸽群智能涌现机理进行了研究，并将鸽群内部的通信结构运用到了无人机集群仿生协同控制之中。*Nature*在2015年5月17日的论文中提出仿生机器人群的重要应用，指出小型自主飞行器集群将在未来运输、通信、农业、救灾和环境保护等应用中发挥重要作用。*Nature*在2018年10月8日的论文中指出微小型卫星的多集群系统将用于探索外太空，加速人类探索宇宙空间的进程，同时降低太空探索的成本[68]。随后，*Nature*在2019年4月25日的长文综述讨论了机器行为学中的长期自治行为，指出通过研究机器和机器群体的宏观行为规律，有望突破人工智能面临的脆弱性、不可预见性、弱可解释性等瓶颈[69]。

智能群系统协同控制将是未来全球智能化控制的必然发展趋势。我国自主智能运动体和智能群系统的发展，必须结合我国自身的发展现状，立足我

第四章　信息科学的发展思路与发展方向

国的发展优势，提出具有中国特色的自主智能运动体和智能群系统协同控制的发展与应用方案。我国《"十三五"国家科技创新规划》明确指出，面向2030年，智能制造和机器人将会作为国家重点发展的重大工程项目。习近平总书记在致2019年第三届世界智能大会的贺信中也指出，当前，由人工智能引领的新一轮科技革命和产业变革方兴未艾。在移动互联网、大数据、超级计算、传感网、脑科学等新理论新技术驱动下，人工智能呈现深度学习、跨界融合、人－机协同、群智开放、自主操控等新特征，正在对经济发展、社会进步、全球治理等方面产生重大而深远的影响。中国高度重视创新发展，把新一代人工智能作为推动科技跨越发展、产业优化升级、生产力整体跃升的驱动力量，努力实现高质量发展①。目前，我国自主智能体运动控制与智能群系统协同控制研发以突破智能机器人和集群智能关键核心技术为首要目标，政产学研用通力配合，初步实现了自主智能运动体控制器的国产化，在群体智能协同控制方面取得了一系列突破。但是在涉及多源复杂、高动态的环境，多约束、多目标的异构多运动体等条件下的智能群系统协同控制算法的创新和实现方面与国外还有明显差距。我国必须持续提升智能机器人产业的核心创新能力，加快推进自主智能体运动控制与智能群系统协同控制基础理论和关键技术的研究，形成完整的自主智能体运动控制与智能群系统协同控制理论和技术体系，从而达到国际领先水平，引领人工智能新时代。

（5）自主智能运动体安全控制

随着科技的发展，自主智能运动体正在向智能化、柔性化、网络化、人性化发展，人－机协作、多机协同成为自主智能运动体技术的重要发展方向，自主智能运动体类型从传统工业机器人转向服务机器人、空间自主飞行器以及海洋/极地无人船等。保障机器、人、环境间的绝对安全共处，多运动体的安全可信协同，以及单体自主智能运动体的安全控制成为目前国内外的研究热点[4]。

自主智能运动体的安全行为准则和控制系统设计对整个系统至关重要。运动体系统安全行为验证的一类重要方法是形式化验证，可以归纳为模型检测（Model Checking）和演绎验证（Deductive Verification）两类。与前者相比，演绎验证技术通过严谨的数学推导来证明系统是否满足预定的安全性

---

① 习近平致第三届世界智能大会的贺信. http://www.gov.cn/xinwen/2019-05/16/content_5392199.htm ［2019-05-16］.

能，而不是遍历运动体的所有运行状态，能够有效解决模型检测技术在形式化验证时因为系统的规模变大而遇到的状态爆发式增长问题。然而，运动体的多自由度机构和高维非线性动力学特征造成运动体的动态行为异常复杂，从而导致运动体的形式化验证变得异常艰难。近几年，障碍函数（Barrier Function）法在学术界获得了大量关注，该技术不需要求解运动体的复杂动态方程，可以将系统安全性的形式化验证问题转化为二次规划问题。然而，目前的大部分研究仍停留在对单运动体的安全性分析，人–机协作运动体的安全性形式化验证技术将成为研究热点。

自主智能运动体的危害评估是保证机器和设备安全方面最重要的一步。危害评估可以确定执行特定任务时可能遇到的危险情况和任务的风险级别，从而把任务的风险降低到可接受的水平。传统的危害评估方法主要分为形式化和非形式化方法，形式化方法有故障模式和影响分析法（Failure Mode and Effects Analysis，FMEA）以及故障树分析法（Failure Tree Analysis，FTA），非形式化方法有系统理论过程分析法（Systems-Theoretic Process Analysis，STPA）和危险可操作性研究（Hazard and Operability Study，HAZOP）。然而，这些方法不能捕捉到人为因素或危险组合造成的危害，会产生大量重复信息和误报，并且依赖于分析团队，不适合用于人–机协作过程。人–机协作过程中不仅要考虑机器的行为识别，还要关注人类操作者的行为，有关工作中人类操作者行为的两种主要方法是认知模型和任务分析模型。前者涉及人类认知的形式化模型，作为系统模型的一部分。然而，认知模型过于特殊，不能处理人类的错误和似是而非的错误。任务分析模型通过任务的层次结构，将危险情况的所有可能组合建模，而不管其认知原因如何，然后将任务分解为更小的功能单元，动作的执行和顺序通常通过前后条件来控制。现阶段，自主智能运动体危害评估的关键问题在于需要确定并制定一套全面的人–机协作及多机协同应用中的危害评估方法。

自主智能运动体的安全是通过各种类型的安全保障机制来保证的，这些机制有助于运动体避免碰撞或在发生碰撞的情况下将冲击力限制在可接受的水平。传统的保障机制多为物理层面的保障，通常为使用软材料、基于视觉的安全拓扑、先进的机器视觉系统等技术实现的。伴随着多机协同和人–机协作的广泛使用，群系统的网络安全问题日益突出，而我国在此方面的保障机

第四章　信息科学的发展思路与发展方向

制还不够成熟。网络安全攻击可能会造成重要数据泄露、机器攻击人类以及群系统网络系统瘫痪等严重问题。为降低安全风险，我国急需加快研究自主智能群系统安全交互方法、尽快开展自主智能群系统网络安全风险评估、构建自主智能群系统网络安全预警平台。

随着科技的迅猛发展，人和自主智能运动体的关系正由全封闭的机器单元向人-机协作关系发展，自主智能运动体任务处理模式从单体处理模式向集群处理模式发展，安全性保障重点由运动体物理层安全向信息层-物理层一体化安全发展。人-机协作、群系统协同、单体智能运动体的安全行为准则、危害评估方法，以及安全保障机制的研究成为必然。

2. 我国现有基础和优势

我国在智能体运动控制方面经历了由程序化、自动化、智能化到自主智能的发展历程，逐步由单体运动控制发展到集群运动控制再到群系统协同控制[70]，多年的基础研究已经初步形成了一套基础理论体系，在很多方面与国外研究处于并跑甚至领跑的状态。

在智能仿生机器人方面，我国在水下仿生机器人、地面仿生机器人、空中仿生机器人以及仿生新材料等方面开展了大量研究，仿生类型繁多，具有代表性的如能够在万米深海自主游动的仿生机器鱼、具备多专家学习能力的仿生机器狗、续航长达近1小时的仿生机器鸟等。现有研究大多集中于仿生机器人构型设计、智能控制与自主感知方面，并且随着材料科学的发展，近些年在仿生新材料方面的研究也取得较大进步，相关论文在国际顶级期刊上的发表数量逐年增多。在该领域，我国研究团队主体为青年学者，创新性强，富有拼搏精神。在智能材料、仿生构型等方面的研究已取得一些基础性突破，其中不乏处于国际领先水平的研究。

生机电一体化机器人系统覆盖众多领域，包括运动功能康复和辅助系统、智能可穿戴系统、服务机器人、肌电控排爆机器人等。基于神经机器接口技术的人-机交互是实现生机电一体化机器人系统智能控制的核心，利用神经机器接口技术获取人体活动信息也是实现机器人行为与运动意图理解的关键[71]。我国在柔性传感检测技术、智能信息分析与处理技术、人-机协同柔顺控制技术等方面开展了长期的研究，取得了一定的原创性成果，并成功将其应用于外科手术及康复辅助与服务机器人[72,73]。

相比于世界各国，我国对自主智能系统的感知与理解起步较晚，但发展迅猛，正在追逐美国等一流大国的发展脚步。最新的《新一代人工智能发展规划》和《2019 年人工智能发展白皮书》均将智能系统的感知规划相关问题包含在内。资金方面上政府也给予了大力的支持，在《"十三五"国家科技创新规划》"科技创新 2030—重大项目"专栏中提出对智能机器人技术的发展支持，面向 2030 年，智能制造和自主机器人将会作为国家重点发展的重大工程项目。

感知技术犹如自主机器人系统的双眼，是自主智能的基础，对高性能传感器技术和融合算法提出了较高的要求。近年来，经过国家的不断支持和技术人员的努力，有了华为、中兴通讯等崭露头角的新星。目前，虽然西方各国的芯片技术水平均较先进，但是我国芯片消费和产业链的完整性却处于强势地位，因此未来必将赶超西方。另外，自主理解是自主机器人系统的大脑，是自主智能系统的发展关键，其核心在于人工智能技术。近五年来，互联网技术在我国爆发式地蓬勃发展，其背后作为支撑的就是人工智能，语义理解、图像识别、意图分析等关键技术早已通过互联网应用走入人们的生活，我国在此方面走在了世界的前沿。而机器人则是自主智能系统的应用平台，值得欣喜的是，目前我国对于机器人技术高度重视且发展迅猛，国家已经将智能机器人的制造技术写入了规划框架。

在自主智能运动体安全控制方面，我国在无人机、地面移动机器人避障控制、避碰控制、协同控制等方面开展了大量研究，学术上主要集中于控制系统综合，例如，结合反步控制和障碍李雅普诺夫函数设计安全控制器，在无人系统控制方法与人工智能算法的结合方面研究较为深入，在高危环境下多机器人、多无人机的协同控制与任务分配等方面也有很多研究，其相关论文、专利数量已经高于其他国家。在研究队伍方面，我国具有研究队伍体量大、年轻学者数量多的优势；在研究成果方面，在多地面无人平台、无人机集群的安全控制方面已取得一些重要突破。

我国在自主智能运动体和群系统研究方面还具备如下战略优势。在政策支持方面，我国"新一代人工智能"等国家重大计划和科技专项均将自主智能体运动控制与群系统协同列为重要的理论及应用研究方向。在人才培养方面，我国有长期从事自主智能体运动控制研究的学术团队，有力地推动了学科方向发展，并为国家培养了一些储备人才。在基础科学设施与实验平台方面,在国家相关部门的领导下,团队相继建立了自主智能无人系统全国重点实验室、无人机特种技术国防科技重点实验室、机器人学国家重点实验室、自主智能无人系统科学中心等大科学基础设施与实验平台,为自主智能体运动控制与群系统协同研究提供了坚实的基础,但仍然需要国家持续的资助和支持,以促进自主智能体运动控制与群系统协同方向的高质量成果持续产出。

(三)发展目标

未来5年,在高性能智能机器人理论及关键技术、复杂场景无人平台的感知和控制、人-机共融系统智能交互和协同控制、无人系统集群控制的理论和应用方面取得突破;建立面向海陆空无人系统集群交互模型,提高无人系统集群协同完成任务的能力。

在智能仿生机器人方面,针对其现实环境中的应用需求,基于生物系统的结构、性状、原理、行为以及相互作用,从真实仿生目标自然运动的内在本质特性出发,结合统计分析、优化理论,重点解决仿生机器人高仿生性运动机理建模、灵巧机构设计问题,建立仿生机器人基础设计理论。

人-机交互与生机电相融合控制方面,在生机电共融系统智能交互和协作控制上取得突破;建立多模态交互模型,提升自主智能运动体群系统的安全性、自主性与高效性。研究复杂环境下自主智能运动体群系统的协同感知、认知与识别方法,实现对复杂环境的智能感知与识别;研究自主智能运动体群系统的自主协同规划与决策、自主智能运动体群系统的分布式协同控制、自主智能运动体群系统的攻防对抗、自主智能系统互操作技术;研究"人在回路"的混合增强智能理论、人-机混合编组协同控制、人-机交互式协同决策等,增强人和机器之间的和谐共生能力;探索自主智能运动体在交互中的智能涌现机制,研究可表达、可计算、可解释的自主智能运动体群智能学习理论与方法,提出机器学习新范式。

在自主智能系统感知与理解方面,充分发挥学科交叉优势,提高单个智能体的信息收集与感知能力,综合利用传感器技术、信息融合技术与人工智能手段,实现自主、实时、鲁棒、准确的感知;大幅提高自主智能系统对信息的认知与理解能力,注重端到端的学习与归纳推理的结合,对整体环境与态势进行推理认知,获得更高层次的自主与智能;在智能群系统中提高信息关联处理能力，通过信息的交流与融合实现对整体环境的协同感知和理解。

在自主智能体运动控制与群系统协同方面，突破自主智能运动体的稳定运动、高效自主运动和自主智能群系统仿生动态协同运动控制理论及关键技术。解决自主智能运动体的振动控制问题，形成能适应多任务场景的态势感知框架，研发不依赖于群体规模的任务规划、自主行为决策与控制算法，突破仿生群体智能涌现机理的研究瓶颈，建立多领域技术融合、支持大规模智能群系统协同控制的理论体系，积极落实"智能制造 2025"和"新一代人工智能"的发展规划。

在自主智能运动体安全控制方面，突破群系统协同/人-机共融情况下的主动安全决策和主动安全控制的理论与关键技术，建立保证信息交换安全和抗网络攻击的自主智能群系统安全协同交互架构，建立开放、交互环境下自主智能运动体的危害评估理论，提高多机协同和人-机协作完成任务的能力。

未来 15 年，以仿生机器人、人-机共融机器人、服务机器人等为具体对象，完善"无人集群跨域协同控制系统"与"人-机共融自主智能系统"理论成果，在前沿性基础理论、国际技术标准、软件框架和硬件平台等方面取得突破性成果。

基于仿生机器人-机理模型，结合智能材料、生物与微纳制造等先进学科与工艺，设计制造仿生机器人平台。突破高机动性关节驱动、刚柔耦合机构表达与生肌电融合信息传递等关键技术，实现基础理论研究成果向关键技术、进而向实际应用的转移。

人-机交互与生机电相融合控制方面，通过融合计算机语音及图像识别、自然语言处理、深度学习、知识图谱及智能搜索、策建模等核心技术，打造多维感知数据汇聚、治理管控、共享服务平台，推理与知识服务平台，以及行业应用平台，形成从信息收集、推理判断到行动执行的人工智能闭环，实现人类智能、人工智能与组织智能三位一体，从而打通感知、认知、分析和决策，构建人-机协同自主智能运动体群系统；形成自主智能运动体群系统领域国际一流的研究中心，形成国际领先的科学理念、体系、模式和研究环境，培养一批自主智能运动体群系统方面的拔尖人才和国际大师级领军人才，凝练重大科学问题，开辟未来人工智能领域的新方向，集中攻克瓶颈难题，催生变革性技术，取得若干个国际领先的原始性创新与产业转化成果，使我国自主智能运动体群系统研究达到世界领先水平，推进国际自主智能运动体群系统学科发展。

在自主智能系统感知与理解方面，全面突破目前感知、理解与协同等方面的难点，形成系统化的复杂环境下的感知与理解技术方法，整体提升自主智能系统的智能化水平，为各类智能体的应用提供理论与技术支撑，推动自主智能系统的实际应用与未来发展。

在自主智能体运动控制与群系统协同方面，重点突破高动态、不确定、资源受限等复杂环境下智能群系统的自主协同关键技术。构建开放式的与智能群系统统一架构，提高复杂环境下智能群系统的自主学习与进化能力；建立具备节点可动态加入、撤销能力和任务场景可拓展能力的智能群系统任务规划、决策与控制的技术体系，使之能够适应强干扰、变通信拓扑等挑战环境下的稳定协同运动控制任务要求；形成可快速进行大规模应用复制的创新应用验证，在国际上占据人工智能协同控制关键技术的制高点。

在自主智能运动体安全控制方面，面向高危场景、工业生产、医疗护理场景中的典型任务，以无人机、无人车、人-机共融机器人、特种机器人、服务机器人等为具体对象，完善多类型、多功能、多形式的自主智能运动体和群系统安全控制理论基础。

（四）主要研究内容与核心科学问题

1. 研究生物的运动机理并设计仿生运动机构，灵巧作业机构的建模与控制，实现对灵活轻巧、刚柔耦合的仿生机器人的开发

主要研究内容：①研究仿生对象的运动机理，结合仿生对象生理结构与力学性能、表面微结构与微变形，提取运动过程中的共有结构特征和通用动力学模型，建立生物模型的动力学模型。通过运动捕捉系统，记录生物运动行为、关节运动曲线、关节运动时序等数据，通过数据降维、挖掘等手段归纳出生物运动特点和机理。②结合研究对象的生物解剖结构与驱动形式等特征，分析仿生目标在多种运动模式下的受力情况、质心分布、比功率等参数的变化规律，最终揭示生物运动内在机制。研究新型驱动方式与新型智能材料，实现刚柔耦合且具有大负载驱动比的灵巧机构。③仿生机器人要求集成度高、功能丰富，具备多种模态的复合机构是仿生机器人能够在非结构化环

境下保持高机动性的关键保证。受能量密度的约束，研究机器人整体的驱动与储能机构质量分布，从而利用参数化仿真建模优化方法实现仿生机器人机构的最优质量配比与能耗最优化运动。

核心科学问题：①提出生物运动机理分析方法，利用统计分析和大数据发现生物运动过程背后的复杂运动与动力学现象，以及运动过程受到干扰后的运动行为模态转换，全面理解生物与环境发生的物理作用。阐明生物多关节协同运动时与环境交互的力学现象和产生条件，揭示多模态复合运动背后的深刻物理学机制。利用多种运动模态耦合设计与控制方法赋予仿生机器人在非结构化环境下的自适应能力。②真实生物骨骼肌肉模型具有很好的弹性和阻尼特性，对机器人行为的自然表达具有重要的借鉴作用。因此，在深入分析生物运动关键组织结构及功能的基础上，建立表征生物驱动时变非线性特性的微驱动模型。结合仿生智能材料、生物组织工程技术，从而设计针对仿生机器人的高度集成驱动、构型一体化元件。③通过研究生物运动中的能量存储和释放规律，以仿生驱控一体模型为基础，深入探索仿生机器人运动过程中各个模态间的能量传递机制。通过建立仿生机器人高能效运动模型，具备甚至超越真实生物运动的能力。提出通用仿生相似度评价体系，从静态、动态两个方面建立评价指标，从而判断仿生机器人设计是否有效。

2. 研究人与机器人的双向信息传递、语义表达及实时认知方法，生机电相融合的交互方法，人-机协同决策、协调合作、行为优化及技能学习方法

主要研究内容：①提出人与机器人的双向信息传递、语义表达及实时认知方法，在此基础上建立拟人化人-机交互服务关键技术与系统、以自然语言为核心的语义理解方法以及认知计算基础理论与方法。②生机电相融合的交互方面，研究语音、手势、生物信号和面部情感模仿等方式以实现多模态交互，使机器能够以自然而直观的方式主动与人进行交互，实现生机电高效融合；在不确定的人类意图知识下，建立具有自主性的人-机交互方法，以降低系统的不确定性；在具有不确定环境的情况下，结合人类知识与机器学习方法，建立安全交互模型。③针对人-机混合系统，提高人-机融合性能，发展人-机混合智能算法、高度融合的人-机交互技术、人在回路技术。在技术层面实现人、自主智能系统之间的高度融合、交互操作。

核心科学问题：①面向复杂场景，研究语音识别和口语化处理技术、上

第四章 信息科学的发展思路与发展方向

下文语义解析和检索技术、多轮对话和反馈对话技术等。聚焦于在开放、动态、真实环境下推理与决策重大问题,突破刻画环境自适应、不完全推理、自主学习、对抗学习、智能体协同优化等特点的认知计算理论和算法,在对抗决策、人-机混合或自主学习中形成和常识结合的认知理论,建立具有国际影响力的开源开放认知智能化水平国际评测体系。②合理利用可获得的生物信息,建立生机电有效信息融合模型;深入研究智能系统工作原理与生物信号表达,开发基于深度学习的人-机交互算法,获得具有可解释性、可判读性以及高透明度的面向专家与终端客户的人-机交互方法;针对环境的情景识别交互,通过改变智能运动体的自身状态,实现智能运动体与人之间相互的意图理解及信息交流,提升自主智能运动单体面向各种特定任务的作业性能;基于智能设备互联、生物信息分析、用户体验全方位感知,产生全新的人-机交互使用场景,重塑交互与发展方式。③针对人-机混合系统,提高人-机融合性能,发展人-机混合智能算法、高度融合的人-机交互技术、人在回路技术。研究自主智能运动群体安全行为准则、危害评估方法及安全保障机制,人-机共享环境下的安全行为方式,以及在群体环境下的安全行为方式;提高自主智能运动单体的通用性,发展应对开放、未知环境的能力,包括智能传感与自适应感知、智能自主控制,自主构建更加健壮的人工智能决策算法。

3. 研究面向复杂环境的感知与理解,提升自主智能系统的智能化水平

主要研究内容:①研究仿人感知传感器设计和分布优化理论,揭示机器类人感知机理,实现自主智能系统类人精准环境感知;发展多传感器信息融合理论、机器认知建模理论,实现多传感器数据的特征提取和行为识别。通过解决仿人感知模型的建立问题和智能群系统复杂作业环境全域理解问题,实现对人脑智慧的模拟、迁移与延伸,构建运动、交互、物体信息认知能力。②研究个体-环境-任务表征与交互机理,实现人-机互融的复杂任务理解与智能分解。研究群系统的人-机协同与智能增强理论,通过设计分布式的人-群自主运动体的干预意图估计算法,并运用认知神经学和认知心理学的最近进展,对操作员的行为意图、行动模式进行建模,构建出合理的、分布式的意图融合、意图推理算法,最终提升异构群体协同智能能力。

核心科学问题:①模拟生物感知机理及其演进机制,面向自主智能系统本体、目标物和环境等,模拟生物感知器官微观结构及敏感机理,建立不同

维度事件间的触发和调度关系，实现基于仿生感知的自主感知功能；考虑多传感器信息的不同特性，通过对多传感器数据的特征提取，建立异类多传感器多元信息融合模型，提出机器认知理论与方法。分析类脑思维能力，应用深度学习理论构建特征学习网络框架，提出任务行为网络结构的构建方法，突破大数据离线训练和小数据在线学习融合的自组织强化学习理论，完成对认知过程与功能的多层次、多尺度研究，实现目标意图动态识别理解和智慧学习。②伴随智能群节点数量多，感知离散、被动，新型传感器与智能传感芯片不断应用，基于统计范式的机器学习理论难以准确实体化于自主智能系统，缺乏因果推理与解释性。针对此问题，提出新型仿生传感、多传感器网络拓扑结构体系和多模态认知融合策略等智能感知理论，揭示自主智能系统认知的基本规律和内在机制；提出类脑自主学习和认知方法，组建类脑仿生的新型智能感知机理。建立仿人感知模型，解决智能群系统复杂作业环境全域理解问题，提升复杂环境下智能群系统的协同认知与识别能力，实现集群系统对复杂环境、目标的智能感知与识别，解决内部系统强耦合和外部复杂环境导致的系统信息不完备、不确定的难题。③完成人-机-环境三元交互建模，通过面向全域知识的多层次、多粒度任务理解与智能推理，获得未来人-环境-任务的表征，建立组织方式、交互形式、角色分工、信息传递、不确定信息决策、效能激励与均衡等交互机理。利用认知心理学与脑科学等，完成对人类行为的建模，提取出超越机器智能的人类智能，通过形式化描述，突破具有"人在回路"认知特性的异构群体协同智能理论；在群体行为协同优化与控制一体化框架下，研究如何引入异构群体协同智能，突破群体协同智能的认知盲区。

4. 研究自主智能运动体振动控制、自主控制、仿生协同控制，实现智能运动体的稳定运动、高效自主运动和动态协同运动

主要研究内容：①具有高精度要求的自主智能运动体振动控制。针对高精度要求下自主智能运动体本体运动和外界扰动会产生系统结构振动的问题，研究在系统存在非线性输入特性的情况下能够准确描述自主智能运动体动力学特性的振动模型；研究能有效抑制振动、实现高精度跟踪的主动控制方法；研究振动混合控制策略，实现振动主动控制与振动被动控制的有机结合，提高自主智能运动体的跟踪准确性、运动稳定性和系统安全性。②自主智能运动体行为决策。针对复杂环境下外界扰动多变、智能运动体服务对象多变、同一对象特征时变等特点,探索不同环境、不同任务下对智能运动体自主行为决策产生的影响;研究基于人工智能的自主行为决策技术,提高智能运动体在复杂场景下迅速做出决策判断并实现自主行为的自主能力和不断适应新环境、新任务的学习能力;建立各个决策行为对任务执行结果造成的影响的评估反馈机制,实现决策算法自身的可更新性。③智能群系统协同决策与控制。针对复杂环境下智能群系统自主协同任务的执行要求,构建基于角色的智能群系统协同决策模型,研究智能群系统的角色分析与指派方法,实现智能群系统的高效率自主任务分配;研究基于角色分配的智能群系统编队协同运动控制技术,提升智能群系统的协同任务执行能力。④面向群体行为的仿生群体智能涌现。研究大规模生物群体协作的组织架构、行为模式和激励机制,建立可表达、可计算、可调控的复合式激励算法,探索个体贡献汇聚成群体智能的涌现机理和演化规律;研究仿生群体智能行为的训练、验证和可解释性技术;研究群体活动的群体智能涌现机理和技术,探索群智合作与竞争等激发模式,突破复杂不确定环境下的智能实时推理和对抗技术。⑤智能群系统仿生协同运动控制。针对智能群系统协同过程中出现的导航策略缺乏、控制策略复杂、整体协同能力较弱等问题,研究有集群运动现象的自然界种群的通信交流方式、组织形式等特征,以及生物对于不同外界环境的反应与处理机制,设计相应的仿生协同控制算法;研究仿生智能群系统的传感器布局构建方式及通信导航方式,增强系统对不同环境的适应性,提高系统的稳定性及适用范围。

  核心科学问题:①自主智能运动体稳定与精确控制。针对复杂环境下,自主智能运动体在高速运动时产生的变形、振动现象,分析自主智能运动体的振动特性;解决现有的自主智能运动体振动主动控制方法鲁棒性差、适应性差、自学习能力不足等问题,建立基于大数据与人工智能的振动控制算法,实现自主智能运动体在复杂突变环境中的稳定运动,提高自主智能运动体的运动精度。②复杂环境下的自主智能运动体行为决策与控制机理。针对自主智能运动体应用环境的动态、不确定、信息不完全特点,研究复杂场景下的多源异构感知对象动态态势感知方法,建立复杂环境下智能运动体的自主行为决策和控制理论,完成自主智能运动体从算法到自主行为的运动映射,实现自主智能运动体控制系统中自然、精准、安全的交互与操控。③复杂环境下的自主智能运动体分布式协同态势感知和自主决策。针对高动态、不确定、资源受限的复杂环境，研究多源异构自主智能运动体分布式信息感知和融合机制，利用 5G 突破高质量传感数据处理、共享及多源信息融合理论，建立面向多模态、不确定信息的分布式态势感知、泛化学习、自主决策模型，实现复杂场景下自主智能运动体的自主决策。④智能涌现机理与群系统仿生协同控制。研究开放、动态、复杂环境下的大规模生物群体协作的组织模式和激励机制，建立大规模群系统的持续行为激发和有效智能汇聚的激励方法，探索个体贡献汇聚成群体智能的涌现机理和演化规律，突破面向全局目标的群体智能演进方法和时空敏感的群体智能协同感知、决策与控制理论。

5. 研究自主智能运动体的安全行为准则、危害评估方法及安全保障机制，确保自主智能运动体安全可靠的行为方式

主要研究内容：①可解释的人-机安全交互准则与协作控制。研究考虑人类不确定性的人-机多模态交互的意图理解和行为预测模型，建立可理解、可执行的安全行为准则生成技术，构造自主交互安全评价方法；探索人-机-环境交互态势预测方法，建立零失误的自主接触和人-机融合控制理论与方法，解决人-机交互本质安全的瓶颈问题。②云-端融合的自主智能群系统安全容错控制。针对开放式、多目标任务中的自主智能运动体群系统，建立群系统的云-端协同计算框架和信息交互模型，构建弱通信条件下云平台与自主智能运动体结合的边缘自主安全协同控制与决策技术；针对存在恶意信息攻击与物理攻击的动态环境，研究基于主动防御策略的自主智能运动体任务规划与调度，基于动态博弈与机制设计方法实现具有安全裕度的群系统行为控制；建立针对随机延迟、网络拓扑不确定、网络传输中丢包等问题的可靠、容错控制策略，提出自主智能群系统安全性和容错能力的量化评价方法。③自主智能运动体行为规则的安全性验证和安全控制。建立包含环境约束、动力学约束、不确定性的运动体形式化和抽象化模型，研究形式化方法和控制理论相结合的、低计算复杂度的运动体行为规则安全验证方法，研究考虑控制目标和安全性要求的运动体安全性判据来指导控制器设计。④开放不确定环境下的自主智能运动体危害评估方法。建立存在环境干扰和模型不确定性的机器能力分析方法，研究小样本、稀疏数据下知识驱动和数据驱动结合的人类不良行为检测与分类，研究自主智能群系统的分布式危害检测和定位方法，研究基于模拟数据的场景后果快速估计与场景重建方法，建立具有强泛化能力与通用性的紧急工况下的危害评估指标和体系。⑤自主智能群系统的隐私保护协同机制和安全可信交互技术。研究考虑隐私保护的协同机制，建立基于区块链的可信互联与信息交互框架，研究区块链中的共识机制、加密算法等技术，优化自主智能群系统间的信息验证与交互机制，实现自主智能群系统交互网络的优化与信息处理效率的提升。

核心科学问题：①针对开放环境下模型高维、非光滑、不确定的自主智能运动体系统，如何建立低计算复杂度的安全行为准则和验证方法。运动体的多自由度机构和高维非线性动力学特征造成运动体的动态行为异常复杂，导致运动体安全性的形式化验证变得异常艰难，基于统计学习的方法则缺乏可解释性和可靠性，急需发展低计算复杂度的安全行为生成和验证方法。②如何建立可量化、场景泛化能力强的危害评估标准和指标。自主智能运动体在不同环境中面临的危害种类不同，如何对不同来源、不同类型的危害进行统一的量化表达是危害消减的基础，需要建立适应于多种典型场景的危害评估标准和指标。③人-机共享环境下的安全协作控制中，如何为人类操作和决策中的不确定性建立可解释、可靠的机理模型。人的行为具有高度的不确定性，导致人与自主智能运动体的融合面临着挑战，需要充分引入人的认知机制建立人类行为的可解释、可靠的机理模型来保证机器安全决策的准确性。④如何在群体环境下建立保证隐私和安全的自主智能群系统的安全交互架构与博弈机制。自主智能群系统协作和交互过程中面临着避碰、协同躲避障碍等物理风险，也有隐私数据泄露、数据篡改和网络攻击等风险，同时存在信息非对称与非完美的非合作动态博弈行为，需要建立能够保护隐私、抗攻击的可信交互架构和行为机制，以及具有全局性能保证的非完美信息博弈机制，并设计协同学习与计算方法。

六、人-机-物融合场景下的计算理论和软硬件方法与技术

（一）科学意义与国家战略需求

计算机软硬件为现代信息化社会"赋能、赋值、赋智"，在"四个面向"

上发挥着巨大且持续增长的作用。在国家重大社会基础设施中,计算机软件和硬件自身不仅成为信息技术应用基础设施的重要组成,更是融入和重塑整个社会经济建设与国防建设的基础设施。未来计算面向以人-机-物融合为主要特征的复杂应用场景,计算的平台和应用的需求都呈现出了泛在化、社会化、情境化、智能化等趋势,对计算理论和软硬件方法与技术提出了一系列重大需求及挑战。

在计算理论方面,在云计算、物联网、大数据、人工智能等信息领域技术浪潮的推动下,复杂计算和程序理论、语言及系统面临一系列新的需求与挑战。传统的计算理论是建立在逻辑和图灵计算模型之上的,缺乏大数据处理、智能系统设计与推理、信息安全保障和数据隐私保护、处理计算、控制和通信深度融合以及自适应等能力,开放动态的人-机-物融合复杂系统的行为具有不确定性和持续性,超出了之前经典模型和算法的主流研究范畴,需要考虑并行、分布式、通信、在线计算、动态输入、局部计算与采样等要素,重心逐步由判定、求解、组合优化等关注单个解的传统计算问题转移到统计、采样、度量、学习、表示、理解和推断等关注整个解空间宏观特性,融合复杂系统思想、理论和方法,拓展与控制理论的交叉,创新开放的计算理论,为新时代学科发展提供理论支持。

在软件方面,人-机-物融合的应用场景和运行环境极大地拓展了软件的需求空间,在软件作为社会基础设施的强大需求和发展愿景之下,软件开发方式和运行形态正面临"软件定义一切"的重大挑战,软件系统的规模和复杂性进一步增大,软件开发和演化的成本急剧上升,软件开发的前提条件和约束条件有了重要变化。一方面,软件真正成为"万能集成器",连接着人类社会、信息空间和物理空间的海量异构实体,桥接着虚拟空间和物理空间的运行、交互、协作;另一方面,开放环境和场景的多样化、动态化,使得软件需要持续适应、成长和演化。这些给软件方法与技术带来了新的挑战和发展机遇,如何在人-机-物融合计算的复杂场景下探究未来软件形态和开发运维范式的转型成为重大科学问题。人-机-物融合计算场景激发的当前计算平台和计算应用正处于一个重要的转折点[74]。各种新型泛在系统,用以实现人类社会、信息空间和物理世界的互联互通,其规模和影响力都将超过服务器、PC 等传统计算平台。作为全新的计算范式,泛在系统还处于蓄势待发的阶段，泛在操作系统也呼之欲出。人-机-物融合计算场景下，泛在操作系统与新型软件方法学相辅相成，为未来新型软件的开发、运行、成长、演化提供坚实的基础。这需要解决泛在计算建模理论与软件定义方法，以及泛在操作系统可演化体系结构、运行机理及其可信保障等一系列科学问题[75]。

在计算系统和体系结构方面，在大规模复杂计算场景下完成计算任务是未来计算的主流模式，具体表现为计算任务在极大尺度、极高维度等极端场景下的融合、协同处理。极大尺度包含多个大型数据中心、大量边缘服务器以及不计其数的智能自治体等组成的云-边-端协同计算设施，且计算设备分属于不易进行集中式管理的不同组织机构与个人；极高维度包含人-机-物三元空间，除了组织调度极大尺度的计算资源以外，还涉及从极大范畴的物理世界获取数据并产生反馈影响，以及需充分发挥人类群体智能在复杂知识和以人为本等方面的优势，与计算机智能有机结合。如何高效运用极大尺度的计算资源，且在合理时间内完成极高维度的协同处理，是未来数据集中化、计算分离化、智能碎片化趋势下的重大科学问题；以该类计算为基础的大数据应用、大型人工智能应用（如城市治理、国家安防、全球勘探等）将成为国家战略核心技术。

因此，研究支撑人-机-物融合等复杂场景下的计算理论和软硬件方法与技术具有重大的战略价值和科学意义。

（二）国内外发展态势与我国优势

根据业界估计，到 2030 年全球将有万亿部传感器、百亿台物端设备，每个设备都需要新型的处理器芯片、操作系统、软件环境及新的使用模式，人类社会正在进入人-机-物融合计算时代。人-机-物融合计算已经引起了国内外的广泛关注，美国网络与信息技术研究与发展计划（Networking and Information Technology Research and Development，NITRD）在其发展领域中列入了计算使能的网络物理系统（Computing-Enabled Networked Physical Systems，CNPS）、软件生产率、持续发展和质量（Software Productivity, Sustainability, and Quality，SPSQ）。CNPS 包括信息物理系统（Cyber-Physical Systems，CPS）、高可信软件与系统会议（High Confidence Software and

Systems Conference，HCSS）两个工作组，目标是集成信息、物理和人类世界，其中 HCSS 特别突出了异构系统的构建和可信确保，尤其是面向未来的自主和智能技术涌入的情形下。SPSQ 则关注以高效率、低成本、高质量地持续开发和演进软件，期望在未来软件的缺陷数、时间和成本有数量级的下降。SPSQ 在战略优先方向中强调了软件科学与工程的基础研究，包括新一代概念、工具、方法和系统，以及建造可演进、可持续、长生命周期软件密集型系统的能力；优先方向还突出了关键软件、软件可信和韧性、软件漏洞等安全可靠问题的解决。NSF 将在软件基础、程序设计和自动化、领域形式化方法、安全可信软件系统等方向上加大资助，DARPA 在大规模程序理解和挖掘、构建资源适应的软件系统、可信自主系统、意图定义的适应性系统、自动快速软件认证等方面设计了专项支持。欧盟的数字战略 2016—2020 应对大数据和云–边–端计算的发展，对安全信息技术基础设施的软件设计、软件评审和漏洞检测给予了特别关注。欧洲研究委员会资助了一批开源软件、信息物理融合软件、可定制软件系统等项目。谷歌等公司正在全力开发迈向人–机–物融合的物联网操作系统；Intel 等芯片公司正在探索智能化、低功耗的端侧芯片研制。

人–机–物融合场景对软件工程研究的挑战引发了大国创新竞争上的重视。2021 年 11 月卡内基·梅隆大学软件工程研究所发布了 *Architecting the Future of Software Engineering: A National Agenda for Software Engineering Research & Development*[76]。随着人–机–物融合数字经济与信息社会运行赋予软件越来越复杂和关键的功能，未来必将越来越依赖于构建和维护更加复杂的新一代软件系统。随着复杂场景下系统的不断演进，以多样化异质耦合、海量化规模成长、智能化交互决策为特征的新型软件系统将跨越当前软件工程的边界。面向人–机–物融合场景计算，人工智能增强的软件技术、软件持续成长和演化、组合化软件构件将成为核心技术的优先方向，而大规模社会化软件、人工智能赋能软件系统将逐渐形成新的重要软件范型。

随着物联网、云计算、大数据和人工智能的迅速发展，软件形态发生了重要的转型，由传统基于精确符号的计算为主转向以基于数据驱动的近似计算为主，人–机–物融合计算的解决方案中越来越多地出现基于神经网络、数据驱动的人工智能构件元素。大量的机器学习构件在相应的软件系统中以

第四章 信息科学的发展思路与发展方向

中心算法与决策使能者的重要角色出现。例如,在社会化群体自主无人系统中,观察-判断-决策-动作(Observe-Orient-Decide-Act,OODA)行为管理各环节都出现了以深度神经网络为代表的机器学习构件。新型软件系统呈现出符号推理软件构件和神经网络构件相交互、耦合的混合型软件形态。神经网络模型、数据驱动方法将作为复杂系统建模和调控的重要方法,自然也就进入了软件系统,从而提升了人-机-物融合软件的复杂性。传统软件与学习赋能型软件有着极大的不同,传统软件建立在形式推理、模块化、数据抽象等原理基础之上,机器学习构件往往采用神经元结构,基于近似计算,具有内生的不确定性。与传统软件相比,机器学习构件目前的可解释性、数据有效性、先验知识和因果推断等方面与人们的传统认知偏好有着相当大的距离,其行为并不具有类似于传统算法的确定性和稳定性,这使得学习赋能型软件系统行为难以准确把握,传统的程序理论和方法也对其难以适用。这表现在传统的分而治之、复用组合的基本设计原理在神经网络等机器学习构件的实现上难以有效应用,这使得学习赋能型软件的非确定性强、可预测性弱,软件中异质构件的交互协议不足以做到所需的互理解、互遵守;神经网络在开放环境下鲁棒性差、行为"黑盒"难解释,使得设计复杂性难控,机器学习系统的成长、演化能力弱,往往"改变一点便改变一切";尚不清楚基于符号推理的精确计算模型和基于神经网络的近似计算模型之间的内在联系与元级模型,而两者的优势融合是新一代人工智能的重要标志。国际上,美国CCC在2020年发布了 *Assured Autonomy: Path Toward Living With Autonomous Systems We Can Trust* 报告[77],DARPA在2018年启动了"Assured Autonomy"计划,NSF在2019年启动了"Understanding the World Through Code"的远征(Expedition)项目。英国阿兰·图灵研究所、伯克利大学西蒙斯计算理论研究院、麻省理工学院-国际商业机器公司沃森人工智能实验室(Massachusetts Institute of Technology- International Business Machines Corporation Watson Artificial Intelligence Lab)、Intel、微软等实验室开展了相应的基础研究。这些工作从不同侧面研究软件形态变化对软件自主、机器学习理论的影响[78,79]。软件形态的变化要求对软件的基础理论做深入的思考,甚至重塑。

随着数字化、网络化、智能化的深度和广度持续增长,信息世界、物

253

理世界和人类社会正在不断交叉融合,一种"万物互联、人–机交互、天地一体"的泛在计算环境正在形成,操作系统也随之进入新的发展阶段,面临全新的机遇和挑战。梅宏院士等中国学者在《IEEE 计算机杂志》(*IEEE Computer*)(2018 年 1 月刊)上发表了题为《走向泛在操作系统:一种软件定义的视角》的展望文章,指出面向不同场景的泛在应用模式,需要多样化的无处不在的 UOS,其核心是异构资源虚拟化和管理功能可编程,基本方法学是软件定义。国际上已经开始出现人–机–物融合场景下的操作系统雏形,如英国智慧城市(操作系统、美国机器人操作系统、德国车联网操作系统)。我国也出现了华为"鸿蒙"、阿里巴巴"城市大脑"、京东"智能城市操作系统"等新型操作系统形态。这些操作系统的实例由领域需求和应用场景牵引,均在一定程度上呈现出人–机–物融合的操作系统特征,但相应的理论模型、技术架构、应用框架、可信保障等并未形成系统认识,技术体系还未形成。未来可接入的物理硬件设备将呈现多样化海量性的特征,万亿级计算与物联设备接入管理,多种芯片架构和多种编程框架融合并存,未来操作系统将呈现众多生态共存的局面。技术换代窗口期已经来临,开展人–机–物融合环境下泛在操作系统的研究是一片新的"蓝海"。

目前,算法与计算复杂性理论这一基础领域在国际上正经历变革,趋势是面向大数据新型计算模型、数据科学引发的非传统计算任务,以及非最坏情况复杂度分析,发展面向数据科学的计算理论。相对于经典计算理论兴起及发展过程中西方发达国家所占据的主导地位,我国在面向数据科学的新型计算理论方面有更好的积累、更加充分的准备,以及更大的国际参与度和国际影响。在程序理论领域,由于应用的广泛驱动,交互模型、概率方法、验证中出现的算法和复杂性问题亟待解决,成为国际相关领域的前沿热点。近年来,各种新型计算模型不断涌现,如概率计算、神经网络计算、大数据计算、保护隐私计算等,计算的表达与描述能力亟待增强;GPU 和各种加速器出现,存储层次日益复杂;人工智能、大数据、物联网和 5G 等技术使得对大规模并行与分布式处理的应用日益广泛。以上各方面,迫切需要在编程便利性、执行效率和安全性方面具有更好平衡的新型程序设计语言。特别是领域特定的编程语言,利用领域特征,提高抽象层次,能为后期的编译优化和安全检查提供辅助,从而可以生成更加高效、安全的代码,并显著提升软件开发效率。我国在程序设计语言领域与世界水平有较大差距，缺乏由我国研究人员提出并广泛使用的程序设计语言，整体上面临人才缺乏、成果不足的状况，亟待优先发展。

在"可信软件"和"网构软件"两个领域，在自然科学基金委重大研究计划的支持下，我国学者实施了"可信软件基础研究"，使得我国进入该领域国际先进行列；在863计划和973计划的支持下，我国学者提出了"网构软件"新范型，以及基于网络的软件开发群体化方法。"十三五"期间，国家重点研发计划对人-机-物三元融合时代的软件进行了基本布局，我国学者开展了"可持续演化的智能化软件理论、方法和技术"。近年来，我国学者已经开始了泛在操作系统的探索、定制化端侧芯片的设计，但是还未形成体系化的研发能力和标准化的行业生态。从整体看，国内外已经认识到人-机-物融合的信息基础设施给软件带来的极大挑战，急需在方法学、关键技术和工具环境上有新的变革；各国只是在一些局部点上已开展动作，如在物联网环境下的体系结构和系统软件设计方面取得了一定的进展，但在更大的尺度和更高的维度上还没有清晰的思路与典型的工作，对未来软硬件范型（包括开发态和运行态的可能变化）的布局尚不系统和完整。

（三）发展目标

未来5年，面向人-机-物融合的应用场景需求，围绕"适应+演化"驱动的成长式软件开发和演化需求，创新以软件语言为核心的定义化软件开发方法，不断突破自动化和形式化软件构造、软件质量与安全保障、群智化和生态化软件生产等三大技术群，构建平台化和定制化的成长式软件共性支撑；解决由资源、数据和用户快速增长带来的低延迟、高时效的挑战，满足不同业务对时效性、扩展性和可用性的差异化要求，提供通用/适用的云-端融合技术体系及运行时框架支持；不断满足大容量、高并发和稀疏访问等新型计算需求，高效处理连续、动态、高度关联的多源异构大数据，提出适应于海量、高速增长数据的存储与管理方法。

未来15年，解决理论计算机科学主流领域的大的公开问题，发展面向数据科学的复杂计算与程序理论，总体上支撑在极大尺度和极高维度等极端场景下融合与协同各类计算设备完成大规模复杂计算任务，有效而深入地应对计算的泛在和多样性、软件的复杂性和安全性等带来的新时代的挑战，形成系统化的新型计算理论和软硬件方法与技术，为提升国家在重大和新兴软硬件基础设施方面的开发效率、运行效能、安全可靠性、信息安全性、持续发展提供科学和工程基础。

（四）主要研究内容与核心科学问题

人-机-物融合等复杂场景下的计算理论和软硬件方法与技术作为支撑未来计算的重要基础，急需在人-机-物融合计算模式与体系结构、支撑大规模复杂计算场景的新型加速器与存储系统、大规模高性能协同数据处理系统、高扩展计算系统与架构、面向数据科学的复杂计算与程序理论、复杂场景建模理论与软件定义方法、软件持续演化与成长方法、领域化软件开发与程序生成方法、群智化与生态化软件开发方法与技术、大规模复杂软件系统的可信保障、领域特定的编程语言及运行时系统、人-机-物融合计算系统软件等方面进行布局并开展科研攻关，引领和拓展相关科学前沿，努力解决技术瓶颈背后的核心科学问题，从而促成基础研究成果走向应用。

1. 人-机物融合计算模式与体系结构

主要研究内容：面向泛在融合空间的分布式资源管控模型、资源动态融合与服务协同理论、面向人-物-机关联协同的智能感知与信息融合技术、云-边-端协同的融合处理架构、存算融合和一体化系统结构与技术、基于新型存储器的大规模存储系统体系结构、服务于融合计算场景的异构内存计算架构、基于无人智能群体的融合处理网络、多场景融合决策的复杂处理系统等。

核心科学问题：人-机-物融合计算逻辑抽象、融合计算硬件的软件定义机理、融合计算架构的弹性组织理论、融合计算环境的资源管控模式和任务执行模型、计算存储融合和一体化设计与协同工作机理。

2. 支撑大规模复杂计算场景的新型加速器与存储系统

主要研究内容：面向极端应用的新型高能效加速器、面向融合计算场景的新型存储系统、领域专用芯片体系结构、高密度非易失性存储器机理、类脑存储微体系结构、非易失性持久化内存机制及技术、高能效的新型微处理器体系结构、面向人工智能和大数据处理的专用处理器与计算系统、基于新型存储介质的大规模内存级存储系统等。

核心科学问题：如何满足人工智能、高性能计算等应用的低耗存储和快速计算需求；如何设计面向领域专用体系结构（Domain-Specific Architectures，DSA）的系统软件栈；如何提高非易失性内存的寿命、保障数据一致性和安全性；如何在数据量激增的情况下降低信息长期保存的成本、延长保存期限。

3. 大规模高性能协同数据处理系统

主要研究内容：协同计算环境下的高效数据获取与多层次多节点数据缓存机制，极高维度计算任务的划分、高效动态调度与异步并行执行，大规模多源数据与极大尺度硬件资源的共享机制，大型基础设施的能耗与移动设备可用性的协同优化，开放环境中的资源配给策略与系统健壮性保障方法等。

核心科学问题：面向泛在空间的大数据分布式并行处理、基于智能处理单元的弹性大数据处理网络、基于数据流的大数据处理链的协同执行模型、大数据处理链的软件定义机理、数据流技术在新型体系结构中的性能优化。

4. 高扩展计算系统与架构

主要研究内容：中央式和分布式计算场景下的可扩展计算架构，针对数据中心和边缘设备的系统优化，高效能的中间件系统和软件平台，从多目标到高维目标的综合资源优化，面向极大尺度、极高维度计算场景的低功耗体系结构优化设计，复杂体系结构的横向与纵向协同扩展。

核心科学问题：跨平台、跨层次、跨用户的高维目标优化，计算调度与数据缓存的协同优化，基于人-机-物协同的智能感知与信息融合，高性能与高适配的冲突解决。

5. 面向数据科学的复杂计算与程序理论

主要研究内容：大数据新型计算模型上的算法设计与分析范式以及计算复杂性下界、数据科学所引发的非传统计算问题的高效算法与计算复杂性理论、数据依赖的算法设计与非最坏情况复杂度分析、奇偶校验游戏（Parity Game）的高效求解、无限状态系统的可达性与等价性验证、约束求解和解计数的高效算法等。

核心科学问题：并行、分布式、低时延通信、亚线性开销、动态输入、局部计算等约束下的算法设计与分析，优化、采样、推断等数据科学的计算原语在大数据环境下有理论保证的高效算法，面向隐私性、公平性等新型计算约束的算法设计与分析，开放不确定环境下计算系统的形式模型和验证理论、算法与技术，交互模型、概率方法、验证中提出的算法和复杂性问题。

6. 复杂场景建模理论与软件定义方法

主要研究内容：多域异构资源抽象理论与建模方法、泛在计算场景建模与软件定义方法、学习赋能型软件建模与构造理论和方法、连续系统和离散系统的混合建模方法、融合场景与资源的领域建模语言。

核心科学问题：如何抽象多种多样的泛在计算应用领域和场景；如何对实现感知、计算、通信、执行、服务等功能的异构资源进行认知与建模；如何定义和构造符号推理与机器学习的交互、耦合、协同；如何获取与建模动态多变的应用场景需求。

7. 软件持续演化与成长方法

主要研究内容：内嵌情景感知与自适应机制的软件体系结构、场景驱动的软件系统按需设计和构造、基于资源编程与按需聚合的系统演化和成长机理、机器学习赋能的软件系统自演化机制。

核心科学问题：如何使得软件系统具有持续成长的能力，能够通过自主的感知、智能的适应和持续的演进来应对环境与需求的变化，在开放的生态中长期生存并不断优化。

8. 领域化软件开发与程序生成方法

主要研究内容：领域化软件资产库的生成及系统化组织方法、基于领域软件资产库的软件开发与演化方法、数据驱动的软件开发和人-机协作编程、开放环境的大规模软件自动分析和验证、关键领域系统软件的人-机协作形式化验证。

核心科学问题：如何抽象和建模领域软件资源；如何在软件开发与程序验证过程中实现人-机无障碍协作；如何提升机器辅助编程的能力；如何有效处理开放不确定环境导致的软件验证复杂性。

9. 群智化与生态化软件开发方法与技术

主要研究内容：自主个体的持续激发和大规模群体的高效协作机制、群体行为量化分析与建模方法、群智任务的度量分解与群智贡献的汇聚融合、群智开发生态的认知度量和成长演化、海量代码的知识提取及其在软件开发中的应用、数据驱动的软件生态分析和调控、软件生态的供应链安全保障机制。

第四章　信息科学的发展思路与发展方向

核心科学问题：如何有效组织大规模参与群体开展高效协作，完成复杂软件开发任务；如何量化度量群智贡献的质量和价值、构建有效的群智贡献迭代精化闭环、实现多源碎片化群智贡献的可信传播与汇聚收敛，形成高效群智涌现；如何从激发和汇聚的角度建立群体智能的效能评估方法、评测指标和反馈机制，驱动群智生态的正向演化。

10. 大规模复杂软件系统的可信保障

主要研究内容：复杂软件的场景化质量度量和评测，智能化软件系统质量模型和保障，面向开发运维一体化的软件测试、持续质量控制与增强，大规模软件系统安全和隐私缺陷的检测、修复与防御。

核心科学问题：泛在软件可信与安全机理，软件预期的外延扩展和符合性机理，软件分析、测试、验证、监控等技术的能力提升和可扩展途径，程序语义的深度认识与理解，深度学习模型的解释与系统可信增强。

11. 领域特定的编程语言及运行时系统

主要研究内容：支持新型应用的程序设计语言，可成长程序设计语言，新型程序设计语言的安全性保障，新型程序语言开发环境，面向大数据分析、机器学习算法的高效编程及编译系统，面向新型复杂存储层次的高效编译技术，面向高性能计算的误差可控数值算法、可复现数值算法、变精度数值算法，高效垃圾回收技术，可扩展程序分析和验证技术与系统，数据驱动型（赋能型）程序的形式建模与验证等。

核心科学问题：兼顾可编程性、运行效率和安全性的程序设计语言与编程系统，泛在计算的形式化模型与程序语言的设计，程序设计语言的互操作、演化及其生态。

12. 人-机-物融合计算系统软件

主要研究内容：泛在协同分布式智能操作系统、基于极端硬件的人-机-物融合编程环境、新型非关系模型数据库、人工智能原生数据库、支持异构计算的数据库系统等。

核心科学问题：人-机-物融合计算环境下的泛在资源管理、泛在应用支撑、全栈性能优化；非关系数据模型及其高效数据结构和管理机理。

259

七、未来信息系统电子器件/电路/射频基础理论与技术

（一）科学意义与国家战略需求

电子器件、电路以及射频理论与技术是信息系统实现信息感知、传输及探测的基础，信息技术的发展很大程度上依赖于物理电子与敏感电子器件、电路与系统、射频前端、天线以及电波传播等领域的发展。未来信息系统的大容量、高精度、多场景、全频覆盖、灵活多变等发展趋势，决定了电子器件、电路及射频技术必须在可靠性、环境适应性、宽频带、低功耗、集成化、可重构、智能化等方面取得突破。

作为新一代信息技术的关键硬件基础，具有大容量数据通信能力和高精度感知能力的微波毫米波电路与系统，在 5G/6G 移动通信、雷达探测、物联网、智能无人系统、毫米波成像、射电天文、环境和大气监测、生物医疗等领域具有广泛的应用前景[80-91]，其多功能、高性能、宽频带、集成化、阵列化、微系统化、智能化及数字化的发展趋势，对系统架构、可靠性、安全性等提出了新的挑战，必须在器件电路与系统协同设计、芯片及系统架构、综合设计方法、系统集成技术研究上取得突破，支撑信息技术的发展。电磁场与波是电子信息工程的基础和共性研究领域，5G 及下一代移动通信技术的发展，以及通信与探测应用范围进一步向空天地海的拓展，为电磁场与波研究领域带来了强劲的发展动力，但应用环境的进一步复杂化和极端化，以及对电磁元器件性能要求的不断提升，也给电磁场与波研究领域提出了新挑战，因而迫切需要构建新型射频器件与天线、电磁波散射与传播、新型电磁材料等全链条理论和技术体系，支撑国防和民用信息感知与传输应用的发展。高灵敏太赫兹频段信息获取技术在生命健康、量子电磁学、太赫兹-物质相互作用基础物理问题研究等方面具有不可替代的优势，突破太赫兹波的高效产生、高灵敏度和高分辨率测量等技术瓶颈，研制高性能太赫兹自旋辐射源、高灵敏度太赫兹检测技术，以及相关太赫兹功能芯片及其片上集成技术，对于未来信息科学的发展具有重要意义。微波光子学则利用光子技术突破传统射频系统的带宽瓶颈，使高速感知和微波信号的时、频、空域操控成为可能；发展微波光子前端和集成系统，能够突破传统技术局限，推动射频系统体制创新，实现时、空、频、能多域宽开，大幅提升射频信息系统的关键性能，支

撑射频信息系统适应未来智能化社会对全域态势感知、信息传递与管控的发展需求。随着生物医学、人工智能、新一代通信技术的兴起，物理电子学的研究和应用范围正在快速拓展，以微波功率源为代表的真空电子器件已在无线通信、无损检测、高分辨率探测、生物医学成像等领域发挥重要作用，而超导电子器件也将成为量子技术、深空通信、天文观测、国防反恐、食品安全、生命健康等前沿科学领域发展的重要支撑。作为信息感知和信息获取的重要手段，敏感电子学与传感器是人类感知和探测物质世界的基础，是未来智慧型社会信息获取的主要节点，是空天科技、深地深海、高速铁路等高端装备的核心技术之一，是数字技术、数字经济、数据产业、智能制造，甚至新基建的重要支撑，与国民经济和社会发展紧密相关，已成为衡量一个国家综合科技实力和国防实力的重要标志。

总体上看，加强电子器件、电路以及射频理论与技术的研究，对我国在新一代移动通信领域继续保持优势地位，并在高可靠信息传输、高灵敏信息探测、微弱信息感知等涉及国防、航天、大科学工程的领域抢占制高点具有重要意义。该领域的研究将解决电子学中的一些重大基础问题和在极端环境与苛刻条件下面临的"测不了""测不准""活不了"等关键技术难题，并在射频前端及天线理论与技术、新材料和新结构射频器件、高性能电路与系统设计理论和方法等方面取得突破，为我国未来信息系统的重大战略布局以及通信、探测、海洋、航空、航天、高铁等领域的发展，提供电子器件、电路及射频理论与技术上的强有力支撑。

（二）国内外发展态势和我国优势

电子器件、电路及射频理论与技术是信息系统的物理基础，不可或缺，是世界各国都高度重视的发展领域，美国、欧洲等发达国家和地区都将电子器件与射频电路关键技术作为未来科技发展中具有重要战略意义的重点方向之一。

1. 国内外发展现状分析

DARPA 围绕电子器件、射频电路关键技术部署了多项相关计划与发展策略。2018 年启动的"电子复兴计划"重点针对"材料与集成"、"电路设计"和"系统架构"3 个方向设立项目，旨在探索电子技术发展新路径，确保美国在半导体技术领域持续领先并引领未来电子技术；2018年启动的"毫米波数字阵列"项目，旨在开发单元级数字相位阵列技术，以研发新一代毫米波系统，应用于国防。针对新型电磁材料在电磁领域的应用，DARPA设置了碳基电子射频、柔性混合射频等研究项目；针对强耦合超宽带天线阵列研究，DARPA启动了可重构天线计划。在微波光子前端功能芯片方面，DARPA近期设立了"直接片上光频率合成"、"片上可扩展光子学"和"场可编程调制阵列"等研究项目，以应对微波光子功能芯片以及前端处理等方面的挑战。为了满足真空电子器件在国防电子系统中日益增长的应用需求，DARPA启动了INVEST、HAVOC等计划，重点研究极端复杂环境下的小型化高功率毫米波太赫兹真空电子器件。在敏感电子学与传感器研究方面，DARPA设置了智能传感与微系统技术专项。此外，NASA近年来针对柔性共形天线系统重大应用需求，开展了面向航空通信的共形轻质天线系统项目研究；针对超导电子学方面的发展，启动了利用超导单光子探测器的地月激光通信演示项目和深空光通信项目。

针对新型材料在电磁领域的应用，欧盟启动了石墨烯旗舰计划；针对自旋电子学在强太赫兹波产生和调控领域的应用，欧盟设置了地平线科研创新项目，开发基于自旋电子模块的先进太赫兹技术；同时，欧盟地平线计划也将传感器列为其发展的重点方向之一。德国基础研究优先发展项目中启动了面向无线通信系统应用的高频可折叠柔性电子研究。此外，欧洲航天局、法国巴黎天文台等机构，在哈姆雷特等项目的资助下开展了大规模微波光子前端研究。在超导电子学方面，俄罗斯启动了地面-空间干涉仪项目"Radioastron"和10米空间望远镜"Millimetron"项目。

国内方面，中国科学院在2019年启动了"5G毫米波通信超宽带相控阵前端芯片"和"微波/毫米波阵列发射系统芯片"项目研究；2020年启动了"高能效硅基太赫兹收发芯片关键技术"和"太赫兹半导体器件建模和电路验证"等重点项目研究。2021年自然科学基金委设置了"未来信息系统电子器件、电路及射频理论与技术"重点项目群，主要针对毫米波太赫兹集成电路设计方法与EDA关键技术、毫米波太赫兹器件和芯片、集成收发前端与宽带高效天线以及源、放大器和功率合成等方面开展研究，旨在为未来信息系统提供电子器件、电路以及射频理论与技术上的强力支撑。与此同时，科技部也围绕电子器件、电路及射频理论与技术设立了多个研究计划,在国家重点研发计划专项"光电子与微电子器件及集成"中启动了"高宽带超高速数据率及宽带可重构射频系统集成芯片技术研究"、"高精度毫米波/太赫兹雷达与成像芯片技术"、"数字密集型射频/毫米波集成电路技术"和"硅基超高速无线通信收发机芯片"等多个研究项目,旨在研发新型高速射频毫米波及太赫兹电路和芯片;在2021年国家重点研发计划专项"变革性技术关键科学问题"中设置了"基于声波激励的小型化天线技术"研究项目;在科技创新2030——"新一代人工智能"重大项目中,针对模型驱动的工业电磁计算方法与优化求解问题,布局了面向典型工业应用的新型算法求解器研究;在微波光子技术研究方面,布局了基础前沿类"光子模拟信号处理芯片基础研究"和共性关键技术类"宽带微波光子信号调控核心器件与技术"等项目。在"十四五"期间,科技部还设置了国家重点研发计划"智能传感器"专项,以加强敏感电子学与传感器的关键技术和示范应用研究。此外,工业和信息化部在2019年也启动了传感器"一条龙"应用计划,旨在加强敏感电子学与传感器的推广应用。

在电路与系统方面,射频电路与系统的发展整体上呈现出集成化、微型化、智能化、系统化、网络化的特征,器件、电路与系统的性能水平和功能融合程度不断提升。美国、欧洲、日本等发达国家和地区在射频核心器件的研发方向上仍保持绝对优势地位。我国在射频微波电路与系统方向整体上发展迅速,但在高性能射频芯片、EDA等方面仍存在短板,与欧美相比仍存在明显差距。在当前新兴技术不断涌现、国际技术封锁日益加剧的情况下,如何摆脱进口依赖、占领技术制高点,仍面临着诸多亟待研究的基础科学问题与关键技术难点。

在电磁场与波方面,信息感知和传输技术的发展对电磁场与微波技术领域不断提出新的需求及挑战,使之成为电子信息科学与技术中一个活跃的研究领域。电磁计算方法的研究目前主要围绕快速方法、区域分解算法及高性能并行计算方法等几方面展开;我国的电磁学计算方法和相应分析工具已发展到足以替代大量实验的阶段,已广泛应用于现代信息和武器系统电磁性能的理论预估、系统论证与优化设计,但与日益发展的应用需求相比,仍存在较明显的差距,主要体现在超大规模计算、多尺度与多物理建模,以及自主电磁仿真软件研发等方面。新型人工电磁材料研究已经从宏观等效介质参数设计发展到对人工原子电磁特性的设计，从 3D 超材料向二维超表面发展，从二维人工原子材料向石墨烯等真实原子二维材料发展；国内在这一研究方向已从跟跑、与国际并跑向部分领跑发展，但在基于原子结构调控的新型超材料与电磁波的相互作用物理机制以及信号处理原理和信息处理理论等方面急需开展深入研究。天线理论与技术的发展和新材料、新工艺、新应用频段，以及新应用场景紧密结合，呈现出宽带多频化、大型阵列化、功能融合化、智能化的发展特征，但国内在天线理论与技术领域的新技术、新材料、新工艺水平方面和美国等国相比还存在一定差距。

在太赫兹技术方面，围绕高精度太赫兹频段信息获取，国际上在太赫兹辐射源和检测器件、太赫兹片上系统、频率稳定和相干控制、近场测量技术、基于人工智能的波谱识别和图像重构、量子技术融合等方面，都开展了系统深入的研究，不断提升太赫兹成像性能和扩大太赫兹波谱应用范围。我国在太赫兹源、检测方法、锁相数据采集、太赫兹波谱生物医学应用、近场探测技术、功能芯片等方面的研究处于国际前列。

在微波光子学方面，集成微波光子技术是实现微波光子前端与系统集成规模化应用的前提，也是目前发达国家大力发展的核心领域。欧美等发达国家和地区借助良好的器件设计和与工水平，在功能系统集成芯片领域存在着明显优势。尽管我国在集成微波光子技术领域取得了一定进步，但在大规模集成、多材料集成、光电混合集成，以及系统功能集成等方面和国外相比仍有较大差距，在微波光子功能系统集成芯片方面仍然处于追赶局面，与国际领先水平有 5—10 年的差距。

在物理电子学方面，近年来，随着现代生物医学、航天技术与大科学工程等对微波毫米波和太赫兹辐射源的工作特性不断提出新要求，真空电子器件的研究取得了重要进展，出现了与固态电子器件融合的新发展动态，提出了广义真空电子学等一些新概念、新原理，并涌现出以平面化、微型化、人工材料等为代表的新技术。国外真空器件的研究主要集中于美国、欧洲、日本、韩国、印度等国家和地区，近年来，我国的真空器件在基础理论、模拟仿真、关键技术攻关等方面都取得了长足进步，具有很强的创新活力，但在精密加工、可靠性和长寿命等方面与国际先进水平相比还有一定差距。与此

第四章　信息科学的发展思路与发展方向

同时，新的应用需求也大力推动了超导电子学的发展。美国、日本、欧洲等国家和地区在超导器件的研究和应用上开展了大量工作，我国在某些方面的研究处于国际第一阵营，越来越多的研究将达到国际领先水平。

在敏感电子学方面，按照能量交换、传递和转移的载体不同，敏感电子学沿着机电换能、电子换能、光电换能、量子换能的大致脉络发展，各种换能方式的敏感器件和系统根据自身特点在不同场合发挥着独特的重要作用而长期并存。美国和欧洲等国家与地区在敏感电子学方面的研究起步早，无论从敏感电子学机理还是敏感电子学器件方面，均处于绝对领先优势。近年来，我国在敏感电子学研究方面取得了一系列创新性成果，展现出良好的发展势头，总体研究态势为跟踪中有创新，但在高性能微纳传感器与集成系统方面和国际一流水平差距较大，对我国高端传感器的产业化应用构成较大阻碍。

从国际发展态势来看，该领域的发展与新材料和新结构的发展密切相关，同时又与纳米科学、微纳制造技术、人工智能等多学科形成交叉融合。当前，电子器件与电路的发展主要在功率、频率、带宽、寿命以及可靠性等关键问题的突破上，并向着高灵敏、高精度、高可靠、快响应、微型化、集成化、低功耗、多功能、智能化、系统化和网络化等方向发展。射频理论与技术的发展主要集中在电磁波与新材料和新结构作用机理、电磁波调控机理、目标与环境及多物理量融合计算、超宽带及多功能融合射频器件、射频集成电路、大规模天线阵列、微波与光子的相互作用及应用等方面，并朝着高频段、高功率、高效率、集成化、可重构等方向发展。

大量实时信息感知及处理要求无线系统具有更快的数据吞吐速度，使得高密度大规模阵列射频芯片需求急剧增加，以实现快速的时间并行和空间分集应用。信息系统的感知、通信、雷达、成像多功能融合发展趋势，带动了数字电路、模拟电路、射频前端电路与天线、MEMS 器件和传感器件的多工艺平台异构异质 3D 集成技术的发展，多功能和可重构电路技术正日益受到关注。在面向后摩尔时代的复杂电路与系统设计实现中，EDA 的支撑意义进一步凸显，整体呈现出设计流程的智能化、设计知识和能力的泛化，以及设计资源可 IP 化等特点。复杂微系统设计方法学、器件-电路-系统-天线多层级协同设计理论和方法、人工智能辅助的敏捷设计技术正成为研究热点。

毫米波太赫兹集成电路设计、复杂电磁环境效应等实际需求，对一体化电磁建模与计算提出了新的挑战。探索融合物理特征、人工智能等技术的电磁计算新方法，突破传统算法计算瓶颈，是电磁计算领域的发展趋势。电磁材料是实现微波毫米波器件的基础，近年来，基于人工介质的电磁超材料、二维原子材料，以及柔性电磁材料等成为国际前沿和热点，有望对信息技术产生变革性影响。天线理论与技术的发展需要结合新材料、新工艺、新器件，探索电磁波的高效率辐射与接收的新理论、新方法。

当前太赫兹频段的信息获取仍存在灵敏度低，频率、时间和空间分辨率严重不足等问题，制约了其广泛应用。研究高性能太赫兹源、检测器件、调控器件及其集成方法，探索太赫兹成像新机制，是提升太赫兹频段信息获取能力的必经之路。利用电子的自旋特性，探索电子自旋与太赫兹波的超快互作用机理，为高效太赫兹自旋辐射源研制提供了新的思路。里德堡原子已被证实在太赫兹电场高精度探测方面具有巨大的应用潜力，在高灵敏度和高准确度太赫兹精密测量方面展现出重要的研究价值。通过融合频率技术和基于量子光源的测量技术，有望建立太赫兹波谱和成像新体制。

微波光子前端及系统向大规模集成方向发展，主要在单个器件的基础上，大幅度提升芯片集成规模，形成多通道、大阵列的微波光子芯片。同时，为实现功能芯片性能的最优化，通常涉及不同材料体系的元器件集成，因此需要采用多材料的异质集成技术。此外，微波光子功能芯片往往同时集成光子芯片及电子芯片，如何实现高性能的光电混合集成以及光子芯片及电子芯片的性能优化是目前的研究焦点。

现代航空航天技术、远距离无线输能和受控热核聚变等极端环境下的电子系统不断推动信息科学与技术的发展，近年来，相关核心器件的功率、频率、带宽、寿命、可靠性研究取得了重要进展，但是仍面临电磁功能单一、器件集成度不高、已接近极限性能等瓶颈问题。未来物理电子学的发展，必须从基础科学研究着手，发展颠覆性技术，加强面向极端复杂和极端恶劣条件下未来信息传输和信息感知技术的多学科交叉领域研究，开展具有新机理、新材料、新技术的新器件创新性研究，推动现有物理电子学的发展。

敏感电子学所面临的主要挑战在于如何发现和利用敏感机理、敏感效应、敏感材料等新型敏感手段，提升敏感器件和系统的核心性能、环境适应性与系统集成性，以满足电子信息学科发展对信息获取的刚性需求。敏感电子学

第四章　信息科学的发展思路与发展方向

和传感器的总体发展趋势呈现出微型化、集成化、智能化、网络化的特点，由单一敏感器件向多传感器集成、传感器网络、传感微系统的方向发展。

2. 我国现有基础和优势

目前，我国在电子器件、电路及射频技术领域总体上仍相对落后，但近年来发展迅速，在一些领域已形成了自己的特色，少数领域已具有国际领先优势。与国外相比，我国该领域的研究队伍较为年轻、充满活力，在研究广度、学科覆盖范围以及交叉融合上具有一定优势；同时，我国在该领域前沿探索方面也已经具备了良好的基础和优秀的人才队伍。该领域的研究将进一步推动我国电子器件、电路及射频技术的发展，进一步促进电子信息科学与其他学科的交叉融合，形成我国高水平的研究队伍，提升我国信息技术的整体实力。

（三）发展目标

未来 5 年，着重探索电子、光子与新结构和新材料的作用机理，物理化学及生物学的敏感新机理，以及电磁场与波的能量转换新机制，在电子器件、电路与系统、射频器件与天线等领域取得理论和技术突破，推动信息系统向微小化、高效率、高功率、高灵敏度方向发展。

未来 15 年，解决极端和复杂条件下电子器件、电路及系统的可靠性、稳定性、一致性等问题，实现系统集成；研制新一代集成化、宽频带、高效智能的射频前端与天线系统。整体提升我国电子器件、电路及系统的设计和制造能力，为未来信息感知、传输及探测提供技术手段。

（四）主要研究内容与核心科学问题

1. 极端和复杂条件下的电子器件、电路及系统

主要研究内容：开展极端和复杂条件下电子器件、电路及系统理论与技术研究，突破电子器件、电路及系统的现有理论框架和技术瓶颈，支撑通信和探测技术向空天地海发展。针对后摩尔时代的小型化、高能效、极端和复杂应用环境，开展 3D 异质集成、复杂多功能集成、混合集成等新型集成架构的电路与系统设计方法研究；开展高性能、低功耗、高可靠性微波毫米波集成电路与系统设计研究。针对电路规模不断提升导致的设计能力与系统复

杂度之间的鸿沟，开展目标驱动的微波毫米波集成电路与系统智能设计理论和 EDA 方法研究；开展器件、电路、系统及天线协同设计方法与仿真技术研究。

核心科学问题：新型电路与系统的构建及综合设计理论和方法。研究极端工作条件下器件与电路的表征、特性模拟、仿真设计与测试方法，以及系统的非常规架构及实现方法，发展极端工作条件下的电路与系统架构和设计参数自动综合方法；研究毫米波/太赫兹集成电路器件的结构优化与模型、多场多域多层级器件与电路的表征、多物理场耦合机理与降维解耦机制、电磁场跨域融合分析与仿真方法；研究新型微波毫米波集成电路与系统的集成方法、有源电路与天线的一体化集成方法。

2. 射频器件、电路与天线

主要研究内容：开展高密度混合集成射频器件与电路研究，以及大规模阵列化、可重构/多功能射频集成电路与系统设计理论和方法研究，探索基于新材料、新结构、新机制的天线及其阵列新技术，突破现有射频器件及电路在性能、可靠性、稳定性上的局限，以及天线在高效率、宽频带、低剖面、小型化、柔性化等方面的瓶颈。

核心科学问题：基于新材料、新结构、新机制的射频器件、电路及天线理论与方法。采用新材料、新结构以及新机制，研究新型射频器件、微波毫米波太赫兹集成电路、射频前端，以及宽带天线系统；研究高密度数字、射频混合集成电路的信号完整性高效建模与分析方法，以及高集成度、多通道、多功能可配置射频电路与系统的设计理论和方法。

3. 电磁波散射与传播及新型介质电磁波调控

主要研究内容：研究电磁波在新型电磁材料、复杂目标和复杂环境下的散射与传播规律；针对新频段、新材料和新应用给计算电磁学带来的多尺度、多物理场耦合、超大规模等新挑战，开展融合物理特征、人工智能的电磁计算新方法、新技术研究；探索人工介质、二维材料、柔性材料等新型介质的电磁特性，以及基于新型介质的电磁波调控新机理和新应用。

核心科学问题：复杂环境、目标及人工电磁介质与电磁波相互作用机理和一体化建模方法。基于物理特征、机器学习/人工智能、多物理场融合（含量子效应）的大规模电磁建模与计算方法，超电大尺寸目标以及目标和环境一体化电磁建模与计算技术，有源器件和无源器件一体化电磁建模与计算技术，可认知超材料及其对信息的智能调控理论与计算，二维原子材料电磁调控理论与技术，新型柔性电磁材料电磁特性与电磁调控机理，电磁波在复杂目标和复杂环境中的传播规律，以及复杂目标的电磁波散射精确高效求解方法。

4. 高频高效微小型真空、超导及微纳电子器件

主要研究内容：通过多学科领域交叉融合，探索功率器件、探测器件的新机理和新技术，解决现有电子器件在高性能与小型化、可集成等方面的矛盾，为下一代战略性微型化信息系统的发展奠定基础。

核心科学问题：研究电子和光子的产生、传输、调控及其与多物理场的互作用机理；研究电子与新型物质材料相互作用产生的二次电子、超导态、量子效应、电磁效应等物理现象；探索电子和光子与新材料、新结构的作用机理及调控方法；研究真空器件、量子器件、超导器件、微纳器件以及相关电路及系统的设计理论与方法；探索真空电子学与微电子学相互融合的新途径，发展平面化、可集成、微型化的广义真空电子器件；研究以超导量子器件作为等效的宏观人工原子与电磁波有效耦合产生的量子光学效应，探索超导载流子局域调控方法，发现超导量子器件退相干机制，发展新型超导量子光电器件。

5. 微波光子前端与集成系统

主要研究内容：研究新型微波光子器件与前端，实现系统集成，解决微波光子前端在高性能与高度集成等方面的矛盾，为宽带电磁频谱的精确感知和高效利用奠定基础。

核心科学问题：微波光子噪声和非线性抑制理论与方法。揭示微波光子前端与集成系统中多物理场之间的相互作用机制，阐明光电域噪声和非线性现象的产生与转化机理，研究微波光子功能系统集成芯片的设计理论与方法。

6. 高性能物理量、生化量传感器及集成微系统

主要研究内容：研究物理量传感器及生化量传感器的敏感新机理、新结构，为极端、复杂及苛刻条件下物理量与生化量的感知和检测提供技术途径。

核心科学问题：研究高温、高压、高速、深海、深空、深地等极端和苛刻物理条件下传感器件的敏感机理和检测方法；研究极端、复杂及苛刻条件下的传感器换能新机制、新结构、新原理，以及痕量化学物质和生物物质检

测传感新方法；研究复杂条件下痕量待测生物、化学物质的有效识别技术。

7. 太赫兹通信与探测器件及电路

主要研究内容：研究高效超宽带波形可控的新型固态太赫兹辐射源、高灵敏度太赫兹检测器、太赫兹信息获取片上集成系统，探索太赫兹波与生物相互作用新机理，突破太赫兹频段信息获取、传输和处理等方面的技术瓶颈。

核心科学问题：高性能太赫兹器件、电路与系统理论和方法。研究太赫兹集成电路器件结构优化和模型表征技术、新型集成电路设计与异构集成射频微系统体系架构；研究电子自旋超快互作用产生和调控太赫兹辐射的新物理机制，突破传统太赫兹辐射源主要利用电子电荷属性的技术瓶颈；融合频率梳、量子技术的太赫兹频段信息获取新体制；研究太赫兹电场作用下里德堡原子量子相干机理及其高灵敏微弱信号探测机制。

八、超高算力集成电路芯片系统

（一）科学意义与国家战略需求

超高算力的集成电路芯片与系统是未来信息时代高速、海量、多样性数据智能分析处理，人工智能乃至整个数字经济发展的关键基础。显而易见，随着社会的进步与新一轮信息技术的快速发展，超高算力集成电路芯片与系统的发展水平将影响到国家发展的方方面面，事关国家安全和国民经济命脉。同时，超高算力的集成电路芯片与系统的突破，有望推动底层器件的创新、新型计算范式的发展，形成新的器件理论、计算架构、EDA 工具、电路设计方法和制造装备，在全产业链颠覆集成电路芯片设计、架构、制造和应用。近年来，作为集成电路最高水平的标志，超高算力集成电路芯片与系统已成为我国重点关注的发展战略。

超高算力集成电路芯片系统，是指具有强大的处理能力，能在 1 秒内完成万亿次以上操作的计算硬件。随着技术发展以及全新计算需求的出现，高算力芯片系统的算力指标也不断提高。目前，超高算力集成电路芯片系统的形式主要包括 CPU、GPU、现场可编程逻辑门阵列（FPGA）、专用集成电路芯片（如各类人工智能专用的处理器）等，不同类型的芯片在灵活性和高效性间进行不同程度的折中。当前，高算力的通用处理器芯片以 CPU 和 GPU 为主。其发展路径大致包括四个阶段[92]：

1）第一阶段（1977—1986 年），随着大规模集成电路与微芯片的诞生，复杂指令集结构的性能提升；

2）第二阶段（1986—2002 年），主要以摩尔定律作为主要的发展路径，在这一阶段随着集成电路制造工艺的飞速发展，每两年处理器芯片的性能提升一倍；

3）第三阶段（2002—2012 年），随着 Dennard 等比例缩放定律开始放缓，基于经典冯·诺依曼架构的处理器芯片的发展进入了平缓期，这一时期 CPU 等处理器芯片的发展主要是增加处理器的核数，但不能解决加剧的计算能效的挑战；

4）第四阶段（2012 年后），在计算机多核架构、片上架构和网络复杂度不断提升后，多核并行技术达到了极限，处理器芯片的发展进入了平台期。

虽然通用处理器算力的发展已经进入平台期，但是近年来，由应用驱动的算力的需求却在不断提高。随着深度学习理论、方法和应用的不断快速发展，人工智能训练任务中的算力需求呈现指数级的爆发式增长，目前速度为每 3—4 个月翻一倍[93]。相比之下，摩尔定律的器件尺寸微缩速度为每 18—24 个月才翻一倍。过去十年，人工智能算法对于芯片算力的需求已经增长了超过 30 万倍，但是处理器芯片算力的提升却相对停滞。目前，依靠算力计算仍是人工智能解决一些应用问题最有效的手段，神经网络的能力边界有待进一步探索，预计未来对算力的需求将会更高。而且，5G/6G 是构建未来智能世界的基础，连接万物将产生海量的数据，计算形态也将更加丰富多样，将给计算能力带来新的挑战。预计未来 10—15 年，科学计算、人工智能、云计算和大数据等实际应用会进一步驱动 Z 级（仄级，10^{21} Flops）计算的需求，发展超高算力芯片系统迫在眉睫。

（二）国内外发展态势和我国优势

1. 国内外发展现状分析

当今，大数据、云计算、超级计算和人工智能等技术的发展对集成电路芯片的算力提出了更高的要求。然而，一方面，按照摩尔定律往前演进的集成电路工艺创新随着特征尺寸微缩接近物理极限而越来越困难；另一方面，"功耗墙""存储墙""面积墙"等问题日益突出——因散热限制，集成电路工作频率达到瓶颈；在传统存储与计算分离的芯片架构中，存储和计算性能不匹配，数据搬移导致大量延时和功耗；再者，集成面积提升带来的算力红利也随芯片接近最大单次曝光尺寸而消失。目前，超高算力集成电路芯片发展已呈现多条不同的技术路线。

（1）纳米级的逻辑与存储器件

当前，高算力芯片的发展在很大程度上依然依赖于集成电路制造工艺的进步、器件性能的提升，主要得益于先进工艺节点下 CMOS 器件的尺寸微缩、结构创新和各种性能增强技术。然而器件特征尺寸的不断微缩过程面临着各种不同的物理限制，纳米级的集成电路工艺和器件技术通过新材料与新器件结构的引入，不断地解决着这些问题。

为克服栅氧化层隧穿漏电及小尺寸器件栅极难以耗尽的问题，高 k 金属栅（High-k Metal Gate，HKMG）技术成为 45 纳米工艺节点及以下的主流技术。在这里，高 k 氧化铪（HfO_2）代替了传统的氮氧化硅（SiON）作为栅介质层，并使用金属栅替代多晶硅栅。HKMG 技术有效降低了小尺寸晶体管的栅极隧穿漏电。随着 CMOS 器件特征尺寸进一步减小到 22 纳米及以下，短沟道效应成为制约器件性能的主要因素，而采用 3D 立体栅替代了传统平面栅的鳍式场效应晶体管（FinFET），提供了不同于平面器件的解决新思路。美国 Intel 公司与台积电分别在 22 纳米和 16 纳米节点上量产了 FinFET。未来，随着 CMOS 器件特征尺寸进一步下降到 3 纳米节点，FinFET 的栅控能力也将趋近极限，源区的漏电流将进一步扩大。全环绕围栅晶体管（Gate-All-Around FET，GAA，或者 Nanosheet FET）被认为是 FinFET 的继任者。据预测[94]，围栅晶体管技术可以一直沿用至 0.7 纳米节点。

大容量、高访问带宽的动态随机存储器（Dynamic Random Access Memory，DRAM）是高算力系统中的另一类重要芯片。国际上主流的趋势是将 DRAM 单元缩小至 15 纳米以下，或者使用 EUV 技术微缩至 12 纳米以下，目前的研究主要瞄准 $4F^2$（F 为设计规格）的单元结构，包括无电容的 DRAM 技术。

除了 DRAM，大容量的非易失性固态存储器也是高算力存储部件的重要组成部分，目前主流的实现方法是 NAND Flash，其具有体积小、密度高、容量大的特点，常作为各类设备的硬盘。早期的平面二维 NAND Flash 通过采用尺寸微缩的手段来提高存储密度和容量，以降低整体成本。但随着集成密度提升，二维平面导致 NAND Flash 的可靠性与性能下降、成本上升。因此，NAND Flash 转而通过 3D 堆叠增大存储密度，同时降低对于尺寸微缩工艺的需求。2013 年三星率先推出了 24 层堆叠的 3D NAND Flash，2022 年美光公司报道了 232 层 NAND 量产。

（2）基于新原理的高能效逻辑与存储器件

虽然 CMOS 器件基于尺寸微缩的趋势仍在保持，但是其单个晶体管的性能提升已逐渐饱和，甚至陷入瓶颈。因此，探索新原理的高能效逻辑和存储器件成为超高算力芯片的发展新路线。

基于约瑟夫森结的超导逻辑器件[95]具有高速、低功耗的优点，有利于继续推进超高速集成电路的发展。目前，约瑟夫森结数量最多的高算力集成电路芯片是 2020 年 D-Wave Pegasus P16 量子退火处理器，其拥有 103 万个约瑟夫森结。虽然，与 CMOS 晶圆尺寸芯片数万亿晶体管相比，超导体电子在集成电路密度和复杂性等关键指标上仍远落后于 CMOS 器件架构，但其发展前景不容忽视。

基于磁自旋原理的逻辑器件通过利用磁电耦合机制完成电荷-自旋转化[96]，可组成多数逻辑门，通过改变控制位进行可重构的布尔逻辑运算。该多数逻辑门可进一步级联，完成更加复杂的逻辑运算功能。相比于 CMOS 器件，磁自旋逻辑器件有希望通过材料和结构的优化将操作电压降低至 100mV，将单比特信息处理的能耗降低至 aJ（10^{-10}J）量级，集成密度提高五倍。因此，磁自旋逻辑器件被视作后摩尔定律一类变革性新技术。

未来的高算力芯片与系统除了需要更高能效的逻辑器件外，还需要高带宽访问、大容量、高耐久性和非易失性的新原理存储器件。在这一背景下，涌现出多种基于新原理的非易失性存储器件[97]，代表性技术为通过不同机理（自旋、阻变、相变、铁电、氧化物等）控制存储器电阻特性进而改变存储信息。其中，自旋转移扭矩磁随机存储器（STT-MRAM）通过自旋电流实现信息写入，其写入功耗低、速度快、可擦写次数高，但当工艺节点推进时，写入电流会增大。阻变式存储器（RRAM）通过改变两端电极间阻变材料的电阻来实现信息写入，其结构简单、功耗低、集成密度高，并具有存算一体优势，是先进节点（28纳米及以下）嵌入式非易失性存储的重要技术路径。相变存储器（PRAM）通过电流流经相变材料产生热量从而产生相变来改变信息态，目前工艺较为成熟，已有商用产品。铁电存储器（FRAM）通过改变铁电材料的极性从而产生阻变实现信息存储，其可以以传统闪存1/4的电压以及快几百倍的速度工作，适用于超低功耗、超高速、高密度集成的通用内存和内存计算，目前已应用在商用的微控制处理器（MCU）上。但基于传统单晶铁电材料，如PZT（锆钛酸铅）和BTO（钛酸钡）等的FRAM制作成本高，成为其大规模应用的障碍之一。近年来，铪基铁电的出现成功解决了与CMOS工艺兼容等相关问题，FRAM迎来了发展的高速期。基于环沟道（Channel-All-Around，CAA）结构的IGZO 2T0C DRAM技术成果解决了DRAM的片内3D集成问题。目前阶段，上述新原理存储器的技术路线多头并进。

（3）新型计算范式驱动的非冯计算架构

冯·诺依曼计算架构中存储与计算分离且使用串行计算，在处理大数据任务时，存储和计算单元大量数据的频繁交互，带来了严重的功耗和速度损耗，降低数据处理的效率。在此背景下，新型计算范式驱动的非冯计算架构芯片成为高算力系统的一个热点，其主流技术包括存算一体架构、类脑计算架构等。

存算一体架构可分为数字型与模拟型。数字型存算一体架构又主要分为数字型存内计算（在存储器单元阵列内部插入数字逻辑直接完成运算）与数字型近存计算（不改变原有存储器模块，仅在靠近存储器的位置集成计算单元）。模拟型存算一体架构通过模拟的方式在存储区域内部做计算或在存储器读出电路通过混合信号方式做并行计算，处理单元与存储单元只需要传输控制指令，从而减少了数据传输量，解决了"存储墙"的问题[98]。对于存算一体的芯片实现，目前已有不少基于静态随机存储器（Static Random Access Memory，SRAM）和RRAM/PRAM/MRAM等存储单元的系统来实现。针对不同存储器的特点，通过不同的计算电路均实现了存算一体，且功能范围由简单的整数乘加计算逐渐拓展到更通用的计算范式，如匹配、浮点计算、加解密等。

第四章　信息科学的发展思路与发展方向

与此同时，更为颠覆的类脑计算神经形态芯片与系统也被广泛研究。类脑计算是让计算机以模仿生物脑神经元与突触的方式进行信息处理，其核心为由脉冲刺激的事件驱动取代经典数字电路的时钟驱动，即整体电路仅在有外部刺激（输入）的情况下工作，否则保持在没有能量损耗的静态，免于传统数字电路的时钟控制，有望实现极高算力下的极低功耗运行，从而在人工智能、图计算等具有显著稀疏性的领域具有很好的前景。目前，类脑计算电路已有很大的发展，可主要分为利用异步握手信号异步进行的数字架构与基于新兴神经形态器件的类脑计算系统，但仍存在较多的困难和挑战。

（4）基于先进封装的芯片级集成系统

基于先进封装的芯片级集成系统已成为进一步提升算力的关键方法[99]。其中，硅基精密工艺的制造技术开始应用于封装系统中，从而提出一种新形态的基板技术——硅转接板（Silicon Inteposer）。台积电的CoWoS（Chip-on-Wafer-on-Substrate）封装工艺就是通过一层硅转接板实现了多个芯片在同一封装内的超高密度互连，加工精度可达到10微米。与传统方法相比，CoWoS方案不仅可缩小封装面积，并在增加带宽的同时，减少了片间通信所需要的单比特功耗。借助CoWoS封装工艺，现有超高算力芯片通常将处理器芯片和多颗3D堆叠的DRAM芯片通过硅转接板实现高密度互连。其中，3D堆叠的存储器芯片称为高带宽内存（High Bandwidth Memory，HBM），HBM由多个高带宽的内存颗粒通过垂直堆叠的方式封装而成，每个内存颗粒通过穿透硅通孔（Through Silicon Via，TSV）技术与最底层的内存逻辑电路直接连接。除了HBM存储芯片可以进行垂直堆叠之外，其余的逻辑芯片仍然是平面排列的，因此CoWoS技术也属于2.5D封装技术。

更为先进的3D封装技术探索随着带宽的需求不断提高已经展开。通过铜-铜键合等新的键合方法实现芯片间的更高密度的垂直互连，缩小了处理器和存储器间的距离，提高访存带宽，从而进一步降低数据传输的开销。如今Intel、台积电、三星等公司均已推出3D封装的预研类产品，同时随着集成度的大幅度提升，散热已成为芯片级集成系统进一步提升算力的瓶颈之一。通过将液冷模块直接嵌入转接板甚至散热需求高的芯片内部，从而大幅降低散热热阻，实现高效的芯片冷却。

近年来，小芯片（Chiplet）被引起广泛关注并寄予厚望，将不同工艺的模块化芯片，像拼接乐高积木一样用封装技术整合在一起，在提升性能的同时实现低成本和高良率，是在摩尔定律趋缓下的半导体工艺发展方向之一。国际上，Intel、台积电、三星等多家公司均创建了自己的 Chiplet 生态系统，积极抢占 Chiplet 先进封装市场。国内方面，华为于 2019 年推出采用 7 纳米制造工艺，基于 Chiplet 技术鲲鹏 920 处理器，长电科技、通富微电等也在积极布局，已具备 Chiplet 先进封装技术大规模生产能力。对于中国半导体行业来说，Chiplet 先进封装技术与国外差距较小，有望带领中国半导体产业实现质的突破。

2. 我国现有基础和优势

我国集成电路领域，特别是在超高算力芯片与系统方面的研究起步较晚。目前国际领先的高算力芯片均已进入 7 纳米甚至 5 纳米以下技术节点，国内最高水平仅达到 14 纳米节点，在先进的 EUV 光刻技术尚未到位前，在集成电路芯片制程上与国际水平的代差难以缩小。

在"十五"到"十三五"期间，我国制定了一系列支持集成电路发展的政策和措施，并通过"核心电子器件、高端通用芯片及基础软件""极大规模集成电路制造技术及成套工艺""新一代宽带无线移动通信"等国家科技重大专项、国家重点研发计划和自然科学基金委重大研究计划等途径在集成电路科技方面逐步加大了投入，实现了飞跃发展。器件方面，新原理逻辑器件、存储器件、神经形态器件等研究水平突飞猛进，一批有自主知识产权的器件技术成果处于国际领先地位；设计方面，人工智能芯片、存算一体芯片与系统领域的研究成果已达到国际领先水平，并催生了包括华为、龙芯、寒武纪等在内的多家芯片设计头部企业。在这发展过程中通过引进和培养，建立了具有丰富经验和创新精神的集成电路研究队伍。我国集成电路技术和产业经过卧薪尝胆，从基础研究到大规模制造，从产业规模到智力规模，初步具备了与国际竞争的能力。

（三）发展目标

超高算力集成电路芯片与系统的重点发展方向，以延续摩尔定律速度的算力提升作为牵引性目标，部署变革性器件、电路和系统、体系架构设计和设计方法学，研究突破热力学玻尔兹曼极限的超低功耗，非冯·诺依曼架构下计

第四章　信息科学的发展思路与发展方向

算、存储及存算融合，以及敏捷设计方法学等关键科学问题，全面支撑集成电路芯片算力、集成度、功能融合持续提升，满足物联网、人工智能、大数据、云计算、航空航天、国防重大装备等国家重要应用领域对高算力芯片的需求。

未来 5 年，布局超高算力集成电路芯片系统的关键技术。开展新原理、新结构器件和电路的创新研究，实现非冯·诺依曼架构的计算、存储及存算融合基础理论和关键技术的突破；完成在 EDA 关键环节核心算法的突破，接近国际同期水准；通过材料、器件、工艺、电路、互连、架构和设计等协同研发，推动芯片算力整体继续沿摩尔定律速度提升，实现关键技术自主可控；研发出感存算一体、类脑计算等变革性集成电路芯片与系统；在制造技术与装备实现自主可控。

未来 15 年，实现超高算力集成电路芯片系统的全面突破。突破热力学玻尔兹曼极限的超低功耗，进一步降低芯片能耗与延迟，提高算力，支撑自主可控的以及国际领先的芯片设计、制造平台建设和系统生态构建；在开源芯片、敏捷开发、人工智能自动化设计等方面取得突破，芯片设计周期大幅缩短，实现全流程自动化，支撑我国成为芯片设计强国；实现在算力、能效、通用性等多个层面的协同设计与优化；在制造技术与核心装备方面达到国际先进水平；推动全信息智能处理系统新兴产业的应用。

（四）主要研究内容与核心科学问题

1. 集成电路关键材料

主要研究内容：研究高纯电子（特）级多晶硅原材料的规模化制备工艺，低缺陷密度的 12 英寸直拉单晶硅的晶体生长、缺陷控制及其外延和绝缘体上硅（SOI）成套技术，高纯石英、特种气体、化学试剂、光刻胶和靶材等相关辅材的制备工艺技术。

核心科学问题：多晶硅原材料中杂质浓度及 12 英寸直拉单晶硅中空洞型缺陷密度的有效调控，提高硅片表面洁净区质量的缺陷工程，高纯石英、特种气体、化学试剂、光刻胶和靶材等集成电路关键辅材的提纯机理及工艺。

2. 先进 CMOS 器件与工艺

主要研究内容：研究 3 至 1 纳米先进节点 CMOS 核心器件，器件模型与仿真工具，电路设计和工艺协同优化方法；先进 CMOS 核心器件大规模制造工艺；单片 3D 集成与高效功能融合 3D 芯片制造。

核心科学问题：基于异质沟道材料、超摩尔器件与 3D 集成技术的原子级集成电路变革性规模制造工艺技术，低维纳米和碳基异质材料在可控生长、界面处理与 CMOS 器件大规模制造上的关键挑战。

3. 新型逻辑与存储器件

主要研究内容：探索突破热力学玻尔兹曼极限的超低功耗逻辑器件的物理原理，研究超低功耗新原理逻辑器件、电路设计方法和大规模集成技术；探索高速、低功耗、非易失的数据存储新原理；研究解决现有存储器性能和密度困顿问题的新型存储器件、芯片设计方法与大规模集成技术，解决芯片算力提升中遇到的"功耗墙"和"存储墙"问题。

核心科学问题：如何突破传统 CMOS 能耗极限，构建完整的极低功耗器件理论体系，实现超越 CMOS 的新器件；如何突破传统 DRAM 的 $4F^2$ 密度极限，实现高速低功耗的内存芯片；如何实现速度、功耗、密度、可靠性俱佳的统一存储器，解决多级计算架构中外存和内存间性能不匹配带来的计算效率降低问题。

4. 超高算力架构与芯片

主要研究内容：研究新型电路和体系架构，突破冯·诺依曼瓶颈，实现非冯架构下计算和存储的融合，持续提升芯片算力，包括：近似计算、随机计算、模拟计算等新型计算范式，多芯粒集成互联架构，多核异构体系架构，专用处理器架构和可重构计算架构等方面。

核心科学问题：计算与存储之间的信息耗散和汇聚的矛盾、数据搬运效率与任务复杂性之间的矛盾，非冯架构的计算通用性问题，异构计算系统与通用计算架构（如 CPU 等）的结合、效率和专用性合理的设计权衡。

5. 感存算融合器件、架构与芯片

主要研究内容：研究感存算器件的物理基础和性能调控技术，实现多物理场精确感知的感存算器件；研究感存算器件大规模集成技术，研制高性能感存算片上 3D 集成系统；研究感存算一体新架构和芯片协同设计技术，研制高算力、高能效感存算一体芯片；构建全信息智能处理系统。

核心科学问题：感存算器件模型与性能协同优化机制，多传感器、计算和存储器件的异质集成问题；片上高速、高带宽数据传输与处理技术，动

第四章 信息科学的发展思路与发展方向

态信息感知、计算、存储、控制和通信等功能的协同工作与系统集成方法；人-机-物信息物理融合环境下的系统设计理论与优化方法。

6. 神经形态器件与类脑芯片

主要研究内容：研究基于新原理的人工神经元和神经突触器件，神经元与突触器件的物理模型、异质集成和参数匹配关系，神经元和神经突触器件的大规模集成与阵列架构设计方法；研究功能灵活可配置的低功耗脉冲神经元电路，异步事件驱动的高效脉冲神经网络拓扑结构及高并行异步传输接口，基于脉冲序列的在线学习硬件架构及外围控制电路设计；研究类脑芯片的存算一体架构及其硬件仿真平台。

核心科学问题：建立器件物理动力学与生物功能的联系，确定神经突触器件与神经元器件的参数匹配关系；利用器件的物理本征特性实现可重构、紧凑高效的脉冲神经元电路以及在线学习功能；解决异步脉冲神经网络训练方法对硬件不友好的问题，提高芯片中各核之间的异步信息的并行传输效率，实现大规模人工神经网络和脉冲神经网络的硬件异构融合；将新器件模型与传统 CMOS 电路模型融合，构建高效的硬件仿真平台；发展匹配的神经网络算法和电路补偿算法，实现器件-电路-算法的协同设计。

7. 新型计算范式芯片

主要研究内容：研究新型计算范式的基础器件、物理和性能调控方法，新型计算范式的算法、电路和系统的协同设计方法及大规模集成技术；研制基于新型计算范式的应用系统。

核心科学问题：通过基础器件和计算理论的变革，发展能够突破现有集成电路和冯·诺依曼架构性能瓶颈的新型计算范式；通过器件、电路、算法和系统的协同设计，研制出算力与能效比同等规模的现有计算系统提升百倍的新型计算系统。

8. 芯片设计与 EDA 技术

主要研究内容：研究广义的 EDA 基础理论和方法，系统-电路-工艺协同优化的敏捷设计方法，物理和数据驱动的器件模型技术；研究跨层级重用设计方法学，人工智能辅助的自动化设计方法学与工具；研究开源芯片关键技术和框架，开源 EDA 关键技术和框架；研究面向领域定制芯片（如人工智能芯片、存算一体芯片）的设计方法学与工具，面向先进封装的 EDA 关键技术与工具。

核心科学问题：自动化和重用带来的质量上限问题；敏捷开发和开源芯片设计技术；高精度模拟电路和大规模数字电路功能仿真速度慢的问题。

9. 3D 集成技术

主要研究内容：研究硅通孔、微凸点、铜-铜键合等互连技术和关键工艺，3D 集成微观结构的测试方法，3D 集成封装结构的仿真工具与仿真模型，2.5D—3D 集成芯片的热-电磁-应力多物理场协同仿真和设计方法，硅介质基板的自动化布局布线；研究超短距离、高带宽、高能效互联电路与接口协议，3D 集成芯片通信的互联网络拓扑、路由与交换机制，高可靠、高效率的热管理方法，Chiplet 集成技术。

核心科学问题：保证 3D 异质集成的良率的工艺技术；3D 集成芯片与系统的全流程协同设计方法、敏捷设计方法和自动化设计工具，避免芯片规模提升带来的设计复杂度爆炸；提高芯片间数据通信的效率，降低芯片间互联的功耗；保障千瓦级总功率的集成芯片与系统可靠运行的热管理。

10. 制造技术与装备

主要研究内容：研发阵列电子束曝光技术及装备、高效率 EUV 光源、聚光反射镜和曝光技术、原子层刻蚀技术及装备、高深宽孔或槽内材料生长技术及装备、高深宽孔或槽内清洗技术及装备、基于真空互联的集成电路先进制程工艺技术与装备。

核心科学问题：阵列电子束发射及高精度控制，EUV 光源质量、反射效率，原子级精度刻蚀和高选择比材料，高深宽孔或槽内材料生长机理和表征，高效率清洗方法、机理和测试，新材料与硅异质界面的设计与调控。

九、半导体材料、器件与跨维度集成

（一）科学意义与国家战略需求

随着信息化社会的进步和科学技术的发展，半导体信息器件的应用场景将日益多样化，对器件的功能和性能要求也越来越高。同时，物理、材料及

第四章　信息科学的发展思路与发展方向

量子等科学以及微纳加工技术的不断发展,为半导体信息器件提供了新的发展维度,其发展方式正从集成度和材料组合纵深提高朝着系统功能横向扩展与集成融合转变。半导体信息器件支撑着信息技术网络化、智能化发展,是构筑全面信息化的硬件基础。

能带理论是理解半导体的材料性质和物理过程的重要基础。基于能带理论的能带调控是半导体科学技术的核心问题,充分利用了异质材料能带特性差异的能带工程已经在很多方向展现了开拓新器件功能的优越性。例如,以二维原子材料、一维纳米管/线和零维量子点为代表的低维半导体材料的能带能够被有效调控,展现出众多新奇的物理性质,如量子限域效应,以及基于能带的拓扑特性的新奇量子效应等,已突破传统器件的性能极限。同时,可利用多种外物理场条件(电场、磁场、光场、热场、应变场等)进行多尺度能带调控,使半导体材料具有更加优异的功能特性,最终获得能突破现有性能极限的新原理器件。

宽禁带半导体材料通常是指带隙宽度大于 2.0eV 的半导体材料,是继 Si、Ge 元素半导体,GaAs 基和 InP 基等化合物半导体材料之后迅速发展起来的新型半导体材料。以Ⅲ族氮化物及 SiC 等为代表的相对成熟的宽禁带半导体材料,以及以 Ga_2O_3、氮化铝(AlN)、金刚石等为代表的正被加大力度研究的宽禁带半导体材料,具有带隙宽度大、电子饱和漂移速度高、稳定性好等优异性能,是光电子、电力电子和微波射频器件的核心材料。在固态照明与新型显示、功率电子与通信系统、消费电子与工业电子、国防装备与重大设施等领域拥有广阔的应用前景。因此,发展宽禁带半导体材料、器件与集成电路技术,构筑丰富的异质结构,拓展其在光电子、电力电子以及射频微波电子等领域的应用,提升半导体物理的科学内涵,在服务国家战略需求和经济发展上具有重要意义。

近年来,硅基异质材料的宽禁带半导体、低维半导体、二维半导体、有机半导体、钙钛矿等新型半导体材料的崛起为实现高性能信息器件与系统开拓了崭新的方向。柔性电子材料及柔性电子集成技术的研究和应用迅速发展,研发了可卷曲、可延展、生物兼容的新型柔性电子系统,拓展了电子器件的应用范围和领域。

在器件单元尺寸不断缩小、集成度越来越高的发展过程中,跨维度集成为重要的发展方向,是突破现有器件性能极限的有效途径之一。通过不同维度材料和结构的异质集成、各类功能结构的融合、多场多尺度能带调控,大幅提升器件性能、降低功耗、丰富器件功能。当今,超大规模集成电路正从二维集成构架迈向 3D 集成构架,发展异质集成技术、堆叠制备工艺和设备是当务之急。

(二)国内外发展态势和我国优势

1. 国内外发展现状分析

半导体学科的发展一直是在能带理论的基础上发现和理解新的物理现象与规律,并在半导体材料组分和掺杂、器件结构和集成等方面实现更加精准的操控。进入后摩尔时代,《国际半导体器件与系统发展路线图》(International Roadmap for Semiconductor Devices and Systems Development,IRDS)对微电子器件技术的发展路线做了新的定义,跨维度集成成为重点发展的方向。跨维度集成具有双重内涵,一方面探索新材料和新结构,对半导体进行多场多尺度能带调控,大幅提升器件性能、降低功耗;另一方面将不同功能的结构集成起来,以实现功能更丰富的集成器件。

我国一直重视半导体科学与技术,特别是近 20 年来,通过研发经费投入、人才培养和引进,已大大缩短了与国际先进水平的差距,并在一些领域取得重大突破,引领国际发展。例如,在半导体物理与器件方向,半导体自旋物理和拓扑物理方面的理论研究工作完备,量子反常霍尔效应和 3D 量子霍尔效应的实验研究工作进展顺利,半浮栅晶体管、基于拓扑量子效应的光电探测器以及基于二维原子晶体材料的新型器件发展较好。在跨维度集成技术方向,我国科研单位通过 3D 硅材料与二维锗锡薄膜材料的跨尺度集成制备硅基发光器件,目前实现了电致发光,目前其正向着激光器努力;利用 3D 与二维或零维半导体材料的耦合,制备出面向神经形态计算的神经突触器件;利用 3D、二维和零维的跨维度耦合,开展了硅基量子比特研究,正推进半导体在量子计算中的应用。近年来,二维层状半导体材料与硅材料,以及二维层状材料之间的范德华异质集成受到普遍的关注,在高速低功耗晶体管、光电子等器件制备方面取得了一系列突破。

宽禁带半导体材料与器件因其独特的性能优势和战略性应用价值,已成为各国都竞相研发的前沿技术。在这一领域，我国与发达国家的差距正在加速缩小，部分技术已处于领先地位。其中，我国半导体照明 LED 芯片产能已居全球首位，部分技术处于国际领先地位；自主研发的紫外 LED 器件、功率电子、高频微波器件，技术参数和应用规模与国际水平相当；GaN、SiC 衬底制备技术和材料指标已接近或达到国际水平；SiC 和 GaN 基紫外探测器与激光器已经实现产业化；在 Micro-LED 芯片方面，科研单位与企业均开展了相关研究及产业化布局，龙头企业的部分技术已达到国际先进水平。与此同时，SiC、GaN 的晶圆质量提升、器件结构与工艺的发展、封装与热管理等关键技术的攻关，大幅促进了宽禁带半导体射频微波、功率电子器件的发展，在一些重要的能源电子领域正逐步取代硅基器件；具有更高品质因子指数的超宽禁半导体，如 Ga_2O_3、AlN、金刚石等，正在成为前沿研发热点。

2. 我国现有基础和优势

我国一直重视半导体物理基础及半导体材料与器件技术研究。然而，由于各方面条件的限制，20 世纪的研究工作在总体上处于追赶世界先进水平的状态，当今我国已经具备了参与国际竞争的能力，但是在先进的实验和制造设施以及高水平人才培养方面仍需进一步提升。

（三）发展目标

未来 5 年，结合不同的材料、维度和界面，利用多种外物理场条件（电场、磁场、光场、热场、应变场等）对各种功能材料（半导体异质材料体系、金属-半导体材料体系、二维原子晶体材料体系，拓扑量子材料体系等）的能带进行精准操控，研发出性能优异、功能丰富的新型器件，将其提供给要求更高、范围更广的应用；从多尺度能带设计和调控的角度出发，发现新的物理性质和量子现象，突破现有器件的性能极限和功能限制，完成可拓展的新原理器件制备；实现光电子器件性能与集成能力的多维度跨越；突破宽禁带等半导体材料生长制备的关键技术，掌握半导体薄膜与异质结构的外延生长技术，解决大失配外延、掺杂与激活等科学难题；实现超高能效白光 LED 器件、紫外 LED 器件，高密度 Micro-LED 芯片与大功率器件的制备，并将其拓展到规模化应用；实现高稳定性/可靠性宽禁带半导体微波/功率电子器件，并逐步实现对传统器件的替代；掌握宽禁带半导体高功率/高温集成电路技术，实现宽禁带半导体与硅异质集成电路技术；研发出宇航级抗辐照的光电子、功率电子器件与集成电路，实现在国防航天等极端条件下的验证。

未来15年，基于集成电路工艺技术，利用半导体材料从3D到零维各个维度上的特性，构建跨维度的新结构，进而制备出多功能器件并实现其集成，提出可靠的堆叠、互连制备技术和工艺路线；解决摩尔定律发展中的功耗瓶颈、算力瓶颈和功能拓展的问题，推动我国微电子器件的基础研究，促进集成电路技术的发展；掌握6—8英寸及以上GaN、SiC单晶衬底制备、异质结构材料生长，以及LED、激光器、微波和功率器件制备等关键核心技术，突破宽禁带半导体集成电路关键技术，发展出基于宽禁带半导体的革新性技术；突破4英寸Ga_2O_3单晶金刚石生长及关键工艺，发展"金刚石终极半导体"技术；实现宽-超宽禁带半导体材料与器件的广泛应用，使我国在宽禁带半导体领域达到国际先进水平。

（四）主要研究内容与核心科学问题

1. 新物理、新材料信息器件

主要研究内容：研究半导体自旋电子学、谷电子学、拓扑物理学、半导体量子比特及其量子计算操作等，在物理原理上取得突破，研发新结构器件，建立器件物理模型。

核心科学问题：半导体材料体系中新的信息载体、灵敏物理量的可操控性及新原理器件构建，外物理场条件（电场、磁场、光场、热场、应变场等）对半导体能带和性能的调控机理。

2. 宽禁带半导体材料

主要研究内容：研究GaN、SiC、Ga_2O_3、AlN、金刚石等宽禁带半导体单晶衬底制备、外延薄膜与异质结构生长及掺杂技术；研发材料生长制备和表征的核心装备与科学仪器；研究能带工程、极化工程、界面工程等设计新方法，材料与器件特性调控新技术；研究宽禁带半导体器件与集成技术，设计并制备基于宽禁带半导体的超高效率发光与极端波段光电探测器件和芯片，高性能射频微波、功率电子器件与集成电路、THz器件等；建立器件物理模型和可靠性评测方法。

核心科学问题：宽禁带半导体材料生长动力学、应力与缺陷调控机制、掺杂与激活的机理；新型异质结构的设计、制备与集成，以及对能带、极化、界面的调控规律；射频微波、功率电子器件的新结构、新工艺及可靠性提升与加固方法；高温/高功率集成电路中的互补逻辑器件实现方法、高压串扰效应抑制方法；光电子器件的设计与效率提升原理、光电转换与载流子输运/复合机制。

3. 低维半导体材料

主要研究内容：研究零维/一维/二维及超晶格半导体材料的可控制备，并通过组分、应变、掺杂等手段实现性能的调控；构筑二维层状材料的范德华异质结构，发现新的物理现象，实现新的器件功能，并利用转角、近邻效应等调控其性能；探索低维半导体材料及量子结构中光电、电声耦合等多自由度耦合机理对光、电、热输运性质的影响与调控；基于磁性金属或半金属与半导体所形成的异质界面，来实现高效率的自旋注入、传输和操控。

核心科学问题：低维半导体材料的可控制备与界面调控，以及微电子技术兼容的低维半导体的范德华异质外延、组装与器件集成技术；如何从原子尺度上调控低维半导体材料及器件的相关量子结构，理解光子、电子、声子和自旋等自由度相互作用机理及其与多场交互作用下的器件性能优化机制，以实现器件性能的提升。

4. 化合物半导体材料

主要研究内容：研究功能性化合物半导体超晶格（量子阱）、量子点能带结构设计、性能预测和可控制备技术，结构演化、表界面工程及缺陷抑制技术；提高电光/光电材料转换效率的新效应、新途径，光电材料与电光材料、有源材料与无源材料的集成外延，微电子材料与光电子材料的融合制备，低位错密度单晶材料的制备、掺杂及掺杂补偿技术，Bi 化物、Te 化物等窄带隙材料的制备。

核心科学问题：化合物半导体材料的组分、应变、界面、掺杂的协同控制和原子级尺度可控制备，材料结构、物理过程和电光/光电转换的内在关联规律，不同功能材料中载流子、光子、激子、声子相互作用特征和机理，片上集成功能材料中不同功能单元的协同优化，结构离散、缺陷行为、多种物理效应耦合对光电性能的影响，半绝缘 GaSb、InAs、InSb 单晶制备难题的关键技术的突破。

5. 硅基异质集成

主要研究内容：研究基于硅 CMOS 工艺兼容的异质结构构建、器件制备及集成，硅基器件与非硅器件（如化合物场效应晶体管、宽禁带半导体功器件、MEMS 器件、光电器件等）的单片集成，基于高密度垂直互连的 3D 硅基异质集成。

核心科学问题：硅基异质材料的外延生长机制及其杂质和缺陷调控机制，非外延硅基异质结构的设计、构建和调控方法，单片硅基异质集成中器件的互联方法、功能耦合与性能倍增机制。

6. 多维度异质结构与调控

主要研究内容：研究不同维度（零维/一维/二维/3D）、不同类材料（无机/有机等）、刚性/柔性衬底之间的组装集成方法与技术，获得新型信息功能器件并实现应用；研究 3D 架构器件大规模集成、堆叠制备技术和工艺，推进集成电路制造技术发展；研发跨维度集成的自动化设计方法与工具；研究硅异质集成等微电子工艺兼容的集成技术。

关键科学问题：量子功能材料的多尺度能带设计与实现、跨维度半导体异质结的设计与界面调控机理和制备技术、跨维度异质结构中光场-电场作用机理。

7. 柔性器件与集成

主要研究内容：研究柔性电子"功能介质"理性设计与可控制备的新方法；研发有机、有机/无机杂化、低维等半导体材料，实现多功能、高性能、低成本、低耗能的柔性电子器件；研发先进印刷等器件加工工艺技术，实现电子系统的高集成度和高功能密度；研发多功能柔性电子器件的系统集成和封装技术，拓展柔性器件的应用，实现人-机-物的高度融合。

核心科学问题：具有本征柔性的电子材料（以有机/聚合物半导体为代表）和微纳结构增强柔性的电子材料在柔性化过程中的光学、电学、磁学等物理、化学行为与机械柔性的内在关联；柔性电子器件与集成系统随机械动态过程中半导体/活性功能层中载流子的动力学、电子转移、能量转移、应力变化规律发生变化，以及各功能层界面的电子结构与机械性能的失配机理。

8. 光电子器件与芯片

主要研究内容：研究多波段、低阈值、可调谐、低噪声、高速率、高功率、高光束质量半导体激光器及其阵列化片内合束/集成，多波段、高探测率、多光参量分辨率、高速半导体光电探测器及感存算一体的焦平面成像阵列，半导体激光器、调制器、探测器集成芯片技术，光电子微电子融合集成技术，光通信、光互联及信息处理集成芯片，多频段光频梳器件及系统，微波光子学器件及系统，全频段半导体激光器、探测器集成技术，硅基多波段光发射与探测器件和集成芯片。

核心科学问题：硅基激光的高效发光机理、光电子器件构型、光栅结构、人工电磁结构的光模式调控机理；器件结构、材料生长和工艺的兼容和融合；器件噪声和能耗以及热耗散的控制；光学微波产生及微波和光波连接的新机理。

9. 半导体照明、显示与能源器件

主要研究内容：研究Ⅲ族氮化物、Ⅲ-Ⅴ/Ⅱ-Ⅵ族、钙钛矿、有机半导体等材料与量子结构的制备合成技术；研究提升电光/光电转换效率的方法与器件的构效关系，以及逼近/达到效率极限的关键科学问题；研究超高效率长寿命的发光和显示器件，实现RGB三基色/白光宽光谱LED；发展基于Micro-LED、量子点等微纳尺寸、新型结构的显示阵列，以及异质集成驱动薄膜晶体管（Thin Film Transistor，TFT）微显示系统；研究新型高效率、低成本光伏电池能源器件，发展复合多结太阳能电池结构以及高效光解水制氢系统。

核心科学问题：光电子半导体材料的合成生长机理与缺陷抑制规律，LED的载流子输运/复合机制、效率衰减机理与抑制方法，异质集成结构的设计与工艺优化，微纳结构与器件制备关键技术，光伏电池能源器件的电荷分离/转移机制和表界面缺陷钝化机理、稳定性提升与加固方法。

10. 微波、功率电子器件

主要研究内容：研究毫米波与太赫兹频段高功率和高效率化合物半导体射频器件与电路、低寄生纳米栅、低阻欧姆接触和低界面态钝化等关键技术；研究高频器件精确模型与电路设计；探索新型高效热管理策略及抑制电流崩塌的新结构与新工艺；研究新型硅基/宽禁带基/超宽禁带基功率半导体器件3D耐压和载流子输运机理与新结构，研究高低压隔离与集成的新方法，研究高可靠高压功率集成器件制备新工艺，研究高功率密度器件热产生和耗散机制，研究结温计算模型及控制方法与新型封装技术；研究微波/功率器件恶劣工作条件下的损伤机理及表征方法，构建器件寿命预测的精确模型。

核心科学问题：微波纳米栅器件的短沟道效应，高频下的器件表征与精确模型，大功率下的自热效应，功率器件击穿电压与导通电阻的 3D 极限数学关系，高低压隔离漏电调控机制及集成、封装技术，高可靠器件设计方法及寿命预测模型。

11. 材料制备技术与核心装备

主要研究内容：研究低位错密度窄带隙及新型半导体单晶衬底制备技术；研发自主可控的高性能分子束外延、金属有机物化学气相外延、原子层外延及其组合外延等新型装备。

核心科学问题：外延系统的背景掺杂、非故意掺杂的影响与控制，外延速率、界面质量、衬底温度间的相互依赖关系，外延过程中各种热源的相互扰动机理，氧化层脱离过程与初始外延质量。

十、光电子器件及集成

（一）科学意义与国家战略需求

光电子器件与集成芯片是新一代信息技术和众多新场景应用的基础核心，已成为衡量一个国家高科技竞争力的重要标志。光电子器件及集成技术正处于更新换代的快速发展阶段，硅基光电子、混合光子集成、微波光子集成、光电智能计算、光电融合集成等技术与产业呈现出爆发式的发展态势[100,101]。我国在光电子器件功能材料、制备工艺和封装测试等方面已具备较好的基础，存在变革性加速发展的重要机会。

优先发展光电子器件及集成技术是弥补我国宽带网络通信产业和相关新应用领域短板的关键。我国在整机系统和网络应用产业领域，已经具备了一定的国际竞争力，然而高端光电子器件大量依赖于进口。华为、中兴通讯和烽火通信已经分别成为全世界第 1 位、第 2 位和第 5 位的光网络设备供应商，这三家公司占全球市场 40% 以上，处于国际领先水平；但是光网络设备中核心光电子器件的供应商，国内仅有武汉光迅科技股份有限公司、青岛海信宽带多媒体技术有限公司、中际旭创股份有限公司、福建中科光芯光电科技有限公司等企业具有一定规模的信息光子芯片研发和生产能力；虽然全球市场 40% 以上的光网络设备由我国生产，但是信息光子芯片综合国产化率仅为 22% 左右。急需发展光电子器件及集成技术，在光通信系统相关的核心芯片器件及关键技术方面取得突破，保障相关产业安全。

优先发展光电子器件及集成技术是我国重构全球信息光电子技术与产业生态、筑建技术与产业优势的重要机会。首先，光通信与互联芯片技术呈现出多材料体系融合集成和光电融合集成的发展趋势，不断刷新单通道速率纪录，同时，通过将光通信波段扩展到超波段以及充分利用光信号的多维度调控，有望实现光通信容量的数量级增长。另外，光不再仅满足于作为传输与互连媒介，随着光电子集成技术的快速发展，光子智能计算芯片作为加速计算部件成为研究热点和重要发展趋势，可以显著提高电计算速度与能效（2—3个数量级）。由此可见，光子技术多个领域的"新增量"可望引发下一轮技术的重大变革，将成为通用目的技术，支撑未来产业升级与可持续社会的发展。

优先发展光电子器件及集成技术是提升我国信息光子产业整体研发能力的关键，其支撑涵盖仿真设计、材料生长、加工制备和封装测试等的技术体系迭代发展。当前我国信息光子技术与产业仍呈现出不稳定的倒三角形态，主要集中在技术含量较低的产业链下游。信息光子芯片研发体系初步成型，已建成4—5个较为完备的硅光和Ⅲ-Ⅴ族光子芯片工艺平台[102,103]，但缺乏产业化实践与技术迭代。与此同时，商业化光电子仿真设计软件基本空白。因此，迫切需要构建涵盖仿真设计、材料生长、加工制备与封装测试等的全链条技术体系。

优先发展光电子器件及集成技术将有助于进一步强化我国在网络通信的优势地位。由于光子技术的基础性、先导性和渗透性，信息光子技术的跨越式发展，必将为整个网络通信产业的下一轮飞跃打下基础，为我国其他行业高新技术产业的跨越提供借鉴。我国5G技术处于国际领先地位，已进入商用部署的关键阶段，全球主要国家相继开启了6G研究，6G将在国家未来的建设中占据重要的战略性地位。全频谱化是6G及未来宽带无线通信的必然趋势[104]，需在兼容传统技术的基础上大力发展光子定义的高频通信技术。利用信息光子技术对无线信号进行产生、接收、传输和处理，构建新一代光子定义无线通信网络，实现大容量、电磁频率透明、终端透明的通信系统，使我国把握先发优势，在下一代 6G 无线通信技术中继续保持领先水平。

（二）国内外发展态势和我国优势

光电子器件及集成技术正处于高速发展时期，各国都投入了大量的人力物力进行高端光电子器件的研发，在光电子的基础科学问题、关键技术、示范应用、产业推广等方面均有重大进展和突破，有力支撑了各国信息领域整体水平的提升。

1. 国内外相关计划与发展策略

美国建立了"国家光子计划"产业联盟，加快美国先进光子集成技术向制造业的转移。2015 年该联盟成立美国集成光子制造创新研究所（AIM Photonics），政产学研结合，五年内投资 6.1 亿美元，打造端到端的集成光子学生态系统。DARPA 的光子学优化嵌入式微处理器（Photonics Optimization Embedded Microprocessor，POEM）的主要研究内容包括：超低噪声窄线宽激光器以及高质量光电信号源；硅基光电子芯片与Ⅲ-Ⅴ族光电子芯片的异质集成；硅基光电子芯片与微电子芯片集成；相干光传感与传输系统，其核心也是光电子与微电子融合。欧盟整合光电子技术研发与光子制造平台等资源，聚集了十几家欧盟企业和研究机构，旨在打造硅光子和Ⅲ-Ⅴ族技术的整个产业链，加速产业化进程。欧盟 2020 年地平线计划提出四项重大技术突破推动光电子发展，一是光电子与 CMOS 技术之间的融合；二是晶圆级集成，实现无透镜与滤波器的高效耦合；三是高集成度光电子与 CMOS 微电子芯片互联；四是光电融合嵌入式处理与协同设计，四项重大技术支撑云计算与光互联，实现光电融合芯片。日本超前意识到光电融合集成的重要性，于 2010 年就开始实施尖端研究开发资助计划（FIRST），其中的 PECST 集产学研力量，预计投入 45 亿日元。

我国也一直高度重视光电子器件及集成技术的发展，近年来，自然科学基金委、工业和信息化部以及国家发展和改革委员会频繁出台了相应政策鼓励发展光电子器件产业，明确指出支持相关产业的建设。2015 年以来，国务院发布的《国家信息化发展战略纲要》、《"十三五"国家科技创新规划》、《"十三五"国家战略性新兴产业发展规划》和《"十三五"国家信息化规划》等国家战略规划中，均将光电子器件及集成技术作为重要方向进行布局。

2014年，自然科学基金委发布了"十三五"信息领域优先发展领域及主要研究方向包括新型信息功能材料与器件、纳米集成电路和新型混合集成技术、光电子器件与集成技术、太赫兹/长波红外半导体光电器件等。2017年，科技部发布的《"十三五"材料领域科技创新专项规划》明确提出，重点发展高端光电子与微电子材料、新型纳米光电器件及集成技术。同年，工业和信息化部发布《路线图》，明确指出了光芯片和光模块的发展路线与规划，聚焦于光通信器件、通信光纤光缆、特种光纤、光传感器件四大方向提出发展思路和政策建议。

2. 光电子器件及集成技术发展现状

在光电子芯片和器件技术上，近年来，国际上光电子技术的发展策略是研制高速、宽谱、集成化的光电子器件及芯片，以满足光传输网和数据中心中通信带宽持续增长的需求，主要方向为：①研制超高速率的先进光电子器件。发展面向光调制与光探测的新材料和新工艺，实现100吉赫兹以上超宽带光调制器件与光探测器件，进一步基于高谱效先进调制格式，不断刷新单通道速率纪录，目前已将商用速率推进到100千兆波特。②发展全波段超大通道数的先进复用技术。将光通信波段扩展到全波段，融合多维复用技术，实现通道数量级提升。③发展新型的光电集成封装技术。信息光电子器件通过光子集成（硅光/InP集成）、光电混合集成（合封、晶圆级键合）、光电单片集成，结合自动化制造、测试等技术工艺，实现向高速宽带、智能化、集成一体化、小封装可插拔、低功耗低成本的趋势逐步演进。

在高速光收发模块方面，随着骨干和核心网络单载波容量的诉求不断提升，原有机房内体积、功耗和散热已经遇到瓶颈，小型化高容量的光模块以及高密度的线卡设备是传输网的核心诉求之一。近十年来，国际上的技术演进速度明显加快，已经经历了四代技术更替，分别为基于分立光器件技术的不可插拔光模块、基于InP或硅光子集成技术的可插拔光模块、基于球珊阵列（Ball Grid Array, BGA）或非气密等先进封装的小型化可插拔模块、基于光电芯片合封（Co-Package）的超小型化光模块。国外已全面实现100—400吉字节各类跨距光模块及光电子芯片的商用化，近期Ciena、Infinera、Acacia等国外厂商已研制出单载波或双载波的800吉字节相干光收发模块，占据该领域技术制高点。国内整体处于400吉字节光模块和光芯片的开发研制阶段，虽然华为、烽火通信、中兴通讯三大设备商也相继发布了单波 800 吉字节光传输产品方案，光迅、中际旭创也有 400 吉字节数通光模块产品发布，但其中的光模块、光芯片和电芯片主要依赖国外进口。

在光传输扩展容量方面，空分复用和超宽光谱波分复用技术相继发展和应用起来。光信号的五个维度，即偏振、时间、相位、频率、空间等各方面的扩容潜力得到充分发掘[105]。国际上主要的研究单位包括诺基亚贝尔实验室、日本运营商 NTT 和 KDDI、日本国家信息与通信研究院（NICT）、华为、武汉邮电科学研究院、中兴通迅等企业，以及美国的斯坦福大学、中佛罗里达大学、加利福尼亚大学洛杉矶分校，日本的北海道大学，加拿大的拉瓦尔大学，英国的南安普顿大学，澳大利亚的墨尔本大学，中国的华中科技大学、北京大学、上海交通大学、浙江大学等研究机构。2018 年，澳大利亚的麦考瑞大学、日本的北海道大学和日本国家信息与通信研究所联合发布了一套速度超过 1 拍比特/秒的全新光纤，该光纤规格为四芯三模光纤，传输容量超过商用光纤的 12 倍。新光纤在悉尼东部附近启用，逐步在全澳大利亚范围内推广。2019 年，中国信息通信科技集团有限公司实现了国内首个 P 比特级别的光纤传输系统实验，采用自主研制的 C+L 波段硅光收发器和 19 芯光纤，实现了单纤传输 1.06 拍比特/秒的光传输功能，是我国在多维复用光纤传输方面的标志性突破。

在短距光互连方面，硅基光电子器件以其 CMOS 兼容、高集成度、高可靠性等突出优点而成为备受关注的新一代支撑性互联技术[106-108]。DARPA 资助的 Intel、Ayar Labs、GlobalFoundries 等研发机构正在致力于实现硅光芯片与高性能微电子芯片的融合，并已验证了集成硅光 I/O 芯片的新一代现场可编程门阵列（Field-Programmable Gate Array，FPGA）、CPU 和专用集成电路（Application Specific Integrated Circuit，ASIC）芯片，预计处理的吞吐速率提升 100 倍，同时能耗降低至 1/10，为"超越摩尔"开辟了新路径。2020 年，Intel 将 1.6 太比特/秒的硅光引擎与 12.8 太比特/秒的可编程以太网交换机成功集成在一起，并在国际光纤通信会议（Optical Fiber Communication Conference，OFC）会议上进行了现场展示。此外，Sicoya、Rockley、PETRA、CEA-Leti、IMEC 等在硅基光电共封技术方面也有所报道。2020 年，OIF 联盟组织了思科、Facebook、Intel、Juniper、微软、Ranovus，正开展面向光电共封技术和产品的标准研讨。在国家"十二五"863计划、"十三五"国家重点研发计划等项目的大力支持下，我国在硅基集成光电子器件方面取得一系列成果，体现了突出的技术积累，包括基于原创性设计的一系列创纪录高性能片上偏振调控及多模调控硅光无源器件、92吉比特/秒硅基电光调制器、40吉比特/秒锗硅探测等。中国信科集团、华为、烽火、光迅、亨通洛克利、海信等单位陆续发布100—400吉字节的硅光芯片和模块产品。2020年，国家信息光电子创新中心成功研制4×200吉比特/秒硅光发射机样机，并在欧洲光通信会议（European Conference on Optical Communication，ECOC）上发布首款200吉比特/秒电平相位幅度调制（Phase Amplitude modulation）PAM4硅基微环调制器，验证了超高速、超低功耗硅基光互联技术的可行性。然而在高性能硅光器件、硅光芯片加工工艺、光电共封装技术、高速驱动器和放大器芯片等方面我国与国际一流水平差距较大，这对我国硅光技术的产业化应用构成较大的阻碍。

3. 光电子器件及集成技术发展趋势及优势分析

光电子器件及集成技术正向着超高速、集成化与智能化方向发展，以支撑小尺寸、高速率、低功耗和智能化信息技术的发展[109]。其发展趋势包括：面向低功耗、小尺寸的需求，发展光电子与微电子融合及混合集成技术，包括异质异构光子集成和3D集成技术；在光域内直接进行信号处理的智能光子处理技术，包括可编程光子集成芯片、光神经网络芯片、多维光子调控与光交换等技术；满足复杂业务和通信带宽需求的全频谱阵列集成技术，涵盖从微波到红外乃至太赫兹的范围。

面向下一代光通信和光互连应用需求，急需研发高速率、大容量的新型光电子器件，支撑光通信产业的可持续发展[110]。同时，随着无人驾驶、智慧城市等新应用场景的涌现，急需发展智能化程度更高的光电子器件。需重点发展光电子与微电子融合及混合集成技术，突破集成光子的物理与材料局限的异质异构光子集成和3D集成技术，研究光电子高频高密度共封装等关键集成技术和相关工艺方法，为光通信器件的持续提速、降耗和功能扩展探索可行技术路径。为了扩展信息传输容量，发展新波段和新频段的光电子器件及其集成技术，以满足全波段、多业务发展需求。

光子计算芯片作为加速计算部件已成为研究热点，其可以满足人工智能与先进计算等信息技术对于大算力的迫切需求，各种光计算技术方兴未艾，如光子神经网络、光学储蓄池/伊辛机计算、光电混合/融合计算片上系统等[111,112]。在光域内直接进行信号处理的智能光子处理，包括可编程光子集成芯片、传输与运算相融合的处理芯片、光神经网络芯片、面向6G的光子定义无线电等技术，可有效避免光-电-光转换带来的能耗（20—30dB/次）问题。在算力方面，光计算也比电计算的信号处理带宽高3—4个数量级（吉赫兹—太赫兹）。光信息存储技术具有寿命长，稳定性好，能抵抗海啸、飓风、磁暴的优点，且在长期保存下耗能仅有硬存储的1/500，在冷数据存储方面具有巨大的潜力。未来光存储技术研究将主要围绕两个大的方向并行：新的存储方式工程化和研发性能更优良的存储介质材料。光存储技术的发展趋势仍然是以超大容量、超高效率、超高吞吐率、低成本及广泛兼容性的云存储产品为主要目标。

目前，我国在该领域的基础研究和国际水平相比处于并跑状态。在光电子集成领域取得了较大的进展，我国单个集成器件的部分指标已经达到国际水平，如硅基调制器、锗硅探测器、铌酸锂薄膜调制器以及高效光栅耦合器、波分复用器、混频器等，在封装测试方面也取得了具有国际先进水平的研究成果。在人才方面，通过多年的国内培养和国外人才引进，我国已经拥有了一支有一定规模的高水平研究队伍。在基础条件平台建设方面，通过多年的建设，已建有"集成光电子学"等多个国家重点实验室和国家研究中心，已有一流的研发设备和工艺条件。

（三）发展目标

未来5年，该领域将着重探索基础研究、共性支撑技术和集成应用技术，逐步完善我国光电子器件与芯片研发体系，解决光电子集成以及光电融合集成面临的多材料、跨尺寸、多维度等关键科学问题，使其向高集成度、高速率、低功耗、智能化方向发展。

未来15年，解决光电子器件面临的全谱段、超高速、超低功耗以及异质异构融合集成等关键科学与技术问题，实现光电子器件及集成全技术链自主可控，引领行业标准制定，实现光电子集成以及光电融合集成技术能力的全面提升，为我国新一代信息技术的引领发展提供坚实的基础。

（四）主要研究内容与核心科学问题

1. 多材料体系光电融合集成研究

主要研究内容：突破现有的单一材料体系研究，进行多材料体系融合集成的研究，开展异质异构异维高度集成研究，探索极大规模集成电路工艺兼容的硅基发光新材料、新器件和新原理。

核心科学问题：硅上纳米尺度相变材料和二维材料等多材料体系的生长机理，完全兼容现有 CMOS 工艺的硅基光电子集成机理与结构设计方法，异质异构异维高集成度所涉及的材料体系兼容、结构耦合和维度匹配问题，微纳尺度光子与微电子功能结构适配机制与方法，光电混合集成工艺兼容方法与高密封装方式，单片高集成度光电材料体系高效融合，极大规模集成电路工艺兼容的硅基发光新材料、新器件和新原理，硅基发光材料生长、器件制备等过程中界面的光、热、力、电等性能调控问题，硅基电致发光器件载流子注入与外量子效率提升以及与系统集成的耦合和控制问题。

2. 多维光子信息获取与处理研究

主要研究内容：实现高时空分辨率多位信息获取、传输、转换、存储与探测；突破大规模光子神经网络多维度信息存储、计算与处理的融合；完成多维超高速信息探测与融合处理。

核心科学问题：超高空间分辨率（<10 纳米）、超高时间分辨率（<100 飞秒）与超宽光谱的高时空分辨率光电探测原理和方法，大规模单片集成的光子多维度调控原理与方法，跨尺度复杂介质的多维光子信息传输与交换，光电探测器超低噪声和超低时间抖动的机理以及载流子输运调控与噪声抑制，计算与存储融合的光子类脑原理和实现方法，基于光子神经网络的智能计算原理与方法，超低功耗多功能光子信息处理原理与方法，大规模全光神经网络与电域信号处理的协同方法，传感和智能化处理光电异质集成的芯片体系架构，超高速、超高灵敏度光子距离探测像素器件物理和工艺，高能效片上人工智能图像处理器设计和 3D 堆叠式光电融合感存算集成，高集成度多参数测量原理与方法。

3. 大容量光传输与智能光交换研究

主要研究内容：突破多维复用光子器件与技术，实现大容量智能光交换，制备超宽带有源增益光纤与器件，为光子定义无线电打下基础。

核心科学问题：超小尺寸硅基多维复用光子器件机理，高密度集成的CMOS超低成本多维复用光子器件实现方法，低功耗、低成本的波分复用（Wavelength Division Multiplexing，WDM）集成芯片多物理场控制方法，高填充因子、高像素数、偏振无关硅基液晶（Liquid Crystal on Silicon，LCoS）芯片技术，LCoS相位全息图形生成和加载的高效复合优化算法理论模型；高端口数和高光谱分辨率的小型化高可靠性光分插复用（Optical Add-Drop Multiplexer，DADM）节点技术，铋、铝等元素共掺有源增益光纤基础理论和制备方法，掺杂离子价态与共掺离子配位局域场结构调控机制，超宽带光纤放大器相关器件中的增益效率增强机理，光子与多源信号[射频（Radio Frequency，RF）/数字/量子/定时]的相互操纵、调控和共生处理及协同机制，面向光电异构和数模混合的可扩展、可重构和高动态大规模集成光子芯片中的异质异构调控方法，高鲁棒性、可扩展、高并行的光子计算和光子人工智能芯片架构及理论。

4. 红外与太赫兹发射与探测研究

主要研究内容：研制高温低噪声和光电倍增焦平面红外探测器件；研究低维半导体红外发光材料和红外与太赫兹半导体激光器；制备中红外光电子器件（光源、光调制、光纤、光放大、光接收）。

核心科学问题：探索红外及太赫兹器件机理，建立较为完备的理论基础与技术体系；加强对各种复杂量子过程及其衍生新现象的系统化认识，发展复杂红外结构材料的组分、界面、应力、掺杂的控制理论，揭示结构中的载流子动力学过程及其量子输运调控机理；中红外激光产生的新机理和新结构；中红外波段高速电光调制的新结构；实现中红外光波段低损耗传输的波导新材料和波导新结构；具备能级跃迁满足中红外波段的材料和光放大结构，中红外高速响应的光接收结构。

十一、应用光学理论与技术

（一）科学意义与国家战略需求

光学是信息领域的重要组成部分，是信息产业的重要支撑。坚持"四个面向",我国在应用光学理论与技术方面已积累了诸多经验和成果。应用光学理论与技术深入研究光和物质相互作用,面向世界科技前沿,深入挖掘光物理负折射、光学幻象、拓扑保护等新现象、新机制,推动光学变革性发展;据行业统计,2020 年应用光学技术产业链达到数万亿美元,面向经济主战场,应用光学技术的落地与成果转化将推动我国国民经济的快速发展;面向国家重大需求,例如在"神光"、上海光源和兴隆望远镜等国家大科学装置研制方面,以及在航天测量遥感、海底侦查探测、国之重器的加工装配标定方面,应用光学技术实现了高指标光学参量的产生、高精度成像检测、光学信息信号的处理、多信息融合显示与交互等;与生化医疗相结合,面向人民生命健康,应用光学技术突出实现了活体生化信号的无损检测,在 2019—2022 年抗击新冠疫情的战斗中,从体温实时监测到肺炎病情图像诊断中都有应用光学技术的身影。

应用光学理论与技术的研究以国家重大战略需求和重大科学仪器研制为牵引,以超高精度、超高分辨率、超宽带、高通量、高频点与强计算为导向,以设计优化光学材料元器件为基础,以实现多维度光学信息调控、传输和测量为核心,通过钙钛矿、量子点、二维材料、光子晶体、超材料/超表面、光子拓扑绝缘材料等新材料的研究,加强新型量子、非线性、多自由度自由曲面和微纳光学元器件等新器件的研发,推动材料处理、精密加工、感知测量、光学成像、光学操控以及光谱技术等领域的发展[113]。随着人工智能技术、5G 通信技术、移动终端技术、可穿戴技术、精密加工与制造、微加工工艺的飞速发展,应用光学器件与系统已经和多个领域深度交叉融合,在关键科学问题的研究中获得原始创新成果,解决光学关键技术问题并构建示范应用系统,促进应用光学技术向前跨越式发展。

光学信号信息的获取、调控、显示方面的新理论、新方法将持续巩固我国在传统优势领域的根基、掌握在前沿领域的话语权、弥补现有阶段的短板与弱项。我国显示产业规模已经超过全世界范围内显业产值的 1/3;新型光学发光材料、新型光学调控技术、新型显示技术的不断涌现,对我国显示产业的未来发展提出了挑战。需要加强对钙钛矿、柔性发光材料、人工微纳器件、图像增强技术等方面的研发,从根本上保持显示产业的优势。目前,应用光学系统在探测灵敏度、测量动态范围以及成像分辨率等方面仍然大大受限，如何从多时空光学自由度对复杂动态目标进行高分辨、高动态、全谱域的全面精细表征和应用，是当前的重大瓶颈问题。应用光学技术在相关的基础理论、关键器件、核心算法、系统集成及应用方面还有巨大的潜力可以挖掘。这些研究前沿总体来说还处在起步上升阶段，也是我国领先国际前所未有的机遇。此外，我国在一些高性能衍射及微纳光学元件、新型人工智能光学算法和器件、高精密光电仪器设备方面的研究与开发水平有待提升，微纳米精细加工严重滞后，高性能光学仿真设计软件、高分辨率光学调控器件和精密光学系统仍需进口，这些都是制约应用光学技术与相关领域发展和产业扩大布局的"卡脖子"问题。

（二）国内外发展态势和我国优势

应用光学理论与技术的研究由来已久，新时代的高速技术发展进一步带动了光学领域的深入发展与横向拓展，各国针对新需求设立了宏观发展战略，在前沿理论与先进技术方法方面取得的重大成果，为光学关键科学技术问题的攻关与知识成果转化提供了有力保障，推动了光学领域理论、应用技术与光学产业甚至物理、天文、生物、化学、医学、材料等各个交叉领域的快速进步。

1. 国内外相关计划与发展策略

DARPA 的研究报告、创新战略、国家纳米技术倡议战略计划等将应用光学理论与技术的发展作为重点关注方向。2013 年，美国国家科学院与美国国家科学研究委员会联合就光学与光子学的发展发布了《光学与光子学——美国不可或缺的关键技术》，对美国政府、国防部门、学术界与企业公司提出了积极的建议，指出光学与光子学在全球的发展和应用显著，可以引领未来重要的应用和创新，为光子科技的发展和应用提供了前瞻性的指引与支持。在该报告的倡导下，美国国家研究机构、科研院校、学会组织与科技企业联合创建了美国国家光子计划，推动光学领域发展。

2014 年，欧盟启动实施第八框架计划"地平线 2020"（2014—2020 年），将光子技术作为决定欧盟工业生存和未来竞争力的六大关键要素之一，仅在光子集成技术项目中就已经累计投入 64.7 亿欧元（约合 505 亿元），欧盟的《欧洲光时代》提出了光子学的发展方向。"地平线欧洲"（第九框架计划

2021—2027年）中更是将应用光学技术相关方向列为关键使能技术（Key Enabling Technologies）。2021年启动的日本第6期科技创新基本计划下的战略性创新创造计划（Strategic Innovation Promotion Program, SIP）第二期课题重点设立"利用光、量子技术实现社会5.0"（Society 5.0），是促进创新的战略方向之一。2020年英国26家顶级光学与光子学研究机构联合发布的《光子学研究视野（2030及以后）》，涵盖了材料、光学现象、制造工艺、器件和系统等70个主题，以期推动光学理论与技术的发展。

我国在应用光学理论与技术方面也积极布局。《中华人民共和国国民经济和社会发展第十四个五年规划和2035年远景目标纲要》中，将光子领域作为重大创新领域重点关注之一，在众多专栏产业发展方向中也有应用光学技术的身影。《国家重大科技基础设施建设中长期规划（2012—2030年）》、《新一代人工智能发展规划》和《国家创新驱动发展战略纲要》，以及国家大数据战略等国家政策规划也提出大力发展应用光学理论与技术相关方向。具体地，在国家层面，设立以"应用光学"和"现代光学仪器"为代表的十余个国家重点实验室，2021年科技部的国家重点研发计划专项中专门设立信息光子技术领域方向，自然科学基金委也长期支持应用光学理论与应用的基础研究；在地方上，多地布局相关产业，华东、华南地区产值均已达数百亿元。

2. 应用光学理论与技术发展现状

智能制造、生物医疗、尖端科研、航天航空、能源开发和国防军事等领域的发展，对光学信息的产生、获取和处理提出迫切要求。当前光学领域发展迅猛，基本理论不断完善，应用范围不断拓展，产业格局初步形成，支撑体系逐步健全。从光学元件几何构型到系统集成，都发生了颠覆性的变化，性能日益提升。纳米科技、大数据、人工智能等新兴科技的引入，为应用光学理论与技术带来了新活力，也有效地促进了光学与其他学科的交叉融合。

在光学信息信号获取方面，光谱成像、超分辨率显微成像不断突破，超高分辨率、高灵敏度光学检测方法与技术已经成为获取微观宏观信息的重要手段[114-119]。利用空间技术、微电子、计算机和现代信息理论、现代数学方法，光谱测量与光学成像技术相结合，同时获取二维空间信息和一维光谱信息，系统集成化程度日渐提升，在空间探测、地物遥感、大气遥测、无损探伤、文物保护等领域应用成果丰硕；基于光激活定位、随机光学重构显微、受激发射损耗、结构光照明等技术突破光学衍射分辨极限，对细菌、细胞、原生生物及其内部组成结构进行超高分辨率成像；光学表面检测精度已达纳米级，亚纳米精度光学表面检测技术在不断演进，通过空域、时域、频域的多数据融合与多模式交叉检测，传统光学平面、球面、非球面到自由曲面的绝对测量和不确定评估方法的研究广泛开展，表面测量误差不断降低；利用微腔、光栅及其他无源微纳结构实现了单分子水平的生化光学传感，光纤传感网络也逐渐形成规模，对单体或者环境的物理生化信号进行实时探测。

在光学信息调控与信号处理方面，微纳光学器件与光学计算技术蓬勃发展，光学系统集成化发展显著，智能应用光学技术成为领域研究热点[120-122]。波长、亚波长特征尺寸光学器件体现出精细化（结构尺寸达到纳米甚至原子尺度）、高性能（大容量、高速度、高分辨率、高灵敏度、增强显著）、多功能（电磁响应特性、色散特性、物质组成、功能、结构等多维度信息获取与分析）、集成化（微纳尺度发光探测、光调控和光互联等元件集成为功能光芯片）等特点，光学信息调控容量和密度大幅增加；集成型高精度光学时钟频率标准通过微纳光子芯片得以实现，基于微纳超材料、超表面、光子晶体、光子拓扑绝缘体，可以产生电磁隐身、光学幻象、拓扑态保护等新颖的物理现象，为光波前调控和光操纵提供了新思路；将人工智能技术引入光学计算、光信号处理、目标识别等领域，应用光学技术的智能化发展推动了光学理论分析、元器件设计加工仿真、系统调配集成对大规模复杂数据进行处理的进步。

在光信息显示方面，新材料与新技术的发展加速了新型显示产业的更新换代，光学交互技术的发展成为应用光学成果转化的重要方向之一[123-128]。有机发光二极管（OLED）、量子点发光二极管（QLED）、微发光二极管（micro-LED）、钙钛矿材料等发光材料与器件的发展促进了显示分辨率提高、色域扩展、亮度增加、对比度提升，显示器件日渐轻薄；集成成像、定向散射屏、指向背光、全息投影等光场波前 3D 显示技术，可有效解决辐辏会聚深度冲突，初步实现低视觉疲劳的显示；柔性显示与 AR/VR 技术，提供了自由曲面、光波导、柔性皮肤等多种可穿戴显示方案，显示参数指标持续提高，系统重量不断降低，交互体验优化显著，为光学交互提供了推动力，创新发光、显示与智能感知理论，突破高沉浸与虚实融合技术，实现与真实环境在视听、触感等方面高度一致的数字化环境；元宇宙概念的提出进一步加速了光学显示与智能感知、人–机交互、信息互联、高速计算等技术的融合渗透。

作为应用光学理论探索与技术应用的硬件保障，先进光学加工及制造技术也得到了广泛关注和深入研究[126,127]，特别是超精密加工、微纳结构制备、计算机一体化光学制造系统等技术是各国重点攻关的核心领域。空间光学、航天观测、激光聚变等领域牵引着大口径光学元件制造，而微纳光学器件、光学集成器件要求加工精度达到纳米级；定制化、柔性兼容、便捷高速和智能化的加工需求，促进了激光直写、动态光刻、光学3D打印等技术的发展。先进加工技术在支撑光学设计、光学检测与新型显示发展的同时，也受到了应用光学理论与技术发展的助力。

在基础理论方面，如超材料、超表面、光子拓扑绝缘体、量子光学等新概念不断被提出；在关键技术方面，微纳制造、超分辨率显微、高灵敏检测等成为光学进一步发展和革新的推动力；在创新应用方面，应用光学技术的发展在通信导航、医疗健康、环境监测、智能消费等领域有着不可估量的应用价值。

3. 应用光学理论与技术发展趋势及优势分析

应用光学技术重在推动空天地海、生产生活等领域所需的光学新原理、高性能新器件、创新系统的发展。在光学基础理论方面，明确了人工微结构对光学参量与光学行为的影响；在频率转换、分子手性表征、微粒捕获、超灵敏度生化传感等方面取得了一系列进展；光频梳、啁啾调控等时域参量调控推动了光谱分析、高光谱定标／成像、超快光学的发展；通过光场干涉、模式转换、自由曲面、衍射元件和偏振器件等成功实现高质量空域光参量调控与探测；各类经典／量子光通信的容量显著增加；新型光电显示和激光显示系统性能不断提升。

我国在该领域与国际上的发展基本同步，部分领域已经处于国际先进水平。在微纳尺度下的新颖光学效应、纳米尺度光源与微腔、光学微纳器件、表面等离激元传感与操纵、超快强激光物理、时空高分辨率光谱与成像、微纳光子材料与介观光学器件物理等方面取得具有国际影响的原创成果。在光场与物质相互作用方面，利用光场的多参量表征和操控物性提供了更高的灵活度。在光信息获取传输、空域调控和处理方面，通过光场干涉、模式转换、全息光学元件、偏振器件、微纳光学元器件等手段成功实现了多个光场参量的空间特性调控，已成功将多维度调控光场引入高速超大容量光通信领域，证实了通过时域光场信息处理提高光通信容量的可行性。在空间光学、环境光学、偏振成像、红外成像探测等领域具有较好的基础，搭建了相关原型样机，高光谱超分辨率有效重建了电磁波谱特性，广泛应用于农林、地质、环境、文物保护等多个领域。同时，人工智能超分辨率光学成像、基于神经网络的光学无损测、智能光学数据分析等方向在国内引起了广泛的关注和研究。在基于人工智能的弱光成像、复杂3D场景识别与标定等实用技术方面，我国的院校与高新技术企业积极发展，目前已处于国际先进水平。我国在三基色激光光源、超短焦镜头、微结构屏幕、平面光学元件以及新型液晶等核心技术方面也已经取得了显著进展，部分系统样机在整体方面已处于国际先进水平，成果引起多方关注。国内百强高新科技企业与研究院所一同投入VR与新型显示领域的预研工作，初创公司团队在近眼显示与激光显示方面也取得了初步进展。

（三）发展目标

未来5年，着重研究光学新结构和新材料相互作用原理，探索光的时空域信息（光谱、脉冲特性、啁啾、时间相干性、振幅、偏振、相位、空间相干结构等）的产生、传输、探测、调控、存储、显示以及与其物质相互作用的机理与技术，研究先进光学材料与新型光学元器件的智能设计、优化、制备、加工与检测，推进光学器件与系统向微小化、高灵敏、高功效方向发展。

未来15年，面向国家重大需求，实现先进光学元器件设计及制备全技术链自主可控，研制针对空天地海、工业与生物医学等领域的高精密光学设备和应用系统，实现目标光学信息的超高精度时空获取与处理，突破当前理论极限和技术瓶颈，扩大信息容量，提升光学系统性能，发展完善我国应用光学技术领域的产学研究整体系，实现循环提升。

（四）主要研究内容与核心科学问题

1.先进应用光学材料和微纳光学元器件的设计与性能研究

主要研究内容：研发有机/无机半导体材料及纳米材料，发展新型复合光学材料，研制激光晶体和新型光纤材料与器件；研究光与物质相互作用的规律，研制以光学超材料/超表面器件为代表的微纳光学元器件，探索人工微纳结构及新材料，实现光场局域化、超衍射极限传输、辐射/吸收/透反射增强、非线性效应增强、慢光效应、光子自旋霍尔效应、光子拓扑态、量子光学效应等新奇光学现象与效应；构建多维度光场调控理论与优化算法，提升元器件和系统光学性能；光学系统小型化、集成化与系统性能提升。

核心科学问题：材料与热、力、光、电多物理场耦合的微观机制和理论模型，人工微结构解析/半解析模型及多维度光场调控理论，新奇物态特性及光能流主动调控机理，微纳光学元器件近场远场调控协调，光学材料、微纳元器件与系统设计的复杂解空间快速寻优共性方法，材料、结构、功能、工艺等因素的多样化导致微纳光学器件集成难以实现的问题。

2. 超高精度光学时空域信息获取、传输、操控、转换与表征

主要研究内容：研究多维度光学信息探测和融合处理方法，突破复杂场景条件的系统时空分辨率、感知灵敏度、信息容量极限；探索新型光学系统强耦合的计算成像，研究先进智能算法在复杂光散射场景的应用，研究高灵敏度集成化智能感知技术；研究超快多参量调控光场的相干合成技术，发展其在编译码通信、3D 微纳制备、超快光学成像等方面的相关应用技术。

核心科学问题：瞬态、极弱光、极低信噪比等极端条件下的超高时空分辨率与超宽光谱的光信息探测原理和方法，多维度光场各自由度之间的耦合关系，光场多维度信息对光场特性的物理调控影响，时空频光信息产生、调控、传输与交换的原理和方法，扩展时空带宽积，时域空域相干性调控与散斑效应之间的关系，超高分辨率成像、智能感知的有效评价，自适应光学操控及智能化可切换工作模式。

3. 超大容量、高速、低功耗光信息处理和智能应用光学技术

主要研究内容：革新数据算法，建立光学信息编/解码与目标提取的数理模型，突破现有光学模型与数据处理相分离的系统架构，提高光学数据运算、处理效率；先进人工智能算法与光计算/光信息处理相结合，实现数据并行处理；探究具有高精度和高效率的光学计算单元，探索光学神经拟态技术，研究大规模光网络链路技术，探索基于干涉/衍射的人工智能光子计算网络新

构型和全光调控信息处理技术；研发集成激光技术、微腔激光技术、片上应用光学技术，实现光源、调制器件、片上光学元件等组件的集成化。

核心科学问题：海量多维度光学数据物理人工智能模型架构运作机理；利用智能优化突破应用光学系统的感知、分辨率与处理效率等极限，以及提升系统性能的物理机制；光学信息信号数据量降低降维优化方法；基于人工智能、集群计算、云计算和大数据挖掘等先进算法及计算架构的应用光学计算与数据处理加速方法；构建大规模光神经网络多维度信息存储、计算与处理的融合；极端条件下确保紧凑应用光学数据处理系统的高性能、高可靠性；器件的外部特性参数与器件微观结构参数之间的关系。

4. 高性能新型显示和可穿戴显示技术

主要研究内容：研究面向 AR 与新型显示的海量数据处理速率和效率，基于人工智能、集群计算、云计算和大数据挖掘等先进计算与数据处理方法，实现实时显示数据处理；研究新型发光、照明、显示与光电探测器件，以及光流控可调光学器件等新型显示的关键基础器件和设备；推动可调光学元件、柔性器件等新型显示系统的模块化设计，实现功能整合，显著提升显示系统的紧凑度、清晰度和舒适度；研发具有自主知识产权、高性能的新型显示和混合现实器件，开发可穿戴技术。

核心科学问题：虚实场景融合、多维光线参量耦合、场景光学数理模型构建、背景噪声抑制算法、针对人眼的数据结构优化；突破显示器件性能与显示系统架构对显示效果的制约；多基色激光材料组分、结构与器件、模组光电转换效率、可靠性、显示效能之间的关系；新型光学材料和人工结构显示性能提升；高置信度的 3D 显示与混合现实的色彩、图像质量、显示效果评估机制。

5. 自主知识产权的光学仿真设计及先进加工测试软硬件

主要研究内容：研究曲面光学、衍射光学和微纳光学元件及系统的先进光学设计方法与技术；研究光的传播与控制理论，持续创新成像理论、分辨率增强技术和计算光刻技术；研究自由曲面、复杂表面、微纳光学器件的加工工艺，创新光学工艺流程，研制新型光学元器件、光电器件与集成电路的精密光学加工系统，提高光学元件加工精度和质量；研究标量和矢量像差的纳米精度检测技术、偏振光学传感及其检测技术；研究精密光学测试与计量、光谱偏振成像、精密光电传感技术与系统，发展复杂应用光学系统性能检测和集成装调技术，突破精密光学元件及系统检测的新方法与新技术。

核心科学问题：光线追迹、标量衍射、矢量电磁场传播与控制的数学物理表征方法，全局与局部统合先进智能光学系统设计及优化机制与方法，近场掩模/无掩模光刻蚀分辨率极限突破方法，多束、多写场脉冲激光/电子/离子束直写并行加工精度平衡，加工精度与加工效率的均衡提升方法，大面积复合材料光学精度图形高保真转移原理，光学表面多参量高精度测量理论，纳米精度矢量像差表征测试原理，高性能应用光学器件和系统的优化设计框架，先进光学元器件、复杂光学系统与加工检测技术及应用场景之间的协同设计。

十二、生物与医学信息获取、融合及应用

（一）科学意义与国家战略需求

生物电子学、生物光电子学以及生物医学信息获取与处理是围绕生命体征与遗传现象，用电子与信息的方法加以分析研究的重要领域[128-130]，主要对分子-细胞-组织-器官-系统多层次的生命现象和活动进行探索、表征与可视化，研究生命现象和活动的基本规律，从而加深对生命过程的理解，实现生命现象的预测。该领域的特征是信息与生命、医学学科高度交叉，涉及传感器件、图像采集、信息融合、机器学习理论、数据分析算法等电子信息系统和方法与脑科学、神经科学、遗传学、分子生物学、细胞生物学、农学、遗传康复工程、医学信息理解等多个领域的交叉融合。研究成果可应用于人类的康复工程、遗传疾病的预测、肿瘤诊疗、农林牧渔的分子育种以及研究和抗击新冠病毒等，关系到国计民生、经济发展与人类命运共同体。随着综合国力的提升，我国必将在更高层次上推动信息、生物、医学、光学、材料等相关学科的交叉融合，进一步在生物电子学、生物光电子学、生物信息学以及医学信息获取与处理上取得突破。当前，生物芯片与微系统机理研究、生物医学信息检测与获取、多模态医学影像融合与处理、新型光学生物传感器研制等问题的研究已经成为世界各国生物医学研究的重

点，也是世界各国高新技术发展中战略竞争的热点，我国也必将在这方面产生重要影响。

生物电子与信息领域相关研究是一个系统工程，涉及生化、计算机、光学、分子物理等多个领域，需要多种学科顶尖技术力量的合作才能够完成。该方向整合了生物传感器与微传感器的信息获取，关注生物序列与单细胞水平的信息分析，聚焦于生命表型与人类疾病的信息解释，有助于理解从分子层面到细胞层面和表型层面的信息传导。相关研究可以带动生命科学和临床医学的发展，将科学的认知从细胞层面延伸到分子遗传层面。目前，我国的遗传病早筛还不普及，每年有超过50万的新生儿由于没有早筛预防，一出生就患有严重的遗传病[131]；我国的农业育种也落后于美国，每年要从孟山都公司（Monsanto Company）等外企进口大量的种子资源，食品健康受制于美国；我国的分子测序仪、冷冻电镜设备、微纳级别生物传感器还无法量产，大部分科研用与民用高精尖设备需要进口；光遗传学、生物电磁学、太赫兹级别的生物信号传导、量子与生物计算等新兴领域还处于初级阶段，缺乏前瞻式的科研投入；新冠病毒的采集设备研发和序列分析能力还有待加强和提高。因此，大力发展生物电子与信息领域，为精准医疗和分子育种提供强有力的数据支持，是关系到国计民生的重要科研任务，具有重要的国家战略意义；同时，对于保障全人类健康、促进全球生物可持续发展也具有重要作用。

医学信息监测与处理，指用于临床医疗或医学研究的对人体生理、病理信息的检测、监控、处理和分析，是以信息、医学和生命科学为主的多学科交叉前沿领域，是电子、计算机、智能仪器、传感检测、医学仪器以及生物学等在现代医学中的应用与融合。综合运用电子信息科学、物理和数学的理论与方法，全方位地研究医学中的重大和复杂问题，解释人体的状态、性质和特征，建立相关计算模型，从信息角度深刻理解人体生命体系。医学信息监测与处理为精准医学提供了保障，现代"4P［Predictive（预见性）、Preventive（预防性）、Personalized（个体化）、Participatory（参与性）］医学模式"强调预防为上、预测性治疗、个体化诊疗和自我参与。这就要求提供相应的信息获取和处理的手段，包括新型的器件、系统和分析处理技术，实现在组织器官尚未出现形态学的变化之前，就可以高灵敏度地获取多模态、多时空的信息，特别是功能性信息，并进行系统化的分析处理，实现精准检测和精准定量,达到智能评估、早期预测与准确干预的目的。随着人民生活水平的提高和社会老龄化进程的加剧,人们对于医疗的需求日益增长,存在医疗资源缺乏、医患关系紧张等,急需通过研究加深对疾病机理的理解,提高医疗效率,促进普及重大、高发疾病的筛查和早期诊断,提高对重大、高发疾病的医疗水平。

综上,生物电子与医学信息获取和处理在医疗、农业以及生命科学的研究中都具有重要的意义,其中涉及大量的信息科学关键科学问题需要解决,具有重要的科学意义,满足国家战略需求。

(二)国内外发展态势和我国优势

1. 国内外相关计划与发展策略

在生物电子与医学信息获取方面,目前国际上主要研究生物信号处理与健康监测,人体血液循环、脑神经和器官的体外模拟与数学建模,植物对电磁干扰、失重、富氧等极端环境的反应等。在生物与医学信息融合、应用方面,国际上近期开展了微生物组计划、千人基因组计划、欧盟的人类脑计划等。在这些大科学项目的支持下,美国、欧洲和日本的生物信息学及其相关的信息科学与技术发展得十分迅速。

美国目前已完成了三个国家计划:曼哈顿计划、阿波罗计划和人类基因组计划。投入资金最多的科研项目——人类基因组计划的完成,标志着人类科学走进了后基因组时代。生物电子与生物信息都是后基因组时代诞生的学科。针对复杂环境的遗传生态研究和后基因组时代的遗传数据获取与分析,美国近年来陆续开启了新的国家计划:人类脑计划、精准医学、抗癌登月和国家微生物组计划。这些国家计划都和生物电子与生物信息相关。人类脑计划包括神经科学和信息学相互结合的研究,其核心内容是神经信息学;相关成果将有助于人类彻底理解大脑的运行方式,进而解答意识的发生、思维的过程等一系列科学谜题,为阿尔茨海默病、帕金森病等大脑疾病的治疗奠定坚实的基础。精准医学和抗癌登月都是奥巴马政府在2016年初提出的,尽管国情咨文中提到"抗癌"和"精准治疗"相关研究都是漫长而艰巨的,但是政府决心对相关科研进行长期大规模的经费投入。人类微生物组计划是人类基因组计划的延伸,它通过元基因组学的方法研究人体内(表)的微生物菌群结构变化与人体健康的关系。该计划得到了美国、欧盟、日本和中国的支持。欧盟相继启动了人类元基因组 FP7（第七框架项目），日本也启动了人类元基因组计划。

我国在本领域起步较晚，但近年来国家加大投入力度，尤其是习近平总书记提出人类命运共同体之后[①]，我国在精准医疗方向上取得了丰硕成果，正在构建十万人基因组的超大数据库和知识载体；2019 年国家卫健委健康中国行动推进委员会制定印发的《健康中国行动（2019—2030 年）》也指出规范应用高通量基因测序等技术。在农作物等植物方面，我国将关注除产量性状之外的品质性状、环境影响的遗传信息网络解析，研究物种也将从比较成熟的水稻逐步过渡到基因组结构更为复杂的玉米、小麦等。在生物医学光电子学方面，我国在超分辨率光学点扩散函数工程、高速高精度单分子定位算法、跨层次多参数生物光学信息整合方法和系统、单分子测序、细胞信号传导过程的单分子荧光监测等方面取得了较高水平的学术成果。我国还积极参与了国际人类蛋白质组计划，其首批行动计划包括由中国科学家牵头的"人类肝脏蛋白质组计划"和由美国科学家牵头的"人类血浆蛋白质组计划"。"人类肝脏蛋白质组计划"的总部设在中国首都北京，这是中国科学家第一次领导执行重大国际科技协作计划。

医学信息监测与处理是医学成像及医学影像诊断的核心基础，目前医学成像的设备可以分为大型影像诊断设备和其他影像诊断设备。虽然目前国内高端医疗影像市场整体上基本被国外巨头所垄断，国产设备的占有率不到 10%，但国产影像设备企业正逐渐掌握核心技术，在某些领域已显现出赶超势头，部分产品性能甚至已经跻身世界一流。

2017 年美国科技委员会（American Technology Council）设立的医学成像跨部门工作组发布了《医学成像研发路线图》，其主题为"推进高价值影像学"，旨在通过医学成像技术获得更好的医疗卫生成效，并降低医疗保健支出。2019 年美国国家生物医学影像与生物工程研究所（National Institute of Biomedical Imaging and Bioengineering，NIBIB）发布《医学影像人工智能转化研究路线图》报告，该报告侧重人工智能的临床转化，提出了促进人工智

[①] 2011 年《中国的和平发展》白皮书提出，要以"命运共同体"的新视角，寻求人类的共同利益和共同价值的新内涵。

能在医学成像中应用的优先发展方向，旨在充分发挥大数据、云技术和机器学习的作用，提高临床医生规划和利用成像技术的能力，提高疾病诊断和治疗应答评估的水平。

近年来，我国相继出台多项政策以支持医学影像设备行业的发展。相关政策的出台对本土医学影像设备生产企业的高端化与产业化提供了有力支持。2017年11月，国家发展和改革委员会在《增强制造业核心竞争力三年行动计划（2018—2020年）》提出高端医疗器械和药品是国家重点发展领域。提升中高端医疗器械和药品供给能力，是保障人民群众就医用药需求的重要支撑。《增强制造业核心竞争力三年行动计划（2018—2020年）》重点任务包括加快高端医疗器械产业化及应用、加快先进金属及非金属关键材料产业化、加快先进有机材料关键技术产业化。2018年4月，国家发展和改革委员会等八部委在《关于促进首台（套）重大技术装备示范应用的意见》中提出：健全优先使用创新产品的政府采购政策，对首台套等创新产品采用首购、订购等方式采购，促进首台套产品研发和示范应用。其他使用国有资金的项目参照政府采购要求，鼓励采购首台套产品。

2. 生物电子与医学信息关键技术发展现状

随着计算机、通信、网络及信息处理技术的飞速发展，为了应对生物医学信息（信号、图像等）的检测与处理、人类疾病的信息解释等应用需求，生物电子与医学信息工程的主要发展方向包括：①研制生物与医学深层次信息挖掘、多模态信息融合等技术。开发能智能表征心身整体状态特征的各层次生命信息的提取和辨识技术，以及以状态参量的长期连续动态监测和重要生理/生化参数的周期性检测为主的监（检）测技术，并且将信息挖掘、信息融合和认知科技相结合，实现个体化心身状态的动态辨识，特别突出无创、无损、低生理负荷或规定负荷的测量技术。②依托人工智能与机器学习方法，进行快速高维高分辨率磁共振医学成像、高质量图像重建和应用研究。目前，借助卷积神经网络、深度学习等算法，构建图像重建网络，开发优质生物医学成像和高质量图像获取技术，实现了秒级超快图像高质量重建。③构建智慧医疗系统，聚焦于发展新型的微纳器件，研究相关原型仪器设备的开发和转化，开发具有临床医学价值的穿戴式与植入式诊疗系统。④搭建统一的智慧生物与医学系统，系统化地存储和利用生物、医学信息，实现智能化、研究成果产业化、低功耗低成本的逐步演进。⑤在生物大分子结构预测、新型生物测序数据的理解与分析方面，突破传统计算生物学方法，利用深度学习和大规模高效能并行计算，提升预测精度和效率。

在医学信息检测与处理方面，随着便携式和智能化检测的发展，笨重及耗时耗力的检测手段和技术已不能满足需求。近几十年来，国际上技术演进速度明显加快。我国已发展出一系列低生理负荷监（检）测技术及其相应的信号分析方法，其中具有代表性的是可在无任何粘贴电极情况下进行睡眠测量的床垫式睡眠监测系统。我国也开发了可穿戴式的智能检测系统。例如，生理信号检测芯片，通过人体手臂上的电极将 EMG 信号（Electromyography，肌电信号）放大滤波并转换为数字信号，并商业化。对于心电图的检测技术，也从最初的心电图测量仪器到今天出现的穿戴式心脏健康智能监测与分析系统，全天智能检测心电图信息。

生物医学成像和图像处理研究在 973 计划、863 计划、国家科技支撑计划的支持下有了显著进步。例如，在"十五"国家科技攻关计划的支持下，我国科研人员以碲化锌镉为基材研发的多线阵固体 X 射线探测器产品，其空间分辨率达到国际先进水平 0.14 毫米。在 973 计划的支持下，我国研究人员根据视觉信息评价模糊性和图像信息生成随机性并存的特点，提出了广义吉布斯随机场和广义模糊集合论相结合的理论框架，建立了相应的随机模型，将其应用于不同类型的成像设备，获得了优质图像效果，并获得国家技术发明二等奖。在国家自然科学基金的支持下，我国利用组织电阻抗成像原理研究了可进行连续动态监测的成像系统，这代表着成像系统的一个新的发展方向。近几年，国家重点研发计划专项"数字诊疗装备研发"的研究也正在有序开展。

在临床医疗个体系统建模和虚拟设计上，虽然我国起步较晚，但在国家相关计划的支持下发展较快。例如，关于人工关节的个体化设计项目获得国家科学技术进步奖；我国学者研究出口腔生物力学工程设计系统，还攻克了超声聚焦热切除"刀尖"的世界性难题，创造了世界第一台在超声影像引导下的高强度聚焦超声（High Intensity Focused Ultrasound，HIFU）肿瘤治疗系统，并成功将其出口到英国丘吉尔医院，取得满意的效果。

在智慧医学系统搭建上，中国的医学信息系统起源于 15 年前的医院信息管理系统，如原中华人民共和国卫生部的"金卫"工程、中国人民解放军总后勤部卫生部的"军字一号"工程等。其中推广和普及得比较好的是"军字一号",已在203所军队医院和约300家地方医院推广应用,推动了医院标准化管理。医院信息管理系统的推广普及,又推动了医学图像存储和通信系统、实验室信息系统、临床信息系统、远程医学信息系统等医学信息系统的发展,同时在国家层面上也已建成疫情与突发公共卫生事件监测系统、突发公共卫生事件应急指挥与决策系统等。中国人民解放军空军航空医学研究所在床垫式敏感测量技术研究的基础上,提出了数字化病床概念,并由此发展出数字化全病区医学信息测量和控制系统,该系统也已获国家支持,进入我国国家科技支撑计划。

在生物信息处理方面,我国青年学者研发的蛋白质三级结构预测软件效果正在逼近谷歌的 AlphaFold;研发的多序列比对软件 HAlign 正在逐渐取代日本的 MAFFT 和美国的 CLUSTL,成为主流多序列比对分析工具。国家重点研发计划的生物技术/信息技术专项和精准医学专项都设立了专门的生物信息软件系统课题;面对新兴的单细胞测序技术,2021年信息科学部同时资助了3项与单细胞数据分析相关的重点项目。

3. 生物电子与医学信息关键技术发展趋势及优势分析

生物电子与医学信息关键技术正向着超高速、智能化方向发展,由图像检测到图像动态监测、由大型固定到可移动便携、由单纯诊断到诊断治疗一体化、由单种图像到多模态影像一体化,以支撑小尺寸、高速率、低功耗和智能化信息技术的发展。其发展趋势包括:面向低功耗、智能的需求,发展生物信息学智能算法,改进深度学习网络模型技术;利用计算机智能技术直接进行信号处理,包括可穿戴智能检测、微纳生物器件、体内植入式诊疗等技术。生物电子与医学信息关键技术应用越来越广泛,学科交叉结合越来越密切,其影响作用也越来越大。

信息技术与医学等学科密切结合,产生了现在已经普遍存在和使用的以计算机技术、数字化技术、网络和通信技术应用为核心的医学信息系统工程学。医学信息系统工程技术包括以网络、数字化、通信和医院信息管理为主要技术内涵的各种医学信息系统,以及电子病历、网络影像学、远程医学等。国外从20世纪70年代中后期开始早期系统的研究和应用,多采用集中式的1—2台大型计算机带数百台终端,主要管理病人信息、医嘱信息、各种费用信息和相关医院管理信息等。近年来，医学信息处理的重点逐步由管理信息转移到以病人为中心的医疗信息的处理，特别是各种影像、生命监护等数据的传输与处理。而当时计算机网络技术、数字化技术的快速发展也正满足了这种需求，使构建大型的数字化影像传输与管理系统成为可能。

智慧医学系统因为其智能化及多平台化成为生物与医学技术的研究热点，具有多平台、统一性好、智能化和产业化的优点，在医疗数据存储和调用方面具有巨大的潜力。未来智慧医学系统的研究将主要围绕两个大的方向：新的存储方式工程化和研发性能更优良的存储介质材料。生物医学与技术的发展趋势仍然是以智能化、超高效率、低成本及广泛兼容性的云存储产品为主要目标。

生物信息处理是数据采集后的下游工作，也决定了先进的数据采集工作是否能够得到有效的延续。目前，我国在实时、高效能、嵌入式的生物数据处理方面还有待加强，相关的算法和软件还停留在理论研究阶段，未能有效商用和民用。不过，随着测序技术的低成本化和普及，商业互联网公司正在布局基因预测领域，相信会带动生物信息处理研究的落地和应用。

目前，我国在该领域的基础研究和国际水平相比处于并跑状态。我国可穿戴式的智能检测设备技术已达到国际水平，如新型微纳器件、穿戴/植入式诊疗器件、智能心电芯片、微型心电采集仪、高频超声成像仪、数字医学成像等。我国在智慧诊疗平台方面也取得了具有国际先进水平的研究成果。在基础条件平台建设方面，我国已建有多个国家重点实验室和国家研究中心，"深圳湾实验室"、"之江实验室"和"鹏城实验室"等也纷纷布局生物医学，目前具有一流的研发设备和工艺条件。

（三）发展目标

未来 5 年，在生物微系统材料技术、生物信息模型计算、医学监测信号处理与信息提取方法、多模态医学影像融合与预测分析方法、多类型生物光学检测与调控方法等方面加大基础研究和技术开发。

未来 15 年，重点开展生物电磁学相关研究，利用生物电磁学的成果辅助、完善精准医疗和分子育种研究；发展以纳米材料/结构和生物材料为核心的微系统研制、计算技术；发展多光学特性表征无标记生化探测技术，以及

第四章　信息科学的发展思路与发展方向

一体化、集成化生物医学光学器件与系统。

（四）主要研究内容与核心科学问题

1. 生物大分子、细胞与系统多层面信息流的融合理论

主要研究方向：研究生物大分子、细胞与系统多层面信息流的统一表示模型及其内在规律；分子-细胞-表型 3D 矩阵机器理解的信息学方法；结合空间信息的单分子、单细胞数据建模。

核心科学问题：生物大分子、细胞与系统多层面信息流的统一表示模型及其内在规律的融合理论和方法。克服原有生物大分子、细胞与系统不同层面之间存在研究内容分离、研究方法重复的弊端，发展统一的表示理论模型，揭示相互间信息流的内在规律，研究融合方法。结合单细胞测序技术，从细胞层面解释不同基因表达产生表型差异的信息与生物机理；从单细胞多组学及空间转录组学的角度理解不同细胞应对疾病和用药的反应。搭建实时单分子成像数据采集设备与系统，验证生物大分子、细胞与系统多层面信息流的融合理论。

2. 面向人类和农作物的生物信息学方法

主要研究方向：以人类单细胞多组学数据和表观遗传特征作为载体，研究生物信息处理的算法设计与分析方法、网络模型与仿真系统，将其应用于精准医疗，挖掘不同疾病、用药人群中的分子表达差异；研究和提升农作物的生物信息采集手段，研发针对植物细胞特点的数据建模分析方法，针对植物特有的杂交、回交及进化规律，设计和指导分子育种。

核心科学问题：面向健康中国和中国遗传队列数据，研究新的生物信息处理方法与数据分析技术，尤其是在多序列比对、片段组装等"硬骨头"基础科学问题方面形成突破。以高产、优质、安全粮食生产为目标，针对新型分子标记和测序数据，研发针对农作物特点的信息学分析方法，实现从全基因组关联分析到转录组及空间转录组关联分析的信息融合与计算迁移。从分子遗传层面为人类健康与粮食的高产、优质、安全提供数据和方法学支持。

3. 低成本的生物芯片与功能集成的生物微系统

主要研究方向：在新一代测序技术的冲击下，研发低成本、高通量生物芯片，研究软硬件功能一体化的生物微系统。针对我国高端新型智能化生

物传感器（芯片）缺乏自主知识产权和实体产品、核心共性关键技术短缺等"卡脖子"问题，设计研发具有完全自主知识产权的新型智能生物传感器（芯片），可以获取肿瘤细胞发生、发展的生物信息数据，实现精准诊疗肿瘤疾病的新型特异性标志物挖掘；面向新冠病毒，研发精准便捷快速的检测系统。

核心科学问题：单细胞3D全基因组信息获取的生物微系统实现机理。突破原有基因组片段测序水平的基因芯片器件与系统局限性，构建3D全基因组信息获取的生物微系统。突破结构相近的非特异性吸附杂质对生物传感器芯片的检测干扰较大，导致检测准确度不高的局限性。面向生物传感器芯片对生物分子的识别和对分析物的捕获灵敏度不高，导致对检测样品量下限的要求较高的难题，研发高敏感、低假阳性的快速、低成本新冠病毒检测系统。研发新型智能化生物传感器（芯片），构建生物遗传信息和基因组数据库，使人类不仅得以窥探生命的密码，更能从基因层面对人类疾病进行检测和干预。

4. 基于高灵敏度、高选择性、高稳定性、快速/实时/原位的先进传感器和信号采样与探测方法

主要研究方向：先进信号采样方法和探测技术的新型成像系统，多模态多功能分子探针和多模融合成像模型，新敏感材料的发现和新敏感结构的设计，实现单分子/单细胞、全尺度、跨层次、多模态的医学信号监测。

核心科学问题：基于新机理机制传感器的高灵敏度、多模态、多功能、跨尺度生物及医学传感检测系统的机理及其实现方法。发展具有高选择性、高稳定性等优异特性的先进传感器，发展先进信号采样方法和探测技术，实现全尺度、跨层次、多模态生物及医学信息获取。研究基于先进信号采样方法和探测技术的新型成像系统：研究信号的物理特性与先验信息的提取表达和建模，以支持先进的信号采样方法和探测技术的发展；研究多模态多功能分子探针和多模融合成像模型，以深度融合光学、CT（Computed Tomography，电子计算机断层扫描）、MRI（Nuclear Magnetic Resonance Imaging，核磁共振成像）、核素、超声等多种模态多个尺度的影像信息；探索新敏感材料的发现和新敏感结构的设计：研究适应应用需求的信号处理与信息提取方法。

5. 针对具体医学信息类别或问题的多模态和时序性医学影像分析处理技术

主要研究方向：医学影像组学大数据融合，疾病发生发展建模，个性化

精准诊疗理论及其实现方法。探索医学影像中的时空结构、关联，实现疾病的预防与监测，解决临床应用中的关键瓶颈问题。

核心科学问题：研究复杂环境下生命活动跨层次影像信息的获取与处理方法。实现在复杂环境下生物医学影像的产生、增强和传输；研究生命活动现象的跨层次影像观察、关联与调控方法；准确建立海量多模态生物医学影像数据与疾病的关联，实现精确诊断与评估。研究影像组学大数据的高效融合方法，探索相应的先进机器学习技术，研究医学时空信息的深度挖掘及个性化疾病精准诊疗建模。针对具体医学信息类别或问题（如心血管、脑部、眼睛疾病等），研究相应的多模态、时序医学信息分析处理技术，融合多模态信息，利用具有时间序列信息的医学影像数据进行信息处理与分析，进而实现疾病的预防与监测。研究多模态医学影像的分割与量化分析、多模态医学信息的配准与融合、多模态医学时间序列信号的分析与深度挖掘技术，以提高疾病发生发展预测的鲁棒性，实现疾病的精准诊断和个性化治疗。

6. 面向重大疾病的生物医学光学器件与系统

主要研究方向：研究光遗传学等生物医学光学探测方法，建立海量生物医学光学数据与疾病的关联，关注光动力疗法，实现精确诊断与评估。

核心科学问题：研究提高时空分辨率，实现 3D 空间清晰探测，发展多类型生物光学检测、传感、调控方法和技术，研究面向临床诊断的多模态光学影像方法和技术，利用多维光学检测实现多种目标同时标记，进而发展多光学特性表征无标记生化探测，海量生物影像数据的处理、融合、可视化和共享。研究生命活动现象的跨层次影像观察、关联与调控方法；探索光动力疗法；准确建立海量多模态生物医学影像数据与疾病的关联，实现精确诊断与评估。研究高精度小型化生物体内窥图像的获取与处理方法。研究无损于生物体的高精度内窥成像，实现内窥成像系统的小型化、高精度的方案设计以及图像处理方法，为医疗诊断提供精准信息。

十三、人－机融合的数据表征、高效计算与应用

（一）科学意义与国家战略需求

计算机已经从过去单纯为科学计算服务渗透到人类生活的方方面面，向

着人-机共融的方向发展，其中，人-机交互技术作为人与计算机之间信息交流的接口，对人-机共融具有重要的作用。随着信息技术和人工智能技术的快速变革，人-机关系变得丰富多样，传统的交互定义已经无法满足人-机交互发展的需求，对人-机交互技术提出了新的挑战，人-机共融不再局限于以往人对机的命令，也包括机对人的感知、响应和主动服务等。以国家战略需求为导向，将人、物理空间、数据进行有机融合，发展人-机共融的交互与计算，可以为人在回路的各类计算机应用的交互体验和计算效率带来新的突破口。

人类在情境感知、直觉顿悟和认知推理等方面具有不可替代的优势。相关研究的发展把人的作用引入三元空间数字表达、分析、理解与智能应用的回路中，研究面向物理世界、数据空间和人类社会三元空间的智能感知、交互和计算，构建三元空间的高度耦合与深度关联模型，从而提升人类对三元空间演化进程的感知和预测能力，实现人-机共融，将变革对三元空间演化模式和规律的有效分析、理解与干预方式，突破人-机交互发展滞后于数据和设备爆发式增长需求的局限，影响国防和数字经济产业的形态，提升智能交互产品和装备的核心竞争力，促进人类智能进一步突破，并进一步增强人类探索未知领域的能力，同时辅助提升机器处理的智能化水平，具有重要的科学意义与社会价值。通过为网络环境下人-机融合的信息感知、理解、交互与呈现提供理论模型和计算框架，构建硬件平台与装置、核心芯片与器件、软件平台与工具，以及软硬标准与规范，可以引领计算机图形学、VR/AR、可视分析、多媒体人-机交互与理解、计算机辅助技术等相关学科在新一代人工智能时代的交叉发展。

人类通过自身的视觉、听觉、触觉、味觉、嗅觉直接感知世界，此外，还可以通过图像、视频、语音、文本等多媒体信息对外部世界进行感知与认知。利用计算机对外部世界进行感知与认知存在数据体量巨大、来源多样动态、任务异构耦合等关键挑战。多媒体信息的智能化处理与分析水平决定了计算机对外部世界的感知与理解程度，同时是计算机应用学科研究实力的重要体现，其在公共安全、军事国防、教育医疗等领域展现出巨大的应用前景。大数据与人工智能时代的技术变革，促使该方向的应用场景从封闭确定环境向开放不确定环境的加速转变，重点研究开放多媒体信息的获取与加工、处理与分析、理解与生成，以及其中涉及的数据安全、隐私保护、面向终端的高效计算等，建立跨媒体的高效存储、关联表征与推理等，可以促进感知与认知联动的媒体理解，发展从被动感知到主动交互的智能感知与理解技术，通过人–机之间的高效协同实现对环境的高效感知，并进而促进计算机对人与环境的感知，缩小与人之间的智能差距，促进人–机协同。

信息技术的发展形成了爆发式增长、海量集聚的大数据，对经济发展、社会治理、国家管理、人民生活都产生了重大影响。过去几年，我国政府大力推进数据驱动创新的发展战略，以大数据为重要生产要素的行业应用和模式创新蓬勃发展，在数字经济、智慧城市、政务信息化等许多方面取得了长足的发展。从科学研究的角度来看，大数据逐渐成为实验归纳、模型推演、仿真模拟之外的第四科学范式。大数据的复杂关联、高维时变、多源异质等特性给传统的数据分析和挖掘提出了严峻的科学技术挑战，急需在大数据基础理论层面形成突破。大数据具有体量巨大、持续增长等特性，需要在系统技术层面发展适用于大数据处理的新型计算模式和相应的计算架构，实现高效能简约计算。在应用层面，大数据到智能的通路尚不清晰，需要探索大数据语义化和知识化的方法，进而促进大数据智能应用发展。目前，大数据驱动的行业应用进入了深水区，数据积累和数据汇聚的原始红利在逐渐减弱。大数据基础理论、系统技术和智能应用是信息化发展新阶段下实现数据到智能的重要研究领域，满足国家大数据战略需求、产业需求和数据科学理论探索需求，具有重要的战略意义。

（二）国内外发展态势和我国优势

1. 国内外相关计划与发展策略

随着信息技术和人工智能技术的快速变革，数据和设备类型爆发式增长，人与环境、人与数据、环境与数据之间的交互需求及方式不断增加，人–机关系逐渐向着人、物理环境、数据/虚拟空间融合的交互与计算方向发展。人需要与物理环境及虚拟环境进行交互，计算机需要对用户的意图与物理环境进行感知，并对复杂、多模态的数据进行呈现与交互建模，由此生成沉浸式的交互环境，通过数据空间实现对物理空间的刻画与延伸，增强人与物理空间交互与感知。

近年来，伴随社会智能化水平的不断提升，三元空间的信息感知、理解、交互与呈现研究得到了学术界的极大关注。ACM 下属人–机交互兴趣小组（Special Interest Group on Computer-Human Interaction，SIGCHI）于 1992 年首次给出了人–机交互定义，即"对人们使用的交互式计算机系统进行设计、评估和实现，并对其相关现象进行研究的学科"[132]。经过多年的发展，2012 年 ACM 首次将人–机交互列为计算机学科的重要分支领域，标志着该领域在计算机学科中逐渐占据重要位置。2013 年 *IEEE Computer* 杂志发文呼吁建立"人在回路"（Human-in-the-Loop）计算模式，即互联网时代应更重视人在物理世界和信息空间中的交互作用与参与程度，人–机交互技术正从"以机器为中心"转换为"以人为中心"[133]。加利福尼亚大学伯克利分校近年来致力于集成算法实现、架构搭建和个体/群体参与三个方面推进数据处理的研究，将人的参与作为解决传统"以数据为中心的人工智能"方法所存在的问题的一个解决思路[134,135]。类似地，MIT 研究人员拟构造"众力系统"（Crowd-Powered System），将群体知识、认知和感知能力综合利用，实现一种新型人–机交互系统[136,137]。

欧美日等发达国家和地区均对该技术给予了高度重视。1999 年美国总统科技顾问委员会将"人–机交互和信息处理"列为 21 世纪需重点关注的四项信息技术之一。NSF 于 2007 年在其信息和智能系统分支中将以人为本的计算列为 3 个核心技术领域之一[138]，近年来投入 3 亿美金用于发起 GENI 计划，以加强信息世界与物理世界之间的交互性[139]。同年，美国总统科技顾问委员会报告指出，为长时间保持在网络科技方面的领先优势，人–机交互、高端计算、网络安全、网络与社会科学的研究应具有较高优先级[140]。同年，欧盟的 FP7 启动，该计划以国际前沿和竞争性科技难点为主要内容，其中包含自然人–机交互方向的研究[141]。日本国际贸易与工业部发起了 FPIEND21（Future Personalized Information Environment Development 21）计划，其目标为 21 世纪计算机开发下一代人–机界面结构[142]。国内近年来也对该技术进行重点关注，2016 年自然科学基金委在"十三五"发展规划中将"人–机交互技术"列为重点支持的课题。2017 年国务院发布的《新一代人工智能发展规划》将人–机交互能力作为新一代人工智能的关键共性技术之一，提出数据和知识成为经济增长的第一要素，人–机协同成为主流生产和服务方式。2017 年工

第四章 信息科学的发展思路与发展方向

业和信息化部印发的《促进新一代人工智能产业发展三年行动计划（2018—2020年）》中提出加快新型人-机交互等人工智能技术在关键技术装备中加快集成应用，并将其作为重点行动目标之一。2019年科技部等六部门印发的《关于促进文化和科技深度融合的指导意见》中将开展人-机交互、混合现实等关键技术的开发作为重点任务之一，推动类人视觉、听觉、语言、思维等智能技术在文化领域的创新应用。此外，近些年国家重点研发计划也先后支持了多项关于自然人-机交互、智能人-机交互的项目。可以看出，国内在该方面也逐渐由传统的人-机交互转向人-机共融的深度发展。

在科研人员的努力下，人-机交互技术从不同角度得到了深入研究。欧美等国家和地区引领了物理世界的智能感知与理解的研究热潮，在复杂场景的自动理解、自然语言理解、跨媒体推理与知识获取等方面取得了较大的进展。美英德等国研发了虚拟环境的建模和实时绘制、多投影立体拼接显示等软硬件系统，推进了计算机图形学与VR、计算机辅助技术的发展，在复杂装备和系统的设计与模拟仿真、战场演练与虚拟训练、城市规划等方面得到了广泛应用。美德日等国围绕城市交通、安全反恐、社交网络、经济与金融等领域的大数据可视分析取得了丰硕成果。美英加等国研发了穿戴式体感、多指触控、脑机接口等方面的软硬件系统，其在数字娱乐、教育、医疗等行业开始得到广泛应用。

计算机通过对人以及环境的精准感知可以更好地理解人的意图、环境情景，从而与人进行更好的交互与协同。过去十几年，限定领域的简单对象感知任务取得了重要的进展，如物体检测与识别、语音识别、人脸识别等，但在处理开放域复杂场景与任务的理解上，还存在极大的挑战。得益于感知器的发展，对于环境的感知，从过去基于单一传感器的片面感知，逐渐发展为利用摄像头、雷达、超声、录音机、光场相机等多种传感器的多维度、全场景表达与感知。相应地，对于环境的感知理解也从过去基于单一模态数据的简单对象检测与识别，发展为基于图像、音频、文本、点云等跨媒体数据的协同分析与推理，以对物理世界进行精准表征与深度理解。进一步地，感知的方式从计算机对封闭场景的被动感知，逐渐走向了开放场景下人-机交互式的主动感知[143,144]，在智慧医疗、自动驾驶、城市数字化以及虚拟空间的网络内容监管、舆情分析等场景中不断取得突破。

随着数据的爆发式增长,数据分析与计算技术也越来越多地影响着人与社会的发展[145]。在金融、健康、城市管理等各个领域均得到了越来越多的应用。数据和智能是目前信息科学与技术领域的两大发展主题,全球科技强国纷纷在国家政策、基础设施、行业生态等多个方面进行布局。DeepMind 公司的 AlphaFold[146] 提出了第一个采用计算方法进行蛋白质结构预测的做法,在生物学上取得了重大进展。英国基于海量学术论文和临床试验结果分析研发了治愈运动神经衰退等的多种药物,该工作被列入 MIT 2020 十大科技突破。我国构建了数字接触追踪技术,辅助预测疫情传播速度和趋势,该工作被列入 MIT 2021 十大科技突破。此外,数据分析逐渐形成了数据-软件-模型的良好生态。近些年,数据安全、模型安全以及个人隐私问题得到了各国政府和学术界的高度重视[147]。我国出台多项数据保护法规,推动大数据的安全合理使用。

2. 我国现有基础和优势

人-机交互技术的发展逐步改变了人们的生产及生活方式,简化了用户对于不同终端的操作,增强了用户的使用体验,同时促进了一系列硬件产品的出现与升级,带来了极大的经济效益与社会效益。国内的学术界与工业界密切合作,在人-机交互与融合领域积累了深厚的理论基础和良好的产业生态。国内多家优势单位在 VR/AR、可视媒体计算、智能图形学、自然和智能交互原理和接口、大数据基础理论、系统技术和智能应用、智能感知与理解等理论与应用方面取得了丰富的研究成果,实现了多感知信息融合下的物理世界的动态高保真度快速构建、物理世界与信息空间的一体化表达、大范围多模态协同感知与大数据分析等,解决了智能手机、电子白板、AR 头盔等先进终端上的一些挑战性交互难题。

政策的良好扶持与经济的高速发展共同促进了我国人-机交互研究的蓬勃发展,多家优势单位在 VR/AR、可视媒体计算、智能图形学、自然和智能交互原理和接口、智能感知与理解等方面取得了丰富的研究成果,实现了多感知信息融合下的物理世界的动态高保真度快速构建、物理世界与信息空间的一体化表达、大范围多模态协同感知与交互等,解决了智能手机、电子白板、AR 头盔等先进终端上的一些挑战性交互难题。这一系列原创性的理论成果,在国际上已经形成一定的影响力,使我国具备了人-机交互进一步跨越式发展的坚实理论基础。此外，我国将大数据提升到国家发展战略层面上，推出了一系列促进大数据发展的规划政策和行动纲要，并在数据共享、数据安全等方面进行规范和立法，从国家政策层面保障了大数据的健康有序发展。

人-机交互技术具有极大的应用价值，易于进行研究成果落地转化。目前，我国是世界上唯一拥有联合国产业分类中所列全部工业门类的国家，产业门类齐全，基础设施完善。在庞大的人口基数和高速发展的经济环境的共同作用下，我国人-机交互技术市场规模处于全球领先地位，并呈现稳步增长趋势。多家优势企业的实力位于全球前列，具备先进的制造能力、较高的生产技术水平以及较低的制造成本。这些因素为人-机交互技术理论研究成果的快速转化提供了保障。国内的学术界与工业界展开密切合作，构建了良好的产业生态，华为、搜狗等企业积极采纳最前沿的人-机交互技术并将其应用于产品，为用户提供了良好的使用体验。在行业生态方面，我国在互联网和数字经济领域处于国际领先行列，社交网络、电子商务以及各类"互联网+"服务应用发展迅速，积累了大量关于人类社会活动的数据，这些衔接人-机-物三元空间的数据资源在广度、深度和尺度上是前所未有、国际领先的。

人才储备方面，过去十几年间我国在信息科学与技术领域取得了长足的进步，涌现了一批该领域的优秀人才，在人-机交互、智能感知与理解、大数据分析、自然语言理解、无人驾驶、脑科学等多领域形成了良性的人才梯度队伍，为人-机融合的交互计算技术的快速发展提供了人才保障。

综上，近年来我国取得了一系列原创性的理论成果，在国际上已经形成一定的影响力，具备了人-机共融的交互与计算跨越式发展的坚实理论基础和良好产业环境。

（三）发展目标

未来5年，在人-机融合的交互计算方面，重点探索新的交互范式，发展跨媒体的交互与推理，建立三元空间的全景表征、增强式感知、关联分析、复杂态势理解、自然交互和高效呈现的计算理论与技术框架。在大数据基础理论、系统技术及智能应用方面，将着重探索和揭示数据的内在规律及数据与物理空间之间的关联关系，研究数据复杂性理论、大数据关联计算理论和大数据分散式处理范式，发展大数据高效能分析处理的系统技术，探索大数据驱动的智能应用。

未来 15 年,在人-机融合的交互计算方面,阐明信息空间和物理空间的自然融合机制,优化人-机交互与融合的多感知通道,实现无须用户学习的人-机共融计算与感知信息的按需服务,引领智能交互研究与智能终端产业的发展,推动可视信息智能处理、计算机图形学、计算机辅助设计、VR/AR、人-机交互与可视分析等学科方向的新一轮交叉发展。在大数据基础理论、系统技术及智能应用方面,探索大数据驱动的智能决策范式和社会智能涌现的机理,为大数据科学计算、大数据分析、知识发现、辅助决策、大数据智能提供理论和技术支持,探索大数据在智慧城市、健康医疗、工业制造、社会治理、公共安全等应用领域中的应用。

(四)主要研究内容与核心科学问题

1. 面向三元空间的虚实融合高效表征、增强感知、建模与呈现

主要研究内容:高精度 3D 重建理论与技术,大范围全场景的感知与处理,图像、视频、几何等时空信息的获取与生成、结构分析和语义理解,多模态数据的时空化处理、关联分析、高效整合与交互融合呈现。泛在信息的合成与可视分析,数据隐私约束下的分布式可视分析理论与建模框架,可计算、可解释、易操作的机器智能表达模型。

核心科学问题:3D 空间与人-机交互行为的感知与理解;3D 空间的全景感知以及多通道交互信息的建模;视听触文本等多通道信息的协同获取与处理;虚实融合的多模态情感分析;开放环境下动态演化以及个性化的交互建模框架;多通道交互信息的内容理解,如跨媒体语义关联分析与协同表达、异构多模态信息的语义消歧、感知与认知多任务的协同高效处理、虚实共融的媒体内容高保真生成与信息保护;探索多源媒体信息的主动智能获取。

2. 人类交互行为的认知与科学建模

主要研究内容:人-机共融中用户行为和认知状态的多模态感知、交互情境智能识别和建模方法,交互自然性的生理心理机理及计算模型,以及用户交互意图的理解与高效推理算法。

核心科学问题:交互过程中的人类认知规律和行为机制的认知;交互过程中的多模态信道容量的定义与测量,以及最小化识别用户交互意图所需要

的信息量；依据人体的生物特征与行为姿态进行个性化分析和自然交互；刻画 VR/AR 的呈现与交互效率并进行优化；VR/AR 应用中体验者的感知的实时逼真表达、人与虚拟场景对象的实时自然交互；包含视听触等多个通道的认知加工机制的建立；对具有连续、不确定特性的新型交互行为的建模；人-机协同的分布式认知模型和界面范式的构建。

3. 自然呈现与机器效能

主要研究内容：头戴式 VR/AR 显示中的舒适度评估、感知优化的输入输出与交互技术，面向复杂物理空间数字再现的大规模可扩展计算机图形学实时模拟技术与物理引擎。

核心科学问题：在计算机中高效表征物理空间和信息空间的表示模型、功能模型和性能模型（统称为数字模型），使得模型构建具有高精度、高效率，模型表示具有可计算性和完备性；面向真实自然物理空间的数字再现，构造高效并行的物理引擎及核心算法芯片；自然呈现符合人类观察习惯的虚拟场景；解决数字模型的生成、编辑、分析与理解的效率和精度之间的矛盾；度量并减小真实物理场景与数字孪生模型之间的误差以及功能和性能的差异。

4. 异构数据的智能感知、表征与计算

主要研究内容：面向异构大数据的智能感知、语义表征、数据融合、关联计算和知识发现方法，支撑多源异构大数据的智能分析和大数据驱动的智能应用。大数据复杂性理论与复杂性度量方法，为大数据算法设计和大数据分析技术提供基础理论。

核心科学问题：大数据分析的数理基础，特别是大数据复杂性理论和复杂性度量方法，多源异构、复杂关联、高维时变大数据分析与计算的基础理论和方法。多模态融媒体大数据的精简表示、关联计算、知识发现方法，特别是大数据驱动的知识自动化方法。开放复杂环境下的智能信息检索和挖掘，以及大数据区块链的智能应用，数据的泛在关联和移动边缘计算。

5. 大数据分析处理范式

主要研究内容：适配新型异质器件的大数据分析架构，针对大图、流式等计算模式研究自主适配的低熵数据处理引擎；大数据分析的系统栈和编程语言，以及大数据分析处理的范式和大数据可视分析。

核心科学问题：数据的泛在关联和移动边缘计算，面向端、网、云等异构计算环境的弹性协同大数据计算体系；基于新型异质器件的大数据分析架构及模型；复杂多元的大数据形态需要适配大图、流式等计算模式的低熵数据处理引擎，以支撑异构大数据融合分析的系统栈；业务导向的大数据分析编程语言。

6. 人-机共融的智能应用

主要研究内容：跨媒体复杂环境下的新型检索、挖掘、推荐和分析关键技术与典型示范应用；跨媒体社交网络中人类个体与社会群体的组织行为分析和群智决策技术，以及以跨媒体社交网络为代表的泛在大数据智能分析应用。

核心科学问题：跨媒体社交大数据的典型示范应用，主要是包括社会媒体平台检索、挖掘、推荐和分析在内的典型示范应用；面向大数据产生的社会化和利用的分散化，探索适应于大数据安全、大数据价值分配、隐私保护的数据治理和使用方法；群体智能涌现机理和大数据驱动的群智决策机制设计，包括群体智能涌现的社会计算组织结构、激励机制、协同学习技术和大数据驱动的协同开放创新机制，以及具有协同性、共享性、可解释性的大数据智能应用。

十四、类脑智能核心理论与技术

（一）科学意义与国家战略需求

人类大脑及其智能是人工智能模拟和超越的对象。类脑智能[148-150]旨在借鉴大脑神经网络结构和信息表达处理机制，构造逼近生物神经网络的器件、芯片和系统，通过结构仿脑实现功能类脑，通过光电器件替代有机神经系统实现性能超脑，实现功能类人、性能超人的通用智能，是融通信息科学、脑科学、数理科学的一个重大交叉方向。

人工智能的发展历史，就是一部功能主义和结构主义交织斗争的历史。过去十年，人工智能成功的基本范式是"深度学习+大数据+大算力"，这里的"大"，是相对于十年之前的计算能力和数据规模而言的，如果与生物适应环境的进化过程"进化大数据"相比，还是小得多。迄今规模最大的智能模型"悟道2.0"，其神经网络连接数量达到1.75万亿，但也不足人脑的2%，而且神经元模型也比生物简单得多。

第四章　信息科学的发展思路与发展方向

人脑拥有数百种、上千亿个神经元，每个神经元通过数千甚至上万个神经突触和其他神经元相连接，连接数量达到百万亿。尽管其结构复杂，但仍然是一个复杂度有限的物理结构，采用神经科学实验手段，从分子生物学和细胞生物学层次解析大脑神经元与突触的物理化学特性，理解神经元和突触的信号加工与信息处理特性，再直接以生物大脑和神经系统为蓝本，设计结构和功能类似生物、性能远超生物的机器智能系统，开发能够自适应地应对外界环境挑战的通用智能，是未来人工智能发展的更为直接快速的重要方向。

类脑智能最根本的挑战是人类大脑信息处理和认知功能的复杂性。大脑复杂的网络连接、信息传输和组织方式在实现人类认知的过程中起着关键作用。科学界已对大脑是由多个不同的功能区域组织连接而成的网络达成共识，研究者正通过发掘大脑结构连接、功能连接和有效连接的聚合与分离来洞察大脑认知机理，这需要在大规模高精度生物神经系统解析、模拟和仿真系统的支持下才能完成。

类脑智能实现的物理基础是大规模神经形态器件与芯片。与专用智能芯片不同，神经形态芯片更加强调器件、架构和算法等原理上的仿生，而非面向特定智能任务。现有神经形态计算芯片的技术路线主要包括基于 CMOS 的神经形态芯片和基于新型器件的神经形态芯片。前者的问题是难以反映生物系统神经元和突触功能的多样性，以及如何提升芯片规模，后者目前还是一个开放问题。理想的人工突触和神经元芯片还未出现，可靠性和一致性等工艺问题也将随之而来，大规模集成和芯片级验证仍需要技术上的突破。

2017 年 7 月国务院发布《新一代人工智能发展规划》，确立到 2030 年人工智能理论、技术与应用总体达到世界领先水平的战略目标，类脑智能是重点发展方向之一。未来十年是人工智能芯片和系统创新的关键时期，必须吸取计算机时代"缺芯（CPU）少魂（操作系统）"的教训，紧紧抓住类脑智能重新洗牌的历史机遇，突破基础器件（神经形态器件）、核心芯片（类脑处理器）和基础软件及整机，实现类脑智能技术和产业的内生式发展。

（二）国内外发展态势和我国优势

1. 国内外相关计划与发展策略

类脑智能的实际研究可追溯到 1981 年美国生物学家杰拉尔德·埃德尔

曼领导研制的 Darwin（达尔文）系列仿脑机（Brain-Based-Devices）以及加利福尼亚理工学院教授卡弗·米德在 20 世纪 80 年代开创的神经形态工程（Neuromorphic Engineering）。

2013 年欧洲"人类脑计划"启动[151]，提出将信息技术和生命科学结合，整合从单分子探测到大脑整体结构解析，实现全脑仿真模拟，支持了两台大型类脑计算系统的研制：英国曼彻斯特大学的 SpiNNaker 系统和德国海德堡大学的 BrainScaleS，两者均在 2016 年第一阶段按时上线运行，最终将构造出能够仿真 5 亿神经元、速度比人脑高万倍的系统，具备实时仿真人类大脑的能力。

美国开展类脑智能系统研究的既有大学，又有企业，代表性的包括斯坦福大学的 Neurogrid、IBM 的 TrueNorth 和 Intel 的 Loihi。Neurogrid 通过器件创新争取实现全脑模拟，Loihi 则试图在类脑智能时代重现 IntelCPU 的辉煌。

我国在类脑智能方面的研究起步较晚，但近年来十分活跃，多所高校都成立了相关研究机构，例如，2014 年清华大学成立了类脑计算研究中心；2015 年北京大学成立了脑科学与类脑研究中心，中国科学院自动化研究所成立了类脑智能研究中心；2016 年上海交通大学成立了仿脑计算与机器智能研究中心，中国科学技术大学成立了类脑智能技术及应用国家工程实验室等。为了迎接国家"脑科学与类脑研究"计划落地，2018 年北京和上海均成立了脑科学与类脑研究中心。

系统性布局方面，2015 年 9 月 1 日，北京市科学技术委员会发布"脑认知与类脑计算"重大专项，沿着"结构仿真、器件逼近和功能超越"这条技术路线布局了三个层次、九个方面的科研任务，形成了较为系统的技术积累，清华大学研制的天机系列类脑芯片和北京大学研制的超高速脉冲视觉芯片与神经形态器件是其中的代表性成果。另外，浙江大学及杭州电子科技大学在 2015 年研发了一款脉冲神经网络芯片"达尔文"，支持基于 LIF 神经元模型的脉冲神经网络建模，2020 年开发出二代芯片，并用 792 颗芯片构建了 1.2 亿神经元的类脑计算系统。

2018 年自然科学基金委设立了"人工智能"代码，专门设置了"认知与神经科学启发的人工智能"方向，支持视听觉感知模型、神经信息编码与解码、神经系统建模与分析、神经形态工程、类脑芯片、类脑计算等基础研究。

我国"科技创新2030"已经将"脑科学与类脑研究"列为重大项目，2021年已经开始执行。

2. 我国现有基础和优势

科技文献明确界定的人脑智能超过百种，目前人工智能技术尝试实现的仅有数十种，还存在大量"无人区"。生物大脑解析仿真还在进行中，人类大脑的破解还需要20年左右的时间，类脑智能在智能模型和物理实现方面还没有真正突破，类脑智能软硬件技术体系还未形成。

脑科学可以划分为微观（分子、离子通道、突触等）、介观（神经元构成的网络与环路）和宏观（认知功能）三个层次。相应地，类脑智能研究也可以对应划分为三个层次：微观层次——用功能材料实现模拟生物神经元的人工神经元及人工突触，主要是微纳电子和物理学；介观层次——研究神经环路结构及神经脉冲在网络中运行的动力学模型，实现类脑功能；宏观层次——从系统层次阐明大脑信息处理和智能演化的机理，属于认知科学范畴。三个层次的研究都很重要，但相比之下，介观层次的研究在目前最实用，也最迫切，因为这个层次的研究揭示的是大脑网络结构、运行模型和基本功能，对未来人工智能发展的作用最为直接。相比较而言，微观层次的研究是为发展类脑智能的硬件做长远准备，而宏观层次的研究需要在介观层次取得突破后才有可能取得实质性进展。

深度学习主要模拟生物视觉腹侧通路的分层信息加工过程，但真正的生物神经系统中信息表达和加工采用的是动态神经脉冲，而不是深度学习网络这种分层训练的静态模型。脉冲神经网络代表着未来方向，相比之下，深度学习网络还缺少很多关键部分，包括神经元活动的动力学过程、同层神经元的互馈连接、不同层神经元之间的反馈连接，以及神经系统的模块化功能结构等。由于缺乏这些重要成分，当前深度学习网络只能完成图片分类等任务，还不能实现动态感知和认知功能。

生物神经系统是以神经网络上流转的神经脉冲序列的状态演化来实现的，即网络在受到刺激的情况下，受大脑内先验知识、记忆、注意力、情绪等因素的调节，其脉冲产生和流转状态随时间演化，触发了感知、认知、运动等行为。正是因为网络有了动力学，大脑才拥有了处理时间维度信息的能力，因而可以加工连续输入信号，实现对视觉输入的动态交互处理（图像理解）、运动目标的预测跟踪、语音识别、多模态信息整合，以及工作记忆、抉择行为等众多高级认知功能。

类脑智能的基础是脉冲神经网络。目前，关于脉冲神经网络动力学性质的研究还比较初步，已有成果主要涉及单神经元的脉冲发放、吸引子网络的联想式记忆，以及兴奋-抑制平衡神经网络的统计特性等。对于大脑中负责感知的大尺度脉冲神经网络的一般动力学特性、负责跨脑区信息交流的神经环路的动力学特性，以及负责脑状态调控的神经网络（主要由抑制性神经元构成）的动力学特性，人们还知之甚少。急需发展脉冲神经网络的介观动力学理论，提出类脑信息处理的神经网络模型与方法，这个问题解决了，才能赋予类脑硬件系统"灵魂"，实现类脑智能。

我国在类脑智能方面差距并不大，而且还有学科齐全、协同交叉、思维定式少等后发优势。在神经网络解析仿真方面，北京大学、清华大学、中国科学院自动化研究所和华中科技大学等研制的观测仪器与相关成果处于国际领先地位。在实现类脑智能的神经形态器件、芯片和系统方面，国际上已研究30多年，但技术条件近年才具备，我国有快速追赶、独辟蹊径的机会。我国新一代人工智能开源开放平台已经初具规模，具备组织产学研各方共建类脑计算开源体系和人工智能开源工具平台的基础条件。在新一轮计算范式变革的大潮中，我国应积极融入、深度参与基础软件和工具链开发，逐步建立和完善类脑智能开源软硬件技术体系与相应工具链。

（三）发展目标

人类大脑是人类智能的物质基础，类脑智能的目标是实现类人智能甚至通用智能。类脑智能最根本挑战的是人类大脑信息处理的结构和功能复杂性。大脑复杂的网络连接、信息传输和组织方式在实现人类认知的过程中起着关键作用。大脑是由多个不同的功能区域组织连接而成的复杂网络，层次化、多尺度、高度连通、多中央枢纽的网络拓扑结构决定着与大脑任务相关以及自发的活动。当前，研究者正通过发掘大脑结构连接、功能连接和有效连接的聚合与分离（敛散性）来洞察大脑认知机理，争取在实现直觉、顿悟、涌现、创造等高级智能方面取得突破。

类脑智能实现的物理基础是类脑机，它以大脑皮层神经网络结构作为基

第四章 信息科学的发展思路与发展方向

础体系结构,通过各种传感器接收环境刺激并通过和其他主体的交互获得与发展智能。类脑机继承了生物大脑低功耗、高容错等特征,拥有生物神经系统才具备的非线性动力学特性,因而有望涌现出全新智能甚至自我意识,是实现感知认知等生物智能以及通用人工智能的基本平台。

类脑机要在体积功耗等方面逼近甚至超越人脑,需要研制模拟生物神经元和神经突触的神经形态器件与芯片。与专用智能加速芯片不同,神经形态芯片更加强调器件、架构和算法等原理上的仿生,而非面向特定智能任务。现有神经形态计算芯片的技术路线主要包括基于 CMOS 的神经形态芯片和基于新型器件的神经形态芯片,前者的问题是难以反映生物系统中神经元和突触功能的多样性,芯片规模提升仍然存在天花板,后者目前还是一个开放问题,理想的人工突触和神经元还未出现,而且可靠性和一致性等工艺问题也将随之而来,大规模集成和芯片级验证需要突破。

人脑级别的类脑智能实现还需要 15 年甚至更长的时间,在这个过程中,需要做好统筹。从时间安排上,宜先选择脑科学领域认识相对充分的智能(如视觉、触觉等)作为对象,采用相对成熟的技术手段(如 CMOS 芯片)进行功能验证,边研究,边启发,边应用,实现螺旋式发展。

(四)主要研究内容与核心科学问题

1. 大脑神经系统精细建模

主要研究内容:发展多尺度生物成像工具,对生物大脑进行动态多尺度观测和解析,获得生物神经网络的精细结构,发现神经元活动的新现象、新机制和神经网络活动新规律,为类脑智能提供网络模型。

核心科学问题:生物神经网络建模,包括神经元模型、神经突触模型、神经回路模型、功能柱、功能区模型、全脑模型;典型模式动物(线虫、斑马鱼、果蝇、狨猴、恒河猴、灵长类等)神经网络精细建模;生物神经网络信号和信息处理模型,包括长时程可塑性、短时程可塑性、前馈连接网络、回馈连接网络、层级网络、霍普菲尔德网络、吸引子网络、兴奋抑制平衡网络、库网络等。

2. 类脑视觉与感知

主要研究内容:突破类脑智能的应用瓶颈,以视听觉感知、自主学习和自然交互等关键生物智能为目标，对相应脑区神经网络进行精细解析、模拟和建模，研制机理类脑、性能超脑的类脑感知芯片和系统，打通类脑智能从理论到验证的技术环路。

核心科学问题：类脑视觉，包括视觉感知和视知觉，基于脉冲神经网络的检测、跟踪、识别等；类脑听觉，包括声音编码、声源定位、语音感知、语音解码、乐音感知等；其他类脑感知，包括触觉、嗅觉、气味编码等。

3. 神经形态器件与芯片

主要研究内容：发展模拟生物神经元、神经突触等新材料、新器件、新制程、新工艺，研究能够精细仿真生物神经元和神经突触的神经形态器件，为研制类脑智能载体提供基础支撑。

核心科学问题：研制神经单元器件，包括人工神经元、人工突触、人工胞体、人工树突、人工轴突等；神经形态计算结构，包括树突计算、轴突计算、常用回路结构等；神经形态芯片关键技术，包括互联模型、脉冲路由机制等；神经形态芯片，包括脉冲神经网络芯片、脉冲神经信号处理芯片、模拟神经形态电路、数模混合神经形态电路、类脑处理器、类脑感知芯片、多模态融合感知器、人工视网膜、人工耳蜗等。

4. 类脑计算系统

主要研究内容：突破冯·诺依曼架构，以时空信息处理为中心，模拟生物大脑低功耗、高容错、自主智能涌现等特性，通过各种传感器接收环境刺激并通过和其他主体的交互获得和发展类脑智能，通过开源开放方式促进类脑研究的集成，构建类脑智能软硬件开源体系。

核心科学问题：类脑计算机体系架构，类脑计算语言、编程、编译和开发环境，类脑计算操作系统、算子库、存储、输入输出、外围设备，异构类脑处理器融合，嵌入式类脑计算机，类脑计算机容错，类脑计算机安全控制，类脑智能开源硬件、基础软件和工具链。

5. 超越图灵计算模型的生物动力学理论

主要研究内容：图灵计算模型划定了可计算的理论边界，生物大脑采用脉冲进行信息表达和变换，有可能突破图灵计算理论边界。围绕神经网络介观动力学开展理论研究，建立神经网络功能机理的数理模型，研究生物神经系统信息编码机理和预测整合机理，建立以神经动力学为核心的新一代智能信息处理理论，发展生物大脑结构和机理启发的类脑智能理论与方法。

核心科学问题：研究生物神经系统信息编码机理，包括神经脉冲生成与表达、脉冲编码、发放频率编码、神经元群编码、时间序列编码、稀疏编码、神经预测编码、神经震荡编码、同步发放编码等；研究生物神经信息预测整合机理，包括感觉信息预测、运动信息预测、神经信号传递延迟补偿、多模态信息整合、多模态信息分离、多感觉系统整合、中心化整合等；研究脑启发的学习模型，包括知觉神经机制、知觉学习、知觉组织、内隐学习、观察学习、内省学习、人本学习、行为学习；研究脑启发的认知模型，包括记忆、注意、遗忘、推理、语言认知、决策、思维和意识的发生与运行机制等。

十五、人工智能基础理论与方法

（一）科学意义与国家战略需求

1955年8月31日，John McCarthy（时任达特茅斯学院数学系助理教授，1971年度图灵奖获得者）、Marvin Lee Minsky（时任哈佛大学数学系和神经学系青年学者，1969年度图灵奖获得者）、Claude Shannon（贝尔实验室数学家、信息论之父）和Nathaniel Rochester（IBM信息研究主管，IBM第一代通用计算机701主设计师）四位学者在一份题为 *A Proposal for the Dartmouth Summer Research Project on Artificial Intelligence*（关于举办达特茅斯人工智能夏季研讨会的提议）的报告中，首次使用了"Artificial Intelligence"这个术语，从此人工智能开始登上人类历史舞台[152]。

在这份报告中，四位学者希望美国洛克菲勒基金会能够出资，在1956年夏天资助一批学者于达特茅斯学院研究"让机器能像人那样认知、思考和学习，即用计算机模拟人的智能"。这份报告同时列举了人工智能所面临的七类问题，分别是自动计算机、计算机编程、神经网络（通过连接神经元来形成概念）、计算的复杂度、自我学习与提高、抽象能力以及随机性与创造力。

马克思认为，社会需求是推动科学技术发展的重要动力。恩格斯明确指出，社会一旦有技术上的需要，则这种需要就会比十所大学更能把科学推向前进。回顾人工智能发展历程中的发展和主要挫折，不难发现，当人工智能与信息环境的变化趋势不符时，往往就使得人工智能的发展遭遇羁绊。促使人工智能发展变化的动力既有来自人工智能研究的内部驱动力，也有来自信息环境与社会需求的外部驱动力，两者都很重要。但是相比较而言，往往后者的动力更加强大。当前，人工智能发展的信息环境已发生巨大而深刻的变化，社会对人工智能的需求急剧扩大，人工智能的目标和理念正发生大的转变，使得人工智能发展迎来新机：①信息环境已发生巨大而深刻的变化。随着移动终端、互联网、传感器网、车联网、穿戴设备等的流行，计算与感知已经广泛遍布世界，与人类密切相伴。网络不但遍布世界，更史无前例地连接着个体和群体，开始快速反映与聚集他们的意见、需求、创意、知识和能力。世界已从二元空间结构PH（物理世界-人类社会，Physics World-Human Society）演变为三元空间结构CPH（信息空间-物理世界-人类社会，Cyber Space-Physics World-Human Society）。②社会对人工智能的需求急剧扩大。人工智能的研究正从过去的学术牵引迅速转化为需求牵引。智能城市、智能医疗、智能交通、智能物流、智能机器人、无人驾驶、智能手机、智能游戏、智能制造、智能社会、智能经济……都迫切需要人工智能的新发展。在这些需求中，人工智能算法在围棋对决博弈AlphaGo、蛋白质3D空间结构预测AlphaFold和人-机对抗等中战胜了人类选手，引发新一轮人工智能研究热潮。③人工智能的目标和理念正发生大的转变。人工智能的目标正从"用计算机模拟人的智能"拓展为"机器+人"（用机器与人结合成的增强的混合智能系统）、"机器+人+网络"（用机器、人、网络结合组织成的新的群体智能系统）与"机器+人+网络+物"（用人、机器、网络和物相结合而成的智能城市等更复杂的智能系统）。人工智能正从"造人制脑"走向"赋能社会"，强大应用驱动下的一系列智能技术正处于蓬勃发展中。

人工智能具有增强任何领域的技术的潜力，是类似于内燃机或电力的一种"使能"技术，推动人类社会生产力发展迈上一个新台阶，深刻改变着人们的社会生活、生成方式和科技形态，对于推动产业转型升级、实现社会生产力的飞跃提升、抢占未来发展先机具有重要战略意义。

人工智能是引领未来的战略性技术，将深刻改变人类社会生活、改变世界。世界发达国家纷纷部署人工智能发展战略，2016年10月，美国发布《国家人工智能研发策略规划》；2016年12月，英国发布《人工智能：未来决策制定的机遇与影响》；2018年3月，法国发布《国家人工智能战略》。人工智能成为德国"工业4.0"、美国"工业互联网"、日本"超智能社会"等重大国家战略的核心技术。

我国政府高度重视人工智能发展，2017年和2018年，《政府工作报告》中都提到了加强新一代人工智能研究和部署。同时，我国政府也快速布局，2017年7月，国务院发布《新一代人工智能发展规划》[153,154]；2017年11月，科技部召开新一代人工智能发展规划暨重大科技项目启动会；为了推动我国人工智能基础研究，促进人工智能理论及关键技术的发展，培养人工智能创新研究队伍，2018年信息科学部设立人工智能代码F06，以便集中受理人工智能领域及相关交叉学科领域的基础理论、基本方法和关键技术研究项目。

当前，我国已经开启了向第二个百年奋斗目标进军的新征程，需要抢抓人工智能发展的重大战略机遇，构筑我国人工智能发展的先发优势，为加快建设世界科技强国和社会主义现代化强国奠定坚实的科技基础，以人工智能发展带动国家竞争力整体跃升，为建成创新型国家和世界科技强国，实现中华民族伟大复兴中国梦做出重要贡献。

（二）国内外发展态势和我国优势

人工智能经过60多年的演进，正呈现深度学习、跨界融合、人-机协同、群智开放、自主操控等新特征，具有辐射效应、放大效应和溢出效应，正在引发链式突破，加速新一轮科技革命和产业变革进程，成为新一轮产业变革的核心驱动力。

1. 国内外发展现状分析

（1）欧美等国家和地区在人工智能研发的布局

从2016年10月起，美国奥巴马政府、特朗普政府和拜登政府分别发布了三个美国国家人工智能规划，对美国人工智能发展进行了国家层面部署。2016年10月奥巴马政府发布了《为人工智能未来做好准备》（*Preparing for the Future of Artificial Intelligence*）和《国家人工智能研究和发展策略规划》（*The National Artificial Intelligence Research and Development Strategic Plan*）两份报告，前者审视了人工智能的现状、现有和潜在的应用以及它在社会与公共政策方面存在的问题；后者确定了美国优先发展的人工智能七大战略方向及两方面建议。2019年1月特朗普政府签署了《美国人工智能先导计划》

（American AI Initiative），这一计划以《维护美国人工智能领导力的行政命令》为题发布，其要求联邦政府把更多资源投入到人工智能研究、推广和培训当中，通过相应措施来应对国际上其他竞争对手的挑战，确保美国在该领域的领先地位。

2021年3月，拜登政府的美国国家人工智能安全委员会发布了题为《最终报告》（Final Report）的人工智能研究报告。该研究报告指出，美国还没有做好人工智能时代的防御或竞争的准备。美国政府应采取全面、全国性的行动，以抵御美国面临的人工智能威胁，为国家安全负责任地使用人工智能。美国需要盟友和新的合作伙伴，为人工智能时代建设一个更安全、更自由的世界。

按照美国三个国家人工智能规划的要求，2020年以来，NSF一共建设了18个新国家人工智能研究所，预计在五年内为每个研究所提供2000万美元资助，总额共计3.6亿美元。这些研究所的分布范围涉及40个州和哥伦比亚特区。NSF主任塞图拉曼·潘查纳坦（Sethuraman Panchanathan）表示，这些研究所是学术界、工业界和政府加速人工智能发现和创新的中心，激发各地人才投入人工智能研究，这将改善人们在医疗、娱乐、交通、网络安全方面的生活，提升国家竞争力和促进国家繁荣。

NSF设立的18个国家人工智能研究所不仅关注人工智能理论研究、技术突破，更从人工智能使能这一角度推动人工智能赋能应用，使人工智能成为一种更易得的"即插即用"（Plug-and-Play）技术，例如，帮助老年人过上更独立的生活以提高其护理质量，改善农业和食品供应链，加强成人在线教育，支持从小学到博士后的STEM教育，提高人工智能研究的公平性等。

欧盟注重前沿领域研究，早在2013年就加强了人工智能领域的超前探索，宣布实施称为未来新兴技术旗舰计划的人类脑计划、量子技术和石墨烯计划，以满足未来人工智能的发展需求。近年来，欧盟制定了覆盖整个欧盟的人工智能推进政策、研究和投资计划，协同推进战略实施，确保在人工智能领域的全球竞争力。例如，欧盟近几年先后发布《欧盟人工智能战略》《人工智能协调计划》和《人工智能白皮书》，以促进欧洲人工智能的研发与应用。《人工智能白皮书》表示，欧洲需要大幅提高人工智能研究和创新领域的投资水平，目标是未来10年中，每年在欧盟吸引200亿欧元的人工智能技术研发和应用资金。

（2）中国人工智能研发布局

2017年7月国务院发布的《新一代人工智能发展规划》中提出了构建开放协同的人工智能科技创新体系、培育高端高效的智能经济、建设安全便捷的智能社会、加强人工智能领域军民融合、构建泛在安全高效的智能化基础设施体系和前瞻布局新一代人工智能重大科技项目等重点任务，构建了大数据智能、群体智能、跨媒体智能、混合增强智能和自主无人系统五种智能形态。科技部于2018年10月启动了科技创新2030"新一代人工智能"—重大项目，提出构建"1+N"的人工智能项目群，其中"1"就是"新一代人工智能"重大项目，专门针对新一代人工智能特有的基础理论、关键共性技术进行攻关，"N"就是围绕人工智能相关的基础支撑、领域应用形成的各类研发任务布局。

在自然科学基金委设立的人工智能学科F06中，人工智能基础包括以数学方法和物理模型为核心的基础理论以及复杂理论与系统，这些基础研究包含机器学习和知识表示与处理等内容。为了通过机器模拟人类智能，需要研究人类所具有的自然语言、视觉和识别分类等能力，因此机器视觉、模式识别、自然语言处理就构成了人工智能的实现手段。作为一种使能技术，人工智能因为其交叉内禀而获得了广泛应用，为此需要研究人工智能芯片与软硬件、新型和交叉的人工智能等内容。仿生智能、类脑机制和人工智能安全推动人工智能本身的研究进步。

为了从学科交叉角度来促进基础科学研究，自然科学基金委于2020年11月成立了命名为"交叉科学部"的第九大学部，这是2009年自然科学基金委医学科学部从自然科学基金委生命科学部划分成立后，时隔11年再次成立新的学部。在基础研究方面，交叉科学部的任务是以重大基础科学问题为导向，以交叉科学研究为特征，统筹和部署面向国家重大战略需求与新兴科学前沿交叉领域的研究，建立健全学科交叉融合资助机制，促进复杂科学技术问题的多学科协同攻关，推动形成新的学科增长点和科技突破口，探索建立交叉科学研究范式，培养交叉科学人才，营造交叉科学文化氛围。

2018年4月教育部印发的《高等学校人工智能创新行动计划》和2020年

1月教育部、国家发展和改革委员会、财政部联合发布的《关于"双一流"建设高校促进学科融合 加快人工智能领域研究生培养的若干意见》都对人工智能专业设置、学科发展、人才培养、科技创新进行了规划。

2. 人工智能基础研究发展态势和我国优势

人工智能泛指通过计算机或机器实现人的学习、推理和决策等智能功能，包括模拟、延伸和扩展人的智能的各种理论、方法、技术。当前人工智能面临感知智能可适应性差、认知机理不明、通用人工智能发展乏力等问题，迫切需要进行革命性的变革与创新。

着眼于当前人工智能理论突破和技术发展所面临的难点问题，人工智能基础理论研究在新模型算法、新创新技术和新计算架构等方面进行重点研究，成为人工智能领域的前沿动态。

人类大脑具有感知、学习、联想、记忆和推理等功能，这些功能与大脑结构存在着对应关系。理解人类认知并建立可计算认知模型需要厘清从行为到神经系统和回路再到细胞核分子不同层面的因果关联，并且建立计算模型和手段。同时，经典人工智能理论框架建立在以递归可枚举为核心的演绎逻辑和语义描述基础方法之上，由于条件问题（Qualification Problem，即枚举描述导致某一行为发生的所有前提条件）和分支问题（Ramification Problem，即枚举刻画某个行为可能导致的所有后续潜在结果）的存在，难以事先拟好智能算法能够处理的所有情况，所以人工智能算法在处理不确定性、开放性和动态性等问题时难以发挥作用，需要研究具备"学会学习"（Learning to Learn）能力的人工智能理论与方法，体现从数据到知识、从知识到决策的系统能力。

因此，当前从智能行为模拟到类脑机理计算、从单一计算模式到混合神经-符号-行为（Hybrid Neuro-Symbolic-Behavior）计算模式、从单一智能体模拟到多智能体协同与博弈、从存算分离电计算到存算一体光电智能计算、从硅计算到神经形态计算的研究层出不穷，成为国内外学术研究重点。

得益于学科发展、政策支持、海量投资以及应用牵引，中国人工智能发展迅速，产业规模逐渐扩大，已进入世界第一梯队。经过多年的持续积累，我国在人工智能领域取得重要进展，视觉识别、神经网络芯片等技术处于世界领先地位，人工智能创新创业日益活跃，一批龙头骨干企业加速成长，在国际上获得广泛关注和认可，形成了新一代人工智能发展的独特优势。中国人工智能论文总量和高被引论文数量在全球范围内都表现得十分出众。高校和科研机构是人工智能人才的主要载体，若干高校自主设置人工智能交叉学科，截至2021年3月一共有345所高校设置人工智能本科专业，人才培养体系已经形成。海量的数据资源、丰富的应用场景、开放的市场环境、加速积累的技术能力、有力的政策支持，使得我国的人工智能科学创新进入黄金时期。但是，我国人工智能研究基础层相对薄弱，创新算法研发滞后，缺乏人工智能高端人才，核心技术有待突破，支撑人工智能发展的技术生态链尚未形成。

（三）发展目标

国务院2017年发布的《新一代人工智能发展规划》提出了面向2030年我国新一代人工智能发展的指导思想、战略目标、重点任务和保障措施，明确了我国新一代人工智能三步走的战略目标：到2020年，人工智能总体技术和应用与世界先进水平同步，人工智能产业成为新的重要经济增长点，人工智能技术应用成为改善民生的新途径，有力支撑进入创新型国家行列和实现全面建成小康社会的奋斗目标。新一代人工智能理论和技术取得重要进展。大数据智能、跨媒体智能、群体智能、混合增强智能、自主智能系统等基础理论和核心技术实现重要进展，人工智能模型方法、核心器件、高端设备和基础软件等方面取得标志性成果。到2025年，人工智能基础理论实现重大突破，部分技术与应用达到世界领先水平，人工智能成为带动我国产业升级和经济转型的主要动力。新一代人工智能理论与技术体系初步建立，具有自主学习能力的人工智能取得突破，在多领域取得引领性研究成果。到2030年，人工智能理论、技术与应用总体达到世界领先水平，成为世界主要人工智能创新中心。智能经济、智能社会取得明显成效，为跻身创新型国家前列和经济强国奠定重要基础。

抓住新一代人工智能技术的发展时机，人工智能基础理论和方法的中长期目标是从认知机理、创新算法、智能载体三个层次进行布局，在人工智能发展方向和理论、方法、工具、器械、系统等方面取得变革性、颠覆性突破。

未来 5 年，充分利用信息科学、数学、统计学等理论工具，推动人工智能与神经科学和认知科学等深度融合，针对人工智能赋能场景应用中的安全和可信挑战，研究大型知识库自动构建、表示与推理方法，形成自主完成复杂操作任务的智能本体理论，建立具备自主学习和进化能力的通用人工智能认知模型，支持安全可信人工智能模型验证，发展适应于开放动态、不确定性、不完全信息、强对抗等复杂场景的人工智能理论、模型和算法，支撑教育和医疗等人-机混合场景下的重大应用。

未来 15 年，加强融合式、集成式的创新，在"更通用化的人工智能"（More General AI）中基础理论与方法、智能载体和自主系统三个层次获得根本性突破，建立"学会学习"人工智能模型体系，让智能系统具备获得解决复杂现实世界中问题的能力，能够在未能全面掌握所有条件下进行正确感知、推理和决策[155,156]。

（四）主要研究内容与核心科学问题

1. 类脑机理计算

主要研究内容：人工智能的发展需要从智能行为模拟演化到类脑机理计算，为此需结合脑科学、神经科学与认知科学的前沿研究，重点突破常识性知识问题及其内在的记忆机制对人工智能发展造成的瓶颈。类脑机理计算的研究核心是发展神经网络类脑机理理论框架，实现理论框架上的神经网络类脑机理阐释；增强神经网络的可解释性，揭示网络发展演化规律；阐明大脑进行常识性知识获取与推理的机制机理，探究将内在记忆引入人工智能模型的方法。

核心科学问题：在理解人类认知机理的基础上，建立可计算认知模型，厘清从行为到神经系统和回路再到细胞核分子不同层面的因果关联。认知功能与大脑网络中不同分布区域的动态交互机理；大脑功能网络的形成和解散与大脑结构网络的衔接和分离的内在机制；在复杂的认知行为中，大脑功能网络的有效合作、竞争以及协调工作模式；不同脑组织的功能角色以及角色间的基本数学原理，包括知识的获取、表示和存储；大脑记忆强化的内在机理；大脑用来处理外界激励的能量消耗模式[157]。

2. 新一代人工智能基础理论

第四章　信息科学的发展思路与发展方向

主要研究内容：面向新一代人工智能对小数据、无监督、可解释性等的需求，重点研究数据与知识融合、跨媒体感知与认知、群体智能组织、涌现与学习、人-机混合增强智能、自主智能协同控制与决策等理论和方法。研究突破数据驱动与知识引导相结合的计算模型，建立自然语言、可解释性及知识之间的关系；研究突破跨媒体统一表征的协同感知认知理论，实现跨媒体的智能描述与生成、语义关联与因果理解等；研究突破群体智能构造方法、涌现机理和激励机制，建立可表达、可计算、可调控的群智计算范式和模型；研究突破复杂任务下人-机共融界面及交互学习建模理论，提升人-机协同完成复杂时空关联任务的能力；研究突破具有环境适应性与认知能力的复杂智能系统理论和方法，支撑具备自主感知、理解、协同、任务规划与决策能力的无人系统等。

核心科学问题：实现从数据到知识到决策的大数据智能、从处理单一类型媒体数据到不同模态（视觉、听觉和自然语言等）综合利用的跨媒体智能、从"个体智能"研究到聚焦于群智涌现的群体智能、从追求"机器智能"到迈向人-机混合的增强智能、从机器人到智能自主系统的理论和技术突破[158,159]。

3. 大型知识库自动构建、表示与推理方法

主要研究内容：结合有监督、无监督和弱监督的方法，研究常识性知识抽取模型，覆盖知识的广度与深度；使用分布式表示的知识抽取方法进行常识性知识抽取，提高知识抽取的泛化性；使用预训练模型和语言模型生成的知识抽取方法。开展基于分布式表示学习、常识性知识向量编码、预训练模型和注意力机制的常识性知识推理研究，实现基于常识性知识库进行推断、决策和判断的目标，深入理解人工神经网络完成常识性知识记忆、推理的内在机制与实现过程，以此给予人工智能认知机理理论框架研究反馈，并验证其智能化程度。开展视觉知识等获取方法研究，形成多重知识表达手段，结合语音、图像、文字等多模态信息实现常识性推理，拓展常识性知识的应用范围，进一步提升人工神经网络的智能化水平。

核心科学问题：从数据到知识，再从知识到决策服务，是实现人工智能深度应用的主要途径。突破知识抽取、知识库构建和加工、因果分析和深度搜索等核心技术，形成概念识别、实体发现、属性预测、知识演化和关系挖

掘等能力，实现知识持续增长的自动化获取，形成从数据到知识、从知识到服务的自主归纳和学习能力[160]。

4. 混合神经–符号–行为计算模式

主要研究内容：混合神经–符号–行为的计算模式，支持智能模型在场景中自动持续学习；利用通用知识库和语义知识弥补标注数据的不足，预先提供场景先验，同时提供人–机交互的桥梁；利用强化学习方法，促使智能体自主探索环境和归纳场景知识，进一步逼近人类学习的方式。该模式突破了以往人工智能单纯数据驱动的桎梏，极大地减少了训练数据需求量、缩短了模型训练时间以及降低了模型迁移难度，将为机器人、无人机、智能工业提供持续进化与扩展的能力。研究大规模常识知识库引导下的混合神经–符号架构、主动探索交互的具身智能、自主可动态扩展更新的终身学习机制。

核心科学问题：综合符号主义、联结主义、行为主义之所长，构建混合神经–符号–行为架构，即融合数据驱动下归纳、知识指导中演绎、行为探索中顿悟的新型人工智能框架，利用涌现数据、先验知识和行为交互，最终构建具有"学会学习"能力的可终身学习系统[161,162]。

5. 多智能体协同、博弈与决策

主要研究内容：在智慧城市、经济金融、国防军事等场景中，需要同时考虑多个智能体相互合作实现共同目标（协同）以及相互竞争最大化各自利益（博弈）两种情况。研究大规模多智能体系统的迭代进化、复杂动态环境下的信息感知与环境建模、样本高效和安全可靠的多智能体决策、面向智能体决策的可解释方法；研究非完全信息下智能博弈的均衡与动力学。针对经济活动和人–机对抗的非完全信息博弈，建立博弈论认知的数据基础模型、（未知）对手（群）的机器学习模型、智能对抗环境模型和均衡动力学分析方法论，并利用现实数据和可控实验进行验证，以此解决认知差异和策略协调的问题；研究非完全信息动态博弈中的智能策略优化。从博弈求解中的抽象、推理、搜索和强化学习等技术出发，针对大规模非完全信息动态博弈提出解刻画和通用性算法；研究双人博弈中的均衡算法及策略优化。创立多人博弈的解概念和基础决策理论，通过多人德州扑克比赛验证新理论、新算法的有效性，研究群体博弈学习与对抗；针对大规模群体博弈，建立复杂博弈的结

第四章　信息科学的发展思路与发展方向

构学习、博弈约简、近似均衡、均衡收敛等理论体系；研究面向分布式博弈的均衡快速收敛与协同优化方法；研究群体博弈的博弈相似性理论、博弈约简和均衡迁移等技术；研究面向稀疏交互的群体智能强化学习方法，利用迁移技术提升博弈均衡求解效率。

核心科学问题：人工智能正在从感知智能向决策智能转变，计算模式也从集中式结构向多智能体分布式结构演进，非完全信息下多智能体博弈的机理、分析和计算问题日益凸显，需要突破非完全信息动态博弈的解刻画、动力学机制及学习理论；不确定复杂环境下智能博弈的强化学习、控制方法与激励设计；大规模群体博弈的对抗生成、模型约简及高效计算等核心问题[163-165]。

6. 新型机器学习系统

主要研究内容：以存算分离架构为基础，以电子电路为载体的计算体系支撑了计算机 70 余年的发展。算力的增长是以深度学习为核心的人工智能在近年来爆发的一个重要原因。然而，算力和能耗目前已成为制约人工智能发展与应用的瓶颈。研究新型机器学习系统，引领超高速智能视觉、大规模计算中心等应用的颠覆式创新，支撑国防军事、公共安全、无人系统等领域的跨越式发展。具体研究光电耦合的非冯·诺依曼架构，实现人工智能计算硬件在算力、速度、能效方面的跨越式提升；针对软硬件协同的机器学习系统和大规模分布式优化方法，构建更便捷、更高效、更节约，同时能处理更大规模数据的机器学习系统；围绕学科交叉中海量数据、领域知识、集成智能和算力平衡等核心要素，研究高性能科学计算算子，形成物理建模和机器学习融合的模型与方法，推动交叉学科研究范式变革。

核心科学问题：满足人工智能对算力和能效的需求，支撑新一代人工智能的跨越式发展，需要在光电耦合新型计算架构、软硬件协同的机器学习系统和学科交叉的范式变革上进行突破，在算力与能效上分别实现巨大提升，引领未来人工智能应用的颠覆式技术变革[166]。

7. 人工智能安全基础理论

主要研究内容：聚焦于人工智能安全、可靠和可控问题，开展智能算法功能与结果可解释性、可预测性和可控制性等理论研究；研究智能体在训练和推理过程中的安全机制；针对恶意样本等攻击手段，结合区块链、态势感知、博弈论、视觉计算、跨媒体信息融合等技术，建立统一的全周期智能安全评估、形式化分析和性能保障的方法体系；研究数据确权、数据定价、隐私计算、算法公平性的人工智能技术支撑体系和方法。

核心科学问题：发展可信赖的人工智能基础算法是人工智能安全发展的内在需求，既要研究统一防御策略和鲁棒性提升框架，也要将探索可解释性评价体系作为牵引，以细化可信赖算法的效用边界和能力。面向开放环境应用，如何提升算法/模型在不同计算环境中的可复现性，如何将人在回路范式引入可信赖建模以提升其适应性，以及如何面向动态交互来提升其在对抗博弈中的鲁棒性，是重要的研究方向。针对人工智能基础设施、数据和模型带来的隐患，需完善软硬件安全保护，并建立云-边-端协同可信的执行环境[167]。

8. 教育和医疗等人-机混合场景下的重大应用

主要研究内容：研究激发群智涌现可计算模型和支持人-机协同学习方式，构建新的计算范式，为人类群体认知学习增效；研究群智涌现可计算模型、人在回路计算框架和在线协作学习评测等核心问题，在现有机器学习中引入群智交互模型，建立人在回路的机器学习框架，在教育和医疗等重大场景下构建由果溯因的协同学习评价方法，充分协调数据驱动下归纳、知识指导中演绎以及群体认知中顿悟等不同学习手段和方法。

核心科学问题：针对人-人、人-客观世界、人-认识客体、人-机等构成的复杂系统，研究个体之间协作、激励和竞争等复杂交互行为，结合群体社会化规律、协同认知模式和动力学模型等手段，研究群智涌现的可计算模型，全面感知群体交互行为；在人-人和人-机协作环境中，研究数据驱动下抽象归纳、知识引导下演绎推理和行为交互下探索反馈等有机协调的机器学习方法，建立解释性强、自适应好的演化模型；综合质性研究（依托评价量规）和量化研究（协作计算），构建面向多主体的协同学习因果网络，实现基于介入、反事实等推理手段的归因分析手段，从学习手段、学习途径、交互模式、反馈奖励等因素中甄别干预变量、消除混合变量，建立以因果推断为核心的在线协同学习实证评估方法，以动态提升教育和医疗等应用效果[168]。

第四章　信息科学的发展思路与发展方向

本章参考文献

[1] Turban E, Jr Rainer R K, Potter R E. Introduction to Information Technology[M]. New York: Wiley, 2005.

[2] Zins C. Conceptual approaches for defining data, information, and knowledge[J]. Journal of the American Society for Information Science and Technology, 2007, 58(4): 479-493.

[3] Shafi M, Molisch A F, Smith P J, et al. 5G: a tutorial overview of standards, trials, challenges, deployment, and practice[J]. IEEE Journal on Selected Areas in Communications, 2017, 35(6): 1201-1221.

[4] Labrinidis A, Jagadish H. Challenges and opportunities with big data[J]. Proceedings of the VLDB Endowment, 2012, 5: 2032-2033.

[5] Varghese B, Buyya R. Next generation cloud computing: new trends and research directions[J]. Future Generation Computer Systems, 2018, 79(3): 849-861.

[6] Haenlein M, Kaplan A. A brief history of artificial intelligence: on the past, present, and future of artificial intelligence[J]. California Management Review, 2019, 61(4): 5-14.

[7] Kang B, Kim D, Choo H. Internet of everything: a large-scale autonomic IOT gateway[J]. IEEE Transactions on Multi-Scale Computing Systems, 2017, 3(3): 206-214.

[8] Haigh T. The history of information technology[J]. Annual Review of Information Science and Technology, 2011, 45(1): 431-487.

[9] Liu J J, Shi Y P, Fadlullah Z M, et al. Space-air-ground integrated network: a survey[J]. IEEE Communications Surveys & Tutorials, 2018, 20(4): 2714-2741.

[10] Zhang S W, Liu J J, Guo H Z, et al. Envisioning device-to-device communications in 6G[J]. IEEE Network, 2020, 34(3): 86-91.

[11] Latva-Aho M, Leppanen K. Key drivers and research challenges for 6G ubiquitous wireless intelligence[EB/OL]. http://urn.fi/urn:isbn:9789526223544[2019-09-09].

[12] Wei T, Feng W, Chen Y F, et al. Hybrid satellite-terrestrial communication networks for the maritime internet of things: key technologies, opportunities, and challenges[J]. IEEE Internet of Things Journal, 2021, 8(11): 8910-8934.

[13] Wang Y, Xu Y C, Zhang Y, et al. Hybrid satellite-aerial-terrestrial networks in emergency scenarios: a survey[J]. China Communications, 2017, 14(7): 1-13.

[14] Di B Y, Zhang H L, Song L Y, et al. Ultra-dense LEO: integrating terrestrial-satellite networks into 5G and beyond for data offloading[J]. IEEE Transaction on Wireless Communicaions, 2019, 18(1): 47-62.

[15] Casoni M, Grazia C A, Klapez M, et al. Integration of satellite and LTE for disaster recovery[J]. IEEE Communications Magazine, 2015, 53(3): 47-53.

[16] Arienzo L. Green RF/FSO communications in cognitive relay-based space information networks for maritime surveillance[J]. IEEE Transactions on Cognitive Communications and Networking, 2019, 5(4): 1182-1193.

[17] Liu R W, Nie J, Garg S, et al. Data-driven trajectory quality improvement for promoting intelligent vessel traffic services in 6G-enabled maritime IoT systems[J]. IEEE Internet of Things Journal, 2021, 8(7): 5374-5385.

[18] Wei T, Feng W, Ge N, et al. Environment-aware coverage optimization for space-ground integrated maritime communications[J]. IEEE Access, 2002, 8: 89205-89214.

[19] Yang P, Xiao Y, Xiao M, et al. 6G wireless communications: vision and potential techniques[J]. IEEE Network, 2019, 33(4): 70-75.

[20] Portillo I, Cameron B G, Crawley E F. A technical comparison of three low Earth orbit satellite constellation systems to provide global broadband[J]. Acta Astronautica, 2019, 159: 123-135.

[21] Giambene G, Kota S, Pillai P. Satellite-5G integration: a network perspective[J]. IEEE Network, 2018, 32(5): 25-31.

[22] 3GPP. "(Release 15). Study on New Radio (NR) to support non-terrestrial networks." [EB/OL]. http://www.3gpp.org/ftp/Specs/archive/38_series/38.811[2020-10-08].

[23] 3GPP. "(Release 16). Technical Specification Group Services and System Aspects." [EB/OL]. http://www.3gpp.org/ftp/Specs/archive/21_series/21.916[2022-06-23].

[24] 李洪阳, 魏慕恒, 黄洁, 等. 信息物理系统技术综述[J]. 自动化学报, 2019, 45(1): 37-50.

[25] Zhou J, Li P, Zhou Y, et al. Toward new-generation intelligent manufacturing[J]. Engineering, 2018, 4(1): 11-20.

[26] Şahinel D, Akpolat C, Görür O C, et al. Human modeling and interaction in cyber-physical systems: a reference framework[J]. Journal of Manufacturing Systems, 2021, 59: 367-385.

[27] Zhou J, Zhou Y H, Wang B C, et al. Human-cyber-physical systems (HCPSs) in the context

第四章　信息科学的发展思路与发展方向

of new-generation intelligent manufacturing[J]. Engineering, 2019, 5(4): 624-636.

[28] Sowe S K, Simmon E, Zettsu K, et al. Cyber-physical-human systems: putting people in the loop[J]. IT Professional, 2016, 18(1): 10-13.

[29] 李少远, 殷翔. 信息物理世界如何实现人机共融协同？[J]. 上海交通大学学报, 2021, 55(z1): 5-6.

[30] Derler P, Lee E A, Vincentelli A S. Modeling cyber-physical systems[J]. Proceedings of the IEEE, 2012, 100(1): 13-28.

[31] Romero D, Bernus P, Noran O, et al. The operator 4.0: human cyber-physical systems & adaptive automation towards human-automation symbiosis work systems[C]. International Conference on Advances in Production Management Systems. Brazil, 2016.

[32] 安冬冬, 刘静, 陈小红, 等. 不确定环境下 HCPS 系统的形式化建模与动态验证 [J]. 软件学报, 2021, 32(7): 1999-2015.

[33] 吴飞, 阳春华, 兰旭光, 等. 人工智能的回顾与展望 [J]. 中国科学基金, 2018, 32(3): 243-250.

[34] Zheng Z, Zhang K T, Gao X Q. Human-cyber-physical system for production and operation decision optimization in smart steel plants[J]. Science China Technological Sciences, 2021, 65(2): 247-260.

[35] 严沈, 顾洲, 费树岷, 等. 基于记忆型事件触发的信息物理系统的安全状态估计 [J]. 中国科学：信息科学, 2021, 51(8):1302-1315.

[36] 中国信息物理系统发展论坛. 信息物理系统白皮书 (2017)[M]. 北京：中国电子技术标准化研究院, 2017.

[37] 王柏村, 臧冀原, 屈贤明, 等. 基于人-信息-物理系统（HCPS）的新一代智能制造研究 [J]. 中国工程科学, 2018, 20(4): 29-34.

[38] 黄韬, 刘江, 汪硕, 等. 未来网络技术与发展趋势综述 [J]. 通信学报, 2021, 42(1): 130-150.

[39] 李军飞, 胡宇翔, 伊鹏, 等. 面向 2035 的多模态智慧网络技术发展路线图 [J]. 中国工程科学, 2020, 22(3): 141-147.

[40] 罗军舟, 杨明, 凌振, 等. 网络空间安全体系与关键技术 [J]. 中国科学：信息科学, 2016, 46(8): 939-968.

[41] Keshav S. Paradoxes of internet architecture[J]. IEEE Internet Computing, 2018, 22(1): 96-102.

[42] Zave P, Rexford J. The compositional architecture of the internet[J]. Communications of ACM, 2019, 62(3): 78-87.

[43] Duan Q, Wang S G, Ansari N. Convergence of networking and cloud/edge computing: status, challenges, and opportunities[J]. IEEE Network, 2020, 34(6): 148-155.

[44] Zhang J, Yu F R, Wang S, et al. Load balancing in data center networks: a survey[J]. IEEE Communications Surveys & Tutorials, 2018, 20(3): 2324-2352.

[45] 李可欣，王兴伟，易波，等．智能软件定义网络[J]．软件学报，2020, 32(1): 118-136.

[46] Malik P K, Sharma R, Singh R, et al. Industrial internet of things and its applications in industry 4.0: state of the art[J]. Computer Communications, 2021, 166(Jan): 125-139.

[47] 王永利，徐秋亮．量子计算与量子密码的原理及研究进展综述[J]．计算机研究与发展，2020, 57(10): 2015-2026.

[48] 徐恪，凌思通，李琦，等．基于区块链的网络安全体系结构与关键技术研究进展[J]．计算机学报，2021, 44(1): 55-83.

[49] Meneghello F, Calore M, Zucchetto D, et al. IoT: internet of threats? a survey of practical security vulnerabilities in real IoT devices[J]. IEEE Internet of Things Journal, 2019, 6(5): 8182-8201.

[50] 罗军舟，杨明，凌振，等．匿名通信与暗网研究综述[J]．计算机研究与发展，2019, 56(1): 103-130.

[51] 高原，吕欣，李阳，等．国家关键信息基础设施系统安全防护研究综述[J]．信息安全研究，2020, 6(1): 14-24.

[52] Kaloudi N, Li J Y. The AI-based cyber threat landscape: a survey[J]. ACM Computing Surveys, 2021, 53(1): 20.1-20.34.

[53] 杨学山．论信息[M]．北京：电子工业出版社，2016.

[54] 洪文，王彦平，林赟，等．新体制SAR三维成像技术研究进展[J]．雷达学报，2018, 7(6): 633-654.

[55] 何友，姚力波，李刚，等．多源卫星信息在轨融合处理分析与展望[J]．宇航学报，2021, 42(1):1-10.

[56] 张艳宁．无人机视觉发展趋势[C].第十四届中国体视学与图像分析学术会议论文集，贵阳，2015.

[57] 黄海宁，李宇．水声目标探测技术研究现状与展望[J]．中国科学院院刊，2019, 34(3): 264-271.

第四章 信息科学的发展思路与发展方向

[58] Gu Y F, Liu T Z, Gao G M, et al. Multimodal hyperspectral remote sensing: an overview and perspective[J]. Science China Information Sciences, 2021, 64(2): 111-134.

[59] 陈杰，樊邦奎，邓方，等. 智能群系统的衍化与协同——第252期双清论坛学术综述[J]. 中国科学基金，2021, 35(4): 604-610.

[60] Yang G Z, Nelson B J, Murphy R R, et al. Combating COVID-19-the role of robotics in managing public health and infectious diseases[J]. Science Robotics, 2020, 5(40): eabb5589.

[61] 王国彪，陈殿生，陈科位，等. 仿生机器人研究现状与发展趋势[J]. 机械工程学报，2015, 51(13): 27-44.

[62] Jspeert A J. Biorobotics: using robots to emulate and investigate agile locomotion[J]. Science, 2014, 346(6206): 196-203.

[63] Webster-Wood V A, Akkus O, Gurkan U, et al. Organismal engineering: toward a robotic taxonomic key for devices using organic materials[J]. Science Robotics, 2017, 2(12): eaap9281.

[64] Palagi S, Fischer P. Bioinspired microrobots[J]. Nature Reviews Materials, 2018, 3(6): 113-124.

[65] 程洪，黄瑞，邱静，等. 人机智能技术及系统研究进展综述[J]. 智能系统学报，2020, 15(2): 386-398.

[66] Robu V, Flynn D, Lane D. Train robots to self-certify their safe operation[J]. Nature, 2018, 553(7688): 281.

[67] Han B, Huang Y L, Li R P, et al. Bio-inspired networks for optoelectronic applications[J]. Nature Communications, 2014, 5: 5674.

[68] Levchenko I, Keidar M, Cantrell J, et al. Explore space using swarms of tiny satellites[J]. Nature, 2018, 562(7726): 185-187.

[69] Rahwan I, Cebrian M, Obradovich N, et al. Machine behaviour[J]. Nature, 2019, 568(7753): 477-486.

[70] 梁晓龙，孙强，尹忠海，等. 大规模无人系统集群智能控制方法综述[J]. 计算机应用研究，2015, 32(1): 11-16.

[71] 李光林，郑悦，吴新宇，等. 医疗康复机器人研究进展及趋势[J]. 中国科学院院刊，2015, 30(6): 793-802.

[72] 侯增广，赵新刚，程龙，等. 康复机器人与智能辅助系统的研究进展[J]. 自动化学报，2016, 42(12): 1765-1779.

[73] Scanlan J, Flynn D, Lane D, et al. Extreme environments robotics: robotics for emergency response, disaster relief and resilience[J]. UK-RAS Network, 2017, 28:2398-4422.

[74] 国家自然科学基金委员会，中国科学院. 中国学科发展战略·软件科学与工程 [M]. 北京: 科学出版社, 2021.

[75] Hong M, Yao G. Toward ubiquitous operating systems: a software-defined perspective[J]. Computer, 2018, 51(1): 50-56.

[76] Carleton A, Klein M H, Robert J E, et al. Architecting the Future of Software Engineering: A National Agenda for Software Engineering Research & Development[M]. Pittsburgh: Software Engineering Institute, Carnegie Mellon University, 2021.

[77] Topcu U, Bliss N, Cooke N, et al. Assured autonomy: path toward living with autonomous systems we can trust[J]. A Computing Community Consortium (CCC) workshop report, 2020.

[78] Neema S, Parikh R, Jagannathan S. Building resource adaptive software systems[J]. IEEE Software, 2019, 36(2): 103-109.

[79] FisherJohn K, Launchbury J, Richards R. The HACMS program: using formal methods to eliminate exploitable bugs[J]. Philosophical Transactions. Series A, Mathematical, Physical, and Engineering Sciences, 2017, 375(2014): 20150401.

[80] 洪伟，余超，陈继新，等. 5G 及其演进中的毫米波技术 [J]. 微波学报，2020, 36(1): 12-16.

[81] Shahramian S, Holyoak M J, Singh A. A fully integrated 384-element, 16-tile, W-band phased array with self-alignment and self-test[J]. IEEE Journal of Solid-State Circuits, 2019, 54(9): 2419-2434.

[82] 贾海昆，池保勇. 硅基毫米波雷达芯片研究现状与发展 [J]. 电子与信息学报，2020, 42(1): 173-190.

[83] Cui T J, Li L L, Liu S, et al. Information metamaterial systems[J]. iScience, 2020, 23(8): 101403.

[84] Yang X, Huang Y S, Zhou L, et al. Low-loss heterogeneous integrations with high output power radar applications at W-band[J]. IEEE Journal of Solid-State Circuits, 2022, 57(6): 1563-1577.

[85] Chen K J, Yang S W, Chen Y K, et al. Transmit beamforming based on 4D antenna arrays for low probability of intercept systems[J]. IEEE Transactions on Antennas and Propagation,

2020, 68(5): 3625-3634.

[86] Wang R, Ren X G, Yan Z, et al. Graphene based functional devices: a short review[J]. Frontiers of Physics, 2019, 14(1): 22-41.

[87] Eid A, He X K, Bahr R, et al. Inkjet-/3D-/4D-printed perpetual electronics and modules: RF and mm-wave devices for 5G+, IoT, smart agriculture, and smart cities applications[J]. IEEE Microwave Magazine, 2020, 21(12): 87-103.

[88] Jiang J Q, Chen M K, Fan J A. Deep neural networks for the evaluation and design of photonic devices[J]. Nature Reviews Materials, 2021, 6(8): 679-700.

[89] Dhillon S S, Vitiello M S, Linfield E H, et al. The 2017 terahertz science and technology roadmap[J]. Journal of Physics, D: Applied Physics: A Europhysics Journal, 2017, 50(4): 49.

[90] 李春光，王佳，吴云，等. 中国超导电子学研究及应用进展[J]. 物理学报，2021, 70(1): 178-203.

[91] Blais A, Grimsmo A L, Girvin S M, et al. Circuit quantum electrodynamics[J]. Review of Modern Physics, 2021, 93: 025005.

[92] Hennessy J L, Patterson D A. A new golden age for computer architecture[J]. Communications of the ACM, 2019, 62(2): 48-60.

[93] Dario A, Danny H. AI and Compute[EB/OL]. https://openai.com/blog/ai-and-compute/ [2019-10-15].

[94] 韦柳融. 后摩尔时代的算力产业发展[J]. 信息通信技术与政策，2021, 47(6): 80-84.

[95] 蓝忠毅. 超导逻辑器件及线路[J]. 低温与超导，1984, 3(4): 48-54.

[96] Behin-Aein B, Datta D, Salahuddin S, et al. Proposal for an all spin logic device with built-in memory[J]. Nature Nanotechnology, 2010, 5(4): 266-270.

[97] Jack C, Edward L, Ronny K, et al. The A100 datacenter GPU and ampere architecture[C]. IEEE International Solid-State Circuits Conference. San Francisco, 2021.

[98] Sebastian A, Le Gallo M, Khaddam-Aljameh R, et al. Memory devices and applications for in-memory computing[J]. Nature Nanotechnology, 2020, 15(7): 529-544.

[99] 马盛林. 后摩尔时代，先进封装将迎来高光时刻[N]. 中国电子报，2021-09-07 (8).

[100] Marpaung D, Yao J, Capmany J. Integrated microwave photonics[J]. Nature Photonics, 2019, 13: 80-90.

[101] Hao T F, Tang J, David D, et al. Toward monolithic integration of OEOs: from systems to chips[J]. Journal of Lightwave Technology, 2018, 36(19): 4565-4582.

[102] Xu M Y, He M B, Zhang H G, et al. High-performance coherent optical modulators based on thin-film lithium niobate platform[J]. Nature Communications, 2020, 11(1): 3911.

[103] 上海微技术工业研究院. 8英寸"超越摩尔"研发中试线[EB/OL]. https://www.sitrigroup.com/platform/micro-fabrication-line/?lang=zhhans[2022-05-31].

[104] Liu C, Wang J, Cheng L, et al. Key microwave-photonics technologies for next-generation cloud-based radio access networks[J]. Journal Lightwave Technology, 2014, 32(20): 3452-3460.

[105] 潘时龙, 薛敏, 卿婷, 等. 超高分辨率光矢量分析技术[J]. 光电子技术, 2017, 37(3): 147-162, 177.

[106] Hao Y, Song Z W, Liu Y, et al. Recent progress of integrated circuits and optoelectronic chips[J]. Science China (Information Sciences), 2021, 64(10): 99-131.

[107] 李德钊, 许鹏飞, 朱科健, 等. 硅基光电子在通信中的应用和挑战[J]. 电信科学, 2021, 37(10): 1-11.

[108] 储涛. 硅基光电子集成器件[J]. 光学与光电技术, 2019, 17(4): 5-9.

[109] 陶源盛, 王兴军, 韩昌灏, 等. 面向空间应用的集成光电子技术[J]. 中国科学(物理学力学天文学), 2021, 51(2): 67-83.

[110] 王健, 曹晓平, 张新亮. 片上集成多维光互连和光处理[J]. 中国激光, 2021, 48(12): 193-222.

[111] Shen, Y C, Harris N C, Skirlo S, et al. Deep learning with coherent nanophotonic circuits[J]. Nature Photonics, 2017, 11(7): 441-447.

[112] Marandi A, Wang Z, Takata K, et al. Network of time-multiplexed optical parametric oscillators as a coherent Ising machine[J]. Nature Photonics, 2014, 8(12): 937-942.

[113] 龚旗煌. 光子的未来[EB/OL]. https://weibo.com/ttarticle/p/show?id=2309404576643925803674[2020-11-29].

[114] 栾海涛, 陈希, 张启明, 等. 人工智能纳米光子学: 光学神经网络与纳米光子学[J]. 光学学报, 2021, 41(8): 61-84.

[115] Wang X B, Wang Y, Gao W Y, et al. Polarization-sensitive halide perovskites for polarized luminescence and detection: recent advances and perspectives[J]. Advanced Materials, 2021, 33(12): 2003615.

[116] Iyer A K, Alù A, Epstein A. Epstein Metamaterials and metasurfaces—historical context, recent advances, and future directions[J]. IEEE Transactions on Antennas and Propagation,

第四章　信息科学的发展思路与发展方向

2020, 68(3): 1223-1231.

[117] 李自强, 李新阳, 高泽宇, 等. 基于深度学习的自适应光学波前传感技术研究综述 [J]. 强激光与粒子束, 2021, 33(8): 1-13.

[118] Balasubramanik V, Kujawińska M, Allier C, et al. Roadmap on digital holography-based quantitative phase imaging[J]. Journal of Imaging, 2021, 7(12): 252.

[119] 张佳琳, 陈钱, 张翔宇, 等. 无透镜片上显微成像技术: 理论、发展与应用 [J]. 红外与激光工程, 2019, 48(6): 121-153.

[120] 徐淼, 史浩东, 王超, 等. 空间目标多维度探测与激光通信一体化技术研究 [J]. 中国激光, 2021, 48(12): 223-235.

[121] 何赛灵, 陈祥, 李硕, 等. 小型高光谱图谱仪与激光雷达及其海洋应用 [J]. 红外与激光工程, 2020, 49(2): 1-14.

[122] 关柏鸥. 双频干涉型光纤传感技术 [J]. 光学与光电技术, 2019, 17(1): 6-10.

[123] 周宏强, 黄玲玲, 王涌天. 深度学习算法及其在光学的应用 [J]. 红外与激光工程, 2019, 48(12): 289-308.

[124] Shi L, Li B C, Kim C, et al. Towards real-time photorealistic 3D holography with deep neural networks[J]. Nature, 2021, 591(7849): 234-239.

[125] Cheng D, Wang Q W, Liu Y, et al. Design and manufacture AR head-mounted displays: a review and outlook[J]. Light: Advanced Manufacturing, 2021, 2(3): 114-113.

[126] Rollad J P, Davies M A, Suleski T J, et al. Freeform optics for imaging[J]. Optica, 2021, 8(2): 161-176.

[127] Li Y, Hong M H. Parallel laser micro/nano-processing for functional device fabrication[J]. Laser & Photonics Reviews, 2020, 14(3): 1900062.

[128] Nicolini C. From neural chip and engineered biomolecules to bioelectronic devices: an overview[J]. Biosensors and Bioelectronics, 1995, 10(1/2): 105-127.

[129] Yuk H, Lu B Y, Zhao X H. Hydrogel bioelectronics[J]. Chemical Society Reviews, 2019, 48(6): 1642-1667.

[130] 崔大付, 张兆田, 熊小芸, 等. 生物电子学的研究与发展 [J]. 中国科学基金, 2004, 18(4): 205-210.

[131] 韩连书. 新生儿遗传病基因筛查技术及相关疾病 [J]. 浙江大学学报 (医学版), 2021, 50(4): 429-435.

[132] Hewett T T . ACM SIGCHI Curricula for Human-Computer Interaction[M]. New York:

Association for Computing Machinery, 1992.

[133] Schirner G, Erdogmus D, Chowdhury K, et al. The future of human-in-the-loop cyber-physical systems[J]. Computer, 2013, 46(1): 36-45.

[134] Trushkowsky B, Kraska T, Franklin M J, et al. Crowdsourced enumeration queries[C]. IEEE 29th International Conference on Data Engineering. Brisbane, 2013.

[135] Wang J N, Kraska T, Franklin M J, et al. Crowder: crowdsourcing entity resolution[J]. Proceedings of the VLDB Endowment, 2012, 5(11): 1483-1494.

[136] Kittur A, Nickerson J V, Bernstein M, et al. The future of crowd work[C]. Conference on Computer Supported Cooperative Work. San Antonio, 2013.

[137] Bernstein M S, Brandt J, Miller R C, et al. Crowds in two seconds: enabling real time crowd-powered interfaces[C]. 24th Annual ACM Symposium on User Interface Software and Technology. Santa Barbara, 2011.

[138] 范俊君, 田丰, 杜一, 等. 智能时代人机交互的一些思考[J]. 中国科学：信息科学, 2018, 48(4): 361-375.

[139] Elliott C. GENI-global environment for network innovations[C]. 33rd IEEE Conference on Local Computer Networks (LCN). Montreal, 2008.

[140] Subcommittee on Network and Information Technology, Scalise G, Read D A. Leadership under challenge: information technology R&D in a competitive world: an assessment of the federal networking and information technology R&D program[EB/OL]. http://hdl.handle.net /1911/ 113021[2007-08-10].

[141] Muldur U, Corvers F, Delanghe H, et al. A New Deal for an Effective European Research Policy: the Design and Impacts of the 7th Framework Programme[M]. Berlin: Springer, 2007.

[142] Hirotada U. Friend21 project[J]. Sigchi Bulletin, 1993, 25(2): 8-9.

[143] 陈熙霖, 胡事民, 孙立峰. 面向真实世界的智能感知与交互[J]. 中国科学：信息科学, 2016, 46(8): 969-981.

[144] She Q, Feng F, Hao X Y, et al. Open LORIS-object: a robotic vision dataset and benchmark for lifelong deep learning[C]. International Conference on Robotics and Automation. Paris, 2020.

[145] Tolle K M, Tansley D S W, Hey A J G. The fourth paradigm: data-intensive scientific discovery[J]. Proceedings of the IEEE, 2011, 99(8): 1334-1337.

[146] Jumper J, Evans R, Pritzel A, et al. Highly accurate protein structure prediction with AlphaFold[J]. Nature, 2021, 596(7873): 583-589.

[147] Wing J M. Trustworthy AI[J]. Communications of the ACM, 2021, 64(10): 64-71.

[148] 曾毅, 刘成林, 谭铁牛. 类脑智能研究的回顾与展望[J]. 计算机学报, 2016, 1: 212-223.

[149] 陶建华, 陈云霁. 类脑计算芯片与类脑智能机器人发展现状与思考[J]. 中国科学院院刊, 2016, 31(7): 803-811.

[150] 徐波, 刘成林, 曾毅. 类脑智能研究现状与发展思考[J]. 中国科学院院刊, 2016, 31(7): 793-802.

[151] Amunts K, Ebell C, Muller J, et al. The human brain project: creating a European research infrastructure to decode the human brain[J]. Neuron, 2016, 92(3): 574-581.

[152] John M, Marvin L M, Nathaniel R, et al. A proposal for the dartmouth summer research project on artificial intelligence [J]. AI Magazine: Artificial intelligence, 2006, 27(4): 12-14.

[153] 中国人工智能2.0发展战略研究项目组. 中国人工智能2.0发展战略研究[M]. 杭州: 浙江大学出版社, 2018.

[154] Pan Y H. Heading toward artificial intelligence 2.0[J]. Engineering, 2016, 2(4): 409-413.

[155] 吴飞, 李德隆, 潘云鹤, 等. 人工智能的回顾与展望[J]. 中国科学基金, 2018, 32(3): 243-250.

[156] 吴飞, 段书凯, 何斌, 等. 健壮人工智能模型与自主智能系统[J]. 中国科学基金, 2019, 33(6): 651-655.

[157] 蒲慕明, 徐波, 谭铁牛. 脑科学与类脑研究概述[J]. 中国科学院院刊, 2016, 31(7): 725-736.

[158] Yue G L. Artificial intelligence: enabling technology to empower society[J]. Engineering, 2020, 6(3): 205-206.

[159] Wu F, Lu C W, Zhu M J, et al. Towards a new generation of artificial intelligence in China [J]. Nature Machine Intelligence, 2020, 2(6): 312-316.

[160] Herbert J. Deep neural reasoning[J]. Nature, 2016, 538: 467-468.

[161] Lecun Y, Bengio Y, Hinton G. Deep learning[J]. Nature, 2015, 521(7553): 436-444.

[162] Goodfellow I, Bengio Y, Courville A. Deep Learning[M]. Cambridge: MIT Press, 2016.

[163] 万里鹏, 兰旭光, 张翰博, 等. 深度强化学习理论及其应用综述[J]. 模式识别与人工智能, 2019, 32(1): 67-81.

[164] Oriol V, Babuschkin L, Czarnecki W M, et al. Grandmaster level in StarCraft Ⅱ using

multi-agent reinforcement learning[J]. Nature, 2019, 575(7782): 350-354.

[165] Sutton R S, Bart A G. Reinforcement Learning: An Introduction [M].2nd ed. Cambridge: MIT Press, 1998.

[166] Jeff D, David P, Cliff Y. A new golden age in computer architecture: empowering the machine-learning revolution [J]. IEEE Micro, 2018, 38(2): 21-29.

[167] Carlini N, Wagner D. Towards evaluating the robustness of neural networks[C]. IEEE Symposium on Security and Privacy. San Jose, 2017.

[168] Ziad O, Eric T. Artificial intelligence, bias, and patients perspectives [J]. The Lancet, 2021, 397(10289): 2038-2039.

第五章

资助机制与政策建议

为促进我国信息科学与技术持续高速发展，建议着重做好以下工作。

（一）面向国家重大需求，强化学科建设和发展的顶层设计，明确学科发展战略方向

信息科学与技术是推动经济发展和社会进步的核心动力，以及高科技战略竞争的主战场，信息学科的发展需以重大关键需求为导向，提炼共性科学问题，带动基础理论研究和关键技术创新，保持恒心、找准重心，积聚力量进行原创性引领性科技攻关，实现信息科学关键技术领域的跨越式发展，确保我国在未来全球竞争中的战略优势。在学科的基础条件、科学研究、人才培养等方面继续加大投入的同时，加强对新兴学科的支持，促进学科交叉融合，推动开创性、前瞻性、变革性原创成果的突破。在重要的学科发展方向给予政策性倾斜和长期稳定的支持，并针对信息领域发展快、变化快的特点，在执行过程中根据研究进展和学科发展情况，及时进行评估和调整。

（二）大力加强信息科学的基础理论研究，切实提升核心技术主导权

长期以来，我国在信息科学领域的基础理论研究偏弱，基础性、原创性

成果不足，特别是在重大基础理论方面缺少实质性突破，受制于人。迫切需要设立基础理论研究的专项资助项目来加强后香农时代、后摩尔时代的通信、集成电路、计算和控制等基础理论研究，为我国信息科学与技术核心技术研发提供基础理论支撑，逐步掌握主导权，加快实现高水平科技自立自强。

（三）围绕关键科学问题，组织建立重大关键领域的战略性专家组或优秀研究团队，加强重点项目群的建设

在信息科学与技术的重要领域，部署"非竞争性项目"，组织学术攻关"战略性专家组"或"优秀研究团队"，实现对关键问题的重点突破。聚焦于关键核心技术项目和重大应急攻关项目，瞄准基础研究、底层技术、变革性技术，尤其是对"卡脖子"技术设定清单目标，并建立健全符合这些项目特点和规律的评鉴机制以确保项目实施成效，建议设立专家组或研究团队的"首席科学家"，委托其全权负责。同时，建议加强重点项目群的建设，鼓励多学科之间的交流，提供更好的交流平台。基金重点项目群具有主题集中、立项周期短，参与方更多、执行更灵便等特点，有益于学科交叉，及时响应和聚焦于国家重大需求或热点。

（四）加强人才队伍建设，打造高水平学科团队

明确人才队伍的建设规划，构建衔接有序、结构合理的高水平人才团队和梯队。完善人才资助体系，加强青年人才培养，建议增加青年科学基金、国家及海外优秀青年科学基金和杰出青年科学基金的资助额度与数量，助力更多的优秀青年人才"挑大梁，担重担"，做出突破性创新成果。加强和优化青年人才培养机制，破除唯年龄、资质等偏向，发挥重点重大项目实施中的人才培养聚集和堡垒作用，有效促进重点重大项目负责人"伯乐"和青年人才"千里马"的发现培养与交互协助关系形成。

（五）在未来发展规划中关注国家区域发展战略

建议根据国务院 2018 年发布的《关于全面加强基础科学研究的若干意见》中提出的优化基础研究区域布局的指导意见，信息科学研究在未来发展规划中关注国家区域发展战略，依托于东部地区高校、研究所、互联网企业

研究平台等已有的研究布局，将北京、上海、粤港澳大湾区作为科技创新中心，同时，突出信息科学与技术研究中心的引领示范作用，并强化中西部地区信息科学研究的深入推进，在人才选拔、大型实验室建设、研究经费投入方面有所侧重，在人才培养、学科、科研体系建设等方面实现跨区域创新网络的构建。

（六）加大多元资金投入，保持资助增长，优化资助机制，深化经费管理改革

推动政府、产业、院所的紧密合作，在科学研究、产业、政策上共同发力，并建立好跨部门协调机制。优化中央/地方财政投入、企业资助、院所自筹、社会资金广泛参与的多元资金投入机制，更多设立联合基金项目，增加科研经费投入。深化科研项目资金管理改革，优化科研经费资助机制，切实构建面向科研价值的资助导向制度。健全安全、规范、高效、科学的科研经费管理体系，提升科研经费管理的透明度。扩大经费使用自主权，赋予创新领军人才更自由合理的人财物支配权和技术路线决策权。

（七）构建科研创新宽松平台，创新科研成果评价机制

经过几十年的发展，中国各领域的科研逐步从跟跑走向并跑和领跑。在此背景下，为保持我国各领域的科研优势，需要将变革性创新提到更为重要的位置。与渐进式、累积性创新不同，变革性创新需要彻底的突破，往往体现为突破常规思维的异想天开、跳出传统模式的另辟蹊径、超越既有领域的开疆拓土。变革性创新需要有宽容失败、从容探索的科研环境，为勇于创新者解除后顾之忧，建议改革完善既有以结果为导向的评价机制，构建宽松平台。

（八）打破行业壁垒，促进基础研究成果向应用转化

从基础研究到大规模装备应用可能需要40—50年的时间，这与信息技术的发展速度是严重不匹配的。建议国家层面打破行业壁垒，在国家重大需求领域引入竞争机制，通过科技管理部门与应用需求部门联动，不断完善成果评价机制，明确知识产权归属，为促进基础研究成果在国民经济与国家安全

方面的转化应用开辟绿色通道,加快基础研究成果的实际应用。

(九)加强学风和科研诚信与伦理建设,建设绿色科研生态环境

进一步推进科研诚信制度化建设,净化科研生态环境;建立科学的科研评价机制和激励机制,摒弃科研功利性,提高科研兴趣和科研动力;营造科技创新氛围,激发科技创新活力和科研责任感;加强科研交流和知识分享,提高科研队伍的能力和素质。

关键词索引

B

半导体科学与信息器件 1, 7, 8, 24, 25, 26, 60, 62

避障控制 240

C

操作系统 68, 69, 72, 76, 82, 132, 135, 136, 138, 164, 165, 209, 211, 212, 251, 252, 254, 255, 259, 325, 330

产业发展 20, 24, 25, 26, 27, 37, 43, 77, 125, 130, 132, 139, 149, 151, 162, 165, 166, 167, 210, 234, 235, 290, 299, 319

D

大数据 5, 8, 12, 15, 16, 17, 20, 22, 24, 27, 31, 32, 33, 34, 36, 37, 38, 41, 42, 43, 45, 46, 47, 48, 49, 51, 55, 60, 61, 63, 65, 70, 93, 98, 99, 114, 121, 125, 132, 133, 136, 137, 141, 142, 150, 160, 164, 174, 175, 176, 177, 181, 186, 187, 192, 193, 194, 197, 202, 203, 204, 210, 212, 215, 220, 222, 223, 224, 229, 230, 234, 235, 237, 244, 246, 247, 250, 251, 252, 254, 255, 256, 257, 259, 271, 274, 277, 299, 304, 308, 309, 314, 315, 316, 317, 319, 320, 321, 322, 323, 324, 335, 337, 339

大数据分析 5, 42, 43, 259, 320, 321, 322, 323, 324

电子科学与技术 1, 3, 21, 29, 61, 63, 92, 93, 97, 130

电子学与信息系统 3, 21, 60, 92, 130

动态博弈 248, 249, 340, 341

多模态网络与通信 19, 21, 153

多学科交叉 7, 11, 16, 67, 103, 113,

143, 147, 148, 231, 266, 306

F

发展规划　21, 22, 23, 24, 25, 26, 28, 30, 42, 43, 57, 100, 132, 141, 228, 230, 232, 234, 235, 240, 242, 290, 299, 318, 325, 333, 335, 337, 356

发展战略　26, 35, 39, 119, 120, 125, 127, 132, 142, 166, 187, 199, 204, 236, 270, 290, 298, 299, 317, 321, 332, 355, 356

泛在操作系统　138, 251, 254, 255

非完全信息　340, 341

分布式编码和网络编码　4

分布式控制　115, 193, 213

G

工业互联网　3, 4, 20, 24, 27, 31, 32, 36, 37, 49, 50, 117, 118, 119, 123, 132, 191, 196, 198, 199, 203, 204, 206, 209, 210, 211, 213, 214, 333

光电集成　291

光纤通信与高速交换　18

光学与光电子学　1, 8, 9, 26, 28, 60, 62

国防安全　47, 54, 55, 141, 192, 199, 203, 228

国家科技发展　30, 142, 174

国民经济　5, 19, 20, 23, 25, 34, 42, 47, 48, 49, 50, 132, 133, 144, 150, 162, 164, 182, 185, 197, 199, 223, 228, 261, 270, 297, 299, 357

H

互联网　2, 3, 4, 15, 20, 21, 22, 24, 27, 31, 32, 33, 34, 35, 36, 37, 38, 40, 41, 42, 43, 44, 46, 49, 50, 69, 70, 75, 77, 99, 103, 108, 114, 117, 118, 119, 122, 123, 124, 125, 129, 130, 132, 136, 137, 139, 140, 142, 150, 175, 179, 180, 182, 183, 184, 186, 190, 191, 193, 196, 198, 199, 203, 204, 205, 206, 207, 208, 209, 210, 211, 213, 214, 216, 217, 218, 230, 232, 234, 235, 236, 237, 240, 280, 312, 318, 321, 332, 333, 356

混合现实　9, 21, 304, 319

混合增强智能　34, 197, 241, 335, 337, 339

J

机器人　6, 10, 15, 16, 31, 32, 42, 49, 61, 67, 94, 113, 114, 116, 117, 118, 119, 120, 121, 122, 123, 124, 138, 142, 143, 145, 146, 153, 160, 164, 171, 198, 210, 222, 227, 228, 229, 230, 231, 232, 233, 234, 235, 236, 237, 239, 240, 241, 242, 243, 244, 254, 332, 339, 340, 353

机器学习　12, 13, 51, 93, 102, 108,

110, 113, 116, 124, 128, 159, 164, 194, 213, 227, 235, 241, 244, 246, 252, 253, 258, 259, 268, 305, 309, 315, 335, 340, 341, 342

基础理论　1, 2, 3, 4, 7, 20, 21, 22, 23, 24, 58, 61, 63, 64, 65, 68, 110, 115, 121, 124, 134, 135, 140, 144, 148, 164, 177, 178, 187, 188, 191, 194, 195, 199, 208, 209, 210, 219, 222, 228, 231, 237, 239, 242, 244, 253, 260, 264, 277, 279, 296, 298, 301, 317, 320, 321, 322, 323, 331, 333, 335, 336, 337, 338, 339, 341, 355, 356

集成电路　1, 2, 4, 7, 8, 12, 19, 24, 25, 26, 27, 29, 38, 58, 59, 60, 61, 62, 65, 71, 72, 75, 95, 96, 97, 124, 125, 126, 127, 135, 148, 149, 151, 161, 166, 167, 176, 262, 263, 265, 267, 268, 270, 271, 272, 273, 276, 277, 278, 279, 280, 281, 282, 283, 284, 285, 286, 291, 292, 295, 304, 356

计算机科学与技术　1, 4, 5, 6, 22, 29, 60, 61, 135

计算机软件　137, 159, 249

计算机网络　139, 200, 202, 204, 312

计算理论　2, 12, 61, 66, 135, 235, 245, 249, 250, 251, 253, 254, 256, 279, 321, 330

精准医学　42, 93, 306, 307, 311

K

科研诚信　358

科研评价　358

科研组织　81, 84

可穿戴智能检测　311

可视媒体计算　320

可信软件　108, 110, 137, 138, 251, 252, 255

空间信息网络　21, 22, 133, 218, 223, 224, 226

空天地海一体化信息网络　178, 179, 180, 181, 186, 187, 188, 189

跨维度集成　280, 281, 282, 286

L

类脑计算　10, 94, 122, 274, 275, 277, 326, 328, 330, 353

类脑智能　124, 176, 235, 324, 325, 326, 327, 328, 329, 330, 331, 353

M

脉冲神经网络　279, 326, 327, 328, 330

模型安全　217, 320

摩尔定律　6, 8, 12, 64, 70, 109, 125, 132, 176, 271, 273, 276, 277, 284

Q

区块链　8, 37, 41, 43, 45, 46, 47, 51, 111, 203, 204, 206, 207, 210, 211, 216, 249, 323, 341

群体智能　10, 24, 34, 42, 137, 196, 197, 210, 228, 232, 237, 242, 247, 248, 251, 259, 324, 332, 335, 337, 339, 341

群系统　228, 229, 231, 236, 237, 238, 239, 240, 241, 242, 243, 245, 246, 247, 248, 249, 347

R

人才队伍　20, 142, 143, 149, 162, 163, 174, 267, 356

人工智能　1, 4, 6, 7, 8, 9, 10, 11, 12, 13, 15, 16, 17, 20, 22, 24, 25, 28, 29, 31, 32, 33, 34, 35, 36, 37, 38, 39, 41, 42, 43, 45, 46, 47, 48, 51, 55, 60, 61, 63, 64, 66, 68, 78, 79, 81, 93, 94, 96, 97, 98, 99, 101, 105, 108, 109, 110, 112, 113, 114, 115, 116, 117, 118, 119, 120, 121, 122, 124, 125, 129, 134, 136, 137, 141, 144, 148, 152, 153, 159, 166, 174, 176, 177, 190, 193, 194, 196, 197, 198, 199, 202, 203, 204, 206, 208, 210, 211, 215, 217, 218, 221, 226, 227, 228, 229, 230, 231, 232, 233, 234, 235, 236, 237, 240, 241, 242, 243, 245, 247, 250, 251, 252, 253, 254, 256, 257, 259, 261, 263, 264, 265, 266, 268, 270, 271, 275, 276, 277, 279, 293, 295, 296, 297, 298, 299, 300, 302, 303, 304, 308, 309, 316, 317, 318, 319, 324, 325, 326, 327, 328, 329, 331, 332, 333, 334, 335, 336, 337, 338, 339, 340, 341, 342

软件定义网络　185, 199, 203, 210, 211, 213

S

社会发展　5, 7, 8, 17, 18, 20, 23, 24, 25, 34, 42, 47, 50, 69, 97, 120, 139, 150, 164, 167, 175, 179, 182, 185, 202, 204, 209, 231, 261, 299

神经网络　9, 10, 12, 13, 110, 136, 152, 222, 252, 253, 254, 271, 279, 293, 295, 302, 304, 309, 324, 326, 327, 328, 329, 330, 331, 336, 338, 339

神经形态器件　164, 275, 276, 279, 325, 326, 328, 329, 330

生物测序　309

生物电子学　158, 305

生物光电子学　305

生物医学信息　305, 309

数据安全　140, 142, 207, 209, 211, 216, 317, 320, 321, 3244

数据驱动　108, 159, 165, 211, 212, 216, 217, 232, 248, 252, 253, 258, 259, 279, 317, 322, 323, 324, 339, 340, 342

数据与计算科学　1

数据中心网络　101, 203, 210, 211, 212, 213

数字化　3, 5, 8, 20, 23, 28, 30, 31, 38, 42, 43, 45, 48, 50, 53, 99, 109, 116, 119, 120, 122, 139, 146, 147, 181, 195, 198, 199, 225, 253, 260, 301, 311, 312, 319

数字经济　8, 23, 27, 35, 47, 48, 49, 50, 57, 120, 128, 132, 136, 252, 261, 270, 316, 317, 321

T

通信与信息系统　1, 4, 21, 177

通用智能　63, 176, 324, 325, 328

推理　12, 107, 116, 133, 193, 210, 212, 215, 222, 224, 225, 227, 241, 242, 245, 246, 247, 250, 253, 258, 316, 317, 319, 321, 322, 331, 336, 338, 339, 340, 341, 342

W

网构软件　137, 255

网络安全　23, 27, 30, 34, 35, 37, 38, 47, 69, 101, 111, 112, 129, 135, 136, 140, 148, 204, 205, 208, 209, 210, 211, 213, 217, 238, 239, 318, 334

网络空间　19, 22, 23, 34, 35, 61, 64, 69, 70, 111, 112, 140, 153, 178, 180, 186, 188, 202, 203, 204, 207, 209, 210, 211

网络强国　22, 30, 34, 35, 37, 57, 139, 140, 179, 204, 208, 209, 210, 211

危害评估　231, 238, 239, 242, 245, 248, 249

微纳生物器件　311

无人系统　24, 114, 115, 117, 118, 119, 121, 124, 165, 171, 228, 229, 232, 234, 240, 241, 253, 260, 335, 339, 341

物联网　3, 7, 8, 15, 16, 17, 19, 20, 24, 27, 31, 32, 37, 38, 42, 43, 45, 46, 48, 49, 51, 70, 102, 112, 114, 121, 123, 132, 137, 138, 174, 181, 186, 187, 191, 193, 198, 202, 206, 210, 212, 218, 250, 252, 254, 255, 260, 277

X

系统安全加固　204, 210, 211, 216

先进封装　275, 276, 279, 291, 349

协同感知　107, 189, 214, 241, 242, 248, 320, 339

协同控制　24, 145, 146, 189, 190, 199, 201, 231, 236, 237, 239, 240, 241, 242, 243, 246, 247, 248, 285,

339

新型显示　9, 26, 128, 129, 281, 297, 300, 301, 302, 304

信息化　5, 12, 14, 15, 16, 19, 23, 26, 27, 30, 31, 33, 34, 35, 38, 39, 41, 43, 48, 51, 52, 54, 55, 68, 79, 105, 118, 121, 130, 131, 132, 135, 139, 140, 141, 181, 191, 192, 193, 194, 195, 197, 198, 204, 206, 209, 249, 263, 280, 281, 290, 291, 317, 319

信息获取与处理　1, 4, 5, 21, 22, 56, 60, 103, 105, 107, 133, 134, 165, 217, 218, 223, 224, 295, 305

信息基础设施　18, 20, 23, 34, 37, 41, 48, 102, 139, 140, 178, 182, 186, 202, 208, 211, 255, 346

信息科学　1, 2, 3, 6, 9, 11, 12, 13, 14, 15, 16, 17, 18, 19, 20, 21, 30, 31, 32, 33, 34, 35, 36, 38, 39, 40, 41, 42, 43, 45, 46, 47, 48, 49, 50, 51, 52, 53, 54, 56, 57, 58, 59, 60, 63, 64, 65, 66, 67, 68, 69, 70, 72, 74, 75, 76, 77, 78, 79, 80, 82, 84, 85, 86, 87, 88, 92, 98, 99, 124, 129, 130, 152, 153, 154, 155, 156, 157, 162, 163, 164, 165, 174, 177, 187, 188, 224, 226, 260, 263, 266, 267, 306, 307, 311, 320, 321, 324, 333, 338, 355, 356, 357

信息科学与技术　3, 6, 9, 11, 20, 30, 31, 32, 33, 34, 35, 36, 38, 39, 40, 41, 42, 43, 45, 46, 47, 48, 49, 50, 51, 52, 53, 54, 58, 64, 65, 67, 68, 69, 129, 130, 165, 174, 263, 266, 307, 320, 321, 355, 356, 357

信息物理系统　61, 65, 68, 108, 119, 121, 122, 142, 191, 192, 193, 194, 195, 196, 197, 198, 199, 200, 201, 202, 251

学科发展　7, 17, 18, 19, 21, 22, 23, 24, 25, 26, 28, 59, 60, 61, 63, 64, 65, 66, 69, 75, 79, 124, 148, 161, 162, 166, 174, 176, 178, 188, 211, 229, 231, 243, 250, 266, 336, 355

学科建设　28, 355

Y

一体化融合网络　22, 203, 208, 210, 211, 212

医学信息监测与处理　3, 43, 306, 308

医学信息系统　122, 310, 311

异质异构集成　128

云计算　4, 8, 17, 24, 27, 31, 32, 36, 37, 38, 43, 46, 49, 55, 70, 75, 99, 108, 112, 114, 132, 136, 137, 150, 174, 186, 187, 193, 194, 199, 202, 207, 210, 250, 252, 271, 277, 290, 304

Z

政策建议 291, 355

植入式诊疗 309, 311, 312

智慧医疗 15, 42, 43, 44, 114, 116, 196, 199, 309, 319

智能感知 17, 21, 35, 123, 134, 145, 194, 200, 213, 217, 224, 229, 230, 234, 235, 241, 246, 256, 257, 300, 301, 303, 316, 317, 319, 320, 321, 323

智能交通 49, 68, 192, 199, 229, 332

智能决策 199, 245, 322

智能图形学 320

智能系统 4, 7, 13, 29, 51, 67, 68, 83, 112, 113, 123, 124, 191, 194, 208, 211, 217, 228, 229, 230, 231, 232, 234, 235, 240, 241, 242, 243, 244, 245, 246, 250, 318, 325, 326, 332, 337, 338, 339

智能制造 6, 30, 31, 41, 49, 50, 53, 68, 116, 118, 119, 120, 121, 122, 123, 128, 132, 171, 191, 192, 193, 194, 195, 196, 197, 198, 199, 202, 204, 234, 236, 237, 240, 242, 261, 299, 332

资助机制 335, 355, 357

自动化 1, 3, 6, 7, 19, 23, 24, 32, 33, 49, 51, 53, 55, 59, 60, 61, 69, 78, 94, 114, 115, 116, 117, 119, 120, 121, 122, 123, 124, 130, 142, 143, 144, 145, 146, 147, 148, 158, 160, 166, 172, 181, 193, 196, 198, 215, 216, 217, 228, 236, 239, 252, 255, 277, 279, 280, 286, 291, 323, 326, 328, 340

自主演化 202

自主智能 34, 124, 165, 228, 229, 230, 231, 232, 234, 235, 236, 237, 238, 239, 240, 241, 242, 243, 244, 245, 246, 247, 248, 249, 330, 337, 339

其他

3D集成 25, 62, 125, 265, 274, 277, 278, 280, 281, 293

6G 19, 20, 21, 27, 32, 36, 38, 47, 48, 56, 57, 65, 95, 98, 99, 100, 101, 102, 125, 131, 168, 178, 188, 260, 271, 289, 293